国家社科基金项目“中国特色社会主义理论体系建构基础问题研究”（12BKS029）

中国特色社会主义理论体系建构基础问题研究

☆ ☆ ☆

孙武安　等著

Zhongguo Tese Shehuizhuyi
Lilun Tixi Jiangou Jichu Wenti Yanjiu

中国社会科学出版社

图书在版编目(CIP)数据

中国特色社会主义理论体系建构基础问题研究 / 孙武安等著. —北京：中国社会科学出版社，2021. 12

ISBN 978 – 7 – 5203 – 8977 – 8

Ⅰ. ①中…　Ⅱ. ①孙…　Ⅲ. ①中国特色社会主义理论体系—研究　Ⅳ. ①D610

中国版本图书馆 CIP 数据核字(2021)第 172793 号

出 版 人　赵剑英
责任编辑　田　文
责任校对　张爱华
责任印制　王　超

出　　版　中国社会科学出版社
社　　址　北京鼓楼西大街甲 158 号
邮　　编　100720
网　　址　http://www.csspw.cn
发 行 部　010 – 84083685
门 市 部　010 – 84029450
经　　销　新华书店及其他书店

印　　刷　北京君升印刷有限公司
装　　订　廊坊市广阳区广增装订厂
版　　次　2021 年 12 月第 1 版
印　　次　2021 年 12 月第 1 次印刷

开　　本　710 × 1000　1/16
印　　张　20.25
字　　数　347 千字
定　　价　108.00 元

凡购买中国社会科学出版社图书，如有质量问题请与本社营销中心联系调换
电话：010 – 84083683

目　　录

导　论

发展变化，是世间一切事物的共同特点，也是事物存在的基本方式。对于人类社会，这同样是不可逾越的客观规律。一般而言，人类社会发展变化的总趋势是从必然王国向着自由王国的未来不断演进。人们利用、改造客观世界并与之和谐相处的主观能力，取决于对客观世界的认识程度和水平。“实践发展永无止境，认识真理永无止境，理论创新永无止境”。[①]不断丰富发展着的关于人类文明进步的思想理论学说，是人类走向自觉、走向成熟的产物。在人类文明进步史上，唯一不间断而持续发展数千年之久的中华文明辉煌灿烂，内涵丰富，从来就不缺少关于治国安邦、经世济民、协和万邦、共享太平的思想和主张。步入近代以后，中国内忧外患，山河破碎，逐步沦为半殖民地半封建社会，中华民族生灵涂炭，陷入了前所未有的苦难之中。在苦难面前，中国人民以百折不挠的精神，进行了艰苦卓绝、气壮山河的斗争，最终赢得了国家统一、民族独立和人民的解放与自由，成立了中华人民共和国，确立了社会主义制度，启动了社会主义建设，开辟了中国特色社会主义道路，创立了中国特色社会主义理论体系，建立并巩固了中国特色社会主义制度，形成了中国特色社会主义文化，进入了中国特色社会主义新时代，“从根本上改变了中国人民和中华民族的前途命运”[②]，摆脱了“被开除球籍的危险，创造了人类社会发展史上惊天动地的发展奇迹，使中华民族焕发出新的蓬勃生机”[③]，使“久经磨

---

① 胡锦涛：《坚定不移沿着中国特色社会主义道路前进，为全面建成小康社会而奋斗——在中国共产党第十八次全国代表大会上的报告》，人民出版社 2012 年版，第 9 页。

② 胡锦涛：《坚定不移沿着中国特色社会主义道路前进，为全面建成小康社会而奋斗——在中国共产党第十八次全国代表大会上的报告》，人民出版社 2012 年版，第 10 页。

③ 习近平：《习近平在庆祝中国共产党成立 95 周年大会上的讲话》，《人民日报》2016 年 7 月 2 日。

难的中华民族迎来了从站起来、富起来到强起来的伟大飞跃，迎来了实现中华民族伟大复兴的光明前景”①。

探究当代中国的发展进步，无论如何，中国特色社会主义都是一个绕不过去的核心话语。支持也罢，反对也罢，拥护也罢，怀疑也罢，“走自己的路，建设中国特色社会主义”一直都是，并将长期是当代中国持续改革开放发展的一个不可动摇的核心话语。作为一种实践，中国特色社会主义不仅促进了当代中国社会的巨大进步，使中华民族重新屹立在世界的东方，而且也触动并震撼了全世界，成为一道亮丽的风景线，为世人所瞩目；作为一条道路，中国特色社会主义不仅为中华民族找到了一条实现社会主义现代化、创造美好生活、实现伟大复兴的必由之路，而且也为世界社会主义运动开辟了一条充满希望的新路径，为广大发展中国家摆脱危机、走出困境提供了一个成功的新范例；作为一种理论，中国特色社会主义不仅在继承和坚持中丰富和发展了马克思主义，开拓了马克思主义中国化的新境界，而且也很好地吸收、融合、创新和发展了中国的优秀传统文化，使之在21世纪重新呈现出勃勃生机和活力；作为一种制度，中国特色社会主义对于保证人民当家作主、国家兴旺发达、社会长治久安已经发挥了自己的独特优势，也将在促进世界和平发展、文明进步的崇高事业中发挥越来越大的作用；作为一种文化，中国特色社会主义立足当代，面向未来，不忘本来，吸收外来，积淀了中华民族最深沉的精神追求，代表了中华民族独特的精神标识，不仅成为激励中华儿女奋发图强的强大精神指引，也必将在不断构筑中国精神、中国价值、中国力量的伟大实践中使中华文化展现出永久魅力和时代风采。

曾经提出“北京共识”② 的雷默博士在其《不可思议的年代》中这样评价：“不管是好是坏，中国已经成为不可思议的年代的首都。”“中国人养成了创造不可思议的事物的习惯，这让中国的改革进程变得有趣而重要。”“如果‘创新’和‘改革’、‘开放’一样，成为中国发展的指导纲领，那么，

① 习近平：《决胜全面建成小康社会，夺取新时代中国特色社会主义伟大胜利——在中国共产党第十九次全国代表大会上的报告》，人民出版社2017年版，第10页。

② 转引自黄平、崔之元《中国与全球化：华盛顿共识还是北京共识》，社会科学文献出版社2005年版，第1页。

这和‘改革开放’时代相比，对中国的改变，对世界的影响会更大。”[①]“北京共识”曾语惊四座，引发并聚焦了世人对当代中国的关注，而雷默博士的新说“不可思议”则更加耐人寻味。“不可思议”不仅反映了国外众多专家学者、政治家对当代中国长期、快速、稳定发展的困惑不解，同时也正因为“不可思议”才进一步激发了人们关注、研究、解读中国发展之谜的兴趣和热情。如果说“北京共识”、“中国道路”、“中国经验”、“中国模式”、“中国新社会”往往是国外特别是西方学者研究当代中国的主要视角，那么，“中国特色社会主义”则理应成为中国学者观察、思考、研究当代中国的首要视角。

一　问题的提出

实践证明，中国特色社会主义已经给当代中国带来了前所未有的巨大变化，也深刻而广泛地影响了当今世界。但是，中国特色社会主义不仅担负着中华民族伟大复兴的历史伟业，同时也负有振兴世界社会主义运动、促进人类文明进步的历史责任，这是一项长期而艰巨的伟大使命和任务，是一个宏大的社会发展工程，“必须准备进行具有许多新的历史特点的伟大斗争”[②]。中国特色社会主义道路仍在探索实践之中，中国特色社会主义制度仍在改革完善之中，中国特色社会主义理论和文化仍在丰富发展之中。总之，中国特色社会主义还没有成熟定型，更不是尽善尽美，仍需要面对新的形势，针对新的问题和挑战，不断探索和实践，不断创新和完善。中国特色社会主义是全党的事业，也是全民族的事业。因此，研究、完善并促进中国特色社会主义，是每一个中华儿女，也是每一位理论工作者的责任和使命。

中国特色社会主义是关于人与社会全面发展进步的系统工程和理论体系，因而相关研究必然是多维度的。可以从历史的维度展开，也可以从现实的维度展开；可以从理论的维度展开，也可以从实践的维度展开；可以从道路探索的维度展开，也可以从制度建设的维度展开；可以从经验总结的维度展开，也可以从理论创新的维度展开；可以从政治、经济、文化、

---

① ［美］乔治亚·库珀·雷默：《不可思议的年代》，何帆译，湖南科学技术出版社2010年版，第2—4页。

② 胡锦涛：《坚定不移沿着中国特色社会主义道路前进，为全面建成小康社会而奋斗——在中国共产党第十八次全国代表大会上的报告》，人民出版社2012年版，第13页。

社会、生态等全方位地展开，当然也可以专注于某个领域的微观研究。

中国特色社会主义理论体系的形成和发展是一个很长的历史过程，而其内容内涵也是极其丰富的。如何建构这一理论体系，学界已形成了比较成熟的建构思路和方式，但同时也存在不同看法。课题组选题“中国特色社会主义理论体系建构基础问题研究”，不是要重新建构中国特色社会主义理论体系，也不是要对中国特色社会主义理论体系建构中的全部基础问题或全部基本问题展开研究，课题组设想将中国特色社会主义理论体系建构中的九个相互联系，且颇具争议的基础性问题整合起来，在充分收集学界研究现状的基础上，进行比较分析和研究。这九个问题主要包括概念基础、哲学基础、思想基础、历史基础、现实基础、制度基础、主题主线、核心价值、理想信念等。这些问题应该是研究中国特色社会主义、建构中国特色社会主义理论体系无法绕开，也无法回避的基础问题。如何认识和回答这些基础问题，将直接影响中国特色社会主义理论体系的建构方式和主要内容，进而影响其功能和作用。笼统看，也可以将上述问题称为中国特色社会主义理论体系建构的“基本问题”。但是，课题组在考察学界研究成果的过程中发现，从“基本问题”的视角出发研究中国特色社会主义，一是成果较多，二是范围较广，差不多囊括了中国特色社会主义理论体系的所有内容。如，王怀超等著《中国特色社会主义基本问题》（人民出版社 2019 年版）、梅荣政著《中国特色社会主义基本问题研究》（武汉大学出版社 2007 年版）、郑德荣等著《中国特色社会主义道路基本问题研究》（人民出版社 2012 年版）、肖贵清等著《中国特色社会主义制度基本问题研究》（人民出版社 2013 年版）、方燕著《中国特色社会主义理论体系基本问题研究》（暨南大学出版社 2011 年版），等等。以“中国特色社会主义基本问题”① 为题发表的论文就更多了，其研究对象同样十分广泛，几乎涉及中国特色社会主义相关的所有问题。

为了与“基本问题”的研究思路有所区别，课题组选择“基础问题”这一视角。就其含义看，“基础问题”或许可以归入“基本问题”，但我们以为“基础问题”的涵盖面可能更小一些、更基础更间接一些，而“基本问题”所讨论的往往是体系本身的内容构成，未必都可以归入“基础问

① 刘海涛：《中国特色社会主义理论体系基本问题》，《学习论坛》2009 年第 1 期；王怀超：《关于中国特色社会主义理论几个基本问题的思考》，《科学社会主义》2012 年第 2 期。

题”。如果说中国特色社会主义是一座理论大厦，它有基础也有框架，基础是框架的载体和条件，没有基础，框架就无从建构，基础不牢，框架不稳，大厦建不成，建成了也可能坍塌，框架是基础的延伸和展开，没有框架，基础也没有存在的意义和价值。从这个意义上讲，基础和框架也是统一的相辅相成的整体。如果对于中国特色社会主义理论体系建构中的上述基础问题没有基本共识，而是各执一词，那么，由此所建构的理论体系（内容、结构等）也将各不相同，甚至大相径庭。不同角度和不同观点固然有其丰富促进理论发展的积极作用，但对于一个较为成熟的指导思想来说，在若干重大问题上理应达成共识，否则认识上的分歧就可能造成思想上的混乱，理论的科学性便成疑，用科学理论武装人、实现当代中国马克思主义大众化的任务就难以实现，从而影响中国特色社会主义事业的健康发展。

当然，本课题的选择还基于课题组对相关问题的长期思考和相当的资料积累。课题组成员在高校长期从事马克思主义理论及其中国化的研究和教学工作，也取得了一些研究成果。从承担国家社科基金项目看，参与本课题研究的成员先后主持有六个课题，且均隶属于马列科社类；从出版著作和发表论文看，课题成员先后在党史党建、毛泽东思想、中国特色社会主义理论、马克思主义基础理论、中华民族精神、共同富裕等领域出版了十几部著作，在《中共党史资料》《当代中国史研究》《科学社会主义》《马克思主义研究》《中国特色社会主义研究》《毛泽东邓小平理论研究》《社会主义研究》《学习与探索》等期刊发表相关论文近百篇。在研究与教学中逐步积累了丰富的研究资料和素材，对马克思主义中国化及其理论成果进行了较为长期的思考和研究，形成了一些貌似独立、实则相互联系的观点，由此构成了一定的研究基础。应该指出，这是课题组选择并研究“中国特色社会主义理论体系建构基础问题”的首要条件和主要动力。

二　学界研究综述

历史是一步一步走过来的，思想理论是一点一滴积累起来的。一切思想理论都不是从天上掉下来的，而是源于历史、源于实践。考察历史、推进实践、研究乃至丰富发展思想理论，不是凭空进行的，后人总是也只能站在前人的肩膀上前进。资料显示，以“中国特色社会主义理论体系建构基础问题”为题的研究成果虽不多见，但关于中国特色社会主义理论体系、道路探索、历史发展、制度建设等方面的研究成果，宏观的微观的都极为丰富。考察梳理这些成果对本课题的研究具有重要意义。

国内研究现状。总的看，国内学界对中国特色社会主义的研究基本上伴随着新时期改革开放的启动，准确地说是伴随着邓小平理论的形成而起步的。从“中国知网”检索看，自20世纪80年代以来，以“中国特色社会主义”为“关键词”发表的学术论文近3万篇；以“中国特色社会主义”为“主题”查询，所得论文10万多篇；以“中国特色社会主义”为篇名搜索，所得论文2万多篇；以“中国特色社会主义理论体系”为篇名，有论文1万多篇。相关著作亦如雨后春笋般大量出版。有的学者专注于历史的角度研究考察中国特色社会主义及其理论体系的产生、形成、发展和完善。如谢春涛主编《中国特色社会主义史》（福建人民出版社2013年版）、梁丹丹主编《中国特色社会主义总体布局的历史演进研究》（中国社会科学出版社2018年版）、桁林等著《中国特色社会主义历史进程初探》（社会科学文献出版社2018年版）、赵曜主编《中国特色社会主义史论研究（前沿问题卷）》（中共中央党校出版社2012年版）、赵智奎著《中国特色社会主义》（北京时代华文书局2014年版）、秦宣主编《中国特色社会主义史》（高等教育出版社2009年版）、闫志民主编《中国特色社会主义理论发展史》（人民出版社2012年版）、赵曜主编《中国特色社会主义史论研究（历史实践卷）》（中共中央党校出版社2012年版）、郑克卿等著《中国特色社会主义理论体系发展史》（中国社会科学出版社2010年版），等等；有的学者从理论的角度建构了中国特色社会主义理论体系，分析了特点，论证了其历史地位。如冯俊、刘靖北、刘昫献著《中国特色社会主义理论体系论纲》（人民出版社2017年版），韩庆祥等著《中国特色社会主义基本原理——中国话语体系研究》（高等教育出版社2015年版），《中国特色社会主义理论体系研究》（中共中央党校出版社2014年版），赵曜主编《中国特色社会主义史论研究（科学体系卷）》（中共中央党校出版社2012年版），王伟光主编《中国特色社会主义理论体系研究》（人民出版社2012年版），靳辉明著《中国特色社会主义理论体系研究》（海南出版社1998年版），徐崇温著《中国特色社会主义理论体系研究》（重庆出版集团2011年版），顾海良主编《中国特色社会主义理论体系研究》（中国人民大学出版社2009年版），聂运麟等主编《中国特色社会主义理论体系研究》（人民出版社2011年版），秦刚主编《中国特色社会主义理论体系》（中共中央党校出版社 2008 年版），赵智奎著《理论自信——中国特色社会主义理论研究》（高等教育出版社 2019 年版），孙占元著《中国特色社会主义理论体系研究》（山东人民出版社 2015 年版），田瑞兰著《中国特色社会主义理论体系逻辑建构研究》（人民出版社 2013 年版），等等；还有的学者从道路、实践、制度、价值或者从基本问题等角度研究了中国特色社会主义的内涵、模式、经验及其意义。如中共中央党校课题组编《中国特色社会主义发展道路研究》（中共中央党校出版社 2014 年版），李君如著《中国特色社会主义道路研究》（人民出版社 2012 年版），辛向阳主编《中国特色社会主义道路研究》（河北人民出版社 2011 年版），王寿林、胡耀武主编《中国特色社会主义道路研究》（蓝天出版社 2011 年版），肖贵清著《中国特色社会主义制度基本问题研究》（人民出版社 2013 年版年版），肖贵清著《道路·理论·制度·文化——中国特色社会主义论》（人民出版社 2018 年版），肖贵清等著《制度自信——中国特色社会主义制度研究》（高等教育出版社 2017 年版），袁银传、董朝霞著《道路自信——中国特色社会主义道路研究》（高等教育出版社 2018 年版），丁晓强著《文化自信——中国特色社会主义研究》（高等教育出版社 2019 年版），韩震主编《社会主义核心价值体系研究》（人民出版社 2007 年版），王国敏等主编《社会主义核心价值体系多维理路研究》（四川大学出版社 2011 年版），周新城著《中国特色社会主义经济制度论》（中国经济出版社 2008 年版），张卫江主编《中国特色社会主义政党制度》（中央编译出版社 2007 年版），等等。

1978 年十一届三中全会以后，中国共产党在领导改革开放、推进社会主义现代化的历史进程中，先后创立了邓小平理论、“三个代表”重要思想和科学发展观等重大战略思想。为了整合这些理论成果，2007 年党的十七大提出了“中国特色社会主义理论体系”这个重要概念。2017 年党的十九大在明确提出习近平新时代中国特色社会主义思想的同时，指出这一马克思主义中国化最新成果，也“是中国特色社会主义理论体系的重要组成部分”①。由此，科学而有机地整合邓小平理论、“三个代表”重要思想、科学发展观和习近平新时代中国特色社会主义思想等重大战略思想、

① 习近平：《决胜全面建成小康社会，夺取新时代中国特色社会主义伟大胜利——在中国共产党第十九次全国代表大会上的报告》，人民出版社 2017 年版，第 20 页。

建构中国特色社会主义理论的科学体系，便成为理论界的一个重大课题。应该看到，到目前为止，关于中国特色社会主义理论体系的主要内容及其建构方式已经达成了相当共识，但也还存在一些颇具争议的问题，如有的主张按照基本观点构建体系，有的主张按照基本理论建构体系，有的主张按照基本范畴建构体系，有的主张按照理论板块建构体系，还有的主张依据理论的不同层次建构体系。① 同时，在与理论体系密切相关的若干基础性问题上，争论分歧也明显存在。

第一，关于中国特色社会主义的基本概念和话语基础问题。概念术语是理论研究的出发点，也是建构理论体系、话语体系所面临的首要问题。所谓名不正，则言不顺。关于马克思主义中国化第二大理论成果的命名，党的十七大报告将之明确为“中国特色社会主义理论体系”。中国社会科学院、中共中央党校、北京市以及北京大学等高校也大多成立了“中国特色社会主义理论体系研究中心”等有关研究机构，但同时也有学者和学术机构在很长时间里坚持使用“中国特色社会主义理论”，如中国人民大学书报资料中心多年编辑出版的《中国特色社会主义理论》，其宗旨也是聚焦中国特色社会主义基本理论，包括邓小平理论、“三个代表”重要思想、科学发展观，以及习近平新时代中国特色社会主义思想。又如浙江省社会科学院于2006年成立“中国特色社会主义理论研究中心”，一直沿用到2016年6月才改名为“中国特色社会主义理论体系研究中心”。不难看出，这里的“中国特色社会主义理论”与“中国特色社会主义理论体系”在内涵上并无二致。怎么看“中国特色社会主义理论体系”和“中国特色社会主义理论”这两个基本概念？这是打造中国特色社会主义话语体系，建构理论体系最基础的工作，应该说规范统一很有必要。两个短语虽只有两个字的差别，但其含义到底有没有区别？如果没有，为什么要避简就繁呢？

此外，“中国社会主义”和“中国特色社会主义”也是学界长期同时使用的两个概念和术语。从可能接触到的书刊资料看，有的学者将二者区别对待，认为二者内涵有所不同，如《中国共产党历史》（下卷）（中共党史出版社2011年版）、谢春涛著《中国特色社会主义史》等多数著作，习惯于用两个短语分别表示毛泽东时期和邓小平之后两个时期，暗示两个

① 赵曜：《论中国特色社会主义理论体系》，《中国特色社会主义研究》2008年第2期。

短语的内涵不同。与此同时，也有期刊和学者通用两个概念，或者以“中国特色社会主义”或者以“中国社会主义”统一描述 1956 年以来甚至 1949 年以来的中国社会主义运动。如 2009 年中国权威期刊《中国社会科学》曾刊发了王绍光《坚守方向、探索道路：中国社会主义实践六十年》,[①] 国内外不少学者和报刊也常以“中国社会主义”或“中国特色社会主义”泛指新中国成立以来的历史。可见，在他们看来这两个短语的内涵并无区别。

“中国特色社会主义理论体系”与“中国特色社会主义理论”、“中国特色社会主义”与“中国社会主义”，这两对概念看起来简单平常，实际上直接关系到中国特色社会主义话语体系和理论体系的建构，堪称基础中的基础。如何理解其含义和区别？要不要加以规范和统一？如何规范和统一？有必要在学理上弄清楚。

第二，关于中国特色社会主义的历史和逻辑起点问题。凡理论和实践都有一个特定的发展过程。所谓“起点”即特定理论和实践发生的原点，是理论和实践的边界，明确“起点”是认识理论和实践的一个基本方面。起点不明确，边界很模糊，对理论和实践的理解就只能混沌不清，难以获得准确认识和判断，理论体系的科学性也受影响。从学界研究成果看，关于中国特色社会主义，有的学者（如徐崇温、田克勤、陈文通等）提出两个甚至三个不同起点，认为中国特色社会主义历史起点与中国特色社会主义理论起点不同，还提出中国特色社会主义、中国特色社会主义理论、中国特色社会主义理论体系的起点也是不同的。当然，也有学者（如赵曜、秦刚等）指出，实践与理论的起点即历史与逻辑的起点不应当分离，应当是统一的。据梳理，学界关于中国特色社会主义起点的观点至少有 1949 年、1956 年、1978 年和 1982 年等四种。一个看来本不复杂的起点问题，为什么会产生如此大的分歧？其主要原因是什么？回答这个问题，是不是要在判断中国特色社会主义起点的根据或标准上有一个共识？这个标准或根据是什么？确定一个怎样的标准或根据才能为大家所接受呢？

第三，关于马克思主义中国化两大成果的关系问题。马克思主义中国化不仅是一个历史命题，也是一个现实的长期的命题。马克思主义中国化

---

① 王绍光：《坚守方向、探索道路：中国社会主义实践六十年》，《中国社会科学》2009 年第 5 期。

的长期实践将不断丰富中国化马克思主义的内容和体系。党的七大报告将毛泽东思想正式确定为马克思主义中国化的第一大理论成果，党的十七大报告将邓小平理论、“三个代表”重要思想和科学发展观等重大战略思想统一命名为马克思主义中国化的第二大理论成果——中国特色社会主义理论体系，党的十九大把习近平新时代中国特色社会主义思想也视为中国特色社会主义理论体系的重要组成部分。关于中国特色社会主义，学界曾经有“始于毛，成于邓”的提法，在某种程度上是对二者关系的一种解读。但党的十七大之后，许多学者（徐崇温、田克勤等）由报告延伸出一种提法，即中国特色社会主义理论体系不包括毛泽东思想中关于社会主义建设的积极成果。当然，也有学者认为应当“包括”毛泽东时期探索社会主义建设的科学思想。这样，两大理论成果的辩证关系变得云里雾里，扑朔迷离，难以周延，讲不清楚。如何讲明白两大理论成果之间的辩证关系，似乎并不容易。如何看待学界的相关分歧和争论？其主要原因是什么？如何解读两大理论成果的辩证关系呢？

与此密切相关的一个问题是，关于改革开放前后两个历史时期的辩证关系。关于社会主义初级阶段及其含义，中央文献早在 1987 年就有明确论述。其后，关于中国特色社会主义与社会主义初级阶段的关系，中央文献也从不同侧面作了论述。但是，一直以来就有人以 1978 年十一届三中全会为分水岭，把改革开放前后两个历史时期截然分开，或以后者否定前者，或以前者否定后者。如何正确认识两个历史时期的辩证关系，实际上牵扯到了中国特色社会主义理论体系历史基础和现实基础的界限如何划分。

第四，关于中国特色社会主义理论体系的主题和主线问题。这是中国特色社会主义理论体系建构中的一个十分重要的问题，也是扼要认识和把握中国特色社会主义的一个基础性问题。通常而言，一种理论总有一个中心，或曰主题主线。主题主线不同，赖以建构的理论体系也不相同。论及中国特色社会主义理论体系的主题，主流观点认为就是建设中国特色社会主义。该观点有没有同义反复的问题呢？也有学者把“三个基本问题”（即“什么是社会主义，怎样建设社会主义”“建设什么样的党，怎样建设党”“实现什么样的发展，怎样发展”）概括为中国特色社会主义理论体系的主题或主线，还有学者提出中国特色社会主义理论体系的主题或主线是现代化，是发展，是共同富裕，或者是中华民族伟大复兴，等等，主张繁多，不一而足。纵览现有成果，不难发现，许多学者把主题主线视为两个不同的问题分别加以探究。于是，出现了一部分学者把 A 视为主题，而另一部分学者则将 A 视为主线，反之亦然。主题主线问题上的分歧何以产生？如何解决？“主题主线”的含义是什么？二者有无区别？有什么区别？为什么要研究主题主线？确认中国特色社会主义理论体系主题和主线的根据是什么？

第五，关于中国特色社会主义理论体系的核心价值问题。社会主义价值问题是学界多年来所关注的一个经久不衰的热点话题。学界普遍认为，社会主义的价值（观），特别是核心价值（观），是社会主义的根本属性和功能所在，是道路发展、理论建构、制度设计的根本依据，其对社会主义制度至关重要，是社会主义理论和实践的一个重大问题，堪称“生命之魂”。[①] 讨论中有的学者从一般价值、基本价值出发，进而析出核心价值；有的学者着重解读阐释中央关于社会主义核心价值体系和社会主义核心价值观的内涵、特点、关系、意义，探讨如何践行并使之蔚然成风的路径等。关于社会主义核心价值体系，中央文件作出了四个方面的明确规定，关于社会主义核心价值观，中央报告作出了 24 个字明确概括。资料显示，中共中央党校李忠杰教授曾明确提出应加紧研究中国特色社会主义核心价值，在他看来，这很可能是进一步推进中国特色社会主义研究和发展的一个重大课题。[②] 不过，学界的研究重点似乎一直聚集于“社会主义核心价值观”问题，并陆续提出了包括以人为本、公平正义、共同富裕、普遍幸福等不同主张。值得注意的是，一个时期以来，全国各省市自治区，乃至二线城市和地区也纷纷起而关注地方价值观问题，自上而下发布课题，投入人力、物力和财力积极研究提炼本地区的价值观，进而向全社会公布和宣传。问题是，如何准确理解学界关于价值所形成的各类不同的概念术语？现有关于社会主义核心价值观 24 个字的概括是否过多过长？社会主义核心价值观与中国特色社会主义核心价值是什么关系？“中国特色社会主义核心价值”是一个怎样的问题？要不要研究？提炼概括中国特色社会主义核心价值需要具备哪些重要条件？如何促进中国特色社会主义核心价值的实现？这些问题都需要理论工作者作出相应的回答。

---

① 吴向东：《社会主义价值观的当代建构》，《科学社会主义》2005 年第 4 期。

② 李忠杰：《构建中国特色社会主义核心价值观》，《科学社会主义》2005 年第 2 期。

第六，关于中国特色社会主义理想信念问题。理想信念是人生也是社会的前进方向和目标，堪称“精神支柱”，具有凝聚、鼓舞和引领作用。从某种意义上说，马克思主义、科学社会主义是人类关于美好未来的科学构想，即理想和梦想。为实现这一理想目标，无产阶级和劳动人民需要坚定信念、不懈奋斗。这是学界长期以来都十分关注的一个重要话题。有的学者（如刘建军等）从共产主义最高理想信念的角度探究其由来、内涵、路径及必然性，有的学者（如荆学民等）从最高理想信念和最低理想信念结合的角度，还有的学者着重从最低理想信念及共同理想信念的角度进行研究。中央文件曾明确提出坚持“中国特色社会主义共同理想”的要求，并将其作为社会主义核心价值体系的一个主要内容加以强调。近年来，以习近平同志为核心的党中央强调以“中国梦”来表达中华民族谋求复兴的共同追求。学界在解读和研究中，对理想信念的内涵进行了丰富而深刻的阐发。梳理比对学界研究成果，探究中国特色社会主义共同理想信念的内涵及其逻辑层次，是建构中国特色社会主义理论体系不可回避的一个基础性问题，也是一项很有意义的工作。

国外研究现状。新中国成立70年来，特别是改革开放40多年来，中国的迅速发展和崛起备受国际社会关注，研究中国的学者、政治家越来越多。特别是20世纪末国际金融危机暴发以来，一面是西方国家的衰落和挣扎，一面是“风景这边独好”的中国在持续发展，这一不争的事实更加引发了国外学者研究中国的热潮。其中，有的学者尽可能秉持客观、公正的态度，实事求是甚至满怀善意地解读中国，如［美］罗伯特·库恩《中国30年：人类社会的一次伟大变迁》（世纪出版集团、上海人民出版社2008年版）、俄罗斯学者季塔连柯、久加诺夫，法国学者托尼·安德烈阿尼，美国著名历史学家阿里夫·德里克，伦敦经济学院教授林春等，大多高度评价中国社会主义的发展进步，或者积极认同“中国特色社会主义”。有的学者不肯接受中国特色社会主义话语体系，选择易为西方人所接受的角度，如“北京共识”“中国模式”等，也基本肯定当代中国的发展道路。同时，他们在总结分析当代中国发展方式、内涵、特点和经验的同时，对未来中国的走向及其对世界可能发生的影响和意义往往更为关注。如［美］乔治亚·库珀·雷默《中国形象：外国学者眼中的中国》（社会科学文献出版社2006年版）、［新加坡］郑永年《中国模式：经验与困局》（浙江人民出版社2010年版）、［英］罗纳德·哈里·科斯与王宁合著《变革中国——市场经济的中国之路》（中信出版社 2013 年版）、谢德华《中国的逻辑：为什么中国的崛起不会威胁西方》（中信出版社 2001 年版）、乔纳森·安德森《走出神话：中国不会改变世界的七个理由》（中信出版社 2006 年版）等。还有的国外学者和政治家坚持认为社会主义应该搞计划经济，改革开放、发展市场经济就是搞资本主义，他们不愿承认或者刻意回避“中国特色社会主义”话语及其表达方式，认为中国搞所谓社会主义市场经济，实际上就是向资本主义过渡和发展。如诺贝尔经济学奖获得者、美国芝加哥大学经济学教授罗伯特·福格尔一面高度评价中国的发展，并预测“30 年后中国在全球 GDP 中所占份额将达到 40%，这将使美国（14%）、欧盟（5%）相形见绌”，但在他看来，“在许多方面，中国是当今世界最资本主义的国家”。[1] 以发表《历史的终结及最后之人》而著称的日裔美国学者弗朗西斯·福山教授称，“的确认为存在一种中国模式”，“也许代表着一个最成功的替代模式”，但坚持认为中国“是威权的资本主义”，认为“今天中国之所以受到全球的敬仰，世界各国都想要学习中国的模式，并不是因为中国还存在社会主义因素，主要的是因为中国存在着充满活力的、有竞争力的资本主义因素”。[2] 美国左翼学者马丁·哈特·兰兹伯相信，只要市场改革一启动，就会陷入一种“湿滑的斜坡效应”，“无论用什么方式”，其结果只能是私有制一步一步取代公有制，最终通往“彻底的资本主义”。[3] 美国麻省理工学院黄亚生教授著有《中国特色资本主义：企业与国家》，认为中国经济已经资本主义化，所谓“中国特色社会主义”就是“中国特色资本主义”。[4] 美国学者爱德华·斯坦菲尔德也坚信，中国已经蜕变成了一个不折不扣的资本主义社会。[5] 此外，美国学者斯蒂芬·哈尔珀著《中国的威权模式将如何主导 21 世纪》（八旗文化出版公司 2010 年版）、大卫·哈维著《新自由主义简史》（上海译文

---

① 吴敬琏、俞可平等：《中国未来 30 年》，中信出版社 2012 年版，第 131 页。

② 陈家刚编：《危机与未来——福山中国讲演录》，中央编译出版社 2012 年版，第 18、97、80、82 页。

③ Martin Hart-Landsberg and Paul Burkett, *China and Socialism: Market Reforms and Class Struggle*, New York: Monthly Review Press, 2005, p. 34.

④ Yasheng Huang, *Capitalism with Chinese Characteristics: Entrepreneurship and the State*, Cambridge: Cambridge University Press, 2008.

⑤ ［美］爱德华·斯坦菲尔德：《中国善于“内化”西方游戏规则》，《参考消息》2010 年 6 月 30 日。

出版社 2010 年版）等，也持有类似观点。还有的学者认为，中国社会很复杂，很难用姓“资”姓“社”的标准加以判断。如波兰著名学者亚当·沙夫在《我的中国观》中指出，中国社会形态问题极其复杂，很难明确界定其社会性质。[①] 英国经济学家彼得·诺兰也持这种看法，他认为中国道路不同于资本主义，也不同于社会主义，应该把所谓中国特色社会主义道路理解为“第三条道路”，即国家与市场之间的一种创造性、共生的相互关系。他还指出，2000 多年来中国一直在走它自己的第三条道路，它是一种完整的哲学，有其特定的道德基础。[②]

从国外学者认可的概念术语看，除了“北京共识”、“中国模式”、“中国经验”、“中国道路”、“中国新社会”等提法外，[③] 有的接受并认可“中国特色社会主义”、“中国化的马克思主义”等概念话语，进而提出“新型社会主义”、“后社会主义论”、“新版的马克思主义”等观点。值得注意的是，对“中国社会主义”与“中国特色社会主义”、“中国特色社会主义理论体系”与“中国特色社会主义理论”这两对概念，国外学者基本不加区别地统一使用。

在研究中国特色社会主义历史和理论的过程中，他们往往将新中国成立甚至中国共产党成立以来视为一个整体加以考察，注重对毛泽东和邓小平社会主义思想的比较研究。如美国著名学者莫里斯·迈斯纳认为，毛泽东主义的中国和后毛泽东的中国“既不是一个资本主义的社会也不是一个社会主义社会，而且也不可能变成其中任何一个”。在他看来，后毛泽东主义的中国距离社会主义的前景更加遥远了。[④] 如果说毛泽东时期提倡平均主义、追求平等，还强调“重新塑造人”，而毛泽东之后的中国马克思主义基本上是一种现代经济发展的理论，虽然能够提高人们的物质生活水平，却“不一定能产生建设理想社会的动力，也不可能感召许多人为马克

① ［波兰］亚当·沙夫：《我的中国观》，《当代世界社会主义问题》2001 年第 4 期。

② ［英］彼得·诺兰：《处在十字路口的中国》，吕增奎摘译，《国外理论动态》2005 年第 9 期。

③ ［新］郑永年：《中国模式：经验与困局》，浙江出版联合集团、浙江人民出版社 2010 年版。

④ ［美］莫里斯·迈斯纳：《毛泽东的中国及后毛泽东的中国——人民共和国史》，杜蒲、李玉玲译，四川人民出版社 1990 年版，第 4 页。

思的乌托邦而奋斗”。①

论及中国经验、原则和特征，国外学者似乎不太注重理论体系的建构，更加注重简明扼要的说明。如雷默提出，中国发展的三个定理是创新变化、混乱管理和自主理论。他认为“华盛顿共识”的目标是帮助银行家，而“北京共识”的目标是帮助普通民众。② 约翰·奈斯比特等认为，中国新社会的形成和发展得益于解放思想、摸着石头过河、自由与公平等八大支柱。③ 罗伯特·库恩则提出，中国改革坚持了自尊、稳定、责任和远见等四个指导原则。④ 还有的学者强调实事求是、公平正义及道德理想等。

实际上，国外学者关于中国特色社会主义和当代中国社会发展的研究，也受到了国内学者的关注，相关介绍和评析也常见诸报刊，也有不少专著。如，金春明主编《评〈剑桥中华人民共和国史〉》、马启民著《国外邓小平理论研究评析》（高等教育出版社2002年版）、成龙著《海外马克思主义中国化理论研究》（广东人民出版社2009年版），徐崇温《国外有关中国模式的评论》、张西立《国外有关中国发展道路的若干看法评析》、徐艳玲等《国外学者眼中的“中国特色社会主义”认知》等。这些成果对于增进学术交流，促进中国特色社会主义研究，无疑都具有重要意义。

总之，国内外大量研究成果一方面为全面理解、科学建构中国特色社会主义理论体系作出了巨大贡献；另一方面，若干基础性问题的争论与分歧也为深入研究中国特色社会主义理论体系的建构基础提供了拓展空间。这主要表现在：（1）应进一步界定、规范基本概念和话语；（2）应厘清历史与逻辑起点及两大成果的辩证关系；（3）应进一步论证改革开放前后两个历史时期的统一性；（4）应提炼主题主线，规避同义反复等问题；（5）需要进一步深入中国特色社会主义核心价值的研究；

---

① ［美］莫里斯·迈斯纳：《马克思主义、毛泽东主义与乌托邦主义》，张宁、陈铭康等译，中国人民大学出版社2013年版，第183页。

② 转引自黄平、崔之元《中国与全球化：华盛顿共识还是北京共识》，社会科学文献出版社2005年版，第25—26页。

③ ［美］约翰·奈斯比特、［德］多丽丝·奈斯比特：《中国大趋势——新社会的八大支柱》，魏平译，吉林出版集团、中华工商联合出版社2009年版。

④ ［美］罗伯特·劳伦斯·库恩：《中国30年：人类社会的一次伟大变迁》，世纪出版集团、上海人民出版社2008年版，第11页。

（6）应进一步明确建构中国特色社会主义理论体系的目的、原则和思路。

三　课题研究的主要内容和意义

本课题研究内容主要包括以下几个方面：一是讨论分析了中国特色社会主义理论体系的概念基础，着重探究了“中国特色社会主义理论体系”与“中国特色社会主义理论”、“中国社会主义”与“中国特色社会主义”等基础概念所存在的问题，并提出了规范概念的建议。二是在比对学界研究成果的基础上，课题组从五个方面描述了中国特色社会主义理论体系的哲学基础。三是根据中央关于社会主义初级阶段是中国特色社会主义总依据的基本思路，明确提出了判断中国特色社会主义现实基础的主要依据，进而将1956年前党领导人民所进行的新民主主义革命和社会主义改造视为中国特色社会主义的历史基础，将1956年中国进入社会主义初级阶段以来的探索视为中国特色社会主义理论体系的现实基础加以讨论，将改革开放前后两个历史时期的实践探索统一在中国特色社会主义的伟大实践之中，从而拓展了中国特色社会主义宏大事业的历史视野。四是着重从政治、经济和社会三大领域考察探究了中国特色社会主义理论体系的制度基础，并论证了中国特色社会主义的制度优势。五是从价值（观）入手，探讨了中国特色社会主义理论体系的价值基础，以人民主体为依据，分析了中国特色社会主义核心价值的抽象与具体、长期与阶段的应有表达。六是针对学界关于中国特色社会主义理论体系主题主线的认识分歧，提出主题主线的一致性，进而将社会主义现代化视为中国特色社会主义理论体系的主题主线，进行了必要的论证和分析。七是对中国特色社会主义理想信念进行了必要的概念辨析，进而探讨了中国特色社会主义理想信念的内核及其现实意义。在此基础上，进一步分析了主题主线、核心价值、共同理想和中国梦等几个问题之间的内在联系，指出中国梦的实质是实现中华民族的伟大复兴；中华民族伟大复兴的实质是实现中国特色社会主义现代化；中国特色社会主义现代化的实质是共享发展、共同富裕。最后，针对中国特色社会主义理论体系建构中所存在的若干问题，课题组对中国特色社会主义理论体系的建构目的、原则和主要思路进行了必要的总结和概括。

本课题研究重点及力求有所创新的问题：一是提出中国特色社会主义理论体系的“建构基础”问题，尝试性地将其区分为概念基础、哲学基础、思想基础、历史基础、现实基础、制度基础、价值基础，以及主题主线、理想信念等几个主要方面，使“建构基础问题”清晰明确、具体实在，为建构中国特色社会主义理论的科学体系提供了思路。二是把中国特色社会主义理论和实践的发生与社会主义初级阶段的开始统一起来，就“起点”提出了相应的主张，提出并论证了判断“起点”的主要根据，进而评析了国内外割裂改革开放前后两个历史时期的主要误区。三是运用量变与质变、继承与发展辩证关系的一般原理，对“包括”与“不包括”的流行观点进行了必要的反思和讨论，提出第二大成果必然继承、包含部分第一大成果的客观事实，从而厘清了马克思主义中国化两大理论成果辩证统一的关系。四是对比分析了学界关于中国特色社会主义理论体系主题主线的不同主张，明确提出了主题主线无需区分的观点，并论证了中国特色社会主义现代化作为中国特色社会主义理论体系的主题主线的逻辑必然。五是把中国特色社会主义理论体系的价值基础作为问题提出，并据此论证了共享发展、共同富裕作为中国特色社会主义核心价值的合理性和重要性。六是探讨了中国特色社会主义共同理想信念的内容和内核，并就共同理想、主题主线、核心价值之间的辩证关系进行了必要的分析和澄清。此外，在中国特色社会主义政治制度建设的讨论中，将党对军队国防的绝对领导作为社会主义国家安全的一项根本制度加以论证，也是对基本事实的一个客观描述。

本课题的研究意义。1956年以来，特别是改革开放以来，中国特色社会主义建设获得了巨大成功，当代中国发展的方向已经明确、前进道路已经开辟、科学理论已经形成、相对优越的制度正在建立。但是，现阶段我国社会仍处在社会主义初级阶段，这个基本国情没有变；当今世界的时代主题仍然是和平与发展，这一大的国际形势和特点没有变。总之，中国特色社会主义仍处在探索发展的初始阶段，其道路模式、理论建构、制度建设和社会形态等都还没有定型，也还远没有成熟。完成全面建成小康社会、基本实现社会主义现代化和中华民族伟大复兴的“两个一百年”奋斗目标，我们还面临着许多大的困难和挑战，有些问题十分严峻。改革开放以来，我们对社会主义和中国特色社会主义规律的研究、认识和把握，可以说达到了前所未有的新高度。但是，通过考察我们也不难发现，我们没有弄清楚的理论和实践问题还很多，对于社会主义和中国特色社会主义，我们的认识和把握还在深化之中，即便在中国特色社会主义所涉及的基本概念、历史发展、现实基础、两大理论成果和改革开放前后两个历史时期的辩证关系、理论体系的主题主线、核心价值等若干基础性问题上，在理论界也还存在许多争议和分歧。与此同时，我们还必须看到，资本主义强大、社会主义弱小的世界格局、纷繁复杂的社会环境以及各种社会思潮的浸润和影响，将使中国特色社会主义建设和发展的客观环境在很长一个历史时期内依旧严峻，现实生活中怀疑、批评甚至公然否定、攻击马克思主义、科学社会主义和中国特色社会主义的思想和观点不仅客观存在，有时还很激烈。有些善良而无知的人限于知识结构和了解程度，对中国特色社会主义不甚了了、“知其然不知其所以然”，盲目指责和批评；有些人限于个体的生存环境和氛围，长期受西方所谓自由主义、“普世价值观”等强权文化和殖民历史观的影响，盲目崇拜西方历史、文化和制度，对民族文化、革命历史和中国道路缺乏自信，因而长期数典忘祖、妄自菲薄；有些人可能由于家庭原因或者受金钱诱惑完全站在了敌视马克思主义、社会主义和共产党的立场上，积极充当污蔑、颠覆社会主义和共产党的吹鼓手，凡此等等，不一而足，大千世界，不足为奇。但是，这些问题却严肃地告诉我们，坚持和发展中国特色社会主义将是一项长期而艰巨的历史任务，我们必须准备，也只能时刻准备进行更多更复杂更艰巨的努力和斗争。理论探索、研究和建设也是一项十分重要、十分复杂的工作和斗争。直面国内外理论界和社会上的种种认识分歧和思想困惑，考察探究中国特色社会主义理论体系建构中的若干重大基础性问题，在困惑中质疑，在质疑中思考比较，在思考比较中分析探究，在分析探究中明辨，在明辨中自信，在自信中引导，在引导中实践创新。显然，理论研究有其特定的现实意义。

提出并梳理中国特色社会主义理论体系建构中的九个基础性问题，提出相应的主张、观点和思路，有助于深入相关问题的研究，有助于澄清有关认识误区，从而为人们更加清晰地认识、理解和把握中国特色社会主义理论和实践发展的基本脉络，更加充分地认识和理解中国特色社会主义的历史必然性和科学真理性，更加全面深刻地认识和理解中国特色社会主义理论体系的内涵、特点和价值，建构更加严谨科学、朴实管用的中国特色社会主义理论体系提供应有的智力支持。

第一章　中国特色社会主义理论体系的基本概念

围绕中国特色社会主义而形成的相关概念是构成中国特色社会主义理论体系的基本要素。这些概念既包括“中国特色社会主义理论体系”概念本身，也包括构成中国特色社会主义理论体系基本框架的一些重要概念，如社会主义市场经济、社会主义初级阶段、社会主义改革开放、社会主义本质，当然也包括邓小平理论、“三个代表”重要思想、科学发展观、习近平新时代中国特色社会主义思想等等。建构中国特色社会主义理论的科学体系，必须首先厘清这一系列相关概念的提出演进过程及其特定的内涵、特点，并厘清这些概念与相关概念的本质区别。唯有如此，才能真正全面深入理解中国特色社会主义理论体系。

一　“中国特色社会主义理论体系”基本概念的演进

从毛泽东在新中国成立初期就提出“找到中国建设社会主义的具体道路”，到改革开放以后邓小平提出“建设有中国特色的社会主义”，再到党的十七大中央明确提出“中国特色社会主义理论体系”，中国特色社会主义理论体系的形成和发展过程，也是一系列相关基本概念的提出、发展和完善的过程。厘清这些基本概念的演进过程，有助于认清中国特色社会主义理论体系的建构理路。

（一）“中国特色社会主义”概念的提出

“中国特色社会主义”这一基本概念的提出，是马克思主义中国化的必然要求。“中国特色社会主义”，从逻辑上来说是马克思主义中国化的衍生概念。既然提出把马克思主义中国化，事实上就已经包含着中国要建立的社会主义，一定是中国特色的社会主义。这一点在中国共产党成立以前，就开始成为人们认识和接受马克思主义和社会主义的共识。“一国有一国的历史，有一国的文化，有一国的风俗习惯，不能强同。所以虽是同一社会主义，德国有德国社会主义的面目，法国有法国社会主义的面目（Syndicalism 产于法），英国有英国社会主义的面目（GildSocialism 产于英），美国有美国社会主义的面目（I. W. W. 盛于美），俄国有俄国社会主义的面目（波尔塞维克盛于俄）。这些社会主义，不仅内容细目各自不同，往往根本上生出差别。……中国若欲提倡社会主义，自然有中国社会主义的色彩，绝不能说是一定要学那国的社会主义，一步一趋，就可以学得到的。我们只可以把各国的社会主义，拿来互相参证，互相比较，到底中国有若何的同点异点，然后从各种各种的社会主义，抽出一些于中国有推行的，可能的诸点，融会条贯构成中国的社会主义；断没有把西洋的学说，生吞活剥，硬来作自己的主张，就可以建设一个理想的国家。”① 在马克思主义传入中国之初，乃至中国共产党人为社会主义奋斗之初，虽然没有明确提出“中国特色社会主义”概念，实际上，中国特色社会主义的概念已经存在于当时人们的潜意识当中。中国共产党成立后，以李大钊、陈独秀、毛泽东等为代表的共产党人也很快意识到，在中国建设社会主义，必定是符合中国实际、具有中国特点的社会主义。李大钊就指出：“因各地、各时之情形之同，务求其适合者行之，遂发生共性与特性结合的一种新制度（共性是普遍者，特性是随时随地不同者），故中国将来发生之时，必与英、德、俄……有异。”② 其中的“共性”是社会主义，其中的“个性”则是中国特色，“共性”与“个性”相结合，岂不正是中国特色的社会主义。1938 年党的六届六中全会上，毛泽东指出：“马克思主义必须和我国的具体特点相结合并通过一定的民族形式才能实现。马克思列宁主义的伟大力量，就在于它是和各个国家具体的革命实践相联系的。对于中国共产党说来，就是要学会把马克思列宁主义的理论应用于中国的具体的环境。成为伟大中华民族的一部分而和这个民族血肉相联的共产党员，离开中国特点来谈马克思主义，只是抽象的空洞的马克思主义。因此，使马克思主义在中国具体化，使之在其每一表现中带着必须有的中国的特性，即是说，按照中国的特点去应用它，成为全党亟待了解并亟须解决的问题。”③

---

① 李凤亭：《时代思潮的杂评》，《太平洋》1920 年第 8 号。

② 《李大钊文集》第 4 卷，人民出版社 1999 年版，第 5 页。

③ 《毛泽东选集》第 2 卷，人民出版社 1991 年版，第 534 页。

从而明确提出要把“马克思主义中国化”。在当时的历史语境中，把马克思主义中国化，其实就是要走具有中国特色的革命道路。那么，革命胜利后，把马克思主义中国化，则必然是要走具有中国特色的社会主义建设道路，建设有中国特色的社会主义。邓小平后来也指出：“过去搞民主革命，要适合中国情况，走毛泽东同志开辟的农村包围城市的道路。现在搞建设，也要适合中国情况，走出一条中国式的现代化道路。”① “马克思主义中国化”概念的提出，为中国特色社会主义概念的提出，提供了基本的逻辑前提，也提出了明确的使命要求。

“中国特色社会主义”概念的提出，也是实事求是，依据中国国情探索符合中国特点的社会主义建设道路的必然结果。新中国成立后，在进行社会主义改造的同时，也开始了社会主义建设。但由于党在历史上长期从事艰苦的武装革命斗争而缺乏对社会主义建设的具体认识和理论准备，缺乏社会主义建设的基本经验，再加上对社会主义本质认识不够深入，我国的社会主义建设在许多方面只能照搬苏联社会主义建设的样式。不过，随着时间的推进和实践的逐步深入，特别是苏共二十大以后，毛泽东以及党的其他许多领导人都意识到，苏联的社会主义建设存在许多问题，我们不能再照搬苏联社会主义建设的模式，走苏联走过的弯路。1956 年 4 月，毛泽东在《论十大关系》中明确指出：“最近苏联方面暴露了他们在建设社会主义过程中的一些缺点和错误，他们走过的弯路，你还想走？过去我们就是鉴于他们的经验教训，少走了一些弯路，现在当然更要引以为戒。”② 所谓“引以为戒”，就是不走苏联社会主义建设的老路子，而是要另辟新径，探索符合中国特点的社会主义建设新路。对于如何探索符合中国特点的社会主义建设新道路，毛泽东又指出：“最重要的是要独立思考，把马列主义的基本原理同中国革命和建设的具体实际相结合。民主革命时期，我们在吃了大亏之后才成功地实现了这种结合，取得了中国新民主主义革命的胜利。现在是社会主义革命和建设时期，我们要进行第二次结合，找出在中国怎样建设社会主义的道路。”毛泽东还提出：“现在感谢赫鲁晓夫揭开了盖子，我们应从各方面考虑如何按照中国的情况办事，不要再像过去那样迷信了。其实，我们过去也不是完全迷信，有自己的独创。现在更

① 《邓小平文选》第 2 卷，人民出版社 1994 年版，第 163 页。
② 《毛泽东文集》第 7 卷，人民出版社 1999 年版，第 23 页。

要努力找到中国建设社会主义的具体道路。"① 这里所谓的"具体道路",其实就是中国特色的社会主义道路。

1956 年党的八大确立了探索符合中国特点的社会主义建设道路的基本原则,提出了许多符合实际的正确思想观点,但由于国内外形势的变化,这些正确的思想观点没有能够得到全面充分的贯彻落实。1957 年下半年以后,随着反右扩大化,党中央错误估计了阶级斗争的严重性,阶级斗争逐渐取代社会主义建设,成为国家经济政治社会生活的主题,社会主义建设道路的探索遭遇严重曲折。直到 1978 年党的十一届三中全会召开,党和国家的工作重心才又重新回到以经济建设为中心,实行改革开放,探索符合中国特点的社会主义建设道路上来。1979 年,美国不列颠百科全书出版公司编委会副主席吉布尼在采访邓小平时,曾提出是否在新中国成立以后就已经开始探索"中国式的社会主义道路"② 这样的疑问,邓小平作出了肯定回答。吉布尼所谓的"中国式的社会主义道路",在我们的话语中其实就是"中国特色的社会主义道路"。邓小平在谈到中国的现代化时,也多次使用"中国式的现代化"这一概念,以突出中国当前正在进行的改革探索,是一场不同于别国的新探索。改革开放虽然只是刚刚起步,"中国特色"已然呼之欲出。

邓小平在 1982 年党的十二大开幕词中明确提出"建设有中国特色的社会主义"的概念,可以说是水到渠成。他指出:"我们的现代化建设,必须从中国的实际出发。无论是革命还是建设,都要注意学习和借鉴外国经验。但是,照抄照搬别国经验、别国模式,从来不能得到成功。这方面我们有过不少教训。把马克思主义的普遍真理同我国的具体实际结合起来,走自己的道路,建设有中国特色的社会主义,这就是我们总结长期历史经验得出的基本结论。"③ 此后,邓小平多次重申:"我们搞的现代化,是中国式的现代化。我们建设的社会主义,是有中国特色的社会主义。"④ "马克思主义必须是同中国实际相结合的马克思主义,社会主义必须是切合中国实际的有中国特色的社会主义。"⑤ "我们的原则是

---

① 吴冷西:《忆毛主席》,新华出版社 1995 年版,第 9、10 页。
② 《邓小平文选》第 2 卷,人民出版社 1994 年版,第 234—235 页。
③ 《邓小平文选》第 3 卷,人民出版社 1993 年版,第 2—3 页。
④ 《邓小平文选》第 3 卷,人民出版社 1993 年版,第 29 页。
⑤ 《邓小平文选》第 3 卷,人民出版社 1993 年版,第 63 页。

把马克思主义同中国的实践相结合，走中国自己的道路，我们叫建设有中国特色的社会主义。"①"建设有中国特色的社会主义"这一概念逐步深入人心，并成为引领改革开放以来中国现代化建设的鲜明旗帜。

2002年党的十六大第一次明确了"中国特色社会主义"这一概念，比较系统地总结了党领导人民建设中国特色社会主义的基本经验，提出了全面建设小康社会的新任务，并通过了以"全面建设小康社会，开创中国特色社会主义事业新局面"为主题的报告。此后，"有中国特色的社会主义"逐渐被"中国特色社会主义"所取代，"中国特色社会主义"这一概念正式成为党领导人民建设有中国特色、符合中国特点的社会主义的代名词。

（二）"中国特色社会主义理论体系"相关基本概念的丰富和发展

"建设有中国特色的社会主义"这一基本概念为符合中国特点的社会主义建设道路的探索提供了一个总体的框架，但它的具体内容还需要在实践探索中不断充实和拓展。

社会主义改革开放理论的提出。改革开放是探索发展中国特色社会主义的实践载体，没有改革开放，就没有中国特色的社会主义。尽管毛泽东在1956年就提出要探索符合中国特点的社会主义新道路，但一直到十一届三中全会，我国的社会主义建设在事实上始终没有能够完全突破苏联社会主义建设的模式。也正因为如此，邓小平在十二大开幕词中又强调要"建设有中国特色的社会主义"。从"建设有中国特色的社会主义"这一概念本身出发来解读，"有中国特色"既不同于苏联模式，也不完全相同于十一届三中全会以前我国的发展道路，而是要另辟蹊径，走出一条新路。因此，"有中国特色"就意味着改革，所以，十一届三中全会明确提出要实行改革开放，社会主义改革开放理论也由此成为中国特色社会主义的第一个理论注脚。实践的推进需要以理论的突破为先导，改革开放的实践催生了社会主义关于改革开放的新理论。

社会主义初级阶段理论的提出。正确判断本国国情是把马克思主义与本国实际相结合的前提和基础。革命如此，建设如此，改革亦是如此。民主革命时期，正是由于客观判断了中国以农业为主的落后的半殖民地半封建社会的基本国情，才确立了农村包围城市武装夺取政权的独具中国特色

① 《邓小平文选》第3卷，人民出版社1993年版，第135页。

的革命道路。改革开放以后，要建设中国特色社会主义也必须首先对现实基本国情作出正确的判断。同时，十一届三中全会以后，针对一些新思想新方针新政策，社会上一些人开始质疑我国改革开放的社会主义性质。1987 年党的十三大召开前夕，邓小平发表讲话明确提出“一切从社会主义初级阶段的实际出发”，从而提出了“社会主义初级阶段”这一新概念。他指出：“我们党的十三大要阐述中国社会主义是处在一个什么阶段，就是处在初级阶段，是初级阶段的社会主义。社会主义本身是共产主义的初级阶段，而我们中国又处在社会主义的初级阶段，就是不发达的阶段。一切都要从这个实际出发，根据这个实际来制订规划。”① 随后召开的党的十三大系统阐释了社会主义初级阶段理论，即中国所采取的不同于一般意义上的社会主义的路线方针政策，都是基于社会主义初级阶段这一现实基础。社会主义初级阶段理论的提出，为中国特色社会主义理论体系的合法性提供了有力支撑，为中国特色社会主义理论体系奠定了又一重要理论基础。

社会主义本质理论的提出。随着改革开放的深入，一些新的社会现象和新事物不断出现，人们在思想上的困惑越来越多，改革所遇到的阻力越来越大。这种困惑集中体现在社会上所出现的新事物到底是不是社会主义？我们所要建设的社会主义究竟是什么样子？因为困惑，人们对改革开放产生了各种各样的质疑，严重阻碍了改革开放的进一步推进。在这样的背景下，1992 年初，已是 88 岁高龄的邓小平视察武昌、深圳、珠海、上海，发表了著名的南方谈话，系统地阐释了社会主义本质。邓小平指出：“社会主义的本质，是解放生产力，发展生产力，消灭剥削，消除两极分化，最终达到共同富裕。”② 进而明确提出社会主义最根本的任务是发展生产力，在社会主义初级阶段，剥削和两极分化这两种与社会主义基本原则相违背的社会现象将长期存在，社会主义正是消灭剥削、消除两极分化的一个过程，共同富裕在社会主义初级阶段既是一个目标，也是一个过程。邓小平的这一论述，紧密联系我国还处于社会主义初级阶段这一基本现实，从哲学高度概括了社会主义的本质，澄清了以往人们关于社会主义本质的许多模糊认识，为改革开放的进一步深入和中国特色社会主义事业的

① 《邓小平文选》第 3 卷，人民出版社 1993 年版，第 252 页。
② 《邓小平文选》第 3 卷，人民出版社 1993 年版，第 373 页。

进一步发展扫清了思想和理论障碍。社会主义本质理论的提出也为中国特色社会主义理论体系的最终形成奠定了关键基础。

社会主义市场经济理论的提出。在中国特色社会主义理论体系中最具中国特色、同时也是争论最为激烈的，莫过于社会主义市场经济理论。在人们的传统观念中，计划经济是社会主义的制度表现，是社会主义能够克服生产过剩避免经济危机的一项重要制度设计，而市场经济则被认为是资本主义制度的专利，只有在私有制基础之上才能采用市场经济体制。经济学家伊萨克森、汉密尔顿和吉尔法松在合著的《理解市场经济》一书中说："没有所有权，就没有资本家；没有资本家，就没有资本主义；没有资本主义就没有市场经济。"[①] 强调资本主义私有制是市场经济的基础，只有资本主义制度下才有市场经济。正是由于这种对市场经济的认识，导致市场经济在改革开放以前成为理论和实践禁区。然而，僵化的计划经济体制给经济社会发展带来严重阻碍，而发展市场经济又成为推进改革开放的必然要求。在这种情况下，如何为市场经济在理论上松绑，并在实践中展现市场经济的资源配置优势，使市场经济为社会主义现代化服务，成为中国特色社会主义理论创新必须要突破的一道难题。十一届三中全会以后，关于计划和市场的争论，始终与改革开放相伴相随。尤其是20世纪80年代末90年代初，关于计划和市场的争论成为社会各界争论的焦点，几乎要阻遏改革开放的整体进程。在这样的背景下，邓小平在南方谈话中明确提出："计划多一点还是市场多一点，不是社会主义与资本主义的本质区别。计划经济不等于社会主义，资本主义也有计划；市场经济不等于资本主义，社会主义也有市场。计划和市场都是经济手段。"[②] 1992年6月，江泽民在中央党校省部级干部进修班上的讲话中第一次使用了"社会主义市场经济体制"的概念，随后党的十四大重申了邓小平关于社会主义与市场经济关系的论述，明确提出要把建立社会主义市场经济体制作为我国经济体制改革的目标，从而客观还原了计划经济和市场经济的本来面目，也彻底澄清了人们对计划经济和市场经济的困惑，进一步推进了改革开放的伟大事业。社会主义市场经济理论，与社会主义改革开放理论、社会主义

---

① ［挪威］A. J. 伊萨克森、［瑞典］C. B. 汉密尔顿、［冰岛］T. 吉尔法松：《理解市场经济》，张胜纪、肖岩译，商务印书馆1996年版，第9页。

② 《邓小平文选》第3卷，人民出版社1993年版，第373页。

初级阶段理论、社会主义本质理论，共同奠定了中国特色社会主义理论体系的基石，构筑了中国特色社会主义理论体系的基本框架。

邓小平理论的提出。1992 年邓小平南方谈话以后，社会上许多关于中国特色社会主义实践中的困惑得到澄清，理论上的难题得以突破，建设和发展中国特色社会主义逐步成为社会的共识。1997 年党的十五大召开，把改革开放以来党的所有理论创新，从某种意义上讲，即中国特色社会主义理论创新统称为邓小平理论。十五大报告指出："在社会主义改革开放和现代化建设的新时期，在跨世纪的新征途上，一定要高举邓小平理论的伟大旗帜，用邓小平理论来指导我们整个事业和各项工作。这是党从历史和现实中得出的不可动摇的结论。"① 就其本质而言，邓小平理论的所有内容都是关于中国特色社会主义建设的理论内容，邓小平理论就是中国特色社会主义理论在这一时期的代名词。邓小平理论的提出，实际上也标志着中国特色社会主义理论作为科学理论体系的基本形成。

（三）"中国特色社会主义理论体系"相关基本概念的不断完善

"三个代表"重要思想的提出。世纪之交，在邓小平理论的指引下，中国特色社会主义建设事业顺利推进，但一些新事物新课题也随之而来。面对变化了的世情、国情、党情，以江泽民为核心的党的第三代领导集体，在改革开放实践中坚持解放思想、实事求是、与时俱进的思想路线，创立了"三个代表"重要思想。"三个代表"重要思想在坚持邓小平理论的基础上，又在许多方面发展了邓小平理论，包括确立了中国特色社会主义的基本纲领，明确了依法治国的基本方略，提出建设社会主义政治文明，确立了经济、政治、文化三位一体的现代化建设总体布局，明确了全面建设小康社会新的奋斗目标，在邓小平理论的基础上进一步回答了"什么是社会主义，怎样建设社会主义"的问题，创造性地回答了"建设什么样的党，怎样建设党"的问题，从而丰富了中国特色社会主义理论体系的内容，深化了对中国特色社会主义的认识。

科学发展观的提出。2002 年党的十六大以后，以胡锦涛为总书记的党中央针对中国特色社会主义现代化建设过程中出现的新情况新问题，提出了以人为本的科学发展观。科学发展观强调，要转变经济发展方式，实现经济又好又快发展。提高自主创新能力，建设创新型国家。坚持生产发

---

① 《江泽民文选》第 2 卷，人民出版社 2006 年版，第 8 页。

展、生活富裕、生态良好的文明发展道路，建设社会主义生态文明。在民主政治建设方面，探索基层群众自治制度，在文化建设方面，努力建设以社会主义核心价值体系为根本的和谐文化，在社会建设方面，构建社会主义和谐社会，把社会主义现代化建设的总体布局从三位一体拓展到四位一体。坚持走和平发展道路，倡导建设和谐世界。科学发展观坚持以人为本，深刻回答了“实现什么样的发展、怎样发展”的问题，进一步深化了对中国特色社会主义的认识，丰富和发展了中国特色社会主义理论体系。

“中国特色社会主义理论体系”概念的提出。2007年，党的十七大报告在总结改革开放历史经验时明确提出：“改革开放以来我们取得一切成绩和进步的根本原因，归结起来就是：开辟了中国特色社会主义道路，形成了中国特色社会主义理论体系。”“中国特色社会主义理论体系，就是包括邓小平理论、‘三个代表’重要思想以及科学发展观等重大战略思想在内的科学理论体系。”[①] 把邓小平理论、“三个代表”重要思想和科学发展观等重大战略思想进行整合，统称为“中国特色社会主义理论体系”，强调了新时期三个阶段性理论成果的内在统一。这一变化适应了中国特色社会主义不断发展、党的理论不断创新的需要，为中国特色社会主义理论的不断丰富和完善提供了宽广的平台和空间，也向理论工作者提出了建构中国特色社会主义理论体系的艰巨任务。党的十七大把改革开放以来的所有理论创新用中国特色社会主义理论体系来命名，有着一定的科学性，因为无论是邓小平理论还是“三个代表”重要思想以及科学发展观等，都属于中国特色社会主义理论体系的范畴。

“中国特色社会主义理论体系”概念刚一提出，给人的直接感受是削弱了邓小平理论的地位，强调了以江泽民为代表的中央领导集体和以胡锦涛为代表的中央领导集体在理论创新上的贡献。然而，从中国特色社会主义理论体系内涵的概括来看，邓小平理论是中国特色社会主义理论体系的基石，“三个代表”重要思想和科学发展观在某些方面创新和发展了邓小平理论。“中国特色社会主义理论体系”对邓小平理论、“三个代表”重要思想和科学发展观等重大战略思想的概括，在很大程度上改变了以往以党的主要领导人名字命名的惯例。这一概括非但没有削弱邓小平理论的重

① 胡锦涛：《高举中国特色社会主义伟大旗帜，为夺取全面建设小康社会新胜利而奋斗——在中国共产党第十七次全国代表大会上的报告》，人民出版社2007年版，第11页。

要地位，反而强化了邓小平理论的地位。因为“中国特色社会主义理论体系”这个概念很可能涵盖全部中国社会主义建设的历史过程，直至实现共产主义以前的历史阶段，党的所有理论创新都可能涵盖其中，不必再作新的命名。因为我们党所有的理论创新都应当是围绕建设和发展中国特色社会主义而进行的，因而都可以顺理成章地归入“中国特色社会主义理论体系”。

习近平新时代中国特色社会主义思想的创立。2012 年党的十八大以来，以习近平同志为核心的党中央积极应对国内外形势的发展变化，紧紧围绕“坚持和发展什么样的中国特色社会主义、怎样坚持和发展中国特色社会主义”的时代主题，以巨大的政治勇气和强烈的责任担当，创造性提出了一系列治国理政的新理念新思想新战略，形成了马克思主义中国化的最新成果——习近平新时代中国特色社会主义思想。这一思想涵盖坚持和发展中国特色社会主义的总目标、总任务、总体布局和发展方向、发展方式、发展动力、战略步骤、外部条件、政治保证等基本问题，涉及经济、政治、法治、科技、文化、教育、民生、民族、宗教、社会、生态文明、国家安全、国防和军队、“一国两制”和祖国统一、统一战线、外交、党的建设等各方面。其内容丰富、系统完整，具有一定的独立性，但是这一重要思想仍归属中国特色社会主义理论体系，这无论在理论还是在实践层面看都是严谨而科学的。

（四）“中国特色社会主义理论体系”基本概念演变的启示

回顾“中国特色社会主义理论体系”相关概念的形成和发展演变过程，可以获得以下结论：

第一，“中国特色社会主义”概念的形成和提出不是偶然的，具有深厚的历史渊源、理论依据和实践基础。作为“渊源”、“根据”和“基础”，不仅包括丰富的中国革命和建设的成功经验，也包括中国革命和建设中的严重挫折和教训（虽然挫折和教训本身不是科学理论的基本内容）；不仅摒弃了僵化的苏联模式，也坚持和发展了科学社会主义的基本原理。从提出“找到建设中国社会主义的具体道路”到提出“中国式的现代化”、“中国的社会主义”，从“建设有中国特色的社会主义”到“中国特色社会主义”的约定俗成，是历史经验和理论逻辑发展的必然结果。

第二，“中国特色社会主义”由“建设有中国特色的社会主义”演变而来，其表述方式更为简洁，而其本意是“建设中国特色社会主义”或

"中国特色社会主义建设"。指出这一事实不仅是进一步把握其内涵的需要，也是与"中国特色社会主义革命"（即中国特色的社会主义改造）相区别的需要。

第三，"建设有中国特色的社会主义"与"建设中国特色社会主义"的内涵是一致的，其些许区别不必深究。有的学者提出，"建设有中国特色的社会主义"强调中国特色社会主义仍在探索中，尚未成熟和定型，去掉"有"表示中国特色社会主义已经成型或基本成型。还有的学者不同意这个观点，认为二者没有什么不同，只是表述的简练程度不同。联系中国特色社会主义的历史发展看，区别或许在于对中国特色社会主义的自觉自信，以及理论和实践的成熟程度，后者明显高于前者。但是，建设中国特色社会主义的历史将很长，绝不限于社会主义初级阶段，在这个很长的历史阶段中，总会既有成功，也有失误和挫折，不可能一帆风顺，探索是永恒的、绝对的，"成熟"与"成型"是相对的、基本的。因此，过分夸大"建设有中国特色的社会主义"与"建设中国特色社会主义"的区别，既无必要，也无意义。

第四，"中国特色社会主义"是一个总命题、大概念，中国特色社会主义理论体系也是一个内涵丰富、层次多样的庞大的科学理论体系。"中国特色社会主义"这个大概念具有其特定的表现形态，已经出现的包括"中国特色社会主义旗帜"、"中国特色社会主义道路（实践）"、"中国特色社会主义理论（体系）"、"中国特色社会主义制度"、"中国特色社会主义事业"等等。但是，所有关于中国特色社会主义的理论，无论是关于道路的理论，还是关于制度的理论以及其他有关建设和发展中国特色社会主义的理论，都应当属于中国特色社会主义理论体系。

二　中国特色社会主义理论体系相关概念的含义和特点

理解中国特色社会主义理论体系，除了解中国特色社会主义理论体系基本概念的提出和演变过程外，还应深入理解以下概念的含义及其特点。

（一）中国特色社会主义理论体系相关概念的含义

中国特色社会主义理论体系的相关基本概念，构成了中国特色社会主义理论体系的主体内容。中国特色社会主义理论体系的特色，都体现在这些基本概念的独特内涵之中，因此，要全面客观深入理解中国特色社会主义理论体系，首先要深刻理解这些基本概念的独特内涵。

中国特色社会主义。自1982年邓小平提出以后，“中国特色社会主义”这一概念逐步被接受并被广泛使用，中国特色社会主义的内涵也在实践中不断丰富。一般认为，中国特色社会主义的内涵主要体现在四个维度，即道路、理论、制度和文化。首先，中国特色社会主义是指当代中国的发展道路，这也是邓小平在1982年提出“建设有中国特色的社会主义”的最初动因，建设有中国特色的社会主义，在当时就是要摆脱苏联模式、从我国改革开放前僵化的发展道路中解脱出来，走中国特色的社会主义道路。对于中国特色社会主义道路的内涵，2003年12月胡锦涛在纪念毛泽东诞辰110周年的讲话中曾作出客观阐释，并于2007年党的十七大报告和2012年党的十八大报告中又作出更为全面的解释。“中国特色社会主义道路，就是在中国共产党领导下，立足基本国情，以经济建设为中心，坚持四项基本原则，坚持改革开放，解放和发展社会生产力，建设社会主义市场经济、社会主义民主政治、社会主义先进文化、社会主义和谐社会、社会主义生态文明，促进人的全面发展，逐步实现全体人民共同富裕，建设富强民主文明和谐的社会主义现代化国家。”① 其次，中国特色社会主义通常也指中国特色社会主义理论。道路的探索需要理论创新为指导，中国特色社会主义道路的探索也必然催生中国特色社会主义理论。改革开放以来探索中国特色社会主义道路的所有理论创新，在不同时期集中体现在邓小平理论、“三个代表”重要思想、科学发展观和习近平新时代中国特色社会主义思想中，它们共同构成了中国特色社会主义理论体系。再次，中国特色社会主义也常常代指中国特色社会主义制度。中国特色社会主义道路的探索和顺利推进，需要坚强的制度保障，因此，中国特色社会主义道路探索的实践也必然催生中国特色社会主义制度。中国特色社会主义制度“就是人民代表大会制度的根本政治制度，中国共产党领导的多党合作和政治协商制度、民族区域自治制度以及基层群众自治制度等基本政治制度，中国特色社会主义法律体系，公有制为主体、多种所有制经济共同发展的基本经济制度，以及建立在这些制度基础上的经济体制、政治体制、文化体制、社会体制等各项具体制度”②。最后，中国特色社会主义还包含

① 胡锦涛：《坚定不移沿着中国特色社会主义道路前进，为全面建成小康社会而奋斗——在中国共产党第十八次全国代表大会上的报告》，人民出版社2012年版，第12页。

② 胡锦涛：《坚定不移沿着中国特色社会主义道路前进，为全面建成小康社会而奋斗——在中国共产党第十八次全国代表大会上的报告》，人民出版社2012年版，第12—13页。

中国特色社会主义文化。中国特色社会主义文化，源自于中华民族五千多年文明历史所孕育的中华优秀传统文化，熔铸于党领导人民在革命、建设、改革中创造的革命文化和社会主义先进文化，植根于中国特色社会主义伟大实践。坚持和发展中国特色社会主义文化，就是要坚持马克思主义，树立共产主义远大理想和中国特色社会主义共同理想，培育和践行社会主义核心价值观，不断增强意识形态领域主导权和话语权，不忘本来、吸收外来、面向未来，发展社会主义先进文化，更好构筑中国精神、中国价值、中国力量，为人民提供精神指引。① 中国特色社会主义是道路、理论、制度和文化的统一，道路、理论、制度和文化是中国特色社会主义的不同侧面，其中道路是实现途径，理论体系是行动指南，制度是根本保障，文化是精神动力，四者统一于中国特色社会主义伟大实践。这是中国特色社会主义最鲜明的特色。

除中国特色社会主义道路、理论、制度和文化的提法，中国特色社会主义的话语体系中还包括中国特色社会主义旗帜、中国特色社会主义事业、中国特色社会主义共同理想、中国特色社会主义发展模式等不同概念。

中国特色社会主义旗帜。旗帜指明方向，坚持改革开放，走中国特色社会主义道路，需要高举中国特色社会主义伟大旗帜。党的十三大报告第一次提出："有中国特色的社会主义，是马克思主义基本原理同中国现代化建设相结合的产物，是扎根于当代中国的科学社会主义。它是全党同志和全国人民统一认识、增强团结的思想基础，是指引我们事业前进的伟大旗帜。"② 党的十七大报告以"高举中国特色社会主义伟大旗帜，为夺取全面建设小康社会新胜利而奋斗"为题，党的十八大报告提出要把旗帜与道路、理论统一起来，强调"改革开放以来我们取得一切成绩和进步的根本原因，归结起来就是：开辟了中国特色社会主义道路，形成了中国特色社会主义理论体系。高举中国特色社会主义伟大旗帜，最根本的就是要坚持这条道路和这个理论体系"③。坚持改革开放，封闭僵化的老路不能走，改

---

① 中共中央宣传部：《习近平新时代中国特色社会主义思想三十讲》，学习出版社 2018 年版，第 195—196 页。

② 中共中央文献研究室编：《十三大以来重要文献选编》（上），中央文献出版社 1991 年版，第 55 页。

③ 胡锦涛：《高举中国特色社会主义伟大旗帜，为夺取全面建设小康社会新胜利而奋斗——在中国共产党第十七次全国代表大会上的报告》，人民出版社 2007 年版，第 11 页。

旗易帜的邪路更不能走，只能高举中国特色社会主义旗帜，坚定不移走中国特色社会主义道路。习近平总书记在《紧紧围绕坚持和发展中国特色社会主义，学习宣传贯彻党的十八大精神——在十八届中共中央政治局第一次集体学习时的讲话》的讲话中也强调："中国特色社会主义是中国共产党和中国人民团结的旗帜、奋进的旗帜、胜利的旗帜。我们要全面建成小康社会、加快推进社会主义现代化、实现中华民族伟大复兴，必须始终高举中国特色社会主义伟大旗帜，坚定不移坚持和发展中国特色社会主义。"① 2017 年，党的十九大的主题是："不忘初心，牢记使命，高举中国特色社会主义伟大旗帜，决胜全面建成小康社会，夺取新时代中国特色社会主义伟大胜利，为实现中华民族伟大复兴的中国梦不懈奋斗"。② 党的文献一再把中国特色社会主义作为一面"伟大旗帜"来明确，这表明中国特色社会主义作为当代中国的马克思主义，对中华文明的发展和创新具有重大而长远的引领和指南意义。

中国特色社会主义事业。所谓事业，就是为了一个确定的目标，而从事的一系列围绕目标而展开的系统的实践活动。中国特色社会主义事业，就是党带领人民为实现两个百年目标、并为最终实现共产主义而努力奋斗的历史实践。可以说，中国共产党自成立以来无论是带领人民进行革命、建设还是改革，在根本上都是为了推动中国特色社会主义伟大事业、实现中华民族伟大复兴的中国梦、不断推进共产主义的伟大事业。1987 年邓小平提出："我们现在所干的事业是一项新事业，马克思没有讲过，我们的前人没有做过，其他社会主义国家也没有干过，所以，没有现成的经验可学。我们只能在干中学，在实践中摸索。我们现在所干的事业，就是努力把中国变成一个现代化的社会主义国家。"③ 1988 年邓小平又指出："一九七八年以来，我们又开辟了建设有中国特色社会主义的全新的事业。"④ 此后，中国特色社会主义事业常常被用来描述中国特色社会主义实践。中国特色社会主义道路、理论、制度、文化都源于中国特色社会主义实践探

---

① 习近平：《紧紧围绕坚持和发展中国特色社会主义，学习宣传贯彻党的十八大精神——在十八届中共中央政治局第一次集体学习时的讲话》，《人民日报》2012 年 11 月 19 日第 1 版。

② 习近平：《决胜全面建成小康社会，夺取新时代中国特色社会主义伟大胜利——在中国共产党第十九次全国代表大会上的报告》，人民出版社 2017 年版，第 1 页。

③ 《邓小平文选》第 3 卷，人民出版社 1993 年版，第 258—259 页。

④ 《邓小平文选》第 3 卷，人民出版社 1993 年版，第 269 页。

索，也都统一于建设中国特色社会主义的伟大事业。2002 年党的十六大以“全面建设小康社会，开创中国特色社会主义事业的新局面”作为代表大会报告的主题。2017 年，党的十九大提出伟大斗争、伟大工程、伟大事业和伟大梦想，这里所谓“伟大事业”，就是指中国特色社会主义伟大事业，包含道路、理论、制度和文化。报告指出：“中国特色社会主义是改革开放以来党的全部理论和实践的主题，是党和人民历尽千辛万苦、付出巨大代价取得的根本成就。”必须“保持政治定力，坚持实干兴邦，始终坚持和发展中国特色社会主义”①。

中国特色社会主义共同理想。中国特色社会主义不仅是一个理论体系、一条发展道路、一套制度保证，还体现为一种理想，一种在现阶段凝聚全国各族人民为实现社会主义现代化并最终实现共产主义而奋斗的理想。1986 年针对改革开放以后社会上出现的精神困惑、理想信念模糊等消极影响，党的十二届六中全会通过的《中共中央关于社会主义精神文明建设指导方针的决议》明确提出：“建设有中国特色的社会主义，把我国建设成为高度文明、高度民主的社会主义现代化国家，这就是现阶段我国各族人民的共同理想。”② 要“用共同理想动员和团结全国各族人民”为实现共产主义而奋斗，在当前阶段就是为建设有中国特色的社会主义而奋斗。1996 年党的十四届六中全会通过《中共中央关于加强社会主义精神文明建设若干重要问题的决议》，把“在全民族牢固树立建设有中国特色社会主义的共同理想”③ 作为未来十五年精神文明建设的首要目标，强调中国特色社会主义共同理想在精神文明建设以及改革开放和社会主义现代化建设中的重要地位和作用。2006 年党的十六届六中全会又明确提出中国特色社会主义共同理想是社会主义核心价值体系的重要组成部分。习近平总书记在党的十九大报告中强调：“革命理想高于天。共产主义远大理想和中国特色社会主义共同理想，是中国共产党人的精神支柱和政治灵魂，也是保持党的团结统一的思想基础。要把坚定理想信念作为党的思想建设的

① 习近平：《决胜全面建成小康社会，夺取新时代中国特色社会主义伟大胜利——在中国共产党第十九次全国代表大会上的报告》，人民出版社 2017 年版，第 16—17 页。

② 《十二大以来重要文献选编》（下），人民出版社 1988 年版，第 1178 页。

③ 《十四大以来重要文献选编》（下），人民出版社 1999 年版，第 2052 页。

首要任务。”[①] 中国特色社会主义共同理想不仅是共产党人的精神支柱，它具有强大的包容性，能够团结社会各个阶层，是一切爱国者共同的奋斗目标，并因此成为社会主义核心价值体系的主题。中国特色社会主义共同理想，不是作为理论体系为改革开放提供方向指引，也不是作为制度体系为改革开放提供制度保障，但是，它作为一种理想，起到了凝心聚力的作用，为改革开放和现代化建设提供了强大的动力和坚实的思想保证。

中国特色社会主义发展模式。所谓模式，一般是指模型、范例，特别是可以用来参照和模仿的典型范例。改革开放以来，当代中国所取得的发展成就令世人瞩目，一些国家特别是一些落后的发展中国家希望能以中国特色社会主义为可资借鉴的发展模式，通过走中国特色社会主义一样的道路，实现本国经济社会的发展。特别是 2004 年美国学者乔舒亚・库珀・雷默发表一篇题为“北京共识”的研究报告以后，“中国模式”成为国内外学术界和理论界热议的焦点话题。“中国模式”概念的提出，表明中国特色社会主义建设事业所取得的成就已经引起世人高度关注，也表明中国特色社会主义道路确已形成了自己的鲜明特色，正因为如此，中国特色社会主义才被称为一种新的发展模式。但对于“中国模式”这一概念，无论是国际社会，还是国内学术界和理论界，都存在较大的争论。一是关于是否存在“中国模式”的争论，一方认为，改革开放以来的中国发展道路具有鲜明的中国特色，且取得了巨大成功，称得上是一种新的发展模式，另一方则认为，中国特色社会主义道路在本质上与当年东亚四小龙的发展道路并无二致，只不过中国体量更大，产生的影响更大，但并不能称之为一种新的发展模式。二是关于“中国模式”是否可以被其他发展中国家效仿的争论。一方认为，中国模式可以为其他发展中国家模仿，用来促进本国经济社会发展，另一方则认为，中国独特的人口、文化、资源条件等，是“中国模式”得以成功的重要因素，其他发展中国家难以效仿，一定要照搬“中国模式”，恐怕也只能是“江南为橘江北为枳”的结果。三是关于“中国模式”性质的争论，有人认为“中国模式”实质上是一种中国特色的资本主义发展模式，只不过更加强调宏观调控，在政治上更加缺乏民主自由，等等，是一种威权主义发展模式。我们认为，“中国模式”虽然引

① 习近平：《决胜全面建成小康社会，夺取新时代中国特色社会主义伟大胜利——在中国共产党第十九次全国代表大会上的报告》，人民出版社 2017 年版，第 63 页。

入了不少资本主义的有益因素，借鉴了不少资本主义的发展手段，但因为公有制的经济基础、按劳分配为主的分配制度、人民代表大会根本政治制度的存在，中国特色社会主义的发展模式在性质上依然是社会主义的。

（二）中国特色社会主义理论体系基本概念的特点

中国特色社会主义理论体系既坚持了科学社会主义的基本原则，又立足中国实际，是马克思主义与当代中国实际和时代特征相结合的产物，具有鲜明的特点。而这些特点又都比较集中地体现在构成中国特色社会主义理论体系的基本概念之中。

1. 科学性：经验总结，智慧结晶。中国特色社会主义理论体系基本概念的特点，首先体现在其科学性上。中国特色社会主义理论体系中的相关基本概念之所以具有科学性，是因为这些概念都不是凭空产生的，而是来自在马克思主义科学理论指导下中国特色社会主义的伟大实践，是当代中国改革开放和社会主义现代化建设的经验总结，是全体人民的智慧结晶。

一方面，中国特色社会主义理论体系中每一个新概念的提出，并非是单纯的理论创造，这些概念不是由理论界或学术界先创造出来，再由实践去检验。恰恰相反，每一个概念都是改革开放在实践中遇到困难，需要在理论上有所突破时创造出来的。所以，中国特色社会主义理论体系中的每一个概念都是在实践中提炼出来，并且已经被实践检验过了的，每个概念在提出之时就具有了鲜明的科学性。另一方面，中国特色社会主义理论体系框架内的所有概念都坚持了科学社会主义的基本原则，更突出体现了当代中国的现实国情和时代特征，是马克思主义与中国实际、时代特征相结合的成果。马克思主义的科学性决定了其与中国实际相结合所产生的中国特色社会主义相关基本概念的科学性。就社会主义初级阶段来说，既是总结改革开放以前中国社会主义建设经验教训的结果，也符合马克思主义关于未来社会主义发展阶段的设想。

2. 独特性：共性个性，辩证统一。中国特色社会主义理论体系相关基本概念的特点还体现在其独特性上。一方面，中国特色社会主义理论体系的所有概念来源于中国特色社会主义改革开放的实践。改革开放的特点决定了这些概念的产生既受中国特殊国情的影响，也会受到整个世界的影响，这些概念既要立足中国实际，也体现人类社会发展经验。立足中国实际是这些概念个性的体现，体现人类社会发展经验是这些概念共性的体现，而共性与个性的统一则造就了中国特色社会主义相关概念的独特性。

所以，理解中国特色社会主义的相关概念，须全面考察才能理解这些概念的深刻本质内涵。就社会主义市场经济这一概念来说，市场经济是当今世界普遍采用的一种经济体制，但是，社会主义市场经济这一概念却与一般意义上的市场经济有着本质的不同。与一般意义上市场经济的所有制基础是私有制不同，社会主义市场经济的所有制基础是公有制；与一般意义上市场经济完全按生产要素分配不同，社会主义市场经济强调按劳分配为主；与一般意义上市场经济强调自由放任不同，社会主义市场经济强调宏观调控的作用。因此，社会主义市场经济与一般意义上的市场经济概念有着本质的不同，是一个非常独特的概念。对于社会主义市场经济的突出特色，江泽民曾形象地指出："我们搞的是社会主义市场经济，'社会主义'这几个字是不能没有的，这并非多余，并非'画蛇添足'，而恰恰相反，这是'画龙点睛'。所谓'点睛'，就是点明我们市场经济的性质。"①

另一方面，中国特色社会主义理论体系的相关概念都是马克思主义与当代中国特殊实际相结合的成果，这些概念既立足中国实际，又坚持科学社会主义的基本原则。如上所述，立足当代中国实际体现出这些概念的独特个性，而坚持社会主义的基本原则，则体现出其共性的一面。中国特色社会主义理论体系中的所有概念，其坚持的社会主义原则，都是科学社会主义的基本原则，在这一点上，没有中国特色的例外。因此，中国特色社会主义理论体系中的这些基本概念，不仅是马克思主义基本原理指导中国社会主义实践的产物，也在理论上丰富和发展了马克思主义。

3. 系统性：多位一体、内涵丰富。中国特色社会主义理论体系基本概念的特点，也体现在系统性方面。中国特色社会主义的基本概念，内涵丰富，涉及经济、政治、文化、社会、生态、内政、外交、国防等方方面面，中国特色社会主义理论体系的每一个概念都有自己的显著特点，但所有这些概念，彼此之间又联系紧密，共同服务于中国特色社会主义现代化建设事业。因此，多位一体、内涵丰富，呈现严谨的系统性是中国特色社会主义理论体系基本概念的又一显著特点。

中国特色社会主义的这些基本概念，如果单独分析考察，很难理解其合理性，也很难理解其内在含义，分析中国特色社会主义基本概念，必须从整体视角出发。如果不联系社会主义初级阶段，很难理解中国特色社会

① 《江泽民论有中国特色社会主义（专题摘编）》，中央文献出版社2002年版，第69页。

主义本质、社会主义市场经济的内涵，如果不联系公有制为主多种所有制经济共同发展这一基本经济制度，很难理解按劳分配为主多种分配方式并存这一概念。

4. 厚重性：植根历史，引领未来。中国特色社会主义理论体系的许多基本概念都根植于中国历史，厚重性也是中国特色社会主义理论体系基本概念的又一突出特点。现实的中国是历史的中国的一部分，立足当代中国现实，也必然要植根于中国的历史。中国特色社会主义理论体系的许多重要概念具有鲜明的历史文化特色。众所周知的“小康”概念，最早出现于中国古代典籍《礼记》，反映了中国古代人们对理想社会状态的向往。邓小平则把“小康”概念引入到中国特色社会主义现代化建设事业中来，作为实现现代化的一个阶段性目标。小康概念由于源于中国历史，因此能够被广大人民群众所认可和接受。全面建成小康社会也成为党团结带领人民群众实现中国梦的第一个百年目标。

中国特色社会主义理论体系的许多重要概念凝结着中国历史文化关于现代化发展的许多思考和智慧，不仅植根历史，更可以引领未来。“和谐”是中国传统文化中的一个重要思想，也是中国特色社会主义理论体系中的一个重要概念。建设一个和谐的社会，是中国古人追求的目标，也是当前中国社会治理的方向，而走和平发展道路，构建和谐世界，不仅是中国外交维护世界和平促进共同发展宗旨的体现，也为世界建设国际政治经济新秩序提供了方向指引。

三　中国特色社会主义理论体系相关概念辨析

厘清中国特色社会主义理论体系基本概念的内涵，还需要对一些易于混淆的相关概念进行全面梳理，以便更全面更准确地理解中国特色社会主义理论体系。

（一）中国社会主义与中国特色社会主义

中国社会主义与中国特色社会主义，这两个概念从学理层面看，二者并无本质区别，因为所谓“中国社会主义”，即“中国的”而非别国的社会主义，必然是或多或少具有中国特点、中国风格的社会主义。由于“中国特色社会主义”这个专有名词形成于改革开放时期，人们习惯上用它来特指改革开放以来的中国社会主义。增加“特色”二字则进一步凸显了中国社会主义的独特个性。

就学术界的实际使用看，存在以下两种现象：

第一种是坚持把“中国社会主义”和“中国特色社会主义”作为两个不同概念加以使用，分别表示1978年前后的两个历史时期，“中国社会主义”特指1956—1978年毛泽东时期的社会主义建设，而“中国特色社会主义”特指1978年十一届三中全会以来的社会主义建设。实际情况如下表：

作者	著作、出版	毛泽东时期	邓小平以来
中共中央党史研究室著	《中国共产党的九十年》，中共党史出版社、党建读物出版社2016年版	中国社会主义（第465页）	中国特色社会主义（第643页）
中共中央党史研究室著	《中国共产党历史》第二卷下册第二编，中共党史出版社2011年版	中国建设社会主义道路（第1页目录）	中国特色社会主义（第1070页）
当代中国研究所	《中华人民共和国史稿》，人民出版社、当代中国出版社2012年版	中国社会主义建设（第二卷第5页）	中国特色社会主义
赵曜、叶庆丰	《中国特色社会主义史论研究》（历史实践卷），中共中央党校出版社2012年版	中国社会主义建设（第40页）	中国特色社会主义（以下论著书名即为“中国特色社会主义”，不再标注页码）
李君如	《中国特色社会主义道路研究》，人民出版社2012年版	中国社会主义建设（第52页）	中国特色社会主义
闫志民	《中国特色社会主义理论发展史》，人民出版社2012年版	中国社会主义建设（第190页）	中国特色社会主义
徐崇温	《中国特色社会主义理论体系研究》，重庆出版集团、重庆出版社2011年版	中国社会主义建设（第26页）	中国特色社会主义
谢春涛	《中国特色社会主义史》，福建人民出版社2008年版	中国社会主义建设	中国特色社会主义
郑德荣等	《中国特色社会主义道路基本问题研究》，人民出版社2012年版	中国社会主义建设（第30页）	中国特色社会主义
李崇富	《毛泽东对中国社会主义道路的探索》，见《中国特色社会主义理论体系研究》，社会科学文献出版社2009年版	中国社会主义道路（第55页）	中国特色社会主义

顾海良	《中国特色社会主义理论体系研究》，中国人民大学出版社 2009 年版	中国社会主义建设（第 23 页）	中国特色社会主义
聂运麟等	《中国特色社会主义理论体系研究》，人民出版社 2011 年版	中国社会主义发展道路（第 51 页）	中国特色社会主义

以上只列举部分研究成果，但可以看出，基本代表了学术理论界的主流观点。从研究内容看，大家区别使用两个概念的主要原因在于，“中国特色社会主义”这个概念是十一届三中以后提出来的，毛泽东时期一般只讲中国社会主义，没有明确提出“中国特色社会主义”。所以，人们会用“毛泽东时期进行了中国社会主义建设道路的艰辛探索”，而不用“毛泽东时期进行了中国特色社会主义建设道路的艰辛探索”的提法。

第二种是不加区别地使用两个概念。党中央在新时期的探索实践中，常以一般意义上的“社会主义”代替“中国特色社会主义”。比如“四项基本原则”中的“坚持社会主义道路”，虽然没有讲“中国特色社会主义”，实际上还是要坚持中国特色社会主义道路；又如“社会主义初级阶段”“社会主义本质”“社会主义核心价值体系”“社会主义核心价值观”等短语，虽然没有前缀“中国特色”，貌似一般意义上的社会主义，实际上讲的也是中国特色社会主义。所以，在当代中国，坚持社会主义就是坚持中国特色社会主义，而“坚持和发展中国特色社会主义，就是真正坚持社会主义”①。在实践中，二者是一般与个别的统一，是普遍性与特殊性的统一，中央文献似乎并未刻意区别两个概念和短语。

与此同时，有些学者也不加区别地使用“中国社会主义”和“中国特色社会主义”，视二者为同义语。如中国社会科学院赵智奎研究员著《中国社会主义 60 年》（青岛出版社 2009 年版）；香港中文大学教授王绍光在《中国社会科学》发表《坚守方向、探索道路：中国社会主义实践六十年》，纪念中华人民共和国成立 60 周年。文章指出：“过去 60 年，中国一直在坚守社会主义方向的同时，不懈地探索着适合中国国情的社会主义道路。”② 胡鞍钢等著《人间正道》在讨论当代中国发展道路

① 习近平：《紧紧围绕坚持和发展中国特色社会主义，学习宣传贯彻党的十八大精神——在十八届中共中央政治局第一次集体学习时的讲话》，人民出版社 2012 年版，第 4 页。

② 王绍光：《坚守方向、探索道路：中国社会主义实践六十年》，《中国社会科学》2009 年第 5 期。

的基本特征时指出："中国社会主义道路之所以能够超越资本主义发展道路，就是由于它在解决需求，特别是最基层、最广大人民群众的基本生存需求方面，具有优越性。"① 此外，理论界以《中国社会主义建设史》② 为名编写新中国成立或1956年以来历史的著作也不在少数。在这些学者的语境中，"中国社会主义"和"中国特色社会主义"也是通用的，其内涵并无本质区别。

（二）中国特色社会主义理论与中国特色社会主义理论体系

中国特色社会主义理论与中国特色社会主义理论体系，两个非常相近的概念有没有区别？有什么区别？有没有联系？有什么联系？这同样是建构中国特色社会主义理论体系需要回答的基本问题。

从党的文献看，党的十三大首次提出"建设有中国特色的社会主义理论"、十四大提出"邓小平同志建设有中国特色社会主义的理论"、十五大提出"邓小平理论"、十七大正式提出了"中国特色社会主义理论体系"。理论界对马克思主义中国化第二大理论成果的阐发及其理论体系的建构，主要依据是党的文献。如果说在2007年党的十七大之前理论界大都使用"邓小平理论"或"中国特色社会主义理论"，十七大后则普遍使用"中国特色社会主义理论体系"这个概念。国内一些单位相继以"中国特色社会主义理论体系"为主题词成立了有关研究机构，如中国社会科学院、中共中央党校、北京大学等成立"中国特色社会主义理论体系研究中心"，可见其对"中国特色社会主义理论体系"这一概念的高度认可。

与此同时，有的学者和学术机构一直在沿用"中国特色社会主义理论"这个概念。比如，在理论界影响颇大的中国人民大学书报资料中心有一份名为《中国特色社会主义理论》的刊物，还有不少学者坚持以"中国特色社会主义理论"为题讨论其历史发展、基本内容和理论体系等，③ 如张继昌著《中国特色社会主义理论研究》（浙江大学出版社2011年版）等。就这些研究机构、研究人员的研究对象和成果看，与"中国特色社会主义理论体系"所涉及的内容也是完全一致的。

① 胡鞍钢、王绍光、周建明、韩毓海：《人间正道》，中国人民大学出版社2011年版，第156、158页。

② 吕连仁等：《中国社会主义建设史》，山东大学出版社2002年版。

③ 陈文通：《深化对中国特色社会主义道路的理论认识》，《中国特色社会主义研究》2008年第1期。

还有一些学者不加区分、同时使用两个概念。如闫志民主编《中国特色社会主义理论发展史》①、赵曜等主编《中国特色社会主义史论》②、徐崇温著《中国特色社会主义理论体系研究》③、赵智奎著《理论自信——中国特色社会主义理论研究》④ 田克勤著《中国特色社会主义理论与实践研究》⑤ 等，这些著作中既有"中国特色社会主义理论体系"，也有"中国特色社会主义理论"的提法，而且往往是在不加区分的情况下交叉使用的。可见，"中国特色社会主义理论"和"中国特色社会主义理论体系"并存使用的现象不仅存在，而且范围很广。

如果说这两个概念的含义没有差别，为什么党的十七大还要避简就繁，在"中国特色社会主义理论"后面加上"体系"两个字呢？我们分析认为，十七大提出"中国特色社会主义理论体系"这一新概念至少有三个方面的考虑：

一是"中国特色社会主义理论体系"是一个整合性的概念。邓小平理论、"三个代表"重要思想和科学发展观等重大战略思想，在回答"什么是社会主义，怎样建设社会主义""建设什么样的党，怎样建设党"和"实现什么样的发展，怎样发展"等基本问题上都各有侧重，各有其系统的思想和观点，但其立足点都是社会主义初级阶段，中心都是建设中国特色社会主义，总任务都是实现国家繁荣富强、人民共同富裕的社会主义现代化和中华民族的伟大复兴。整合后，有利于完整、准确、简洁地掌握党在新时期的全部的理论创新。基于此，十七大将三个具体的理论成果统称为"中国特色社会主义理论体系"，以强调其内容内涵的丰富性。党的十九大在命名"习近平新时代中国特色社会主义思想"的同时，指出这一最新成果也是中国特色社会主义理论体系的重要组成部分，再次表明"中国特色社会主义理论体系"这一概念具有强大的整合性。

二是提出"中国特色社会主义理论体系"以便与"建设有中国特色的社会主义理论""邓小平同志建设有中国特色社会主义的理论"和"邓小

---

① 闫志民：《中国特色社会主义理论发展史》，人民出版社 2012 年版，目录及第 35 页。

② 胡振良：《中国特色社会主义史论》（科学体系卷），中共中央党校出版社 2012 年版，第 7 页。

③ 徐崇温：《中国特色社会主义理论体系研究》，重庆出版集团、重庆出版社 2011 年版，第 4 页。

④ 赵智奎：《理论自信——中国特色社会主义理论研究》，高等教育出版社 2019 年版。

⑤ 田克勤：《中国特色社会主义理论与实践研究》，中国人民大学出版社 2012 年版。

平理论”等提法相区别。十七大前，理论界使用“中国特色社会主义理论”主要是指“邓小平理论”。但是，2000 年以后全党在继续探索中国特色社会主义建设过程中，相继创立了“三个代表”重要思想、科学发展观等重大战略思想，极大地丰富和发展了邓小平理论（即中国特色社会主义理论）。为了体现内容的丰富和发展，也为了推动理论界对整合后的“中国特色社会主义理论体系”的深入研究和建构，十七大提出了“中国特色社会主义理论体系”。

三是提出“中国特色社会主义理论体系”，旨在为理论的继续创新提供更大的平台和空间。中国特色社会主义立足于社会主义初级阶段，又不限于社会主义初级阶段，其容量可以也应当包含巩固和发展中国社会主义，直到共产主义之前的全部历史。未来的、长期的奋斗将面对大量新情况新问题，实践基础上的理论创新是必然的，马克思主义中国化的新成果也必将持续不断地充实到“中国特色社会主义理论体系”中来。正如胡锦涛所指出的那样：“中国特色社会主义理论体系是不断发展的开放的理论体系。”① 由此可见，十七大提出“中国特色社会主义理论体系”确有其特定的、现实的、政治的考量。

（三）中国道路与中国特色社会主义道路

中国道路与中国特色社会主义道路，是中国特色社会主义理论体系建构过程中常用的两个基本概念，这两个概念既相互区别，又有着紧密联系，理清二者的关系，对于认清中国特色社会主义理论体系同样有着重要的意义。

“中国道路”这一概念有狭义和广义之分。广义上来说，中国道路可指中国共产党人在领导中国人民把马克思主义中国化过程中所开创的具有鲜明中国特色的革命、建设和改革道路。中国道路既包括中国特色的民主革命道路，也可以指中国特色的社会主义改造道路，还可以指中国特色社会主义现代化建设道路，也就是中国特色社会主义道路。2013 年 1 月，习近平总书记在新进中央委员会委员、候补委员学习贯彻党的十八大精神研讨班上的讲话中指出：“我们党在革命、建设和改革各个历史时期，坚持从我国国情出发，探索并形成了符合中国实际的新民主主义革命道路、社

① 胡锦涛：《高举中国特色社会主义伟大旗帜，为夺取全面建设小康社会新胜利而奋斗——在中国共产党第十七次全国代表大会上的报告》，人民出版社 2007 年版，第 12 页。

会主义改造和社会主义建设道路、中国特色社会主义道路。”① 可见，广义的“中国道路”内涵很丰富。

从狭义上来说，中国道路特指中国特色社会主义道路。多数学者认为，中国特色社会主义道路主要是指 1978 年十一届三中全会以后，中国共产党带领人民在改革开放过程中探索并开辟的社会主义现代化建设道路，就是指今天我们正在走的中国道路，或者说我们今天走的中国道路就是中国特色社会主义道路。还有学者认为，应该是指始于毛（20 世纪 50 年代末社会主义制度确立）、创于邓、发展于邓小平之后的中国特色社会主义建设道路。

可见，广义和狭义上的“中国道路”内涵大为不同。虽然狭义的“中国道路”与“中国特色社会主义道路”是一致的，但从严格的学理层面看，一般认为“中国道路”的内涵更加广泛，而“中国特色社会主义道路”只是“中国道路”的一个组成部分。从历史跨度来讲，中国道路从中国共产党探索中国革命开始一直延续至今，中国特色社会主义道路不过是中国道路的一个历史阶段。所以，中国道路与中国特色社会主义道路有着显著的区别。

但是，也有学者认为，中国道路与中国特色社会主义道路在本质内涵上是一致的，中国特色社会主义道路不应该特指改革开放以后的社会主义现代化建设道路，而是涵盖中国共产党探索用马克思主义指导中国革命、建设、改革的整个历史过程。这些学者的出发点在于，中国共产党人把马克思主义作为自己的理论武器，其根本目标是为了在中国实现社会主义，用马克思主义指导中国革命，只不过是在中国实现社会主义的一个必要前提。因此，无论是中国民主革命道路、社会主义改造道路，还是今天的社会主义现代化建设道路，都属于中国特色社会主义道路。这种观点，从学理层面也不无道理。但当前学术界的普遍观点是，尽管关于中国特色社会主义道路的历史起点还存在争论，但中国特色社会主义道路主要还是指改革开放以来所开辟的社会主义现代化建设道路。

当前的倾向是，“中国道路”越来越被认为是中国特色社会主义道

① 习近平：《毫不动摇坚持和发展中国特色社会主义，在实践中不断有所发现有所创造有所前进》，《人民日报》2013 年 1 月 6 日第 1 版。

路的代名词。习近平总书记在第十二届人民代表大会第一次会议上的讲话中指出："实现中国梦必须走中国道路。这就是中国特色社会主义道路。"① 一些学者也经常使用中国道路指代中国特色社会主义道路，如包心鉴在《中国道路：中国特色社会主义的鲜明体现》中认为："中国道路，就是在我国改革开放新时期逐步形成并不断拓展的中国特色社会主义道路。"②

（四）中国特色社会主义与民主社会主义

民主社会主义是世界各国社会党、社会民主党、工党信奉的政治思想和政治理论。第二次世界大战以后，民主社会主义在欧洲大行其道，特别是在北欧国家的成功使民主社会主义一度被认为是科学社会主义在当今世界的具体体现，并在改革开放以后的中国产生了很大影响。有些学者甚至提出"只有民主社会主义才能救中国"的观点。民主社会主义与中国特色社会主义在理论上有着怎样的区别和联系，怎样才能避免民主社会主义思潮给中国特色社会主义带来的困扰，这也是中国特色社会主义理论体系建构过程中必须回答的问题。

民主社会主义的理论实质。事实上，尽管"民主社会主义"听起来是一个非常有吸引力的概念，但这一概念本身即折射出民主社会主义对马克思主义或者说科学社会主义的背离。科学社会主义认为，只有到共产主义社会，人们才能实现真正的民主，民主是社会主义的应有之义。因此，在"社会主义"前面再冠以"民主"二字，暗含着对马克思主义或科学社会主义的修正企图。而事实也正是如此。其一，民主社会主义反对马克思主义在意识形态领域的指导地位，认为意识形态领域不应该有占主导地位的指导思想，社会主义实践不能用一种统一的世界观和方法论作为行动指南，甚至把一些代表资产阶级的思想意识纳入社会主义的意识形态范畴，通过"多元化""思想民主"等口号把许多非马克思主义的思想意识作为社会主义的意识形态，而马克思主义理论体系中最基本的阶级斗争理论、无产阶级学说等则因为不符合所谓的"民主"而被抛弃。其二，民主社会主义否定公有制经济的主体地位，主张混合所有制经济。马克思主

① 习近平：《在第十二届人民代表大会第一次会议上的讲话》，《人民日报》2013 年 3 月 18 日。

② 包心鉴：《中国道路：中国特色社会主义的鲜明体现》，《人民日报》2011 年 1 月 11 日第 7 版。

义认为，社会主义“同现存制度的具有决定意义的差别当然在于，在实行全部生产资料公有制（先是国家的）基础上组织生产”①。因此，公有制是社会主义的本质体现。然而，民主社会主义却否定公有制的主体地位，强调社会主义“并不以所有生产资料的公有为先决条件”②。主张在维持资本主义私有制的基础上，建立国有企业、私人企业和其他经济成分并存的“混合经济”。其三，否定共产党的领导。因为在意识形态领域对马克思主义占主导地位的否定，决定了民主社会主义旗帜下组成的社会党、社会民主党等不可能是真正的马克思主义政党。正如社会党给自己所下的定义那样：“社会党是一个思想自由的党。它是由具有不同信仰和思想的人组成的一个共同体。它的一致性是以共同的基本道德观念和政治目标为基础。”③

从民主社会主义的种种表现来看，它在理论上并不属于马克思主义的理论范畴，因此与中国特色社会主义有着本质区别。20 世纪 80 年代末 90 年代初苏东剧变的惨痛事实告诉我们，民主社会主义虽然打着社会主义的旗号，却在不知不觉中把苏联这个世界上第一个社会主义国家引上了资本主义道路，不仅导致苏共亡党、苏联亡国、东欧剧变，也给这些国家和地区人们的生活带来了巨大的困难。中国的改革开放，需要排除民主社会主义的干扰，坚定不移以中国特色社会主义为指导，走中国特色社会主义道路。

（五）中国特色社会主义与新自由主义

新自由主义是20 世纪 70 年代以来逐步兴起，为抵制凯恩斯主义而走上历史前台，为适应国家垄断资本主义向国际金融垄断资本主义转变服务，在继承资产阶级古典自由主义经济理论基础上演变和发展而来的思想理论体系。新自由主义公开为现代资本主义服务，无论其内在理论实质还是其具体实践表现都属于资本主义的范畴。因此，新自由主义与中国特色社会主义有着根本而显著的不同，但是，有些学者把中国特色社会主义与新自由主义联系起来，认为中国特色社会主义在本质上是中国特色的新自由主义。

---

① 《马克思恩格斯文集》第 10 卷，人民出版社 2009 年版，第 588 页。
② 《社会党重要文献选编》，中共中央党校出版社 1985 年版，第 5 页。
③ 《社会党重要文献选编》，中共中央党校出版社 1985 年版，第 149 页。

著名左翼学者大卫·哈维在《新自由主义简史》中明确提出了“有中国特色的新自由主义”概念。哈维认为中国的改革开放从一开始就是以新自由主义思想为指导，因为中国改革开放初始，正是新自由主义在西方世界蓬勃兴起之时。哈维指出：“中国经济改革的时间恰好与英国和美国发生的新自由主义转向一致，很难不把这视作具有世界史意义的巧合。”哈维同时指出：“中国已确定无疑地迈向新自由主义化和阶级力量的重建，虽然‘带有独特的中国特色’。”[①] 也有学者认为：“仅在撒切尔开始其残酷的‘别无选择’的改革的后一年，中国便找到弗里德曼作为其指引，如此之早令人好奇。因此，就像罗纳德·里根在美国开始取消自罗斯福时代以来实行的社会和福利保障网的‘革命’一样，邓小平及其支持者按照弗里德曼的方案，引领中国走向了新自由主义的世界。”[②] 仅仅因为中国特色社会主义的形成与新自由主义的发展存在时间上的巧合，就认为中国特色社会主义是中国特色的新自由主义，罔顾改革开放以来中国社会主义现代化建设的实践，实在是过于牵强。

中国特色社会主义从理论到实践，都与新自由主义有着本质的区别。首先，新自由主义在经济上追求彻底的私有化、自由化、市场化，强调不受任何约束的自由是经济发展的必要条件。新自由主义学派最知名的学者哈耶克指出：“若要让社会裹足不前，最有效的办法莫过于给所有的人都强加一个统一标准。”[③] 美国前总统乔治·W. 布什的税务政策顾问 Grover Norquist 宣称，布什政府大规模减税计划的最终目标应该是“把政府规模减小到可以拖进浴室并淹没在浴缸里的程度”[④]。其次，新自由主义在政治上鼓吹西方的自由民主，把西方的民主政治制度作为评价一切政治制度优劣的标准，极力否定社会主义民主政治，认为社会主义只能导致专制和独裁。一些新自由主义者甚至将社会主义与封建主义、法西斯主义混淆在一起，统称为“集权主义”而加以否定。哈耶克在

① ［美］大卫·哈维：《新自由主义简史》，王钦译，上海译文出版社 2010 年版，第 137、174 页。

② Peter Kwon, “The Chinese Face of Neoliberalism”, CounterPunch, 7 October, 2006, https://www.counterpunch.org/2006/10/07/the-chinese-face-of-neoliberalism/.

③ ［英］哈耶克：《自由宪章》，杨玉生、冯兴元等译，中国社会科学出版社 1999 年版，第 75—76 页。

④ ［美］戴维·科兹：《论政府在经济转型中的作用——俄罗斯与中国过渡经验之比较》，《当代世界社会主义问题》2005 年第 3 期。

《致命的自负——社会主义的谬误》一书中提出，“社会主义，显然是建立在一些错误的前提上”[1]，社会主义在根本上是一条“通往奴役之路”。再次，新自由主义在文化上极力否定马克思主义，特别是在苏东剧变以后，鼓吹“马克思主义过时论”、社会主义已经被扔进“历史的垃圾箱”，推行所谓的“普世价值”。著名日裔美籍学者弗朗西斯·福山认为，苏东剧变宣告人类意识形态发展会终结于自由资本主义理念，并据此提出了著名的“历史终结论”[2]。

纵观上述新自由主义的本质特征，很难把它与中国特色社会主义联系起来。因为中国特色社会主义无论在经济、政治、文化等方面，都与新自由主义有着本质的不同。在经济上，中国特色社会主义虽然鼓励非公有制经济的发展，但坚持公有制的主体地位，虽然大力发展市场经济，但强调市场经济必须为社会主义服务，并强调国家宏观调控的重要作用。在政治上，中国特色社会主义认为，真正的民主只能建立在公有制基础之上，世界各国应该走适合本国国情的民主政治发展道路。在思想文化方面，中国特色社会主义坚持文化多样化发展，但同时在意识形态领域坚持马克思主义的指导地位。由此可知，中国特色社会主义与新自由主义在理论上恰恰处于对立的两面。而那些把中国特色社会主义误解为中国特色新自由主义的学者，只是片面地把允许非公有制经济发展等同于私有化、把发展市场经济等同于市场化，之所以称为“中国特色”的新自由主义，就在于中国在政治上还没有所谓的“民主化”，还是“经济自由”加“政治压制”[3]基础上的有中国特色的新自由主义。

总而言之，要理解中国特色社会主义理论体系的构建，必须深入理解中国特色社会主义相关的基本概念。围绕“中国特色社会主义”这一概念而衍生的社会主义改革开放、社会主义本质、社会主义初级阶段、社会主义市场经济等基本概念，以及围绕这些概念形成的相关理论，构成了中国特色社会主义理论体系的主体框架，而与此相关的其他基本概念以及围绕这些概念形成的相关理论则丰富了中国特色社会主义理论体系的基本内

---

① ［英］哈耶克：《致命的自负——社会主义的谬误》，冯克利、胡晋华等译，中国社会科学出版社2000年版，第5页。

② ［美］弗朗西斯·福山：《历史的终结及最后之人》，黄胜强、许铭原译，中国社会科学出版社2003年版，代序第1页。

③ Rowan Callick, “The China Model”, *The American*, No. 7, January 2007, p. 36.

容。因此，中国特色社会主义理论体系的建构过程，也是中国特色社会主义基本概念形成、发展和演变的过程。从某种意义上讲，中国特色社会主义理论体系就是由这些基本概念构成的一个紧密关联的逻辑整体。因此，要理解中国特色社会主义理论体系的形成发展，必须联系这些基本概念的演进发展过程。要客观认识中国特色社会主义理论体系的深刻内涵，深刻理解中国特色社会主义理论体系的理论特色，必须首先厘清这些基本概念的独特内涵。正确理解中国特色社会主义基本概念是打开中国特色社会主义理论大厦的第一把关键钥匙。

第二章　中国特色社会主义理论体系的哲学基础

中国特色社会主义理论体系是中国共产党人运用辩证唯物主义和历史唯物主义基本原理，深入研究、准确把握人类社会发展规律特别是当代中国社会发展规律的必然结果，是实现中国梦和共同富裕的科学理论。有学者从理论体系的整体角度探究中国特色社会主义理论体系的哲学基础，也有学者偏重研究理论体系各主要组成部分的哲学基础，[①] 虽然都承认马克思主义哲学（辩证唯物主义、历史唯物主义）的形而上地位，但运用马克思主义哲学阐述中国特色社会主义理论体系的哲学基础，还是众说纷纭。归纳如下：中国特色社会主义坚持一切从实际出发、实事求是的马克思主义唯物论原理；[②] 中国特色社会主义理论体系的唯物史观基础是改善民生；[③] 中国特色社会主义理论体系的群众史观基础是以人为本；[④] 中国特色社会主义理论体系运用两点论和重点论来对待社会发展中的各种冲突，贯彻辩证唯物主义的实质精髓；[⑤] 中国特色社会主义理论体系的哲学基础是马克思主义群众观点和人民利益标准，马克思主义世界观、方法论、价值观的高度集中体现是人民为本；[⑥] 中国特色社会主义理

---

① 郭红军：《中国特色社会主义理论体系的哲学基础研究综述》，《理论月刊》2014 年第 4 期。

② 蔡贞明：《"中国特色社会主义伟大旗帜"的哲学解读》，《理论与当代》2008 年第 1 期。

③ 郭建宁：《试论中国特色社会主义理论体系的哲学基础》，《中国特色社会主义研究》2009 年第 1 期。

④ 侯远长：《中国特色社会主义理论体系的哲学基础及形成过程》，《山东社会科学》2005 年第 4 期。

⑤ 谢晶莹：《中国特色社会主义理论体系的哲学基础》，《中共四川省委省级机关党校学报》2007 年第 4 期。

⑥ 刘歌德：《论中国特色社会主义理论体系的哲学底蕴》，《华南理工大学学报》（社会科学版）2009 年第 3 期。

论体系的认识论根基是马克思主义实践认识论;[①] 中国特色社会主义理论体系的方法论根基是统筹兼顾;[②] 中国特色社会主义理论体系展示共性与个性的对立统一观;[③] 中国特色社会主义理论体系的思维方法是主导性和多样性的对立统一。[④] 可见，中国特色社会主义理论体系的哲学基础仍然是学界非常关注的一个热点问题，也是中国特色社会主义理论科学体系建构中的基础问题之一。课题组借鉴学界研究成果，对中国特色社会主义理论体系的哲学基础作出了以下五个层面的概括：（一）实事求是、与时俱进的马克思主义世界观；（二）改革创新、全面发展的马克思主义实践观；（三）群众观点、群众路线的马克思主义历史观；（四）以人为本、改善民生的马克思主义价值观；（五）统筹兼顾、综合平衡的马克思主义方法论。

一　实事求是、与时俱进的马克思主义世界观

世界观是人们对世界的根本看法，它决定人的思维方式，决定人生观和价值观。马克思主义世界观的具体内涵极为丰富。在中国建设社会主义，中国共产党人首先要认识中国这个客观世界，其态度和方法就是坚持实事求是、与时俱进的马克思主义世界观，全面正确地总结社会主义的历史经验，科学分析并得出中国社会主义初级阶段理论，为发展中国特色社会主义道路夯实世界观基础。

（一）实事求是、与时俱进是马克思主义中国化的根本要求

“实事求是”出自东汉史学家班固在《汉书》中提出的“修学好古，实事求是”，大意是治学要依照事实去求得真实意思。毛泽东赋予了新的意义：“‘实事’就是客观存在着的一切事物，‘是’就是客观事物的内部联系，即规律性，‘求’就是我们去研究。我们要从国内外、省内外、县内外、区内外的实际情况出发，从其中引出其固有的而不是臆造的规律

① 韩庆祥：《中国特色社会主义理论体系的哲学基础》，《毛泽东邓小平理论研究》2009 年第 3 期。

② 郭建宁：《试论中国特色社会主义理论体系的哲学基础》，《中国特色社会主义研究》2009 年第 1 期。

③ 吕志俊：《对中国特色社会主义理论体系的哲学思考》，《中共珠海市委党校珠海市行政学院学报》2008 年第 2 期。

④ 石书臣：《主导性与多样性的辩证统一——中国特色社会主义理论体系的方法论思考》，《江西社会科学》2008 年第 3 期。

性，即找出周围事变的内部联系，作为我们行动的向导。”[①] 从概念的内涵或本质看，“解放思想”离不开“实事求是”，二者是统一的。毛泽东不仅强调实事求是，也倡导解放思想。1958 年，在成都会议上，毛泽东从哲学高度讲起：“事物总是有始有终的，只有两个无限，时间和空间无限。无限是由有限构成的，各种东西都是逐步发展、逐步变动的。”“讲这些，是为了解放思想，把思想活泼一下。脑子一固定，就很危险。”毛泽东认为：“要多想，不要死背经典著作，而要开动脑筋，使思想活泼起来。”[②] 邓小平进一步指出：“解放思想，就是使思想和实际相符合，使主观和客观相符合，就是实事求是。”[③]“解放思想”不是异想天开、无法无天、随心所欲的解放，其目的是实事求是、与时俱进。“只有思想解放了，才能正确地以马列主义、毛泽东思想为指导，解决过去遗留的问题，解决新出现的一系列问题，正确地改革同生产力迅速发展不相适应的生产关系和上层建筑。”[④] 在领导中国革命、建设和改革事业中，坚持解放思想至关重要。“一个党，一个国家，一个民族，如果一切从本本出发，思想僵化，迷信盛行，那它就不能前进，它的生机就停止了，就要亡党亡国。”[⑤] 改革开放的成功实践表明，“解放思想是发展中国特色社会主义的一大法宝”[⑥]。在实事求是中突出解放思想有其理论和实践根据。解放思想具有马克思主义实践唯物论和认识论的根据，其根源在社会实践。马克思指出：“全部社会生活在本质上是实践的。凡是把理论引向神秘主义的神秘东西，都能在人的实践中以及对这种实践的理解中得到合理的解决。”[⑦] 解放思想只能“在实践中证明自己思维的真理性”[⑧]，其深化和丰富也在于社会实践。社会实践本身是生动活泼、永远向前发展的，因而解放思想的内涵和表现形式也必定非常丰富。它既表现为宏观层面的重大历史变革时期的解放思想，如改革开放以来的真理标准大讨论和市场经济大讨论，等等，也表现为微观层面的各地各行各业的具体发展实践中的解放思想，而且“从人类

① 《毛泽东选集》第 3 卷，人民出版社 1991 年版，第 801 页。
② 《毛泽东文集》第 7 卷，人民出版社 1999 年版，第 375 页。
③ 《邓小平文选》第 2 卷，人民出版社 1994 年版，第 364 页。
④ 《邓小平文选》第 2 卷，人民出版社 1994 年版，第 141 页。
⑤ 《邓小平文选》第 2 卷，人民出版社 1994 年版，第 143 页。
⑥ 《胡锦涛文选》第 2 卷，人民出版社 2016 年版，第 612 页。
⑦ 《马克思恩格斯选集》第 1 卷，人民出版社 2012 年版，第 135—136 页。
⑧ 《马克思恩格斯选集》第 1 卷，人民出版社 2012 年版，第 134 页。

的长远发展看，特别是从当今时代看，社会微观层面的解放思想将越来越凸显出自己特有的价值”①。

客观世界是不以人的意志为转移的，有其自身的特定发展规律，人们不可能随心所欲地认识客观世界，也不能随心所欲地改造客观世界，必须从客观世界的具体实际出发。马克思主义理论为我们认识和改造世界提供了基本的立场、观点和方法，共产党人还要善于运用这些立场、观点和方法，来认识和解决本国实际问题。20 世纪 30 年代，毛泽东在《反对本本主义》中强调：“我们的斗争需要马克思主义。我们欢迎这个理论，丝毫不存什么‘先哲’一类的形式的甚至神秘的念头在里面。读过马克思主义‘本本’的许多人，成了革命叛徒，那些不识字的工人常常能够很好地掌握马克思主义。马克思主义的‘本本’是要学习的，但是必须同我国的实际情况相结合。我们需要‘本本’，但是一定要纠正脱离实际情况的本本主义。”② 后来，毛泽东进一步阐述了此观点：“马克思列宁主义的伟大力量，就在于它是和各个国家具体的革命实践相联系的。对于中国共产党说来，就是要学会把马克思列宁主义的理论应用于中国的具体的环境。成为伟大中华民族的一部分而和这个民族血肉相联的共产党员，离开中国特点来谈马克思主义，只是抽象的空洞的马克思主义。因此，使马克思主义在中国具体化，使之在其每一表现中带着必须有的中国的特性，即是说，按照中国的特点去应用它，成为全党亟待了解并亟须解决的问题。”③ 一切从中国实际出发，实事求是，认识和把握中国国情和特点，找到解决中国问题的具体办法，始终是摆在全党面前的一项中心任务。邓小平继承了毛泽东实事求是的哲学思想，认为“过去我们搞革命所取得的一切胜利，是靠实事求是；现在我们要实现四个现代化，同样要靠实事求是”④。“马克思列宁主义的普遍真理与本国的具体实际相结合，这句话本身就是普遍真理。它包含两个方面，一方面叫普遍真理，另一方面叫结合本国实际。我们历来认为丢开任何一面都不行。”⑤ 邓小平还认为家庭联产承包等农村基层创造的好多东西，都

① 衣俊卿：《论解放思想的内在机制》，《中国社会科学》2008 年第 6 期。

② 《毛泽东选集》第 1 卷，人民出版社 1991 年版，第 111—112 页。

③ 《毛泽东选集》第 2 卷，人民出版社 1991 年版，第 534 页。

④ 《邓小平文选》第 2 卷，人民出版社 1994 年版，第 143 页。

⑤ 《邓小平文选》第 1 卷，人民出版社 1994 年版，第 258—259 页。

是靠实事求是得来的，应该加以总结与推广。[①]

客观世界是发展变化的，必然要求人们与时俱进地认识世界。与时俱进是马克思主义的理论品质，也是一个民族生存发展的灵魂所在，决定着党和国家的前途命运，是必须长期坚持的治党治国之道。江泽民指出："马克思列宁主义、毛泽东思想一定不能丢，丢了就丧失根本。同时一定要以我国改革开放和现代化建设的实际问题、以我们正在做的事情为中心，着眼于马克思主义理论的运用，着眼于对实际问题的理论思考，着眼于新的实践和新的发展。离开本国实际和时代发展来谈马克思主义，没有意义。静止地孤立地研究马克思主义，把马克思主义同它在现实生活中的运动发展割裂开来、对立起来，没有出路。"[②] 显然，这段话是在强调与时俱进，强调马克思主义同中国社会实际相结合。论及与时俱进的具体内涵和重要性，党的十六大报告指出："与时俱进，就是党的全部理论和工作要体现时代性，把握规律性，富于创造性。"[③] 在新的历史条件下，必须"从理论和实践的结合上不断研究新情况、解决新问题，做到自觉地把思想认识从那些不合时宜的观念、做法和体制的束缚中解放出来，从对马克思主义的错误的和教条式的理解中解放出来，从主观主义和形而上学的桎梏中解放出来，不断有所发现、有所创造、有所前进"[④]。马克思主义理论的实践性特征、开放性原则、指导性功能，可视为与时俱进这一科学论断的基本底蕴。[⑤] 韩庆祥分析了马克思主义与时俱进的动因：马克思哲学应该反映现实人性发展需求；马克思哲学应该超越旧理论寻求新的内容；马克思哲学应该融合科学理论形成新的表现形式；马克思哲学应该响应实践需求；时代精神要求马克思主义哲学必须时代化，具有新的形态。他还指出马克思主义与时俱进的内容体现在研究主题、理论前提、哲学方法、根本原理、思维方式、历史视野、对资本主义命运的看法和对共产主义看法所发生的转变等方面。[⑥] 马克思主义与时俱进的理论品质具有综合整体性、超前性、历史联系性和方向性等特点，是自觉的实践性的理论本质的反

---

① 《邓小平文选》第3卷，人民出版社1993年版，第382页。

② 《江泽民文选》第2卷，人民出版社2006年版，第12页。

③ 《江泽民文选》第3卷，人民出版社2006年版，第537页。

④ 《十六大以来重要文献选编》（上），中央文献出版社2005年版，第377页。

⑤ 刘国辉：《论"与时俱进"的哲学基础》，《淮阴师范学院学报》2002年第2期。

⑥ 韩庆祥：《与时俱进的马克思哲学》，《北京大学学报》（哲学社会科学版）2004年第1期。

映。马克思主义与时俱进的理论品质集中于实践的辩证法运用，它不仅把历史主义的发展原则、更重要的是把实践原则引进辩证法，强调在实践中丰富和发展自己的理论，马克思主义与时俱进的发展机制不能停留在一个静止理论框架中，而要解放思想，要有理论勇气，要开启心智。[①]

实事求是，与时俱进是中国共产党思想路线的核心，是中国共产党领导中国革命、建设和改革开放事业必须始终坚持的根本思想路线，是马克思主义中国化的根本要求。

（二）在实事求是、与时俱进中把握当代中国所处的时代特征和历史方位

世界历史步入近代以来，各个国家和地区都不可能孤立发展。好的有利的国际环境将促进国家和地区的发展进步，不好的恶劣的国际环境将制约国家和地区的发展进步。所谓时代特征即时代主题，是指特定历史阶段内国际和世界形势所呈现出的具有全局意义和影响的战略问题，也可以称其为主要矛盾。第二次世界大战胜利后的一个历史时期，战争与和平的问题仍然是国际社会所面临的首要问题，直到1949年新中国创立、1956年中国社会主义制度确立，以美苏为代表的东西方两大阵营的矛盾始终尖锐，发生与防止大规模战争的可能同时存在。针对战争与和平同时存在的特定国际形势，中国共产党人一面领导全国各族人民积极投入各项社会事业的建设和发展，一面坚决反对帝国主义和霸权主义，为捍卫世界和平和国家安全，加快进行国防和军队建设。同时根据国际形势的发展变化，先后提出了两个中间地带和三个世界划分的战略，对改善中国的国际环境、提高中国的国际威望发挥了作用。20世纪70年代末以后，国际形势和世界格局逐步发生新的变化，邓小平从实际出发，实事求是、与时俱进地对时代主题和特征逐步有了新的认识。20世纪80年代中旬，他提出："现在世界上真正大的问题，带全球性的战略问题，一个是和平问题，一个是经济问题或者说发展问题。和平问题是东西问题，发展问题是南北问题。概括起来，就是东西南北四个字。南北问题是核心问题。"[②] 随后，和平与发展作为时代主题在党的十三大得以全面阐述。对时代主题和时代特征的准

---

① 张建民：《论马克思主义与时俱进的理论品质》，《湘潭大学社会科学学报》2002年第1期。

② 《邓小平文选》第3卷，人民出版社1993年版，第105页。

确判断，为中国转移工作重点、集中力量发展生产力、探索中国特色社会主义道路、加快社会主义现代化建设提供了充分的理论依据。当今世界进入大发展、大变革和大调整之中，但是求和平、谋发展、促合作的时代主题已成为世界各国的共识。正因为如此，党中央多次强调，党的一个中心、两个基本点的基本路线要坚持一百年不动摇。

一个国家的发展不仅要实事求是、准确把握时代主题和特征，还要准确把握本国经济社会文化发展的基本国情，即国家社会发展所处的历史方位。马克思认为："人们在自己生活的社会生产中发生一定的、必然的、不以他们的意志为转移的关系，即同他们的物质生产力的一定发展阶段相适合的生产关系。这些生产关系的总和构成社会的经济结构，即有法律的和政治的上层建筑竖立其上并有一定的社会意识形式与之相适应的现实基础。物质生活的生产方式制约着整个社会生活、政治生活和精神生活的过程。不是人们的意识决定人们的存在，相反，是人们的社会存在决定人们的意识。社会的物质生产力发展到一定阶段，便同它们一直在其中运动的现存生产关系或财产关系（这只是生产关系的法律用语）发生矛盾。于是这些关系便由生产力的发展形式变成生产力的桎梏。那时社会革命的时代就到来了。……无论哪一个社会形态，在它所能容纳的全部生产力发挥出来以前，是决不会灭亡的；而新的更高的生产关系，在它的物质存在条件在旧社会的胎胞里成熟以前，是决不会出现的。"① 马克思这段话是社会形态演进规律的经典论述。市民社会的法的关系来源于物质的生活关系。物质的生活关系表现为生产力和生产关系的矛盾运动，具有自然规律的属性。但是，"一个社会即使探索到了本身运动的自然规律……它还是既不能跳过也不能用法令取消自然的发展阶段。但是它能缩短和减轻分娩的痛苦"②。这为中国确认自己的社会主义发展阶段提供了学理上的支撑。

根据中国的经济社会形态状况，基于实事求是、与时俱进的世界观，毛泽东开始对中国如何建设社会主义进行思索，逐步形成社会主义分阶段发展的中国国情视域。1956 年以来，毛泽东多次提出"社会主义社会已经进入，尚未完成"，"我国的社会主义制度还刚刚建立，还没有完全建成"的思想。1958 年在《关于人民公社若干问题的决议》中，提出不能混淆

① 《马克思恩格斯文集》第 2 卷，人民出版社 2009 年版，第 591—592 页。

② 《马克思恩格斯文集》第 5 卷，人民出版社 2009 年版，第 9—10 页。

集体所有制和全民所有制的界限，更不能混淆社会主义和共产主义的界限，强调由社会主义过渡到共产主义是一个相当长相当复杂的发展过程，而在整个过程中，社会的性质仍然是社会主义的。同时，该《决议》明确提出无论由社会主义的集体所有制向社会主义的全民所有制过渡，还是由社会主义向共产主义过渡，都必须以一定程度的生产力发展为基础，生产关系一定要适合生产力的性质，只有生产力发展到某种状况才会引起生产关系的某种变革。“我们既然热心于共产主义事业，就必须首先热心于发展我们的生产力，首先用大力实现我们的社会主义工业化计划，而不应当无根据地宣布农村的人民公社‘立即实行全民所有制’，甚至‘立即进入共产主义’，等等。那样作，不仅是一种轻率的表现，而且将大大降低共产主义在人民心目中的标准，使共产主义伟大的理想受到歪曲和庸俗化，助长小资产阶级的平均主义倾向，不利于社会主义建设的发展。”① 这一特殊时期，全党和毛泽东都曾存在操之过急的问题。相比之下，毛泽东在多次谈话中向全党提出了沉着冷静的忠告。1959 年春，毛泽东在第二次郑州会议上批评急于求成、刮“共产风”的问题，有的人误认社会主义为共产主义，误认按劳分配为按需分配，误认集体所有制为全民所有制，“这就是我们目前同农民关系中的一个最根本的问题”。② 6 月，毛泽东在与外国代表团的谈话中指出：“中国是个经济不发达的国家，工农业水平不高，有许多人是文盲。我们现在正在积极组织自己的经济，积极做提高人民文化水平的工作，发展我们的工业，使农业用机器装备起来。现在工作才开始做，仅仅是开始。至于做出成绩来，那需要时间，需要朋友的帮助，不是很短时间内所能做到的。我们这样一个大国要提高经济、文化水平，建设现代化的工业、农业和文化教育，需要一个过程。”③ 随后，毛泽东在《读苏联〈政治经济学教科书〉的谈话》中明确提出，要通过生产力与人民富裕程度的定量来研究建成社会主义的阶段特征问题。根据这一思路，他认为：“社会主义这个阶段，又可能分为两个阶段，第一个阶段是不发达的社会主义，第二个阶段是比较发达的社会主义。后一阶段可能比前一阶段需要更长的时间。”④ 毛泽东把社会主义划分为“不发达”和“比较

① 《建国以来重要文献选编》第 11 册，中央文献出版社 1995 年版，第 606—607 页。
② 《毛泽东文集》第 8 卷，人民出版社 1999 年版，第 10 页。
③ 《毛泽东文集》第 8 卷，人民出版社 1999 年版，第 71 页。
④ 《毛泽东文集》第 8 卷，人民出版社 1999 年版，第 116 页。

发达”两个阶段思想，无疑是一种理论创见。以上分析可知，毛泽东的社会主义初级阶段思想虽然欠系统，但正是他的这一还有待完善的社会主义发展阶段的思想，在实事求是、与时俱进世界观的指引下，为中国特色社会主义初级阶段理论的最终形成准备了前提。

1979 年，在党的十一届四中全会上，叶剑英在《在庆祝中华人民共和国成立 30 周年大会上的讲话》中简要阐述社会主义初级阶段的论述。1981 年 6 月，在《关于建国以来党的若干历史问题的决议》中，首次明确阐明：我们的社会主义制度还是处于初级的阶段。[①] 1982 年 9 月，党的十二大报告重申了“我国的社会主义社会现在还处在初级发展阶段”[②]。同年，在《关于社会主义精神文明建设指导方针的决议》中进一步指出：“我国还处在社会主义的初级阶段，不但必须实行按劳分配，发展社会主义的商品经济和竞争，而且在相当长历史时期内，还要在公有制为主体的前提下发展多种经济成分，在共同富裕的目标下鼓励一部分人先富裕起来。”[③] 中国社会主义发展阶段的认识逐步获得了全党的认可。系统阐述社会主义初级阶段理论是党的十三大报告，提出“正确认识我国社会现在所处的历史阶段，是建设有中国特色的社会主义的首要问题，是我们制定和执行正确的路线和政策的根本依据。对这个问题，我们党已经有了明确的回答：我国正处于社会主义的初级阶段”。此后，党中央反复重申强调我国社会主义初级阶段的客观事实。进入新时代，习近平总书记特别强调：“社会主义初级阶段是当代中国的最大国情、最大实际。我们在任何情况下都要牢牢把握这个最大国情，推进任何方面的改革发展都要牢牢立足这个最大实际。不仅在经济建设中要始终立足初级阶段，而且在政治建设、文化建设、社会建设、生态文明建设中也要始终牢记初级阶段；不仅在经济总量低时要立足初级阶段，而且在经济总量提高后仍然要牢记初级阶段；不仅在谋划长远发展时要立足初级阶段，而且在日常工作中也要牢记初级阶段。”[④]

需要注意的是，中国特色社会主义初级阶段理论不是在马克思时期的当时英国资本主义社会形态背景，而是在半殖民地半封建的社会基础上发

① 《三中全会以来重要文献选编》（下），中央文献出版社 1982 年版，第 838 页。

② 《改革开放三十年重要文献选编》（上），人民出版社 2008 年版，第 274 页。

③ 《改革开放三十年重要文献选编》（上），人民出版社 2008 年版，第 434 页。

④ 《习近平谈治国理政》，外文出版社 2014 年版，第 10—11 页。

展起来的一种现实社会主义的具体形态。在这一阶段，一方面，我们要促进公有制经济发展，这是对私人资本占有制的否定；另一方面，公有制经济通过其资本化运作发展，这又是资本占有制因素的增加，中国只能以符合本国实际的建设有中国特色社会主义道路的特殊方式走出土地占有制社会，融入资本占有制社会，奔向世界公有制社会。[1] 依此可知，中国特色社会主义初级阶段是“不合格”“不够格”的社会主义，需要大力发展生产力，以求承接马克思关于社会主义的科学理论。因此，社会主义初级阶段理论是中国共产党人对马克思主义经济社会形态演进理论的贡献，是中国特色社会主义理论体系的基石，丰富了马克思主义关于人类社会发展规律的理论。

（三）在实事求是、与时俱进中创立和发展中国特色社会主义理论体系

中国特色社会主义理论体系的形成和全部内容都离不开实事求是、与时俱进的马克思主义世界观。以毛泽东同志为核心的党中央领导下的中国共产党人，在20世纪20—30年代国际共产主义运动中盛行把苏联经验神圣化、把共产国际指示教条化的大背景下，坚持调查研究，坚持从中国实际出发，实事求是地研究和解决中国问题、探索中国道路，最终取得了新民主主义革命胜利，进而建立了社会主义制度，并在中国社会主义建设中提出了一系列正确的思想和主张。与此同时，在社会主义建设过程中，毛泽东一度在社会主要矛盾认识上坚持阶级斗争的“左”倾思维，在经济建设和社会发展方面推行超越生产力发展水平和发展阶段的“冒进”措施，以及所谓“无产阶级专政下继续革命的理论”所造成的严重失误又从反面证明脱离实事求是、与时俱进思想路线的代价是巨大的。以邓小平同志为核心的第二代中央领导集体恢复了党的实事求是的思想路线，在实事求是中科学评价了毛泽东的功过是非，在实事求是中总结了国内外社会主义运动正反两方面的经验教训，在实事求是中制定了中国全面改革开放的路线方针政策，在实事求是中较为全面地回答了“什么是社会主义，怎样建设社会主义”这一首要的基本问题，从而创立了邓小平理论，构成了中国特色社会主义的基础理论，实现了党的指导思想和基本理论在新时期的与时

① 张亚：《资本占有阶段和社会主义初级阶段——关于社会主义初级阶段的历史哲学分析》，《西南师范大学学报》（人文社会科学版）2000年第4期。

俱进。以江泽民同志为核心的党中央所领导的中国共产党人，面对国内外变化，积累治党治国治军新的经验，形成了“三个代表”重要思想，丰富发展了中国特色社会主义理论体系，实现了党的指导思想和基本理论的又一次与时俱进。以胡锦涛同志为总书记的党中央继续坚持实事求是的思想路线，求真务实，创立了科学发展观，在新形势下进一步拓展了中国特色社会主义理论体系。党的十八大以来，习近平总书记继续坚持解放思想、实事求是、与时俱进的思想方法，面对新形势新问题，大胆探索，果断实践，在治国理政方面提出了一系列新理念新思想新战略，在实施“四个全面”伟大战略中推进了马克思主义中国化，创立了习近平新时代中国特色社会主义思想，为中国特色社会主义理论体系增添了新的内容，使中国特色社会主义现代化建设呈现出一派新的生机，使近代以来实现中华民族伟大复兴的中国梦越来越清晰地呈现在全国各族人民的面前。

二　改革创新、全面发展的马克思主义实践观

马克思主义认识论认为，认识世界和改造世界是一个充满矛盾的过程。认识世界的目的不仅在于解释世界，更是为了改造世界，二者统一的基础是实践。认识世界和改造世界必须勇于创新。马克思主义因实践而生，为实践而发展。中国特色社会主义理论体系不是苦思冥想的、为理论而理论的产物，而是源于实践的科学理论，马克思主义中国化的第二大理论成果与丰富多彩、艰难曲折的中国革命实践一样，中国建设的实践也是丰富多彩、艰难曲折的，在改革、探索、创新中全面推进、全面发展，是中国特色社会主义伟大实践的基本形态和根本特点。

（一）在改革创新中全面发展是决定当代中国命运的关键一招

如何促进社会全面进步和发展是一切政党都面临的一个共同课题，也是决定党和国家前途命运的中心课题。从毛泽东到邓小平，从江泽民到胡锦涛、习近平，历届中央领导集体都高度重视发展问题。毛泽东是伟大的马克思主义者，也是伟大的无产阶级革命家、政治家和改革家，他个性极强，从不迷信，坚信中国人民通过独立自主地改革探索创新，能够达到自己的目标。他警示全党，中国不发展起来，不但要受人欺侮和压迫，还将被开除“球籍”。他一生满怀豪情，以“只争朝夕”的奋斗精神，不怕失败，积极探索，渴望建设一个强大的社会主义国家。邓小平更是以中国改革开放总设计师被写入史册的伟大政治家，他主政后反复鼓励中国共产党

和人民大胆改革，大胆开放，大胆探索，大胆创新，集中力量发展社会生产力、发展经济，振兴中华。关于改革开放、创新发展，他的名言警句很多，如“发展才是硬道理”、能发展就不要阻挡、不改革开放就是死路一条。江泽民、胡锦涛、习近平主政后继续深化改革开放，同时强烈关注在改革开放中创新发展。促进社会全面发展是党的历届领导集体都集中关注的中心问题。毛泽东时期强调综合平衡，提出工业、农业、国防和科技实现四化的宏伟目标；邓小平时期不仅明确了建设富强、民主、文明的社会主义国家，还特别注重物质文明和精神文明协调发展的问题。此后，中国共产党逐步提出建设经济、政治、文化、社会和生态建设“五位一体”的社会主义现代化国家，从全面建设小康社会到全面建成小康社会，从西部大开发、中部崛起到全面协调可持续的科学发展，从鼓励支持部分先富到大力推进共同富裕，关于中国特色社会主义发展的目标和布局越来越全面，越来越深刻，越来越科学。实践表明，改革创新是动力，也是决定当代中国前途命运的一个英明决策，全面发展和进步是改革创新的目的。改革开放成就了中国特色社会主义的全面创新和发展，成就了当代中国在当今世界上的大国地位。

在改革开放、探索创新的问题上，邓小平始终走在全党的最前列。他不断鼓励全党：“要克服一个怕字，要有勇气。什么事情总要有人试第一个，才能开拓新路。试第一个就要准备失败，失败也不要紧。希望上海人民思想更解放一点，胆子更大一点，步子更快一点。”① 他认为：“改革开放胆子要大一些，敢于试验，不能像小脚女人一样。看准了的，就大胆地试，大胆地闯。”② “对内经济搞活，改革经济体制，发展起来会比我们预想的要快，就是说，很有希望。中间也可能会出些问题，不要紧，我们不怕，一步步走，一步步地总结经验，不对头赶快改，不是大改，大的方针不会变了。”③

和平与发展是当代世界的主题，世界各国都在争先恐后地谋求发展，不发展只有灭亡。邓小平认为：“世界上先进技术发展很快，发展速度不是用年来计算，而是用月、用日来计算的，叫做‘日新月异’……我们的

① 《邓小平文选》第 3 卷，人民出版社 1993 年版，第 367 页。
② 《邓小平文选》第 3 卷，人民出版社 1993 年版，第 372 页。
③ 《邓小平文选》第 3 卷，人民出版社 1993 年版，第 99 页。

口号是少说空话，多做工作。”[①]“发展是硬道理”，“如果经济发展老是停留在低速度，生活水平就很难提高……这不只是经济问题，实际上是个政治问题”。[②] 论及我国改革开放的广泛影响，邓小平还强调：“改革促进了生产力的发展，引起了经济生活、社会生活、工作方式和精神状态的一系列深刻变化。改革是社会主义制度的自我完善，在一定的范围内也发生了某种程度的革命性变革。”[③] 江泽民继承邓小平关于发展的理论，强调“必须坚持用发展的办法解决前进中的问题”[④]，胡锦涛也强调：“必须坚持把发展作为党执政兴国的第一要务。发展，对于全面建设小康社会、加快推进社会主义现代化，具有决定性意义。要牢牢扭住经济建设这个中心，坚持聚精会神搞建设、一心一意谋发展，不断解放和发展社会生产力。更好实施科教兴国战略、人才强国战略、可持续发展战略，着力把握发展规律、创新发展理念、转变发展方式、破解发展难题，提高发展质量和效益，实现又好又快发展，为发展中国特色社会主义打下坚实基础。”[⑤] 科学发展观，就是在这一背景下形成和发展起来的重大战略思想。

从新中国成立到改革开放的历程，每一次重大改革都给党和国家各项事业发展注入了新的活力，增添了新的动力。据此，我们讲改革开放是当代中国最鲜明的特色，是决定当代中国命运的关键一招，也将是决定我们“实现‘两个一百年’奋斗目标、实现中华民族伟大复兴的关键一招”。“改革开放只有进行时，没有完成时。”[⑥] 2018 年，习近平总书记在庆祝改革开放 40 周年大会上发表重要讲话，他再一次对改革开放作出高度评价：“改革开放是我们党的一次伟大觉醒，正是这个伟大觉醒孕育了我们党从理论到实践的伟大创造。改革开放是中国人民和中华民族发展史上一次伟大革命，正是这个伟大革命推动了中国特色社会主义事业的伟大飞跃！”[⑦] 虽然新时代的改革进入深水区，剩下的都是难啃的硬骨头，问题多，矛盾大，但是不改革就不能前进，不能发展，发展与改革高度融合，发展前进每一步都需要改革探索创新。因此，现时代更加需要攻坚克难，勇往直

① 《邓小平文选》第 2 卷，人民出版社 1994 年版，第 112 页。
② 《邓小平文选》第 3 卷，人民出版社 1993 年版，第 354 页。
③ 《邓小平文选》第 3 卷，人民出版社 1993 年版，第 142 页。
④ 《江泽民论有中国特色社会主义（专题摘编）》，中央文献出版社 2002 年版，第 91 页。
⑤ 《胡锦涛文选》第 2 卷，人民出版社 2016 年版，第 623—624 页。
⑥ 《习近平关于全面深化改革论述摘编》，中央文献出版社 2014 年版，第 4 页。
⑦ 习近平：《在庆祝改革开放 40 周年大会上的讲话》，人民出版社 2018 年版，第 4 页。

前，全面深化改革与创新，以促进各项社会事业的全面发展。

（二）中国特色社会主义建设的历史就是改革创新、全面发展的历史

十一届三中全会以后，以邓小平同志为核心的领导集体推行改革创新、全面发展的建设有中国特色社会主义的“实践论”。邓小平把马克思主义实践观同唯物史观中的生产力观统一起来，应用到建设有中国特色社会主义实践中，形成了具有中国特色的当代马克思主义实践观。邓小平指出：“不打破思想僵化，不大大解放干部和群众的思想，四个现代化就没有希望。……干革命、搞建设，都要有一批勇于思考、勇于探索、勇于创新的闯将。”①“没有一点闯的精神，没有一点‘冒’的精神，没有一股气呀、劲呀，就走不出一条好路，走不出一条新路，就干不出新的事业。”②十三届四中全会以来，以江泽民同志为代表的党的领导集体，在推进中国特色社会主义的伟大实践中创立“三个代表”重要思想，又一次发展了马克思主义的实践观。20 世纪 80 年代到 90 年代初，东欧剧变、苏联解体，我国发生严重政治风波。面对新的实践，江泽民强调创新精神和创新理论，在《江泽民文选》里仅标题中含有“创新”字样的就有多篇。他认为：“创新是一个民族进步的灵魂，是一个国家兴旺发达的不竭动力，也是一个政党永葆生机的源泉。”③“改革开放，是中华民族自强不息和变革创新精神在当代的集中体现和创造性发展。”④“实践基础上的理论创新是社会发展和变革的先导。通过理论创新推动制度创新、科技创新、文化创新以及其他各个方面的创新，不断在实践中探索前进，永不自满，永不懈怠，这是我们要长期坚持的治党治国之道。”⑤党的十六大以来，以胡锦涛为总书记的党中央，以邓小平理论和“三个代表”重要思想为指导，在深化改革开放的过程中形成了科学发展观的创新理论。胡锦涛指出：“落实科学发展观，是一项系统工程，不仅涉及经济社会发展的方方面面，而且涉及经济活动、社会活动和自然界的复杂关系，涉及人与经济社会环境、自然环境的相互作用。这就需要我们采用系统科学的方法来分析、解决问题，从多因素、多层次、多方面入手研究经济社会发展和社会形态、自然

---

① 《邓小平文选》第 2 卷，人民出版社 1994 年版，第 143 页。
② 《邓小平文选》第 3 卷，人民出版社 1993 年版，第 372 页。
③ 《江泽民文选》第 3 卷，人民出版社 2006 年版，第 537 页。
④ 《江泽民文选》第 2 卷，人民出版社 2006 年版，第 62 页。
⑤ 《江泽民文选》第 3 卷，人民出版社 2006 年版，第 537—538 页。

形态的大系统。”[①] 科学发展观的提出，标志着我们党对社会主义建设伟大实践中“实现什么样的发展、怎样发展”的问题有了一个更深入更科学的认识。胡锦涛特别强调“改革创新、自我完善精神”，他在党的十七大报告中明确提出：要把改革创新、自我完善精神贯彻到治国理政各个环节……推进各方面体制改革创新，使党始终成为立党为公、执政为民，求真务实、改革创新，艰苦奋斗、清正廉洁，富有活力、团结和谐的马克思主义执政党。自此“改革创新、全面发展”成为中央到各级地方负责人乃至社会各行各界使用频率最高的词语之一。党的十八大以来，以习近平同志为核心的党中央团结带领全国各族人民，全面审视国际国内新形势新情况新问题，坚持统筹推进“五位一体”总体布局、协调推进“四个全面”战略布局，着力增强改革系统性、整体性、协调性，着力创新重大制度，提升人民群众获得感、幸福感和安全感，推出了1600多项改革方案，啃下了不少硬骨头，闯过了不少急流险滩，改革呈现全面发力、多点突破、蹄疾步稳、纵深推进的新局面，[②] 中国特色社会主义进入新时代，形成了习近平新时代中国特色社会主义思想。习近平总书记指出：“以数千年大历史观之，变革和开放总体上是中国的历史常态。中华民族以改革开放的姿态继续走向未来，有着深远的历史渊源、深厚的文化根基。”[③] 今天的中国共产党和中国社会，已经营造出了不断解放思想、不断改革创新的良好环境和氛围，广大党员干部和人民群众都在千方百计、开动脑筋去思考去探索，大家都在想做事、能做事、做成事。

中国共产党把马克思主义中国化的过程，就是理论创新和实践创新的过程。马克思主义的立场、观点和方法在时代主题的转换和实践主题的变迁中，不仅得到了运用和实践，也得到了丰富和发展。在民主革命时期，中国共产党围绕“进行什么样的革命、如何进行革命”的主题而展开对马克思主义的实践诠释。在建设时期，中国共产党在“什么是社会主义、怎样建设社会主义”到“什么是初级阶段的社会主义、怎样建设初级阶段的社会主义，建设一个什么样的党、怎样建设党”，到“建设什么样的社会主义、怎样建设社会主义，实现什么样的发展、怎样实现发展”，再到

① 《胡锦涛文选》第2卷，人民出版社2016年版，第190页。

② 习近平：《在庆祝改革开放40周年大会上的讲话》，人民出版社2018年版，第9页。

③ 习近平：《在庆祝改革开放40周年大会上的讲话》，人民出版社2018年版，第40页。

“新时代坚持和发展什么样的中国特色社会主义、怎样坚持和发展中国特色社会主义”的重大时代课题，始终贯彻了改革创新、全面发展的马克思主义实践观。

中国共产党在领导和推进马克思主义中国化的历史进程中，勇于变革、勇于创新。改革创新不仅是当代中国的一个最鲜明的特色，也已成为当代中国共产党人最鲜明的品格。江泽民认为：“理论创新，这是马克思主义唯物辩证法的根本要求。要使党和国家的发展不停顿，首先理论上不能停顿。”[①] 中国特色社会主义理论体系的理论创新与实践创新是有机互动的，即“马克思主义的生命力，就在于它在实践中能够不断创新。马克思主义理论的每一次重大突破，社会主义实践的每一次历史性飞跃，都是马克思主义基本原理同具体实践相结合进行理论创新的结果”[②]。由此，毛泽东思想、邓小平理论、“三个代表”重要思想、科学发展观、习近平新时代中国特色社会主义思想，不仅在理论上一脉相承，在改革创新、全面发展的中国特色社会主义实践中也是一以贯之的。

（三）用改革创新的时代精神促进未来中国的全面发展和进步

党的十六届四中全会首次将“以改革创新为核心的时代精神”载入党的文献，十六届六中全会将“以改革创新为核心的时代精神”纳入社会主义核心价值体系，十七大提出要以“改革创新”为核心的时代精神鼓舞斗志，把改革创新、自我完善精神贯彻到治国理政各个环节，包括贯彻到全面推进党的建设新的伟大工程，强调要“勇于变革、勇于创新，永不僵化、永不停滞”。2008 年 9 月，胡锦涛在全党深入学习实践科学发展观活动动员大会暨省部级主要领导干部专题研讨班开班式的重要讲话中指出：“进一步坚持解放思想、改革创新，我们要着力坚持解放思想、实事求是、与时俱进，深刻把握我国经济社会发展趋势和规律，继续坚定不移地把改革创新精神贯彻到治国理政各个环节。”[③]

2015 年，中共十八届五中全会进一步明确提出“创新、协调、绿色、开放、共享”五大发展理念。“创新”一词被安排在第一位，在习近平总书记的执政思路中，创新发展始终占据着重要位置。2016 年以来，在习近

① 《江泽民论有中国特色社会主义（专题摘编）》，中央文献出版社 2002 年版，第 632 页。
② 《江泽民文选》第 3 卷，人民出版社 2006 年版，第 131 页。
③ 《胡锦涛文选》第 3 卷，人民出版社 2016 年版，第 97—98 页。

平总书记的公开讲话中，创新发展始终是一个重点话题。他提出："面对日益激烈的国际竞争，我们必须把创新摆在国家发展全局的核心位置"①；"抓住了创新，就抓住了牵动经济社会发展全局的'牛鼻子'"②；"科技创新、科学普及是实现创新发展的两翼"③；"应该鼓励和支持企业成为研发主体、创新主体、产业主体，鼓励和支持企业布局前沿技术，推动核心技术自主创新，创造和把握更多机会，参与国际竞争，拓展海外发展空间"④；"我们要把完善和发展中国特色社会主义制度、推进国家治理体系和治理能力现代化作为全面深化改革的总目标，勇于推进理论创新、实践创新、制度创新以及其他各方面创新"⑤；"越是欠发达地区，越需要实施创新驱动发展战略"⑥。习近平总书记还阐述了实施创新驱动发展战略的四点基本要求：紧扣发展，牢牢把握正确方向；强化激励，大力集聚创新人才；深化改革，建立健全体制机制；扩大开放，全方位加强国际合作。总的说来，建设社会主义核心价值体系、增强社会主义意识形态的吸引力和凝聚力，必须弘扬改革创新、自我完善精神；理论创新、马克思主义大众化、马克思主义理论研究和建设工程的提出，本身就是改革创新的产物；进一步推进理论创新、推动马克思主义大众化、推进马克思主义理论研究和建设工程同样需要大力弘扬改革创新、自我完善精神。

新时代，我们党要站在时代前列带领人民不断开创事业发展新局面，始终成为中国特色社会主义事业的坚强领导核心，不断开拓马克思主义中国化的新境界，必须弘扬改革创新精神，领导全国人民把我国建设成为社会主义现代化的创新型国家。

三　群众观点、群众路线的马克思主义历史观

科学社会主义是关于全人类共同进步发展的科学理论和社会运动，中国特色社会主义是关于中国各族人民共同发展进步的科学理论和社会运动。人民群众从来就是历史的创造者和推动者，离开了人民群众，中国特

---

① 习近平：《在知识分子、劳动模范、青年代表座谈会上的讲话》，人民出版社 2016 年版，第 5 页。

② 《习近平谈治国理政》第 2 卷，外文出版社 2017 年版，第 201 页。

③ 《习近平谈治国理政》第 2 卷，外文出版社 2017 年版，第 276 页。

④ 习近平：《在网络安全和信息化工作座谈会上的讲话》，人民出版社 2016 年版，第 21 页。

⑤ 《习近平谈治国理政》第 2 卷，外文出版社 2017 年版，第 39 页。

⑥ 《习近平谈创新》，《人民日报》（海外版）2016 年 3 月 1 日第 9 版。

色社会主义理论和实践便成了无本之木、无源之水。马克思主义唯物史观认为，人民群众是社会实践的主体，不仅是社会物质财富、精神财富及一切财富的创造者，也是社会变革的决定力量。显然，“依靠谁”的问题是马克思主义历史观的一个核心问题。改革开放、社会发展始终是以群众为主体的唯物史观的具体体现。中国共产党关于群众观点、群众路线的思想本质上体现的是马克思主义关于人民群众是历史的创造者这一基本原理，保证了中国革命、建设和改革事业的胜利发展，丰富和发展了群众观点、群众路线的马克思主义历史观。

（一）中国共产党群众观点、群众路线历史观及其深刻内涵

中国共产党关于群众观点、群众路线的马克思主义历史观，是历史唯物主义关于人民群众决定历史的观点与中国革命和建设实践相结合的理论概括，具有丰富深刻的内涵。

党的群众观点、群众路线的马克思主义历史观的形成有一个孕育、成熟和不断丰富发展的历史过程，具体可概括为：孕育于红军时期，成熟于延安时期，丰富和发展于新中国成立以后。[①] 马克思主义政党是工农劳动大众的政党，立党为公、执政为民是其合法性之所在。中国共产党成立之初，就有着对群众工作的高度自觉。1922 年 7 月，党的二大在《组织章程决议案》中指出：“党的一切运动都必须深入到广大的群众里面去。”[②] 在 1925 年 10 月中共扩大执委会决议案中又指出：“中国革命运动的将来命运，全看中国共产党会不会组织群众、引导群众。”[③] 1927 年，毛泽东在秋收起义失败后领导党和军队进入井冈山地区，开始创建第一块农村革命根据地，点燃“工农武装割据”的星星之火，为争取农民群众，组织开展打土豪、分田地的斗争，赢得了广大人民群众的空前支持，从而开辟了群众工作新领域。党在领导土地革命战争的过程中，逐步孕育了群众路线思想。在抗日战争时期，毛泽东针对敌强我弱的严峻形势发表《论持久战》，提出了“兵民是胜利之本”的著名论断，从军事战略的高度集中表达了党的群众观点。[④] 在延安整风运动中，毛泽东系统、完整地阐述了党的群众观点和群众路线，并作出“从群众中来，到群众中去”的明确概括，他强调这是中

① 毕德：《关于毛泽东群众路线思想的几点认识》，《岭南学刊》2014 年第 1 期。
② 《建党以来重要文献选编（1921—1949）》第 1 册，中央文献出版社 2011 年版，第 162 页。
③ 《建党以来重要文献选编（1921—1949）》第 2 册，中央文献出版社 2011 年版，第 522 页。
④ 《毛泽东选集》第 2 卷，人民出版社 1991 年版，第 477 页。

国共产党的基本领导方式和工作方法。1945 年，毛泽东在七大报告中将“和最广大的人民群众取得最密切的联系”列为中国共产党的三大优良作风之一，又称其为共产党区别于其他任何政党的显著标志之一。在关于修改党章的报告中，刘少奇专门论述了“群众路线问题”，大会将“一切为了群众，一切依靠群众，从群众中来，到群众中去，把党的正确主张变成群众的自觉行动”写入党章。学界通常认为这是党的群众路线形成的主要标志。新中国成立后，毛泽东把群众路线看作是制定和贯彻政策的“马克思主义的认识论”[①]，包括关于党群关系、正确处理人民内部矛盾、民主集中制原则、党员监督制度、反对官僚主义等方面。他意识到，党内有的同志可能淡化为人民服务的观念，以功臣自居，贪图享乐，丢掉革命时期与群众打成一片的思想，甚至部分干部成为群众的敌人。对党员干部在党执政后滋生的脱离群众的现象，毛泽东进行了严厉批评。对于形式主义，毛泽东深刻指出，其实质就是主观主义。为了克服各种形式主义，毛泽东提出了一些具体的办法。对于官僚主义，毛泽东强调我们的党员干部绝不许可摆架子，一定要打掉官气。针对党内贪图享乐不愿再过艰苦生活的情绪，毛泽东教导我们的党员干部，要保持过去革命战争时期的那么一股劲，那么一股革命热情，那么一种拼命精神，把革命工作做到底。对于一些党员干部的奢靡之风，毛泽东更是给予痛批。他指出，我国是一个经济落后的穷国，但浪费的范围极广，项目极多，又是一个普遍严重现象，故须定出惩治办法。他说，要使我国富强起来，需要几十年艰苦奋斗的时间，因此我们国家一要勤，二要俭，不要懒，不要豪华，并将厉行节约、反对铺张浪费作为一个勤俭建国的方针，唯有如此，我们才不会脱离群众。[②] 毛泽东强调，共产党人一定要把国家利益和人民利益放在首位，一切工作都要为人民着想；共产党员要全心全意为人民服务，不要把自己看作是人民的主人，而要当好人民的勤务员；共产党员要善于同群众商量办事，任何时候也不要离开群众。党群关系好比鱼水关系。如果党群关系搞不好，社会主义制度就不可能建成；社会主义制度建成了，也不可能巩固。[③]

从群众观点、群众路线的马克思主义历史观的主要内容看，中国共产

---

① 《毛泽东选集》第 3 卷，人民出版社 1991 年版，第 899 页。

② 艾四林、康沛竹：《毛泽东关于党的群众路线思想的形成和发展》，《马克思主义研究》2014 年第 2 期。

③ 《毛泽东选集》第 5 卷，人民出版社 1977 年版，第 456—465 页。

党群众路线思想主要体现在以下几个方面：第一，全心全意为人民服务的观点。毛泽东指出，中国共产党是广大人民群众利益的代表者，党除了工人阶级和广大人民群众的利益外，没有自己特殊的私利。党要处处想到群众，为群众打算，把群众利益放在第一位。第二，一切向人民群众负责的观点。要为人民服务，就必须向人民群众负责。毛泽东说："我们的责任，是向人民负责。每句话，每个行动，每项政策，都要适合人民的利益，如果有了错误，定要改正，这就叫向人民负责。"[①] 要考察共产党人是否真心诚意为人民服务，是否真正尽到了自己的责任，不能只看到他的主观愿望与动机，更重要的是要看到他的实际行动和客观效果。因此，我们不但要有为人民服务的愿望，而且要善于为人民服务，要使我们的工作结果，完全有益于人民。第三，向人民群众学习的观点。毛泽东说："群众是真正的英雄，而我们自己则往往是幼稚可笑的，不了解这一点，就不能得到起码的知识。"[②] 他十分强调一切共产党员和领导干部，为了教育群众，首先要向群众学习，要做群众的学生，然后再做群众的先生。不经常地向群众学习，不在群众的实践中吸取营养，就势必脱离群众，使自己孤立起来。只有虚心地向人民群众学习，把群众的知识和经验集中起来，吸收、集中群众的智慧，才能作出正确的决策，才能够具体地去启发群众的觉悟，指导群众的行动。第四，"从群众中来，到群众中去"，是党的群众路线在实际工作中的运用，是科学的领导方法和工作方法。毛泽东指出："在我党的一切实际工作中，凡属正确的领导，必须是从群众中来，到群众中去。这就是说，将群众的意见（分散的无系统的意见）集中起来（经过研究，化为系统的集中的意见），又到群众中去作宣传解释，化为群众的意见，使群众坚持下去。""如此无限循环，一次比一次地更正确、更生动、更丰富。"[③] "从群众中来，到群众中去"，把党的路线、方针和政策同人民群众的社会实践紧密结合起来，使党和群众融为一体，这是毛泽东对马克思主义哲学的伟大贡献。[④]

毛泽东还论述了党的群众路线、群众观点在政治、经济和社会等领域

① 《毛泽东选集》第4卷，人民出版社1991年版，第1128页。

② 《毛泽东选集》第3卷，人民出版社1991年版，第790页。

③ 《毛泽东选集》第3卷，人民出版社1991年版，第899页。

④ 成林萍：《群众路线与群众运动——对毛泽东群众路线思想的反思》，《党史研究与教学》2002年第1期。

的具体表现。在政治领域，群众路线的具体表现是民主集中制原则的很好贯彻，一切路线方针政策应当从群众中来，让群众畅所欲言，充分表达，尊重群众的创造，吸收并集中群众智慧，才能作出科学决策，将民主集中制与群众路线有机统一起来是对马克思主义基本原理的创造性运用和发挥。在经济领域，毛泽东把党的群众路线和生产实践中的技术革新、技术革命紧密结合起来，形成了“两参一改三结合”的管理思想。[①] 此后，国内许多大型企业都陆续实行了“两参一改三结合”的管理制度。毛泽东倡导的“两参一改三结合”、职工代表大会制度等，在调动积极性方面起了很大的作用。在社会领域，毛泽东深刻揭示了正确处理人民内部矛盾和践行群众路线之间的一致性。

群众路线在不同历史时期对于科学认识党群关系，做好群众工作，解决社会新情况、新问题、新矛盾起到了非常重要的作用。[②] 同时，我们也要看到，在特定历史时期，由于“左”倾错误思想的影响，群众路线也曾被歪曲以致走向了反面。1958 年的“大跃进”和十年“文化大革命”，表面上看也是在走群众路线，依靠群众，实际上，“大鸣大放大字报大辩论”已经离开了党的领导，失去了秩序和法治，陷入了无政府主义的泥潭。这个深刻教训应该永远牢记。

（二）群众拥护不拥护是制定改革开放各项方针政策的出发点和归宿

在改革开放新时期，根据新的实践发展，中国共产党不断推进和拓展党的群众路线、群众观点理论。在 1981 年《关于建国以来党的若干历史问题的决议》中，党中央再次对群众路线的内涵进行了系统总结和明确规定。提出群众路线就是一切为了群众，一切依靠群众，从群众中来，到群众中去，并肯定其为毛泽东思想活的灵魂的一个重要方面。以邓小平同志为核心的党的第二代中央领导集体在改革开放的具体实践中，继承和发展了党的群众路线理论。第一，高度重视人民主体地位。在思想认识上，邓小平旗帜鲜明地指出，“群众是我们力量的源泉，群众路线和群众观点是我们的传家宝。党的组织、党员和党的干部，必须同群众打成一片，绝对不能同群众相对立”[③]；在执政路径上，邓小平反复要求党员干部要倾听人

① “两参一改三结合”：工人是企业的主人，干部参加劳动、工人参加管理，改革不合理的规章制度和实行技术人员、工人、干部的“结合”。

② 李斌：《群众路线的发展历程与现实启示》，《沈阳大学学报》2014 年第 1 期。

③ 《邓小平文选》第 2 卷，人民出版社 1994 年版，第 368 页。

民群众的呼声；在改革开放方针政策上，邓小平始终把人民拥护不拥护、人民赞成不赞成、人民高兴不高兴、人民答应不答应作为制定方针政策和作出决断的出发点和归宿。[①] 他认为，改革开放的目的就是逐步提高人民的物质文化生活水平，最终达到共同富裕，“是否有利于提高人民的生活水平”是判断改革开放是非得失的“三个有利于”标准之一，是我们党制定各项方针政策的出发点和归宿；在体制制度方面，邓小平提出只要有利于人民群众的根本利益，就是好的制度。第二，认真接受人民监督。对于我们党的权力监督问题，邓小平曾指出，共产党员谨小慎微不好，胆子太大了也不好。一怕党，二怕群众，三怕民主党派，总是好一些。谨慎总是好一些。他认为，随着党领导的社会主义革命和建设实践的深入，形势的变化，群众监督问题要不断赋予新的内容。他提出，应该既有自上而下的党委领导下的厂长负责制，又要有自下而上的党委领导下的群众监督制。第三，知识分子也是群众。党的十一届三中全会以前，关于知识分子的地位问题曾经有过混乱，甚至被归入资产阶级。邓小平在三中全会上重申，知识分子是工人阶级和劳动人民的一部分，基本上是为社会主义服务的，他们与体力劳动者没有本质上的差别，只是社会分工不同，并无政治上不可逾越的鸿沟。这就扩大了人民群众的范围。

以江泽民同志为核心的第三代中央领导集体在世界社会主义运动曲折发展的艰难时期，更加重视巩固和加强同人民群众的血肉联系。党的十三届六中全会特别作出《中共中央关于加强党同人民群众联系的决定》，强调密切联系群众的方式方法。江泽民明确提出：“在任何时候任何情况下，都必须坚持党的群众路线，坚持全心全意为人民服务的宗旨，把实现人民群众的利益作为一切工作的出发点和归宿。”[②] 党中央把“代表最广大人民的根本利益”作为“三个代表”重要思想的核心内容写入党的指导思想中。有学者提出，江泽民群众路线观的核心部分包括关注群众民生、反对既得利益和腐败、反对官本位、总结历史经验教训和勤俭节约四个方面。[③]

党的十六大以来，以胡锦涛同志为总书记的党中央再次重申并诠释了党的群众路线，一直把“始终保持党同人民群众的血肉联系”作为我们党

① 《胡锦涛文选》第2卷，人民出版社2016年版，第209页。

② 《江泽民文选》第3卷，人民出版社2006年版，第572页。

③ 赵骞：《论江泽民的群众路线观》，《湖北科技学院学报》2015年第6期。

永远立于不败之地的根本保证。胡锦涛明确指出："我们党的根基在人民、血脉在人民、力量在人民。"[①] 要"坚持权为民所用，情为民所系，利为民所谋"[②]。党的十六届三中全会正式提出以人为本的科学发展观，提出发展为了人民、发展依靠人民、发展成果由人民共享。为此，党的十七大全面部署了以改善民生为重点的社会建设，强调解决人民最关心、最直接、最现实的社会问题。其主要观点如下："尊重人民主体地位，发挥人民首创精神，保障人民各项权益，走共同富裕道路，促进人的全面发展。必须扩大人民民主，保障人民享有更多更切实的民主权利，保证人民赋予的权力始终用来为人民谋利益"[③]；提出"建设中国特色社会主义的根本目的是不断实现好、维护好、发展好最广大人民的根本利益，党的理论、路线、纲领方针、政策和工作必须以符合最广大人民的根本利益为最高衡量标准"[④]，确立并深化了"人是发展目的"，"发展为了人民、发展依靠人民、发展成果由人民共享"的重要思想；强调坚持党的群众路线的"关键在领导干部"，要求全党特别是各级领导干部"要牢固树立马克思主义的群众观点"，摆正自己和人民群众的位置，认真解决好对待人民群众的态度问题，"更加自觉地坚持党的群众路线"；向全党特别是各级领导干部提出了"更加自觉地坚持党的群众路线"的具体要求，包括"坚持权为民所用，情为民所系，利为民所谋，真诚倾听群众呼声，真实反映群众愿望，真情关心群众疾苦，多为群众办好事，办实事"；提出建立健全坚持党的群众路线的长效机制，从制度上保持党同人民群众的血肉联系等。在新的历史条件下，适时地强调并丰富了党的群众路线。

（三）以群众路线教育实践活动开创新时代各项工作新局面

党的十八大以来，习近平总书记发表了一系列重要讲话，推出了一系列新举措，集中体现了新一代领导集体的群众观点和群众路线思想。第一，要心中有人民。要想做到心中有人民，关键在于要真真切切认识到人民群众的力量，人民群众在历史中的主体地位。历史是由人民群众创造的，没有人民群众，就没有社会的发展和进步。没有人民群众的支持和拥护，中国共产党就会失去执政的基础，就会有亡党的危险，"水能载舟，

---

① 《胡锦涛文选》第3卷，人民出版社2016年版，第198页。

② 《十六大以来重要文献选编》（上），中央文献出版社2005年版，第84页。

③ 《胡锦涛文选》第3卷，人民出版社2016年版，第4页。

④ 《十六大以来重要文献选编》（上），中央文献出版社2005年版，第364页。

亦能覆舟”说的就是这个理。第二，要以人民苦乐为苦乐。要把人民群众的冷暖疾苦时刻放在心里，经常强调，要做人民群众的贴心人，要对人民群众有感情。要把人民群众当成自己的父母亲、兄弟姐妹，要把人民群众对美好生活的向往当成自己的奋斗目标。第三，要把自己献给人民。就是要在实际工作中为群众谋福利，要为群众利益而奋斗，要为群众工作鞠躬尽瘁死而后已。①

群众路线是党的生命线和根本工作路线，是党永葆青春活力和战斗力的重要传家宝。为切实贯彻党的群众观点和群众路线，新一届中央领导集体提出：第一，实现中国梦，满足人民幸福。中国梦归根到底是人民幸福的梦，使人人都能共享人生出彩的机会，共享梦想成真的机会。中国梦的实现，离不开人民群众的努力和积极工作，只有万众一心，紧密团结在中国共产党的领导下，充分发挥自身的聪明才干，才能够克服千难万险，才能实现中国梦。第二，净化政治生态，回应人民期待。党中央在党员干部中强力推进“四风建设”和“八项规定”，大力惩治腐败。习近平带头抵制享乐主义和奢靡之风，严格要求领导干部要时时刻刻把群众的安危冷暖放在心上。在政治生态日渐晴朗之际，他要求全党要认识到党风廉政建设和反腐败斗争的长期性、复杂性和艰巨性，需要放平心态、迈稳步子、常抓不懈、久久为功。这些措施和行动真诚回应了人民群众的期待。第三，真抓实干，力戒空谈，解决民生问题。习近平反复强调，从人民群众最切身利益出发，努力解决学有所教、劳有所得、病有所医、老有所养、住有所居的问题，真心实意为群众谋利益，扎扎实实为群众办实事、办好事，这是密切党群关系的根本所在；他要求领导干部为民务实清廉，切实转变工作作风；他强力推进全党范围内的“为民、务实、清廉”的群众路线教育实践活动，力图使每位党员都获得进步；他身体力行多次深入基层进行调研，要求不封路、不扰民，赢得了人民群众的广泛好评。第四，重视顶层设计，长远谋划群众利益。习近平经历过“文化大革命”，因而他深切懂得制度设计对于保护人民群众利益的重要意义。他从坚持和发展中国特色社会主义全局出发，提出了“四个全面”战略布局。“四个全面”无一不与人民群众利益息息相关。第五，重视青年成长，谋划国家民族未来。党从成立之日起，就始终代表广大青年、赢得广大青年、依靠广大青年。

① 汪继业：《习近平群众路线思想的三重内涵浅析》，《湘潮》2015 年第 8 期。

习近平在多次讲话中都表达了对青年群体成长的格外关注。第五，相信群众，让人民评判执政成效。要求广大党员干部要始终坚持和奉行群众路线，明确人民群众作为党执政成效的评判者地位。[①] 习近平认为："检验我们一切工作的成效，最终都要看人民是否真正得到了实惠，人民生活是否真正得到了改善。"[②]

为集中解决形式主义、官僚主义、享乐主义和奢靡之风问题（简称"四风"），进一步加强对全体党员的马克思主义群众观教育，中共中央从2013年下半年开始用一年左右时间，围绕保持党的先进性和纯洁性建设问题，在全党广泛开展了群众路线教育实践活动。党的群众路线教育实践活动自上而下，"为民、务实、清廉"的主题深入活动全过程，"照镜子、正衣冠、洗洗澡、治治病"的总要求贯穿活动始终。第一，着力解决党员干部中存在的"四风"问题。领导班子和领导干部要重点解决政绩观不正确，不敢担当，搞"政绩工程"，盲目决策，好大喜功、虚报浮夸，上有政策、下有对策，文山会海、不求实效，疏远群众、脱离基层，民主集中制坚持不好，选人用人上的不正之风等问题。机关及直属单位重点解决推诿扯皮，工作不落实、服务不主动、衙门作风严重、部门利益至上等问题。执法监管部门和窗口单位、服务行业重点解决门难进、脸难看、事难办，乱收费、乱罚款、乱摊派，不作为、慢作为、乱作为，吃拿卡要、执法不公等问题。教育行业重点解决师德师风不正，敬业精神不强、教育教学管理不规范、教育资源分布不均衡等问题。医疗卫生行业重点解决医德医风不正，医疗服务态度差，看病难、看病贵等问题。国有企业重点解决企业资产负债不透明，"账外账""小金库"，企业滋生腐败等问题。政法系统重点解决执法不严、执法不公，利用职务影响和工作便利谋取私利的问题。第二，着力解决事关群众切身利益的突出问题。始终把为民务实清廉作为核心价值追求，坚持为民利民便民，本着尽力而为、量力而行的原则，切实落实各项民生政策，解决群众出行难、用电难、饮水难、上学难、看病难、就业难、增收难、通讯难、住房难等基本需求问题，解决生态环境、食品药品安全、安全生产、

---

① 李继伟：《习近平对邓小平理论的继承与发展——基于群众观的视角》，《党史博采》2015年第8期。

② 《习近平谈治国理政》，外文出版社2014年版，第28页。

社会治安、执法司法、征地拆迁、灾后恢复服务、扶贫开发等关系群众切身利益的问题，特别要想方设法解决受灾群众、空巢老人、留守儿童、残障人员、孤寡老人、低收入家庭等特殊困难群体的生产生活问题，解决与民争利的问题。畅通群众诉求表达渠道，加强与群众真诚沟通，做好矛盾纠纷排查化解工作，让群众办事更加便利、得到更多实惠，增强安全感、提高满意度，切身感受社会公平正义。第三，着力解决服务群众“最后一公里”问题。以加强基层服务型党组织建设为抓手，扩大党的组织覆盖和工作覆盖，建设守信念、讲奉献、有本领、重品行的基层党组织队伍，组织带领广大党员、干部为群众提供更多更好服务。坚持深入基层，问政于民、问需于民、问计于民，请群众参与、让群众评判、受群众监督。健全服务网络和保障体系，建立稳定的基层组织运转和基本公共服务经费保障制度，落实关爱基层干部政策，充分调动服务群众的积极性，让群众有地方说话、有地方办事，困难有人帮、问题有人管。第四，着力解决党员干部信仰淡化的突出问题。领导班子重点解决党性原则不强，协调配合不好，团结意识淡薄，名利思想抬头等问题。机关干部重点解决理想动摇，信仰滑坡，组织纪律涣散，满足于混日子，工作热情不高，进取精神不强等问题。窗口单位、服务行业和干部重点解决不能用党员标准来严格要求自己，宗旨意识淡化，为民服务的真感情、真本领缺失等问题。第五，着力解决制约发展民生稳定的突出问题。解决党员干部在经济社会发展上思想观念落后、发展思路不清、创新意识不强的突出问题；解决党员干部在引领发展、模范带头、维护稳定、依法办事、应急处突等方面存在的突出问题；解决部分党员干部在反分维稳上旗帜不明、“双重”信仰、头脑不清、立场不坚、能力不强、作风不实和方法不当等信念问题，以此提高党员干部开展群众工作的能力。

从毛泽东到邓小平，从江泽民到胡锦涛再到习近平，党的历届领导人始终把如何贯彻群众路线当作事关党和国家事业发展全局的头等大事来抓，狠刹脱离群众、腐败堕落之风，狠抓勤政廉政，花大力气兴调查研究之风，力促领导干部下基层、访群众，密切干群关系。[①] 我们既不能因为语境改变而否定群众路线，更不能照抄照搬革命年代群众路线的旧的形

---

① 任平：《马克思主义大众化与群众路线的当代阐释》，《江苏行政学院学报》2013 年第 3 期。

式、路径和方法，把群众路线变成愈演愈烈的群众运动，甚至重蹈“文化大革命”覆辙，最终葬送伟大复兴的民族事业。新形势下在全党深入开展党的群众路线教育实践活动意义重大，这是解决群众反映强烈的突出问题的必然要求，也是坚持党要管党、从严治党的重大决策，是我们党面向未来、全面推进中国特色社会主义的重大部署，是群众观点、群众路线的马克思主义历史观的当代启示。

四　以人为本、改善民生的马克思主义价值观

以人为本是马克思主义理论的出发点和落脚点。如果说“两个必然”即资本主义必然灭亡和社会主义必然胜利，是马克思主义对资本主义发展规律的深刻揭示，那么，人的自由解放和发展则是社会主义和共产主义运动的主题和主线，贯穿社会主义和共产主义运动的始终。马克思主义把“消灭私有制”、“发展生产力”、“争得民主”作为无产阶级的重要任务，就是要真正解决人与社会、人与人、人与自然之间的矛盾，真正实现“人的解放”，实现从必然王国进入自由王国的飞跃。以人为本、改善民生的马克思主义价值观凸显劳动人道主义价值理论。劳动人道主义突显人学范畴，积极探讨人的地位、价值、自由、能动性之现实实现，因而其所研究的“人”是具体的普通的劳动者、无产阶级、工人阶级，不是抽象意义上的“人”。[①] 因此真正的马克思主义始终代表无产阶级和劳动者的利益，时刻为无产阶级、普通劳动者说话。以人为本是马克思主义价值观的应有之义。中国共产党领导的反帝反封建反官僚资本主义的新民主主义革命为中华民族和中国人民赢得了独立、解放、尊严和自由，赢得了生存权和发展权。社会主义改造的完成和社会主义制度的确立使人民彻底翻了身、当了家、成为国家的主人。毛泽东时期全党和全国各族人民艰苦创业、积极探索社会主义的强国富民之路，虽然出现过失误，但仍然建立起了比较完整的国民经济体系、比较完整的工业体系和比较完整的国防安全体系，也形成了一系列关于建设中国特色社会主义的重要思想观点，为邓小平及其后党的几代领导集体创立和发展中国特色社会主义理论体系，带领中国人民走上共同富裕的正确道路奠定了重要基础，创造了重要条件。可以说，中国共产党的历史就是为人民服务的历史，就是以人为本、不断改善民生的

---

① 郑小霞：《论中国特色社会主义理论体系的哲学基础》，《学理论》2012 年第 10 期。

历史，只不过在不同时期工作重点有所不同。

（一）在兼顾国家、集体和个人关系中逐步提高“全体人民的生活水平”

“公私兼顾”是解决中国社会主义初期经济利益矛盾的重要指导思想。[①] 毛泽东在1942年就提出：“在公私关系上，就是‘公私兼顾’。”[②] 1947年，他提出新民主主义经济“发展生产、繁荣经济、公私兼顾、劳资两利”[③]。1956年，论及国家、生产单位和生产者个人的关系，毛泽东明确提出：“必须兼顾国家、集体和个人三个方面，也就是我们过去常说的‘军民兼顾’、‘公私兼顾’”。针对苏联不改善人民生活的做法，他说，“你要母鸡多生蛋，又不给它米吃，又要马儿跑得好，又要马儿不吃草。世界上哪有这样的道理！”[④] 在国家利益、集体利益和个人利益关系问题上，毛泽东认为，按劳分配必须兼顾国家、集体和个人三者利益。[⑤] 具体来说，个人利益服从集体利益，暂时利益服从长远利益，局部利益服从全局利益，不能只是考虑个人利益、暂时利益、局部利益；[⑥] 集体利益不断增长，个人利益当然跟着增长，不能有公无私，也不能有私无公；[⑦] 毛泽东在中国社会主义改造阶段正式提出“公私兼顾、劳资两利”的基本政策。显而易见，“公私兼顾、劳资两利”首先确保国有经济和集体经济的主导作用和工人阶级的领导地位，然后国家统筹安排情况下允许私人资本主义经济在适当范围发展，以此缓解劳资矛盾，有条件的互惠互利。显然，“公私兼顾、劳资两利”政策是中国共产党领导下给各阶层人民群众以“看得见的物质利益”，在国家、集体、个人利益增产增量上实现的“公私兼顾”。[⑧] “马克思列宁主义的基本原则，就是要使群众认识自己的

---

① 苏伟：《“亚当·斯密之谜”的破解：毛泽东开创的“公私兼顾论”——论毛泽东的经济伦理思想的核心内容》，《毛泽东思想研究》2006年第6期。

② 《建党以来重要文献选编（1921—1949）》第19册，中央文献出版社2011年版，第619页。

③ 《毛泽东选集》第4卷，人民出版社1991年版，第1255页。

④ 《毛泽东文集》第7卷，人民出版社1999年版，第30页。

⑤ 《毛泽东文集》第7卷，人民出版社1999年版，第221页。

⑥ 《毛泽东文集》第8卷，人民出版社1999年版，第133页。

⑦ 《毛泽东文集》第8卷，人民出版社1999年版，第134页。

⑧ 苏伟：《“亚当·斯密之谜”的破解：毛泽东开创的“公私兼顾论”——论毛泽东的经济伦理思想的核心内容》，《毛泽东思想研究》2006年第6期。

利益，并且团结起来，为自己的利益而奋斗。”[①] “公私兼顾、劳资两利”政策在社会主义建设初期发挥了相当作用，不仅有限地鼓励私人资本主义经济存在，而且有利于巩固爱国统一战线和人民民主专政，迅速稳定民心团结群众，对于新中国找到适合资本主义工商业改造的途径和国家资本主义具体改造的方法都有积极意义。

需要注意的是，那种认为毛泽东主张“均中求富”、搞平均主义，导致共同贫困的观点是不符合实际的误解。有学者认为，毛泽东时期建设社会主义的思路是“均中求富”，甚至是搞平均主义。虽然毛泽东内心抱有大同社会的伟大理想和追求，在基层劳动分配中确实存在程度不同的平均主义问题，但毛泽东是平均主义的反对者。作为历史唯物主义者，毛泽东承认差距的不可避免。在20世纪50年代人民公社化运动中曾发生“一平二调”、刮“共产风”，在公社范围内搞贫富拉平、平均分配，毛泽东就在《党内通信》及多个场合都提出了严厉批评，把农民的劳动成果平调的做法比地主、资本家剥削农民还要厉害，后者不等价方法剥削农民，自己也要花点代价，平调却毫无章法可言，“这是马列主义不许可的”。[②] 毛泽东明确强调，永远不许一平二调，公共积累一定不能多，公共工程也一定不能过多，要保证人民的基本生活需要。[③] 进入20世纪60年代，毛泽东仍然坚持强调要“反对两个平均主义”，即大队内部生产队与生产队之间的平均主义，生产队内部人与人之间的平均主义；这是“两个极端严重的大问题”，要求中央领导认真研究并解决。毛泽东时期倡导艰苦奋斗、勤俭建国是事实。作为党和国家最高领导人，他始终高度关注并竭力维护新中国的国家安全和民族尊严。为此，毛泽东那一代人勒紧腰带搞建设，以尽可能大的财力和资源致力于建立比较完整的国民经济体系、国家工业和国防体系。辛苦一代人，造福子孙后代的博大情怀，是值得后人敬仰和学习的。

（二）在先富后富中逐步实现全体人民的共同富裕

在以毛泽东同志为核心的中央领导集体探索民富国强道路基础上，邓小平带领全党探索了一条共同富裕的道路，即鼓励一部分地区发展得快一

---

① 《毛泽东选集》第4卷，人民出版社1991年版，第1318页。

② 《毛泽东文集》第8卷，人民出版社1999年版，第230页。

③ 《毛泽东文集》第8卷，人民出版社1999年版，第223页。

些，先富起来，而后通过先富带动和帮助后富，使各地经济都能发展起来，从而实现人民共同富裕。邓小平在《解放思想，实事求是，团结一致向前看》的讲话中提出：“要允许一部分地区、一部分企业、一部分工人农民，由于辛勤努力成绩大而收入先多一些，生活先好起来。一部分人生活先好起来，就必然产生极大的示范力量，影响左邻右舍，带动其他地区、其他单位的人们向他们学习。这样，就会使整个国民经济不断地波浪式地向前发展，使全国各族人民都能比较快地富裕起来。”① 党的十一届三中全会阐述了先富和共富的辩证关系。先富是达到社会主义共同富裕的路径和工具。“我们提倡一部分地区先富裕起来，是为了激励和带动其他地区也富裕起来，并且使先富裕起来的地区帮助落后的地区更好地发展。提倡人民中有一部分人先富裕起来，也是同样的道理。”② 共同富裕是社会主义的本质要求，“鼓励一部分地区、一部分人先富裕起来，也正是为了带动越来越多的人富裕起来，达到共同富裕的目的”③。“让一部分人、一部分地区先富起来，大原则是共同富裕。一部分地区发展快一点，带动大部分地区，这是加速发展、达到共同富裕的捷径。”④ 实现共同富裕，在中国特色社会主义建设中是过程性的，改革开放初期的共同富裕政策集中于实现“先富”；20 世纪末以后缩小差距、实现“共富”。一方面继续鼓励东部地区率先发展，另一方面适时地实施东西对口扶贫协作计划、西部大开发等“带动共富”战略。随着我国社会主义现代化第二步发展战略任务的完成，人民生活总体上达到了小康水平。在全面建成小康社会的关键阶段，推进共同富裕的关键在分配政策。党中央提出初次分配和再分配都要处理好效率和公平的关系，再分配更加注重公平的政策。公平正义是中国特色社会主义的内在要求，共同享有是中国特色社会主义的本质特征，共同富裕是中国特色社会主义的根本原则。中国特色社会主义必须坚持公平正义，必须着力解决两极分化问题，必须形成合理有序的收入分配格局，保护合法收入，调节过高收入，清理规范隐性收入，取缔非法收入，增加低收入者收入，扩大中等收入者比重，逐步形成橄榄型分配格局，使改革开放发展成果更多更公平惠及全体中国人民，朝着共同富裕方向稳步前

① 《邓小平文选》第 2 卷，人民出版社 1994 年版，第 152 页。
② 《邓小平文选》第 3 卷，人民出版社 1993 年版，第 111 页。
③ 《邓小平文选》第 3 卷，人民出版社 1993 年版，第 142 页。
④ 《邓小平文选》第 3 卷，人民出版社 1993 年版，第 166 页。

进。党的十八大以来逐步形成的习近平新时代中国特色社会主义思想，是统一全党共识、凝聚中华民族力量、实现中华民族伟大复兴中国梦的强大思想武器，其中特别是中国梦视域下的“四个全面”战略布局更是实现共同富裕的重大部署，实施扶贫攻坚战略、落实系列惠民举措，保证全体人民在共建共享发展中有更多获得感，全面建成小康社会，不断促进人的全面发展，就是要逐步实现全体人民的共同富裕。总之，改革开放的实践证明，越是深化改革、扩大开放，越是加快发展，越要注重社会的公平正义，越要坚持走共同富裕之路。

（三）以人为本、改善民生的马克思主义价值观的当代启示

以人为本、改善民生的马克思主义价值观的确立，是历史唯物主义人民史观在当代中国的坚持和推进，是中国特色社会主义理论体系的价值取向，是顺应人类社会发展规律的必然选择。中国特色社会主义理论体系的形成和发展，全面贯彻且生动体现了以人为本、改善民生的马克思主义价值观。

从我国国情和当前实践发展情况来看，在坚持以人为本价值观的前提下，进一步突出改善民生的工作重点意义重大。改善民生就应该坚持“实践—生产—民生”的综合标准。[①] 从本质上说生产力标准和民生标准都是实践标准的产物和具体化，从重视生产力发展到重视改善民生，是中国特色社会主义理论体系价值取向的新趋势。坚持“实践—生产—民生”的综合性的价值标准，是当前促进中国特色社会主义事业建设和发展，早日实现全面小康和现代化的重要标准。民生问题得到重视和改善的程度是衡量社会和谐的重要指标，民生问题历来关乎社会的发展与稳定，谋民利者得民心，得民心者得天下。马克思说：“人们为了能够‘创造历史’，必须能够生活。但是为了生活，首先就需要吃喝住穿以及其他一些东西。因此第一个历史活动就是生产满足这些需要的资料，即生产物质生活本身。”[②] 毛泽东20世纪30年代就指出：“一切群众的实际生活问题，都是我们应当注意的问题。假如我们对这些问题注意了，解决了，满足了群众的需要，我们就真正成了群众生活的组织者，群众就会真正围绕在我们的周围，热

---

① 者丽艳：《试论“实践—生产—民生”是检验社会主义事业发展的重要标准》，《经济与社会发展》2009年第5期。

② 《马克思恩格斯选集》第1卷，人民出版社2012年版，第158页。

烈地拥护我们。”[①] 邓小平提出要把是否有利于提高人民生活水平作为判断是非得失的重要标准，强调一切政策的出发点和归宿始终要看“人民拥护不拥护”，“人民赞成不赞成”，“人民高兴不高兴”，“人民答应不答应”。江泽民提出：“我们党的最大政治优势是密切联系群众，党执政后的最大危险是脱离群众。在任何时候任何情况下，都必须坚持党的群众路线，坚持全心全意为人民服务的宗旨，把实现人民群众的利益作为一切工作的出发点和归宿。”[②] 胡锦涛强调：“社会建设与人民幸福安康息息相关。必须在经济发展的基础上，更加注重社会建设，着力保障和改善民生，推进社会体制改革，扩大公共服务，完善社会管理，促进社会公平正义，努力使全体人民学有所教、劳有所得、病有所医、老有所养、住有所居，推动建设和谐社会。”[③]

以人为本、改善民生的马克思主义价值观，是立党为公、执政为民的必然要求。党的十八大、十九大是在我国走向全面建成小康社会、保障和改善民生步入攻坚时期的非常重要的代表大会，两次大会对民生及其问题都给予了充分重视。对中国特色社会主义制度的强调和坚持，为保障和改善民生提供了坚实的政治条件；对解放和发展社会生产力的重申，必将促使我国社会生产力水平大大提高，经济总量逐年增长，从而为保障和改善民生提供基本的经济条件；对推进改革开放的坚强决心，不但坚定了我们前进的步伐，而且为保障和改善民生提供了充足的动力。十九大报告强调，要坚持在发展中保障和改善民生。增进民生福祉是发展的根本目的。必须多谋民生之利、多解民生之忧。[④] 必须把增加投入和深化改革很好地结合起来，正确处理加快经济发展与保障和改善民生的关系，从而确保发展为了人民、发展依靠人民、发展成果由人民共享的根本目标。

五 统筹兼顾、综合平衡的马克思主义方法论

统筹兼顾、综合平衡，是中国共产党人领导中国革命、建设和改革经验的马克思主义方法论概括，是马克思主义辩证方法论在中国特色社会主

① 《毛泽东选集》第 1 卷，人民出版社 1991 年版，第 137 页。

② 《江泽民文选》第 3 卷，人民出版社 2006 年版，第 572 页。

③ 《胡锦涛文选》第 2 卷，人民出版社 2016 年版，第 642 页。

④ 习近平：《决胜全面建成小康社会，夺取新时代中国特色社会主义伟大胜利——在中国共产党第十九次全国代表大会上的报告》，人民出版社 2017 年版，第 23 页。

义理论体系中的集中体现。

（一）统筹兼顾、综合平衡是和谐辩证法在中国特色社会主义实践中的具体运用

从古今中外对“和谐”这一概念的使用看，它在人类社会中主要是指正确处理各种矛盾的一种思维方式、理想追求、历史过程和最终结果。马克思、恩格斯认为空想社会主义者“提倡社会和谐”的一系列主张是“关于未来社会的积极的主张”，虽然“这些主张本身还带有纯粹空想的性质”。[①] 在马克思看来，只有社会主义社会才能真正实现“和谐”，因为“资产阶级的生产关系是社会生产过程的最后一个对抗形式。……人类社会的史前时期就以这种社会形态而告终”[②]。党的十七大报告指出：“社会和谐是中国特色社会主义的本质属性。……构建社会主义和谐社会是贯穿中国特色社会主义事业全过程的长期历史任务，是在发展的基础上正确处理各种社会矛盾的历史过程和社会结果。”[③] 可见，在马克思主义创始人和当代中国共产党人的思想中，“和谐”这一概念是以矛盾的存在为前提的。“统一物之分为两个部分以及对它的矛盾着的部分的认识，是辩证法的实质。”[④] 这就是说，辩证法的基本特点就是对客观事物本身所固有的既对立又统一关系的认识。和谐辩证法的主要特征表现为：第一，物的尺度和人的尺度的有机统一的和谐辩证法。马克思主义作为一种探索社会规律的社会科学理论，追求物的尺度与人的尺度的有机统一，希冀达致真、善、美和谐的理想境界。马克思主义既向世人揭示出人类社会客观的发展规律，同时也特别强调人的主体能动性的充分发挥，它是集物的尺度与人的尺度于一身的科学理论。马克思认为：“这正是以建立在交换价值基础上的生产为前提的，这种生产才在产生出个人同自己和同别人相异化的普遍性的同时，也产生出个人关系和个人能力的普遍性和全面性。”[⑤] 中国特色社会主义理论体系创立与不断完善的过程正是马克思主义理论这一特征中国化的成果。中国特色社会主义理论体系中的市场经济理论、社会主义本质

① 《马克思恩格斯选集》第1卷，人民出版社2012年版，第432页。

② 《马克思恩格斯选集》第2卷，人民出版社2012年版，第3页。

③ 《胡锦涛文选》第2卷，人民出版社2016年版，第625页。

④ 《建党以来重要文献选编（1921—1949）》第19册，中央文献出版社2011年版，第284页。

⑤ 《马克思恩格斯文集》第8卷，人民出版社2009年版，第56页。

论、科学发展观、改革方法论和治国理政思想正是对物的尺度和人的尺度的有机统一方法的积极运用。第二，以结合为特征的和谐辩证法。[①] “结合”就是把看起来相互矛盾的两个方面有机地融合在一起，使二者在相互补充、相互促进的和谐统一状态中推动事物的发展和进步。中国特色社会主义理论体系就是马克思主义基本原理与中国革命和建设的具体实践相结合的产物，强调党的领导和建设与中国特色社会主义理论体系建设结合起来，这些都是和谐辩证法在中国特色社会主义实践中的具体运用。第三，主客体互动的和谐辩证法。[②] 主客体间互动的思维方式是在现实感性活动过程中重建“你中有我、我中有你”的逐渐生成式模式，更加注重主体对客体的反作用式的积极回应，如此印证中国特色社会主义理论体系拥有与时俱进的品格，开放性特征。

（二）统筹兼顾、综合平衡是毛泽东领导中国革命和建设的“战略方针”

统筹兼顾、综合平衡，是毛泽东领导全党探索适合中国特点的社会主义建设道路过程中形成的一个极其重要的战略方针。“统”就是统揽、总揽，就是宏观调控，适时适当干预；“筹”就是筹划、协调；“兼顾”就是照顾到方方面面，平衡各种关系。综合平衡，是与单项平衡相比较而言的，它强调要将多种比例关系和多方面利益关系作为一个整体来统一考虑、综合协调，以求得全面平衡。

在毛泽东看来，社会主义建设必须坚持统筹兼顾、综合平衡的方针，这是关系中国社会主义建设全局的一个根本的方法论。20 世纪 50 年代，毛泽东指出：“统筹兼顾，各得其所。这是我们历来的方针。在延安的时候，就采取这个方针。……这是一个什么方针呢？就是调动一切积极力量，为了建设社会主义。这是一个战略方针。”[③] 在新中国成立初期，他提出了著名的“四面八方”政策，即“公私兼顾，劳资两利，城乡互助，内外交流”。在《关于正确处理人民内部矛盾的问题》一文中，他专门列出“统筹兼顾，适当安排”一节做了详细论述：“这里所说的统筹兼顾，是指对于六亿人口的统筹兼顾。……又发展又困难，这就是矛

---

① 郭建宁：《中国特色社会主义理论体系的哲学内涵》，《新东方》2009 年第 Z1 期。
② 郑小霞：《论中国特色社会主义理论体系的哲学基础》，《学理论》（下）2012 年第 10 期。
③ 《毛泽东文集》第 7 卷，人民出版社 1999 年版，第 186—187 页。

盾。……任何矛盾不但应当解决，也是完全可以解决的。我们的方针是统筹兼顾、适当安排。”① 他不仅从原则上论述了这一思想，而且提出具体方法，形象地称之为“弹钢琴”：“弹钢琴要十个指头都动作，不能有的动，有的不动……要产生好的音乐，十个指头的动作要有节奏，要互相配合。党委要抓紧中心工作，又要围绕中心工作而同时开展其他方面的工作。”② 毛泽东关于社会主义建设的正确思想集中体现在《论十大关系》和《关于正确处理人民内部矛盾的问题》两部著作中。涉及重工业、轻工业和农业的关系问题，他提出以农业为基础，以工业为主导，以农轻重为序发展国民经济的总方针，以及一整套“两条腿走路”的工业化发展思路。毛泽东认为：“重工业是我国建设的重点。必须优先发展生产资料的生产，这是已经定了的。但是决不可以因此忽视生活资料尤其是粮食的生产。如果没有足够的粮食和其他生活必需品，首先就不能养活工人，还谈什么发展重工业?”③ 后来毛泽东将重视农业、轻工业发展政策转为工业和农业同时并举，认为：“我国是一个大农业国，农村人口占全国人口的百分之八十以上，发展工业必须和发展农业同时并举，工业才有原料和市场，才有可能为建立强大的重工业积累较多的资金。……重工业要以农业为重要市场这一点，目前还没有使人们看得很清楚。但是随着农业的技术改革逐步发展，农业的日益现代化，为农业服务的机械、肥料、水利建设、电力建设、运输建设、民用燃料、民用建筑材料等等将日益增多，重工业以农业为重要市场的情况，将会易于为人们所理解。”④ 20 世纪 60 年代末，毛泽东提出以农、轻、重为序安排国民经济的主张，“过去安排是重、轻、农，这个次序要反一下，现在是否提农、轻、重?”⑤ “工业的发展当然要快于农业。但是，提法要适当，不能把工业强调到不适当的地位，否则一定会发生问题。”⑥ 可见，毛泽东一直在对中国工业化道路问题进行思考。在庐山会议之后，毛泽东认为：“工业、农业、商业、交通事业都可能碰到。农业也要综合平衡，农业包括农、林、牧、副、渔五个方

---

① 《毛泽东文集》第 7 卷，人民出版社 1999 年版，第 227—228 页。
② 《毛泽东选集》第 4 卷，人民出版社 1991 年版，第 1442 页。
③ 《毛泽东文集》第 7 卷，人民出版社 1999 年版，第 24 页。
④ 《毛泽东文集》第 7 卷，人民出版社 1999 年版，第 241 页。
⑤ 《毛泽东文集》第 8 卷，人民出版社 1999 年版，第 78 页。
⑥ 《毛泽东文集》第 8 卷，人民出版社 1999 年版，第 122 页。

面。”① “有三种平衡：农业内部农、林、牧、副、渔的平衡；工业内部各个部门、各个环节的平衡；工业和农业的平衡。整个国民经济的比例关系是在这些基础上的综合平衡。”② 毛泽东将统筹兼顾、综合平衡作为正确处理国民经济重大比例关系问题加以认识和强调。统筹兼顾、综合平衡就是要实现调动一切积极因素建设中国社会主义的根本目的。“这十种关系，都是矛盾。……我们的任务，是要正确处理这些矛盾。”③ 基于对中国社会主义建设初期基本矛盾的分析，毛泽东揭示了坚持统筹兼顾、综合平衡辩证方法的长期性和复杂性。“社会主义经济发展过程中，经常出现不按比例、不平衡的情况，要求我们按比例和综合平衡。……说社会主义经济的发展一点波浪也没有，这是不可能设想的。任何事物的发展都不是直线的，而是螺旋式地上升，也就是波浪式发展。”④ “例如，在客观上将会长期存在的社会生产和社会需要之间的矛盾，就需要人们时常经过国家计划去调节。我国每年作一次经济计划，安排积累和消费的适当比例，求得生产和需要之间的平衡。所谓平衡，就是矛盾的暂时的相对的统一。过了一年，就整个说来，这种平衡就被矛盾的斗争所打破了，这种统一就变化了，平衡成为不平衡，统一成为不统一，又需要作第二年的平衡和统一。这就是我们计划经济的优越性。事实上，每月每季都在局部地打破这种平衡和统一，需要作出局部的调整。有时因为主观安排不符合客观情况，发生矛盾，破坏平衡，这就叫做犯错误。矛盾不断出现，又不断解决，就是事物发展的辩证规律。”⑤ “领导人员依照每一具体地区的历史条件和环境条件，统筹全局，正确地决定每一时期的工作重心和工作秩序，并把这种决定坚持地贯彻下去，务必得到一定的结果，这是一种领导艺术。”⑥

统筹兼顾、综合平衡的马克思主义方法论是毛泽东领导中国革命的经验总结，也是他领导全党探索中国特色社会主义道路方法论的集中体现。虽然毛泽东是从计划经济的角度出发认识和分析统筹兼顾、综合平衡，但其对建设和发展中国特色社会主义仍具有重要的指导意义。

---

① 《毛泽东文集》第 8 卷，人民出版社 1999 年版，第 73 页。
② 《毛泽东文集》第 8 卷，人民出版社 1999 年版，第 80 页。
③ 《毛泽东文集》第 7 卷，人民出版社 1999 年版，第 44 页。
④ 《毛泽东文集》第 8 卷，人民出版社 1999 年版，第 119—120 页。
⑤ 《毛泽东文集》第 7 卷，人民出版社 1999 年版，第 215—216 页。
⑥ 《毛泽东选集》第 3 卷，人民出版社 1991 年版，第 901 页。

（三）统筹兼顾、综合平衡是新时期促进经济社会协调发展的根本方法

虽然中国特色社会主义迈入改革开放新时期，但统筹兼顾、综合平衡仍然是党的历届中央领导所高度重视的领导和工作方法。邓小平多次强调了统筹兼顾、综合平衡，他说："现代化建设的任务是多方面的，各个方面需要综合平衡，不能单打一。"① 既要改革开放，也要坚持四项基本原则；既要学习外国经验，也要防止照抄照搬；既要建设物质文明，也要建设精神文明；既要效率，也要公平；既要发展民主，也要健全法制；既要反"左"，也要防右，等等。统筹兼顾、综合平衡的马克思主义辩证方法贯穿邓小平理论全部内容。江泽民在推进改革开放的具体实践中，曾专题论述了正确处理社会主义现代化建设中的十二个关系。他提出："改革开放和现代化建设是一个宏伟而复杂的系统工程，各方面工作必须相互协调、相互配合，顾此失彼、畸轻畸重，就不会取得最终的成功。"② 如何协调呢？"基本的原则应该是，从全国人民的共同利益出发，统筹兼顾，适当安排，发挥社会主义制度能够调动各方面积极因素、激发各方面创造精神的优越性，能够集中必要的人力、物力、财力办一些大事情的优越性。这就是说，既要照顾各个方面的利益，又要坚持局部利益服从全局利益，眼前利益服从长远利益。"③ "人民群众的整体利益总是由各方面的具体利益构成的。我们所有的政策措施和工作，都应该正确反映并有利于妥善处理各种利益关系，都应认真考虑和兼顾不同阶层、不同方面群众的利益。……最大多数人的利益是最紧要和最具有决定性的因素。"④ 胡锦涛时期提出树立科学发展观进一步提升了对统筹兼顾、综合平衡马克思主义方法论的运用。"科学发展观，第一要义是发展，核心是以人为本，基本要求是全面协调可持续，根本方法是统筹兼顾。"⑤ 科学发展观的方法论就是统筹兼顾、综合平衡。"必须坚持统筹兼顾。要正确认识和妥善处理中国特色社会主义事业中的重大关系，统筹城乡发展、区域发展、经济社会发展、人与自然和谐发展、国内发展和对外开放，统筹中央和地方关系，统筹个

① 《邓小平文集》第2卷，人民出版社1994年版，第250页。
② 《江泽民文集》第2卷，人民出版社2006年版，第307页。
③ 《十三大以来重要文献》（中），中央文献出版社2011年版，第1431—1432页。
④ 《江泽民文选》第3卷，人民出版社2006年版，第279—280页。
⑤ 《胡锦涛文选》第2卷，人民出版社2016年版，第623页。

人利益和集体利益、局部利益和整体利益、当前利益和长远利益，充分调动各方面积极性。统筹国内国际两个大局，树立世界眼光，加强战略思维，善于从国际形势发展变化中把握发展机遇、应对风险挑战，营造良好国际环境。既要总揽全局、统筹规划，又要抓住牵动全局的主要工作、事关群众利益的突出问题，着力推进、重点突破。”① 习近平总书记更加重视统筹兼顾、综合平衡方法论的运用。他强调：“统筹兼顾、综合平衡，突出重点、带动全局，有的时候要抓大放小、以大兼小，有的时候又要以小带大、小中见大，形象地说，就是要十个指头弹钢琴。”② 协调经济、政治、文化、社会发展各个领域的发展，根本要求是统筹兼顾、综合平衡，学会十个指头弹钢琴。统筹，就是要对我国国情和世界大势进行整体把握；统筹，就是要做好顶层设计和责任担当；统筹，是一种立足全局把握全局的执政智慧。③ 贯彻落实统筹要讲辩证法、两点论，要完善“总揽全局，协调各方”的体制机制，促进经济社会全面协调可持续发展，最终目的是实现最广大人民的根本利益。

---

① 《胡锦涛文选》第2卷，人民出版社2016年版，第624—625页。

② 《习近平谈治国理政》，外文出版社2014年版，第102页。

③ 李德顺：《学会十个指头弹钢琴——深入学习贯彻习近平同志关于统筹的战略思想》，《人民日报》2016年7月29日第7版。

第三章　中国特色社会主义理论体系的思想基础

理论体系的构建总是基于一定的思想基础，比如群众史观的思想基础是彻底的唯物主义，而英雄史观的思想基础则是唯心主义。理论体系科学性的标志之一即是有其稳定、成熟的思想基础。思想基础不成熟、不稳定，奠基于其基础之上的理论体系，也难以成为一种成熟和科学的理论体系。中国特色社会主义理论体系的建构与发展，前提即是对其思想基础的厘清。关于这一问题，学界已有探讨。有一种观点将思想基础、基本内容和实践纲领视为中国特色社会主义理论体系逻辑结构的三个基本逻辑层次。其中，“思想基础即马克思列宁主义、毛泽东思想；基本内容则包括邓小平理论、‘三个代表’重要思想和科学发展观；实践纲领则是党的基本路线、基本纲领和宝贵经验。这三个逻辑层次，既相互联系、相互作用、相互补充，又相互转化、相互渗透、相互贯通，构成中国特色社会主义理论体系严整的逻辑体系”①。这种观点把思想基础视为逻辑结构的第一层次，同时强调了思想基础与理论体系的相互联系、相互作用的关系。在这方面，学界异议不多。但是，对于其具体表述，学界的分歧并不鲜见。其中，关于毛泽东思想的地位，到底应该是中国特色社会主义理论体系的思想基础，还是其组成部分，学界认识并不一致。有学者在谈到中国特色社会主义理论体系的思想来源时只提到马克思主义。② 也有人认为毛泽东思想是中国特色社会主义理论体系的重要

---

① 袁银传、杜蘅：《论中国特色社会主义理论体系的逻辑层次与基本结构》，《江汉论坛》2013 年第 5 期。

② 齐卫平：《中国特色社会主义理论体系的实践之基和思想之源》，《思想理论教育》2008 年第 1 期。

基础。[①] 有学者主张中国特色社会主义理论体系的思想来源包括马克思列宁主义、毛泽东思想，[②] 还有学者把中国特色社会主义制度的理论渊源分为三个层次：马克思主义是其理论基础；列宁主义和毛泽东思想是其最切近的思想来源；邓小平理论是其最直接的思想来源。[③] 综合学界已有成果来看，在讨论中国特色社会主义理论体系的思想基础时，学者的思路尚有待进一步开阔：在科学社会主义、毛泽东思想、中华优秀传统文化这三个方面，或者只看到其一，或者只看到其二。尤其是在如何看待中华优秀传统文化与中国特色社会主义理论体系关系这个问题上，学界贡献尚显薄弱。课题组认为，思考这一问题，既要考虑中国特色社会主义的制度属性，即科学社会主义的前提性地位，又要考虑中国社会主义建立后的最初实践中所获得的经验积累，即毛泽东思想对于科学社会主义一般原理与中国实际方面相结合这一宏大问题的探索；还要考虑中华民族文化传统的贡献与滋养，即中华优秀传统文化在中国特点、中国风格、中国气派塑造中的独特且重要的作用。鉴于以上考量，对于中国特色社会主义理论体系思想基础这一问题，我们认为，简而言之有以下三点：其思想源泉乃是科学社会主义；其直接来源乃是毛泽东思想；其活力之源则是中华优秀传统文化。这三个方面缺一不可。从这三个方面来确立中国特色社会主义理论体系的思想基础，就能够更清楚地理解我们从哪里来，我们既有选择的理由是什么，我们又将走向何方，可能有什么样的贡献。

一　科学社会主义是中国特色社会主义理论体系的根本来源

中共十七大报告指出，“在当代中国，坚持中国特色社会主义理论体系，就是真正坚持马克思主义”[④]。中国特色社会主义理论体系，乃是对中国特色社会主义伟大实践的总结、提升与升华，是马克思主义基本原理同中国实际有机结合的必然理论产物。要理解“中国特色社会主义”这一提法，有两个关键词需要把握：一个是“中国特色”，一个是“社会主义”。

---

① 徐兴灵：《毛泽东思想是中国特色社会主义理论体系的重要基础》，《铜仁学院学报》2013年第6期。

② 张月群、罗玲英：《中国特色社会主义理论体系的基本问题》，《毛泽东思想研究》2010年第2期。

③ 孟艳、谷亚红：《论中国特色社会主义制度的理论渊源》，《科学社会主义》2014年第5期。

④ 《胡锦涛文选》第2卷，人民出版社2016年版，第621页。

那么，其中二者的地位如何呢？现实实践中，针对不同的情况，人们往往会有不同的理解与关注。中共十四大以来，社会主义市场经济以惊人的速度发展，既取得了显赫成就，同时也产生了一系列社会问题。人们在理解中国特色社会主义时，时常更加关注“中国特色”这一维度。事实上，早在1982年，中共十二大的开幕词已经就“有中国特色的社会主义”做了定性说明：“把马克思主义普遍真理同我国的具体实际结合起来，走自己的路，建设有中国特色的社会主义，这就是我们总结长期历史经验得出的基本结论。”[①] 尽管此时，关于“有中国特色的社会主义”的内涵是什么、其基本特征有哪些、其建设途径应该如何等重要问题尚未展开论述，但是，马克思主义普遍真理在中国特色社会主义基本属性中的主要地位是非常清晰的，中国特色社会主义理论体系以科学社会主义基本原则为原则这一基本方向是明确的。2013年1月5日，习近平在新进中央委员会的委员、候补委员学习贯彻党的十八大精神研讨班开班式的讲话中，既强调了改革开放前后两个阶段不能相互否定，又强调了中国特色社会主义是社会主义而不是其他什么主义，“科学社会主义基本原则不能丢，丢了就不是社会主义”[②]。这一讲话即是对“中国特色社会主义与科学社会主义的关系”这一关键问题的再次强调：中国特色社会主义的本质上就是科学社会主义，是科学社会主义基本原则同当前中国具体国情相结合的结晶。鲜明的中国特色乃是在科学社会主义基本原则创造性地付诸实践的过程中形成的，是就科学社会主义基本原则的实现形式而言的。以科学社会主义基本原则为底色是中国特色社会主义理论体系的必然要求和首要遵循。

（一）人民情怀：中国特色社会主义理论体系与科学社会主义一致的阶级立场

资本主义原始积累完成之后，社会矛盾逐渐暴露，托马斯·莫尔对“羊吃人”现象的揭露也启发了人们的觉悟，使其对资本主义弊病的认识逐渐深刻。不断有人设想用一种新的、合理的、能够克服资本主义弊病的社会制度来取代资本主义，Socialism一词的词根soci，与companion一样，意为同伴的，伙伴的，合伙的，与私人、个人相对。可以说，人们对新制度的设想都触及到了对资本主义私有制的控诉和鞭挞。凡是在这一立场之

① 《邓小平文选》第3卷，人民出版社1993年版，第3页。

② 《习近平谈治国理政》，外文出版社2014年版，第22页。

上对未来新制度进行的设计，都是社会主义的。同样出于这一立场的阶级不同、利益不同、意志力不同的人们设想出了好几百种社会主义。从《乌托邦》面世到18世纪末、19世纪前期圣西门、傅立叶和欧文的空想社会主义及其示范活动的失败，300多年间，空想社会主义对资本主义剥削制度及其弊病进行了深刻揭露、辛辣讽刺和精彩批判，为促进工人阶级的觉醒提供了非常宝贵的思想材料。不仅如此，他们还以自己洋溢着的热情与信心，对未来社会进行了美好设计：在社会制度方面，依靠像自己这类天才人物的头脑，提供尽善尽美的社会方案；在实现途径与实现方式方面，通过劝说富人良心发现，交出财产，并通过示范群众，建立以消除私有制为前提和条件的、人人平等、团结互助、和谐友爱的社会。

以唯物史观为指导，通过对商品这一资本主义细胞的深入分析，马克思发现了剩余价值的秘密，实现了对空想社会主义的超越，创立了科学社会主义。历史唯物主义的逻辑前提即是社会存在决定社会意识，物质资料的生产方式是社会存在的决定性要素，因而，社会历史即是物质资料生产的主体，人民群众的历史。这就意味着科学社会主义从根本上乃是无产阶级和人民群众的理论武器。无产阶级所进行的斗争的最终目的，就是在全世界实现共产主义，解放全人类。1848年2月，《共产党宣言》发表，它在此后20多年间在各国工人运动中逐步得到广泛传播，19世纪70年代初期开始成为国际共产主义运动的指导思想。此时，空想社会主义的局限暴露无遗。马克思、恩格斯对此作出了这样的评论："阶级斗争越发展和越具有确定的形式，这种超乎阶级斗争的幻想，这种反对阶级斗争的幻想，就越失去任何实践意义和任何理论根据。所以，虽然这些体系的创始人在许多方面是革命的，但是他们的信徒总是组成一些反动的宗派。"① 正是基于对人民群众解放道路的执着求解，马克思对未来社会的探索完全超越了空想社会主义的梦呓。1874年至1875年初，马克思正式提出和制定了"科学社会主义"概念。他写道："'科学社会主义'，也只是为了与空想社会主义相对立才使用，因为空想社会主义力图用新的幻想欺蒙人民，而不是仅仅运用自己的知识去探讨人民自己进行的社会运动。"② 正是基于这种对人民历史的深刻把握、致力于为人民未来解放寻求道路的执着，马克

① 《马克思恩格斯选集》第1卷，人民出版社2012年版，第432—433页。
② 《马克思恩格斯选集》第3卷，人民出版社2012年版，第341页。

思贡献了自己一生的智慧。

对于马克思、恩格斯而言，无产阶级和人民群众能够解放自己，这是一个坚定的信念，同时，这个力量又仅仅来自于他们自身。无产阶级和人民群众作为社会历史创造者和推动者的角色，决定了他们是埋葬旧世界、创建新世界的主力军。由此也就决定了坚持唯物史观就必须坚持人民群众是历史创造者的观点，坚持人民群众的利益高于一切的原则。翻开中国共产党诞生发展壮大的历史进程，其最突出的色彩显然是其始终坚持和发展人民群众主体性地位与作用、始终代表中国最广大人民群众根本利益这样的原则和行动。中国特色社会主义之所以坚守了社会主义的原则与立场，而没有走向别的什么主义，没有走向“中国特色资本主义”，或者“国家资本主义”，其根本原因即在于，在阶级立场这一方面，中国特色社会主义与科学社会主义别无二致，都是以人民性情怀为理论的出发点及核心价值的。以人为本、不断实现最广大人民的根本利益、促进人的全面发展，以人为前提、以人为核心、以人为归宿是这一理论体系的最根本诉求。不论是邓小平理论倡导的改革开放要让人民满意，还是“三个代表”重要思想中“代表中国最广大人民的根本利益”的表述，还是科学发展观“以人为本”目标的定位，都体现着中国特色社会主义理论体系坚持了党的全心全意为人民服务的根本宗旨。十八大报告明确指出：“为人民服务是党的根本宗旨，以人为本、执政为民是检验党一切执政活动的最高标准。任何时候都要把人民利益放在第一位。”① 十九大报告则重申：“必须坚持人民主体地位，坚持立党为公、执政为民，践行全心全意为人民服务的根本宗旨，把党的群众路线贯彻到治国理政全部活动之中，把人民对美好生活的向往作为奋斗目标，依靠人民创造历史伟业。”② 与中国共产党历史上的其他战略构想一样，“中国梦”也是以人民为主体。自 2012 年 11 月，“中国梦”被提出起，习近平总书记在许多重大政治活动中对此进行了阐释和论述。这一宏伟构想从本质上而言是中华民族近代以来民族梦想的延续与发展，是中国人民单个具体梦想的凝练与提升，归根结底是人民的梦，必须紧紧依靠人民来实现，不断为人民造福。

---

① 《胡锦涛文选》第 3 卷，人民出版社 2016 年版，第 654 页。

② 习近平：《决胜全面建成小康社会，夺取新时代中国特色社会主义伟大胜利——在中国共产党第十九次全国代表大会上的报告》，人民出版社 2017 年版，第 21 页。

（二）共同富裕：中国特色社会主义理论体系对科学社会主义本质属性的坚守

社会主义建立在生产资料公有制的基础之上，这就注定了共同富裕是其本质属性之一，不如此，社会主义将无法明确其自身，而是陷入与以往所有剥削制度无异的境地。马克思和恩格斯没有明确提出“共同富裕”这个说法，其著作中与“共同富裕”最为接近的说法是“生产将以所有的人富裕为目的”①。但是，无论是对资本主义的批判，还是对未来共产主义社会的构想，他们都表达了对共同富裕的向往和追求。马克思看到了异化劳动导致了严重的社会对立，一边是财富的大量创造，一边是贫困的普遍存在；一边是产品不断被创造出来，一边是雇佣个人身上的枷锁越来越沉重。究其一生，马克思要探究的就是如何解决社会上现实存在着的严重两极分化。在马克思和恩格斯的著作中，共同富裕是指在生产资料社会所有制基础上劳动者通过按劳分配实现的生活资料平等占有状态。马克思反对贫穷的“共产主义”，他指出：“生产力的这种发展（随着这种发展，人们的世界历史性的而不是地域性的存在同时已经是经验的存在了）之所以是绝对必需的实际前提，还因为如果没有这种发展，那就只会有贫穷、极端贫困的普遍化；而在极端贫困的情况下，必须重新开始争取必需品的斗争，全部陈腐污浊的东西又要死灰复燃。”② 马克思肯定了“资本主义时代的成就”，认为它创造的高度发展的社会生产力为共同富裕提供了物质基础。但是，仅有此是远远不够的，这些财富的创造只有建立在生产资料社会所有制的基础之上，才有可能使得生活资料按照劳动分配如此，共同富裕才获得了自己的实现机制。从某种意义上说，《资本论》恰恰是为社会主义要以共同富裕作为自己的本质属性提供了科学证明。在马克思看来，私有制被社会所有制代替是历史的必然，到那时社会所有制将实现全体社会成员占有全部生产资料。马克思和恩格斯在《共产党宣言》中的那段话：“过去的一切运动都是少数人的，或者为少数人谋利益的运动。无产阶级的运动是绝大多数人的，为绝大多数人谋利益的独立的运动”③，既明确了旧时代的本质，也明确了无产阶级的历史使命，揭示出生产资料私有

---

① 《马克思恩格斯全集》第 31 卷，人民出版社 1998 年版，第 104 页。

② 《马克思恩格斯选集》第 1 卷，人民出版社 2012 年版，第 166 页。

③ 《马克思恩格斯文集》第 2 卷，人民出版社 2009 年版，第 42 页。

制既不是人类社会自古以来就有的，也必将在社会发展过程中被新型所有制关系所取代的历史规律。资本主义与之前的社会形态一样，既然都属于“为少数人谋福利的运动”，它也就无法从根本上解决“共同富裕”。因此，马克思和恩格斯指出，“现代的资产阶级私有制是建立在阶级对立上面、建立在一些人对另一些人的剥削上面的产品生产和占有的最后而又最完备的表现。”[①] 可以说，马克思和恩格斯对未来共产主义的设想，是对资本主义的全面超越，它既能够比资本主义更好解放和发展生产力，又能够造就与资本主义本质不同的社会关系，以保障共同富裕的实现。

中国特色社会主义理论体系，作为马克思主义与中国实际结合的理论成果，它包含着社会主义的共性，实现共同富裕是其题中之义。中国特色社会主义道路选择、理论建构和制度设计，无不围绕共同富裕的目标展开。究其实质，中国特色社会主义的道路、理论和制度就是国家繁荣富强和人民共同富裕的道路、理论和制度，就是中华民族伟大复兴的道路、理论和制度。邓小平说，走社会主义道路“就是要逐步实现共同富裕”[②]。这一表述简单而明确，不仅赋予共同富裕以社会主义的目的、本质、原则的地位，同时又将社会主义的建设目标、核心任务和最大优越性与共同富裕联系起来。共同富裕集中体现着当代中国各族人民的根本利益，其实现程度是衡量中国共产党领导中国革命、建设和改革事业成功与否的重要尺度。邓小平当时提出在20世纪末达到小康这一战略目标的时候，所确立的社会发展的“中心课题”就是“共同富裕”，并强调就要“突出地提出和解决这个问题”[③]。他强调：“坚持社会主义的发展方向，就要肯定社会主义的根本任务是发展生产力，逐步摆脱贫穷，使国家富强起来，使人民生活得到改善。没有贫穷的社会主义。社会主义的特点不是穷，而是富，但这种富是人民共同富裕。”[④] 这就把“人民共同富裕”与社会主义的属性联系起来，强调了二者的正相关性，没有“人民共同富裕”的社会就不具有社会主义的特点，这样的社会就不是社会主义社会。江泽民谈到近代以来中华民族的两大历史任务时，也把实

---

① 《马克思恩格斯文集》第2卷，人民出版社2009年版，第45页。
② 《邓小平文选》第3卷，人民出版社1993年版，第373页。
③ 《邓小平文选》第3卷，人民出版社1993年版，第364、374页。
④ 《邓小平文选》第3卷，人民出版社1993年版，第264—265页。

现国家繁荣富强和人民共同富裕作为其中之一。[①] 从“三个代表”重要思想到全面建成小康社会的目标，再到科学发展观以及构建社会主义和谐社会的重大战略思想的提出，其中蕴涵的逻辑表明，中国共产党在对中国发展思路和发展战略的谋划方面，已经由“部分先富”转变为共同发展、共同分享的“共同富裕”。[②] 十八大以来，中国共产党的新一代领导集体进一步明确，我们党领导广大人民群众走共同富裕道路的决心和意志是坚定不移的。中国梦是实现全国人民共同富裕的梦，中国梦的实现奠基于人民群众获得感的增强，充分体现出对共同富裕价值取向的确认与坚守。

邓小平在不同场合不止一次强调，我们搞的是社会主义现代化，就是要实现共同富裕。[③]“我们允许个体经济发展，还允许中外合资经营和外资独营的企业发展，但是始终以社会主义公有制为主体。社会主义的目的就是要全国人民共同富裕，不是两极分化。如果我们的政策导致两极分化，我们就失败了；如果产生了什么新的资产阶级，那我们就真是走了邪路了。”[④] 社会主义就名不符实了。为此，“在改革中，我们始终坚持两条根本原则，一是以社会主义公有制经济为主体，一是共同富裕”[⑤]。社会主义市场经济的战略选择与发展初期带来的一系列问题使得有些人对是否坚持公有制产生了疑问。对此，应该看到社会主义与市场经济的结合乃是一种双向结合。所谓双向结合，一方面是指市场经济不仅作为一种资源配置的手段能够与社会主义结合，另一方面是指社会主义公有制经济可以拥有独立的市场主体地位，也能够符合市场经济发展的要求。根据这一认识，在建设社会主义市场经济过程中，既要按市场经济发展要求建设公有制企业，又要在建设现代市场经济的过程中尊重公有制经济的发展要求。在社会主义初级阶段这一历史阶段，要实现公有制与市场经济的结合，其路径只能是公有制与市场经济的双向互动，既不能以牺牲公有制为代价建立市场经济，也不能以坚持公有制、保持公有制的主体地位为借口，无视市场经济自身的发展规律。不言而喻，如果走向了私有化，那就意味着社会主

---

① 《江泽民文选》第 2 卷，人民出版社 2006 年版，第 2 页。

② 胡鞍钢：《中国新发展观》，浙江人民出版社 2004 年版，第 7 页。

③ 《邓小平文选》第 3 卷，人民出版社 1993 年版，第 357 页。

④ 《邓小平文选》第 3 卷，人民出版社 1993 年版，第 110—111 页。

⑤ 《邓小平文选》第 3 卷，人民出版社 1993 年版，第 142 页。

义的改弦更张，也就无所谓公有制。中共十六大对发展公有制经济的表述是这样的："坚持和完善公有制为主体、多种所有制经济共同发展的基本经济制度，必须毫不动摇地巩固和发展公有制经济；必须毫不动摇地鼓励、支持和引导非公有制经济发展。"同时还提出了"国有企业是我国国民经济的支柱。要深化国有企业改革，进一步探索公有制特别是国有制的多种有效实现形式"① 的重要决策和论断。在社会主义国家，国企的性质绝不仅仅是一个市场主体，而是同时肩负国民经济命脉的重大使命，必须从坚持社会主义道路和方向、尊重社会发展规律和全国人民根本利益的角度看待国企。正因如此，国企改革方向乃是社会主义市场经济建构、发展过程中一个必须慎重对待的、重大且关键的问题。国企改革的目标，是要在社会主义市场经济下使国有经济增强自身竞争力，不断发展壮大，以增强其在国民经济中的主导作用和控制力。江泽民强调："我们要积极开拓，勇于进取，但决不搞私有化。这是一条大原则，决不能有丝毫动摇。"② 这一原则对社会主义市场经济条件下国企改革的刚性约束，也是中国特色社会主义经济发展的一贯原则。中共十八届三中全会《关于全面深化改革若干重大问题的决定》重申改革开放的方向、立场、原则问题。以"我们的方向就是不断推动社会主义制度自我完善和发展，而不是对社会主义制度改弦易张"③ 的表述给所有期待中国经济改革走向私有化的企图以当头棒喝。习近平总书记反复强调，共享发展是"社会主义的本质要求，是社会主义制度优越性的集中体现"。"我国经济发展的'蛋糕'不断做大，但分配不公问题比较突出，收入差距、城乡区域公共服务水平差距较大"，"绝不能出现'富者累巨万，而贫者食糟糠'的现象"。④ 生产资料所有制是生产关系的基础。保证全面深化改革沿着正确的方向前进，必须要坚持公有制的主体地位。苏东剧变之所以变为资本主义，就在于它放弃公有制实现了资本主义私有制。党的十八大以来，以习近平同志为核心的党中央不仅多次强调保证全面深化改革的正确方向，而且致力于探索体现和坚持发展公有制主体地位的有效途径，为共同富裕的实现提供了坚实的政治保障。

---

① 《十六大以来重要文献选编》（上），中央文献出版社 2005 年版，第 20 页。

② 《江泽民文选》第 2 卷，人民出版社 2006 年版，第 389 页。

③ 《习近平关于全面深化改革论述摘编》，中央文献出版社 2014 年版，第 15 页。

④ 《习近平谈治国理政》第 2 卷，外文出版社 2017 年版，第 200 页。

（三）人的自由全面发展：中国特色社会主义理论体系与科学社会主义共同的终极价值归宿

曾有人建议把马克思主义首先看成是一种关于人类解放的学说。[①] 所谓人的解放，就是每个人自由而全面的发展。在马克思看来，人的全面发展是一个历史范畴，也是贯穿人类社会发展的一个由低到高的历史过程。他将人的发展区分为三个阶段：自然经济形态——以“人的依赖关系”为特征，商品经济形态——以物的依赖性为基础，产品经济形态——建立在个人全面发展和他们共同的社会生产能力成为他们的社会财富基础之上。这第三个阶段到来即意味着科学社会主义的实现与完善。人的全面发展建立在克服旧的社会关系，造就新的交往方式、生产方式、观念、社会关系及与自然的关系的基础上，是人的能力、观念、品质的发展。科学社会主义也因为将人类从未有过的、实践自觉程度更高的社会状态作为追求的理想目标，而把自己同以往一切林林总总的社会理想区别开来。

恩格斯曾对未来社会主义作出这样的设想：既给所有的人提供充裕的物质生活和闲暇时间，又给所有的人提供真正的充分的自由。[②] 由于历史自身的局限性，人的全面发展在特定的历史阶段表现出巨大的局限性。马克思、恩格斯所处的资本主义时代，虽然生产力已经获得巨大发展，而且在客观上促进了人的某些方面一定程度的解放，但“在资本主义形式下，一切提高社会劳动生产力的方法都是靠牺牲工人个人来发展的，一切增加生产的手段都转变为统治和剥削生产者的手段，都使工人畸形发展，成为局部的人，把工人贬低为机器的附属品”[③]。人的自由而全面的发展，有赖于历史的进步和人类总体的发展，其中包括社会制度的层面。马克思说：“已经生成的社会，创造着具有人的本质的这种全部丰富性的人，创造着具有丰富的、全面而深刻的感觉的人作为这个社会的恒久现实。”[④] 这个时候，才意味着人超越了动物的片面性和狭隘性，以一种全面的方式占有了自己的全面的本质。

中国特色社会主义同样把人的全面而自由的发展视作终极价值归宿。中国特色社会主义理论体系孕育形成及其后来的发展实践过程中，以全心

① 伯尔基：《马克思主义的起源》，华东师范大学出版社2007年版，第7页。
② 《马克思恩格斯全集》第28卷，人民出版社2018年版，第652页。
③ 《马克思恩格斯全集》第42卷，人民出版社2016年版，第664页。
④ 《马克思恩格斯全集》第3卷，人民出版社2002年版，第306页。

全意为人民服务为宗旨的中国共产党，选择和坚持社会主义发展道路最高根据和目的，乃是中国最广大人民群众的利益。人的全面发展，作为一个价值规定与历史现实规定相统一的价值目标，对现实的中国特色社会主义的发展有着价值范导的意义，是其理论发展的根本价值追求。党的十六大以来，党的一系列战略思想充分体现了在社会主义初级阶段和建立社会主义市场经济新体制的进程中，既要尊重经济规律，又要防止整个社会生产和生活完全处于“物欲”和“物的支配”下；既要善于用市场关系发展生产力，又要在总体上驾驭经济和社会发展的方向，始终坚持以人为本，而不是以物为本，以人为中心而不是以金钱为中心，坚持社会主义发展道路和方向。在实现中国梦的不懈奋斗和努力探索的历程中，中国共产党认真汲取和总结了不同历史时期正反两方面的经验，高度重视党的自身建设，强化立党为公、执政为民的治党治国理念，坚持以人为本，不断促进人的全面发展。因此，党的十八大明确指出，坚定不移地走中国特色社会主义道路，就要“不断在实现发展成果由人民共享、促进人的全面发展上取得新成效。……努力形成全体人民各尽其能、各得其所而又和谐相处的局面”[①]。这种局面的形成，能够为中国人民的全面发展营造出一种积极有利的氛围和环境，标志着中国共产党把实现人的全面发展作为终极价值追求的价值取向。

二　毛泽东思想是中国特色社会主义理论体系的直接来源

作为一个宏观的、正在进行中的历史过程，马克思主义中国化产生了两大理论成果：毛泽东思想和中国特色社会主义理论体系。厘清二者的关系既是对中国特色社会主义理论史进行考察和研究的必然要求，也是界定中国特色社会主义理论内涵并对其理论体系进行建构的必要前提，从而也关系到对中国特色社会主义发展道路的理解和坚持。因此，研究二者的关系既是研究马克思主义中国化及其发展规律的需要，也是坚持正确发展道路、继续引领当代中国发展进步的需要。实际上，改革开放以来，尤其是2007 年党的十七大以来，有一个理论问题骤然升温，成为被高度关注、热烈讨论的焦点，这个问题就是如何看待中国特色社会主义理论体系与毛泽东思想的关系。

---

① 《胡锦涛文选》第 3 卷，人民出版社 2016 年版，第 618—619 页。

众所周知，在党的十七大之前，毛泽东思想是和邓小平理论、“三个代表”重要思想、科学发展观并列在一起的，它们共同被理论界统一表述为马克思主义中国化的理论成果。关于其中的辩证关系，理论界也有过一些探讨甚至争论，但分歧并不明显。党的十七大报告提出“中国特色社会主义理论体系，就是包括邓小平理论、‘三个代表’重要思想以及科学发展观等重大战略思想在内的科学理论体系”①之后，针对中国特色社会主义理论与毛泽东思想的关系，理论界的争论陡然升温。直到“改革开放前后两个阶段不能相互否定”的观点被中共中央总书记习近平于2013年1月5日在新进中央委员会的委员、候补委员学习贯彻党的十八大精神研讨班上明确强调之后，理论界割裂前后两个阶段的趋势才逐渐淡化下来。但是，在对一些具体问题进行分析的时候，它还会或隐或显地左右人们的认识。

大多数学者认为，中国特色社会主义理论体系不包括毛泽东思想，即便毛泽东时期关于社会主义建设的正确思想，也不应包括在中国特色社会主义理论体系内。理由一，“中央文件对中国特色社会主义道路和理论所作的多次概括，都是以十一届三中全会为起点，从来没有把毛泽东思想包括在内”②。理由二，毛泽东思想是中国化马克思主义的基础理论，中国特色社会主义理论是当代中国的创新理论，“作为基础理论的毛泽东思想就不包括在内”③。理由三，中国特色社会主义道路和中国特色社会主义理论体系都产生于十一届三中全会和改革开放之后，“第一次历史性飞跃早已结束，毛泽东思想属于第一次历史性飞跃的理论成果”④。理由四，毛泽东思想作为一个科学体系，在内容上已经包括毛泽东关于社会主义建设的正确思想，因此说“中国特色社会主义理论体系包括毛泽东思想，在逻辑上是不严密的”⑤。理由五，毛泽东思想与中国特色社会主义理论所处的历史时期不同，所要解决的问题不同、内涵和主题内容也不同，二者分属于两个理论体系，是两个既相互独立又自成体系的理论

---

① 《胡锦涛文选》第2卷，人民出版社2016年版，第621页。

② 徐崇温：《中国特色社会主义理论体系研究》，重庆出版社2011年版，第13页。

③ 石仲泉：《中国特色社会主义理论体系：当代中国创新理论的科学体系》，《理论参考》2007年第12期。

④ 胡振良：《中国特色社会主义史论研究》（科学体系卷），中共中央党校出版社2012年版，第3页。

⑤ 李君如：《马克思主义中国化若干问题研究》，《中共中央党校学报》2008年第1期。

形态。[①]

部分学者认为，中国特色社会主义理论体系应当包括毛泽东思想，尤其应包括毛泽东时期关于社会主义建设的正确思想。理由一，思想体系的发展总是承前启后、螺旋式上升的。中国特色社会主义理论不是从天上掉下来的，毛泽东是中国特色社会主义建设道路最早的探索者，毛泽东对中国特色社会主义理论体系的创立和发展具有奠基性的贡献。两大成果有着共同的思想路线、哲学基础、发展目标，在社会主义政治、经济、文化、社会建设等方面坚持了共同的基本原则，看不到这些共同的思想基础和本质特征，把中国特色社会主义理论和毛泽东思想看作是完全不同的两个体系，这是从表面看问题，是方法论上的短视。[②] 理由二，毛泽东领导的社会主义是带有中国特色的社会主义，因此也是中国特色的社会主义理论。我们不能因为毛泽东思想对中国特色社会主义的认识不完善，就把它排斥在中国特色社会主义理论体系之外。[③] 理由三，毛泽东思想关于社会主义建设的理论与中国特色社会主义理论没有质的区别，不能把毛泽东思想关于中国特色社会主义理论从中国特色社会主义理论体系中排除出去。[④] 如将其排除在外，中国特色社会主义理论体系就成了一个不知从何而来的空降物。[⑤]

虽然“包括论”和“不包括论”都各有根据，但也各有缺陷、都存在难圆其说的矛盾。“包括论”的矛盾是：一方面承认毛泽东思想和中国特色社会主义理论体系是马克思主义中国化的两大理论成果；另一方面又主张前者包括后者。既然是两大理论成果，二者就应当是相对独立的两个不同的理论体系，主张中国特色社会主义理论体系包括毛泽东思想，岂不是否认了两次飞跃、两大成果吗？“不包括论”的矛盾在于：一方面承认并

---

① 杨凤城：《关于毛泽东思想与中国特色社会主义理论关系的思考》，《教学与研究》2008年第4期。

② 李捷：《从毛泽东思想到科学发展观——毛泽东思想与中国特色社会主义理论体系关系探源》，《教学与研究》2008年第6—7期。

③ 李方祥：《中国特色社会主义理论体系与毛泽东思想的关系》，《中共福建省委党校学报》2008年第8期。

④ 范宝娥：《毛泽东思想与中国特色社会主义理论体系的关系研究综述》，《厦门特区党校学报》2009年第2期。

⑤ 杜鸿林：《关于构建中国特色社会主义理论体系的若干思考》，《天津行政学院学报》2007年第1期。

肯定毛泽东时期关于中国社会主义建设形成了一系列正确思想，也承认这些正确思想已为中国特色社会主义理论体系所吸收和继承；另一方面又不承认中国特色社会主义理论体系包括毛泽东时期关于社会主义建设的正确思想。

这种局面导致了理论界以及人们认识的很大混乱。有文章说，毛泽东思想是失去生命力的枯枝，中国特色社会主义理论体系是从枯枝上发出的新芽；有文章说，毛泽东思想是计划经济条件下的产物，中国特色社会主义理论体系是在市场经济条件下产生的，因此毛泽东思想不能成为中国特色社会主义理论体系的基础；有文章认为，马克思主义中国化理论成果有两大理论体系，一个是新民主主义理论体系，一个是中国特色社会主义理论体系，把社会主义革命和建设理论排除在毛泽东思想体系之外；有文章用“四人帮”所谓“宁要社会主义的草，不要资本主义的苗”来概括整个改革开放前30年的历史，用改革开放后的30年妖魔化改革开放前的30年，指责中国的社会主义改造根本搞错了，阻滞、破坏了中国社会主义建设事业的发展，把1978年以前中国近30年的社会主义建设史污蔑为“一部荒唐史”……这些观点虽然表述的方式、表达思想的轻重或深浅度不一样，其共同的错误之处在于，都把中国特色社会主义理论体系同马克思列宁主义、毛泽东思想对立起来。① 国外一直有人认为，邓小平及其后中国的发展背离了毛泽东思想，背离了社会主义。被誉为20世纪美国最著名的外交家、国际问题专家……中国人民的老朋友，与毛泽东、周恩来、邓小平等中国领导人都有过深入交往的亨利·基辛格也认为，邓小平“没有遵循数十年的毛泽东思想灌输，而是援引他熟悉的那句格言，即重要的是结果，不是什么主义”。在他看来，邓小平所推行的政策将“彻底改变中国，但方向正好相反”。② 国外还有学者认为，“中国特色社会主义”“标志着与毛泽东主义模式坚决而重要的分离”，它只是人们为中国没有放弃社会主义作辩护时所使用的“一个托辞”③ 而已。

应该看到，十七大、十八大报告虽然使用了“包括”这个词语，但并

---

① 梅荣政、李红军：《中国特色社会主义理论体系与马列主义、毛泽东思想的一脉相承和与时俱进的关系》，《思想理论教育导刊》2009年第7期。

② ［美］亨利·基辛格：《论中国》，中信出版社2012年版，第434、437页。

③ ［美］詹姆斯·R. 唐森、布兰特利·沃马克：《中国政治》，江苏人民出版社2003年版，第253、252页。

没有明确讲中国特色社会主义理论体系不包括毛泽东时期关于社会主义建设的正确思想。相反，两个报告都以较大篇幅阐释了二者的统一性。党的十七大报告指出："我们要永远铭记，改革开放伟大事业，是在以毛泽东同志为核心的党的第一代中央领导集体创立毛泽东思想，带领全党全国各族人民建立新中国、取得社会主义革命和建设伟大成就以及艰辛探索社会主义建设规律取得宝贵经验的基础上进行的。新民主主义革命的胜利，社会主义基本制度的建立，为当代中国一切发展进步奠定了根本政治前提和制度基础。"报告强调：中国特色社会主义理论体系"坚持和发展了马克思列宁主义、毛泽东思想，凝结了几代中国共产党人带领人民不懈探索实践的智慧和心血，是马克思主义中国化最新成果，是党最可宝贵的政治和精神财富，是全国各族人民团结奋斗的共同思想基础"①。显然，这两段话都在强调中国特色社会主义理论不是无本之木、无源之水，而是继承、坚持和发展毛泽东思想的必然结果。

党的十八大报告以更大的篇幅更广阔的视野论述了中国特色社会主义理论与毛泽东思想的统一性。报告指出："九十多年来，我们党紧紧依靠人民，把马克思主义基本原理同中国实际和时代特征结合起来，独立自主走自己的路，历经千辛万苦，付出各种代价，取得革命建设改革伟大胜利，开创和发展了中国特色社会主义，从根本上改变了中国人民和中华民族的前途命运。"随后，报告进一步强调："中国特色社会主义道路，中国特色社会主义理论体系，中国特色社会主义制度，是党和人民九十多年奋斗、创造、积累的根本成就，必须倍加珍惜、始终坚持、不断发展。"论及毛泽东时期的贡献，报告指出："以毛泽东同志为核心的党的第一代中央领导集体带领全党全国各族人民完成了新民主主义革命，进行了社会主义改造，确立了社会主义基本制度，成功实现了中国历史上最深刻最伟大的社会变革，为当代中国一切发展进步奠定了根本政治前提和制度基础。在探索过程中，虽然经历了严重曲折，但党在社会主义建设中取得的独创性理论成果和巨大成就，为新的历史时期开创中国特色社会主义提供了宝贵经验、理论准备、物质基础。"② 这些论断充分肯定了毛泽东时期的理论创造及其对开创中国特色社会主义的巨大贡献。诚如有的学者所言："毛

① 《胡锦涛文选》第2卷，人民出版社2016年版，第621页。
② 《胡锦涛文选》第2卷，人民出版社2016年版，第617页。

泽东关于如何建设社会主义所作的理论探索及其理论成果，属于马克思列宁主义与中国实际相结合的第一次历史性飞跃的延续，属于第二次历史性飞跃的准备，虽然其在理论形态上仍然属于毛泽东思想，但其中许多思想被中国特色社会主义理论体系继承下来。”① “如果说毛泽东时代的探索是中国社会主义建设的‘上篇’的话，那么改革开放以后的探索则是‘下篇’。这两个阶段的探索既相联系，又相区别，前者为后者奠定了基础，后者是对前者的飞跃。……中国共产党人对中国特色社会主义建设道路的探索……从毛泽东时代就开始探索……毛泽东是探索中国特色社会主义道路的先行者。”② 正是在这个意义上，党的十八大报告明确指出：“以毛泽东同志为核心的党的第一代中央领导集体带领全党全国各族人民完成了新民主主义革命……确立了社会主义基本制度，成功实现了中国历史上最深刻最伟大的社会变革，为当代中国一切发展进步奠定了根本政治前提和制度基础。……党在社会主义建设中取得的独创性理论成果和巨大成就，为新的历史时期开创中国特色社会主义提供了宝贵经验、理论准备、物质基础。”③

因此，简单武断地将毛泽东时期关于社会主义建设的正确思想排除在中国特色社会主义理论体系之外的做法，既不符合理论发展的一般逻辑，也不符合党的十七大、十八大、十九大精神。不能只言片语、必须完整准确地理解党的代表大会的精神实质。“不包括”的危害不仅仅是在理论上把中国特色社会主义理论体系束之高阁，成为无源之水，而且在事实上割裂了马克思主义中国化的历史进程，并有意无意地否认了新中国成立到改革开放前党和人民为探索中国特色社会主义所作的重大贡献及取得的巨大成就。

从作为中国特色社会主义理论体系直接来源的角度分析，毛泽东思想的理论贡献主要表现在以下三个方面：

（一）创立了关于社会主义社会基本矛盾学说

认识事物和社会的基本矛盾乃至主要矛盾，是马克思主义政党得以制定正确的路线方针政策的根本依据，也是基本经验和方法。毛泽东熟知并

---

① 秦宣：《关于中国特色社会主义理论体系研究的几个问题》，《高校理论战线》2008 年第 12 期。

② 唐洲雁：《毛泽东是探索中国特色社会主义道路的先行者》，《东岳论丛》2013 年第 9 期。

③ 《胡锦涛文选》第 3 卷，人民出版社 2016 年版，第 620 页。

熟练运用马克思主义哲学。早在民主革命时期，他就完成了自己的哲学名篇《实践论》和《矛盾论》，为毛泽东思想的形成和发展提供了扎实的哲学基础，也为中国共产党领导中国革命和建设提供了科学的思想和工作方法。进入社会主义建设时期，他紧密结合中国社会实际，进一步丰富发展了他的矛盾学说，对中国特色社会主义建设具有长远的指导意义。以唯物辩证法特别是对立统一的思想方法为指导，深刻揭示了在中国进行社会主义建设面临的基本矛盾的普遍性和特殊性，在丰富和发展马克思主义方面表现出了高度的独创性，关于社会主义社会矛盾的理论体系在毛泽东那里初步完成了理论构建。可以说，中国特色社会主义理论体系坚持的统筹兼顾、综合平衡的马克思主义辩证方法论在毛泽东那里已经得到高度重视和熟练运用。毛泽东既坚持马克思主义一般原理，又高屋建瓴地把握中国革命的具体实践，推动科学社会主义理论逻辑和中国社会发展历史逻辑的辩证统一，协调处理各种关系和矛盾，在道路、理论、制度和文化方面均实现了马克思主义中国化的飞跃，为改革开放的历史实践以及中国特色社会主义的探索提供了方法论基础。

毛泽东运用这一方法论的首要显著成果即是对社会主义社会内在矛盾的揭示和概括。对于这一问题，马克思主义经典作家的经典阐释少之又少。马克思的探索很少，恩格斯没有谈论过，列宁虽然认识到社会主义社会存在矛盾，但是并没有详细论述。在社会主义社会的矛盾学说这一领域，是毛泽东为丰富和发展了马克思主义理论宝库作出了巨大贡献。“社会的基本矛盾”这一概念是毛泽东在他 1937 年写就的《矛盾论》中使用的。中国确立社会主义制度后，毛泽东多次对社会基本矛盾、社会主义社会基本矛盾进行了阐述。强调作为社会基本矛盾的生产关系和生产力、上层建筑和经济基础之间的矛盾贯穿人类社会始终，是推动社会主义社会发展的基本动力。在党的八届二中全会上的讲话、在 1957 年 1 月省市自治区党委书记会议上的讲话、在 1957 年 2 月写就的《关于正确处理人民内部矛盾的问题》等文献中都记载了毛泽东在社会主义矛盾学说的方面的贡献，应该说这部著作是毛泽东在社会主义时期最重要的著作之一。在中国生产资料私有制的社会主义改造已经基本完成的情况下，毛泽东明确指出革命时期的大规模的急风暴雨式的群众阶级斗争基本结束，并把正确处理人民内部矛盾作为中国政治生活的主题提了出来。他运用唯物辩证法科学地分析了社会主义社会的基本矛盾，第一次提出了正确处理人民内部矛盾的命题，阐述了社会主义建设中的一系列重大问题，为我国社会主义事业的发展奠定了理论基础，是对马克思主义的科学社会主义理论的重要丰富和发展。他指出："在社会主义社会中，基本的矛盾仍然是生产关系和生产力之间的矛盾，上层建筑和经济基础之间的矛盾。"① 针对一些人不能很好地运用辩证法的规律，毛泽东指出："对于许多人说来，承认这个规律是一回事，应用这个规律去观察问题和处理问题又是一回事。许多人不敢公开承认我国人民内部还存在着矛盾……他们在社会矛盾面前缩手缩脚，处于被动地位；不懂得在不断地正确处理和解决矛盾的过程中，将会使社会主义社会内部的统一和团结日益巩固。"② 毛泽东强调："必须将马克思主义的普遍真理和中国革命的具体实践完全地恰当地统一起来，……决不能主观地公式地运用它。"③ 海外学者也高度评价毛泽东的这一理论贡献。有学者指出，"毛泽东承认社会主义国家可能存在着对抗性矛盾，承认共产主义社会也会有变革，这无疑澄清了马克思、恩格斯和列宁所未解决的两个根本问题。"④ 此前，毛泽东还发表了《论十大关系》，这是毛泽东探索社会主义建设过程中就如何处理各种关系即矛盾所形成的又一重要成果。《论十大关系》着重探讨了社会主义社会的经济关系、政治关系。贯穿其中的，是从哲学方法论上对社会主义社会的各种矛盾关系加以统筹兼顾地研究和揭示。毛泽东在《论十大关系》一文中说："这十种关系，都是矛盾。世界是由矛盾组成的。没有矛盾就没有世界。我们的任务，是要正确处理这些矛盾。这些矛盾在实践中是否能完全处理好，也要准备两种可能性，而且在处理这些矛盾的过程中，一定还会遇到新的矛盾，新的问题。"⑤ 毛泽东关于社会主义社会的矛盾学说不仅在当时具有重要的指导意义，对此后至今中国特色社会主义道路的探索和实践都具有长远的指导意义。

（二）确立马克思主义中国化的方向性指南

任何理论体系都有自己的方向性指南，中国特色社会主义理论体系亦

---

① 《毛泽东文集》第7卷，人民出版社1999年版，第214页。

② 《毛泽东文集》第7卷，人民出版社1999年版，第213页。

③ 《毛泽东选集》第2卷，人民出版社1991年版，第707页。

④ 曹景文：《国外学者论毛泽东对中国发展道路的开拓》，《江西师范大学学报》2012年第10期。

⑤ 《毛泽东文集》第7卷，人民出版社1999年版，第44页。

是如此。它的方向性指南有两个方面：一是社会主义方向，二是从中国实际出发。这两个方面都是毛泽东思想提供的。深刻准确理解并牢牢坚持社会主义方向，突出强调社会平等、公平正义的首要位置，乃是人们在把握毛泽东时代中国鲜明特征时的最大共识。特里尔认为："毛的政府使新中国比旧中国有更多的社会平等，这主要表现在三个方面：按劳取酬——身份，或拥有土地和资本不再起作用了。因此，中国的产品分配成为世界上平等的分配方式之一，彻底贫困和死于身无分文的人极少。并且，进步的基本手段——卫生保健和初级教育——不再是只有少数人才支付得起了。"[①] 为了丰富社会公平的实现形式，当时在全国范围内成立了众多群众组织，诸如工会、妇女联合会、青年联合会、少先队、共青团……这些群众性组织的作用即在于在群众和政府工作人员之间建立了有效沟通渠道，使得共产党的领导因此而能够把以经常接触工农群众为基础落到了实处，这样的做法，对于群众而言的效果是"在原先不问政治的平民百姓中培养起政治热情来实行群众路线"；对于党的工作者而言的效果是使他们能够"首先要认真研究群众问题，听取群众意见，其次针对问题和意见制定指导性政策，最后让群众把这些政策当作自己的意愿去执行"[②]。这样一种导向，是毛泽东一再强调要把全心全意为人民服务作为党的唯一宗旨的结果。毛泽东指出："共产党员是一种特别的人，他们完全不谋私利，而只为民族与人民求福利。他们生根于人民之中，他们是人民的儿子，又是人民的教师，他们每时每刻地总是警戒着不要脱离群众，他们不论遇着何事，总是以群众的利益为考虑问题的出发点，因此他们就能获得广大人民群众的衷心拥护，这就是他们的事业必然获得胜利的根据。"[③] 在毛泽东的号召下，中国共产党始终把人民利益放在第一位，一切为了人民群众和依靠人民群众成为我们党一切工作的出发点和归宿，"从群众中来，到群众中去"的群众路线成为我们党的根本工作路线。1955 年，社会主义改造接近完成之际，毛泽东将共同富裕的问题正式提了出来。他指出："我们的目标是要使我国比现在大为发展，大为富、大为强。""现在我们实行这么一种制度，这么一种计划，是可以一年一年走向更富更强的，一年一年可

① 转引自曹景文《国外学者论毛泽东对中国发展道路的开拓》，《江西师范大学学报》2012 年第 10 期。

② ［美］费正清：《中国：传统与变迁》，张沛译，世界知识出版社 2002 年版，第 597 页。

③ 《毛泽东文集》第 3 卷，人民出版社 1996 年版，第 47 页。

以看到更富更强些。而这个富，是共同的富，这个强，是共同的强，大家都有份，也包括地主阶级。地主过了几年之后，就有了选举权，他就不叫地主了，叫农民了。资产阶级，总有一天，大约三个五年计划之内，就不叫资产阶级了，他们成为工人了。农民这个阶级还是有的，但他们也变了，不再是个体私有制的农民，而变成合作社集体所有制的农民了。这种共同富裕，是有把握的，不是什么今天不晓得明天的事。”①

坚持按照中国的实际情况办事，从中国的实际出发，始终践行实事求是的思想路线是毛泽东思想的显著特征。他曾说，只要是有助于改变落后中国的政治、经济和文化的面貌，哪怕是非驴非马也可以。②“马克思主义中国化”这一概念被毛泽东第一次明确提出是在1938年10月党的六届六中全会上。他说，“没有抽象的马克思主义，只有具体的马克思主义。所谓具体的马克思主义，就是通过民族形式的马克思主义，就是把马克思主义应用到中国具体环境的具体斗争中去，而不是抽象地应用它。”③ 这里，从中国实际出发的意识已经十分明确了。1941年5月，毛泽东在《改造我们的学习》一文中，对实事求是的内涵进行了科学阐述，并赋予新的涵义。要做到实事求是，那就要调查研究。他说，“无实事求是之意，有哗众取宠之心。华而不实，脆而不坚。自以为是，老子天下第一，‘钦差大臣’满天飞。这就是我们队伍中若干同志的作风。这种作风，拿了律己，则害了自己；拿了教人，则害了别人；拿了指导革命，则害了革命”④。既然强调从中国的实际出发，就必然会对基层调研特别重视，毛泽东正是如此，他本人堪称基层调研的典范。毛泽东区分了两种调查研究的方法：走马观花和下马观花。他特别倾向于后者，认为要想了解清楚一件事情的来龙去脉，必须长期深入基层，从历史到现状进行系统调查。只有这样，才能真正发现问题的所在，也才有可能找到有效解决问题的办法。“没有调查，就没有发言权”的名言乃是毛泽东长期实践思考的真切体会。密切联系群众是毛泽东本人一直奉行的原则。在战火纷飞的革命战争年代，毛泽东深入群众，了解群众的生活疾苦和需要是利用战争间隙完成的。党组织

---

① 《毛泽东文集》第6卷，人民出版社1993年版，第495—496页。

② 《毛泽东文集》第7卷，人民出版社1999年版，第82页。

③ 《建党以来重要文献选编（1921—1949）》第15册，中央文献出版社2011年版，第651页。

④ 《毛泽东选集》第3卷，人民出版社1991年版，第800页。

要求自己的领导干部不仅要经常下基层，而且还要在下基层时与老百姓同吃、同住、同劳动。毛泽东指出：“我们应该深刻地注意群众生活的问题，从土地、劳动问题，到柴米油盐问题。妇女群众要学习犁耙，找什么人去教她们呢？小孩子要求读书，小学办起了没有呢？对面的木桥太小会跌倒行人，要不要修理一下呢？许多人生疮害病，想个什么办法呢？一切这些群众生活上的问题，都应该把它提到自己的议事日程上。应该讨论，应该决定，应该实行，应该检查。要使广大群众认识我们是代表他们的利益的，是和他们呼吸相通的。要使他们从这些事情出发，了解我们提出来的更高的任务，革命战争的任务，拥护革命，把革命推到全国去，接受我们的政治号召，为革命的胜利斗争到底。长冈乡的群众说：‘共产党真正好，什么事情都替我们想到了。’模范的长冈乡工作人员，可尊敬的长冈乡工作人员！他们得到了广大群众的真心实意的爱戴，他们的战争动员的号召得到广大群众的拥护。要得到群众的拥护吗？要群众拿出他们的全力放到战线上去吗？那末，就得和群众在一起，就得去发动群众的积极性，就得关心群众的痛痒，就得真心实意地为群众谋利益，解决群众的生产和生活的问题，盐的问题，米的问题，房子的问题，衣的问题，生小孩子的问题，解决群众的一切问题。”① 这里，毛泽东把群众拥护不拥护与柴米油盐这样的生活琐事的解决程度联系起来，显然并不是缺乏宏观思维，而是将顶层设计的基础建立在深入的调查研究基础之上，是重视深入群众、调查研究的表现。

新中国社会主义制度成立之初，中国的建设和发展思路曾在很多方面模拟了苏联模式。这种做法显然与从中国实际出发的方向不吻合，会影响我们社会主义事业的发展。毛泽东很快就发现了这一问题并着手调整。毛泽东说，“我们信仰马列主义，把马列主义普遍真理同我们中国实际情况相结合，不是硬搬苏联的经验。硬搬苏联经验是错误的。我们对资本主义工商业的改造和农业的合作化是跟苏联不同的”②。这就表明，走我们自己的路的意识在毛泽东那里已经非常清醒了。20 世纪 50 年代中期，中国就已经开始逐步抛弃“照搬苏联”的做法，努力探索中国自己的社会主义建设道路。王绍光对比了苏联和社会主义中国对待私人资本态度以及集体化

① 《毛泽东选集》第 1 卷，人民出版社 1991 年版，第 138—139 页。
② 《毛泽东文集》第 7 卷，人民出版社 1999 年版，第 176 页。

实现方式之间的区别。苏联当时对他们国家的资本家和富农采取的是剥夺政策，比剥夺资本走得更远的是，他们甚至试图将资本家和富农赶尽杀绝；他们的农业集体化实现方式乃是命令主义的，带有强烈的专横色彩。中国的做法则不同。在资本的公有化问题上，是将私人资本通过赎买转化为公有资本，不仅如此，还对资本家给予充分尊重，通过各种工作帮助他们由原来的食利模式转变为自食其力。在农业集体化方面，中国则不采用强制手段，过程和结果都与苏联也不一样。[①] 施瓦茨认为，毛泽东早在中国社会主义制度建立之初就已经形成“中国必须找到自己的现代化道路”这一认识。苏联模式搬到中国，对中国并不适合；认为存在着现成的、可以轻易模仿的现代化模式是幼稚的；农业对于中国至关重要；……施瓦茨认为这些想法在毛泽东那里很早就形成了。[②] 德里克则认为：“毛泽东思想……更重要的是因为它的核心成分具有持久的意义：马克思主义与中国经验相结合。”[③] 既坚持马克思主义人民利益至上的立场，又秉持认真研究中国实际，保留中国特色的原则，在这一核心成分方面，毛泽东思想同中国特色社会主义理论体系是一脉相承的。

（三）为中国特色社会主义道路和理论提供了宝贵经验

毛泽东时代提出了走具有自己特点的社会主义道路的命题，围绕什么是社会主义、如何建设社会主义、怎样建设党等根本性、关键性问题作出了重要探索并取得了丰硕成果，为开辟中国特色社会主义道路积累了历史经验，为中国特色社会主义理论的形成提供了理论准备。有学者指出，改革开放以来的中国推进现代化的模式并不是全新的，它既从毛泽东时代继承了走社会主义道路的合法性，又大量汲取了毛泽东时代的指导原则，因而与毛泽东时代存在着许多连续性。他们特别指出，改革强调必须所坚持的四项基本原则、自力更生、独立自主等原则和内容都是毛泽东和毛泽东时代的社会主义建设所大力倡导的。[④] 邓小平自己也表达过这样的观点：“没

---

① 王绍光：《坚守方向、探索道路：中国社会主义实践六十年》，《中国社会科学》2009 年第 5 期。

② 转引自曹景文《国外学者论毛泽东对中国发展道路的开拓》，《江西师范大学学报》2012 年第 10 期。

③ 转引自曹景文《国外学者论毛泽东对中国发展道路的开拓》，《江西师范大学学报》2012 年第 10 期。

④ 转引自曹景文《国外学者论毛泽东对中国发展道路的开拓》，《江西师范大学学报》2012 年第 10 期。

有毛主席就没有新中国，这丝毫不是什么夸张。毛泽东思想培育了我们整整一代人。……没有毛泽东思想，就没有今天的中国共产党，这也丝毫不是什么夸张。”[①] 因此，邓小平特别强调毛泽东思想是中国特色社会主义的前进根基和方向，否定毛泽东思想将会带来严重危害甚至灾难。他说：“不写或不坚持毛泽东思想，我们要犯历史性的大错误。”[②] 毛泽东时期提出许多重要思想都对后来的改革开放具有先导意义，包括提出分步骤逐步社会主义现代化建设目标、发展商品生产、学习一切外来经验、利用资本主义、工业化发展道路、共产党领导的多党合作与政治协商制度、人民民主专政、国防军队现代化建设、独立自主和平外交政策、文化卫生教育、党的建设等几乎各项事业建设，都提出或探索形成了正确或比较正确的思想。

国家繁荣富强和人民共同富裕是毛泽东毕生追求的目标，毛泽东时代的中国社会主义建设也的确取得了巨大成就。新中国第一个五年计划所取得的成就令人对社会主义中国刮目相看。费正清曾指出：“1953—1957 年间实行的第一个五年计划，总的说来，取得了很大的成功。国民收入平均增长 8.9%。农业生产增长约 3.8%，而全国人口只增加了 2.4%。这可以同其他发展中国家作一比较，它们的国民收入平均增长率为 2.5%。印度在 20 世纪 50 年代国民收入的增长率不到 2%。另一个指标是，1950 年中国人均寿命为 36 岁，到 1957 年为 57 岁。小学入学儿童比率由 20.5% 增长到 50%。总的说来，城市工资大约增加了 1/3，农民收入增加了 1/5。”[③] 可以说，不论是经济还是教育，不论是工业还是农业，不论是物质文明还是精神文明，不论是人民的生活还是人民的精神面貌，不论是横向对比还是纵向对比，中国社会主义建设初期的成就都不容置疑。有学者将这一成就简单概括为：“毛留给中国的是很大程度上自给自足和世界上第六大经济大国的地位。”[④]

为了开辟新生产力发展的道路，社会主义中国建设初期致力于大幅度提升公有制的比重。毛泽东强调，社会主义革命（即改造——笔者注）的

① 《邓小平文选》第 2 卷，人民出版社 1994 年版，第 148—149 页。

② 《邓小平文选》第 2 卷，人民出版社 1994 年版，第 300 页。

③ ［美］费正清：《伟大的中国革命》，刘尊棋译，世界知识出版社 2000 年版，第 339 页。

④ 转引自曹景文《国外学者论毛泽东对中国发展道路的开拓》，《江西师范大学学报》2012 年第 10 期。

目的是为了解放生产力。[①] 1952 年的中国，在经济领域中唱主角的仍然是非公有经济，公有经济在整个国民经济中的比重还远远达不到占统治地位的程度。经过社会主义改造，到 1957 年，公有经济已然取得与社会主义理念相匹配的支配地位。毛泽东时代的中国，不仅完成了从一穷二白到独立的、比较完整的工业体系建成的华丽转身，而且以近乎魔幻般的高度号召力和凝聚力，唤醒了人民群众改天换地的热情和斗志，完成了全国范围内大多数大江大河的治理、基本水利工程的建设和大规模农田基本建设。数据显示，这些工作使中国的农田灌溉面积比例由 1952 年的 18.5% 大幅提高到 1978 年的 45.2%，基本上保证了 10 亿中国人吃饭、穿衣的需求。[②] 在这些有形的成就之外，毛泽东时代还为中国的社会主义发展积累了巨大的无形资产。研究发现，直到 20 世纪 80 年代初，中国的不平等程度仍远远低于世界平均水平。[③] 对内成就斐然，对外在维护国家安全和民族利益方面，毛泽东的表现也尤为突出，让人印象深刻。有学者评价："他充满着不妥协地献身于中国的独立和民族尊严的强烈的精神，使她从一个衰弱、分裂、任凭外国干涉的国家变成了世界大家庭的强大、受到尊敬的一员。虽然他先与苏联结盟反对美国威胁，而后又联美反苏，他从始至终都明白地表示，这些政策首先是服务于中国的利益。"[④] 这样一种态度以及与此相应的行动与措施，为后来中国特色社会主义建设赢得了尊重，开辟了良好的国际舆论环境。

作为第一代中国共产党人的主要代表，毛泽东在领导中国革命和建设的伟大进程中，以其博大的胸怀、卓绝的智慧、惊人的意志为中国革命和建设作出了彪炳史册的贡献。他的探索为中国特色社会主义提供了不竭的理论源泉以及重要的道路自信、理论自信、制度自信和文化自信。学习和坚持毛泽东思想，是确保中国特色社会主义理论体系不走邪路的必要保障，是促进中国特色社会主义理论体系不断发展创新的重要基础。

---

① 《毛泽东文集》第 7 卷，人民出版社 1999 年版，第 1 页。

② 胡鞍钢：《中国政治经济史论》，清华大学出版社 2008 年版，第 524—530 页。

③ 王绍光：《坚守方向、探索道路：中国社会主义实践六十年》，《中国社会科学》2009 年第 5 期。

④ 转引自曹景文《国外学者论毛泽东对中国发展道路的开拓》，《江西师范大学学报》2012 年第 10 期。

三　中华优秀传统文化是中国特色社会主义理论体系的活力之源

近年来，习近平总书记多次论述和强调中国优秀传统文化的传承价值。在纪念中国共产党成立95周年大会上，习近平总书记在讲话中指出："中国共产党领导中国人民取得的伟大胜利，使具有5000多年文明历史的中华民族全面迈向现代化，让中华文明在现代化进程中焕发出新的蓬勃生机；使具有500年历史的社会主义主张在世界上人口最多的国家成功开辟出具有高度现实性和可行性的正确道路，让科学社会主义在21世纪焕发出新的蓬勃生机；使具有60多年历史的新中国建设取得举世瞩目的成就，中国这个世界上最大的发展中国家在短短30多年里摆脱贫困并跃升为世界第二大经济体，彻底摆脱被开除球籍的危险，创造了人类社会发展史上惊天动地的发展奇迹，使中华民族焕发出新的蓬勃生机。"[①] 这段话向我们展示了一种宏阔的历史视野，不仅把中国特色社会主义事业置于社会主义运动的整体发展中加以观照，而且将中国社会主义的建设与发展和中华民族文明历史联系在一起。这就启发我们，在思考中国特色社会主义理论体系的思想基础这一问题时，除了前文提到的科学社会主义和毛泽东思想两个关键方面之外，还有一个同样重要的维度不可忽略，即中华优秀传统文化。中华优秀传统文化之于中国特色社会主义理论体系，乃是一种能够提供源源不断的文化滋养的根脉，其贡献至少可以从以下方面得到阐释。

（一）中华优秀传统文化乃是中国特色社会主义理论体系的文化根脉

中华民族历史悠久，我们的文化也源远流长。由于中国经历了漫长的封建时代，传统文化中自然也不乏诸如封建等级观念等与社会主义理念并不吻合的文化糟粕。因此，传统文化在社会主义理论体系中究竟是否应该有一席之地，这并不是一个容易回答的问题。在这个问题上，毛泽东采取的态度是一分为二。他认为中国几千年的文化并不全是封建主义的东西，也有人民的东西，有反封建的东西。这些有益的成分，在漫长的封建时代，的确曾处于从属地位。但是，随着社会的发展，它们也可以在转换中发挥更大作用。社会主义新文化中的民主性的东西可以从传统文化中发展而来。毛泽东指出，"它是反对帝国主义压迫，主张中华民族的尊严和独

① 习近平：《在庆祝中国共产党成立95周年大会上的讲话》，人民出版社2016年版，第4页。

立的。它是我们这个民族的，带有我们民族的特性。它同一切别的民族的社会主义文化和新民主主义文化相联合”①。“它是我们这个民族的”，这样一个要求就赋予了传统文化以中国特色社会主义理论体系的文化标识的使命和地位。当下，世界各国竞争方式逐步多样化，文化的因素也愈发突出。这恰恰是“软实力”被广泛讨论的时代背景。这一概念自从被约瑟夫·奈于20世纪80年代末90年代初提出以来，已经风靡全球。每个国家自身有魅力的文化即是其软实力的一个组成部分。文化软实力就是文化的影响力、凝聚力和感召力，就是一个民族的文化在与“他者文化”的遭遇中所彰显出来的创生力量。中国学界对于软实力的研究自一开始就关注中华优秀传统文化。中共十七届六中全会建设文化强国的战略确立之后，对中华优秀传统文化作为软实力的研究迅速成为热点，充分显示了中华优秀传统文化对于中国特色社会主义理论体系的意义。2019年8月，习近平总书记指出：“中华文明5000多年绵延不断、经久不衰，在长期演进过程中，形成了中国人看待世界、看待社会、看待人生的独特价值体系、文化内涵和精神品质，这是我们区别于其他国家和民族的根本特征，也铸就了中华民族博采众长的文化自信。今天，我们要铸就中华文化新辉煌，就要以更加博大的胸怀，更加广泛地开展同各国的文化交流，更加积极主动地学习借鉴世界一切优秀文明成果”。关于中华优秀传统文化的研究和弘扬，既要深入挖掘其所“蕴含的哲学思想、人文精神、价值理念、道德规范等，推动中华优秀传统文化创造性转化、创新性发展，更要揭示蕴含其中的中华民族的文化精神、文化胸怀和文化自信，为新时代坚持和发展中国特色社会主义提供精神支撑。”② 从这个角度看，中国特色社会主义理论体系的完善过程，就是文化不断走向更加先进的过程。

任何一个国家、民族在发展的过程中，所面临的矛盾无疑是复杂的。其在发展中长期积淀下来的文化就是它解决矛盾的智慧体现。优秀传统文化对任何一个民族和国家而言都是传承和发展的根本，数典忘祖就意味着割断了精神命脉。中国特色社会主义的建设目标，就是通过不同的调剂手段，全方位、多层次地实现社会各主体、各阶层的和谐相处。当代中国所处的历史阶段与所面临的情势，在庆祝改革开放三十周年时被

① 《毛泽东选集》第2卷，人民出版社1991年版，第706页。

② 习近平：《在敦煌研究院座谈时的讲话》，《求是》2020年第3期。

概括为三个“世所罕见”：“我们在推进改革开放和社会主义现代化建设中所肩负任务的艰巨性和繁重性世所罕见，我们在改革发展稳定中所面临矛盾和问题的规模和复杂性世所罕见，我们在前进中所面对的困难和风险也世所罕见。”① 在这种情况下，中华优秀传统文化通过现代化创造，将焕发出极其强大的能量，成为推动民族复兴的独特战略资源。在以下两个方面从中华优秀传统文化中汲取智慧，为中国特色社会主义社会奠定坚实的文化基石，愈发具有重要的理论意义和现实意义。

中国正处在由传统社会向现代社会的急剧转型过程中，在取得了巨大经济成就的同时，文化危机不期而至。精神层面遭遇的困扰让我们认识到，倘若缺乏文化内涵，物质财富也会根基不牢。诚信文化的缺失既使得我们以各种段子戏谑带给我们身体严重伤害的毒奶粉、毒大米、地沟油、瘦肉精，又使得我们深刻感受到陌生人即是陷阱的信任危机。这一系列社会转型中的种种阵痛的产生，无不与诚信缺失密切相关。在亟须重建诚信文化的当下，中华优秀传统文化资源丰厚。诚实守信乃是中国传统文化的精华之一，既传承着中华民族的传统美德，也为每一位华夏子孙提供了安身立命的根本。被传统文化浸染过的人，会自觉地将诚信视为一个无需追问原因的、自明性的原则。更为重要的是，它使人获得生存的意义。虽然随着社会的变迁，血缘、宗法对人们的约束越来越微弱，但是，诚信依然能够为现代社会的人们提供所需要的尊严。在人与自然和谐关系的重建方面，中华优秀传统文化可以为生态文明建设提供智慧启迪。伴随着科学的飞速发展、工业文明的快速进步以及人类能力的急剧提高，一方面是海量物质财富的积累和增加，另一方面则是前所未有的生态困境频频向可持续发展的期待发布警告。产生生态困境、环境灾难的根源在于近代哲学所奉行的自然与人类主客二分这一思维模式。而要想改变近代文化对待自然的这种态度，帮助人们形成生态文化的正确价值观，就要彻底放弃旧的发展理念和模式，在重树文化与生态的协同进化中不断体会和认识天人合一观念的现实意义。实现中华民族伟大复兴的中国梦之所以不是空想，恰恰是因为这是一个有根之梦，根就在中华优秀传统文化。在人与人之间、人与自然之间关系不和谐程度越来越严重的今天，中国梦以占全世界人口1/5的中国人民的富裕幸福、身心和谐为目标，将为人类文明走出困境提供重要启发。

---

① 《胡锦涛文选》第3卷，人民出版社2016年版，第170页。

（二）中华优秀传统文化为中国特色社会主义理论体系大众化提供了坚实的话语支撑

马克思主义乃是一种植根人民、面向人民的理论。中国特色社会主义理论体系作为马克思主义中国化的新成果，其理论成熟的一个重要尺度乃是其被大众接受的程度。大众化的要求之一即是话语体系的一致。如果双方都自说自话，马克思主义与中国这二者则很难真正融合，而马克思主义中国化的大众化则更是无从谈起。从主体角度而言，马克思主义中国化就是中国人民群众不断学习掌握运用马克思主义理论来解决中国的实际问题并不断推动理论创新的互动过程。黑格尔曾说："一个民族除非用自己的语言来习知那最优秀的东西，那么这东西就不会真正成为它的财富，它还将是野蛮的。现在我想说，我也在力求教给哲学说德语。如果哲学一旦学会了说德语，那么那些平庸的思想就永远也难于在语言上貌似深奥了。"① 中华民族的语言（话语）是否能够保证我们去理解和学习马克思主义呢？换言之，中华优秀传统文化与马克思主义是否有着内在的一致性呢？毛泽东曾说："今天的中国是历史的中国的一个发展；我们是马克思主义的历史主义者，我们不应当割断历史。从孔夫子到孙中山，我们应当给以总结，承继这一份珍贵的遗产。这对于指导当前的伟大的运动，是有重要的帮助的。"② 党的十八大以后，习近平总书记越来越多地强调中华文化与中国特色社会主义的内在一致性。2013 年 8 月 19 日，在中央宣传思想工作会议的讲话中，习近平总书记指出，"讲清楚中国特色社会主义植根于中华文化沃土、反映中国人民意愿、适应中国和时代发展进步要求，有着深厚历史渊源和广泛现实基础，中华民族创造了源远流长的中华文化，中华民族也一定能够创造出中华文化新的辉煌。"③

中华优秀传统文化与马克思主义的契合既有广度又有深度。第一，二者都具有强烈的拯救意识。青年马克思就立志成为一个"普罗米修斯"式的角色，为拯救人类而不惜牺牲自己。马克思主义以人类的历史解放作为自己的终极旨趣加以确认并孜孜以求。中国传统文化尤其是儒家思想同样具有"以天下为己任"的强烈使命感。儒家格致诚正修齐治平的"内圣外

---

① 苗力田：《黑格尔通信百封》，上海人民出版社 1981 年版，第 202 页。

② 《毛泽东选集》第 2 卷，人民出版社 1991 年版，第 534 页。

③ 《习近平谈治国理政》，外文出版社 2014 年版，第 155—156 页。

王”功夫，无疑体现着儒家的“家国天下”意识和拯救的责任感。第二，二者都高度强调实践。马克思主义最突出的特征即是建立在实践基础上的科学性与革命性的统一。中国传统文化也特别强调“践履”的功夫，其“内圣外王”之道，要求“内圣”只有落实到“外王”才有意义和价值。它真正信赖的是人的“行动”，而不是人的“言辞”，正所谓“听其言，观其行”。毛泽东在《实践论》中就特别强调“实践出真知”的道理，他把实践作为人们认识的出发点、认识的动力、认识的检验标准和认识的最终归宿。第三，都奉行人民本位立场。马克思主义认为，历史活动是群众的事业。中国共产党以全心全意为人民服务作为自己的宗旨。儒家讲“民贵君轻”“民本君末”；《尚书》里有“民之所欲，天必从之”的说法；孟子说，“民为贵，社稷次之，君为轻”。第四，都秉持知行合一的行动观。马克思主义的一个基本原则，就是理论联系实际。中国传统文化追求“知行合一”，讲求“实事求是”，讲究“经世致用”。第五，都表达了追求大同的理想和愿望。《礼记・礼运》提出的“大道之行，天下为公”的“大同社会”模式，就是这种远景的集中体现。对于理想社会，老子也有所谓“甘其食，美其服，安其居，乐其俗”的刻划。在中国传统文化中，几乎所有对未来社会的描述，都无不体现出“各美其美，美人之美，美美与共，天下大同”的关系。马克思所说的“共产主义”，是实现了个体的人的自由和整个人类自由互为条件，且劳动不再仅仅是作为谋生手段的理想社会，是人摆脱了异己化命运，不再受制于外在的他律支配，从而获得彻底解放和真正自由的社会。①

（三）中华优秀传统文化为社会主义核心价值观提供了丰厚而不竭的滋养

价值观是一个民族文化的核心，在很大程度上浓缩着一个国家的影响力、民族特性、文化特色、意识形态等内涵，是界定自己身份的重要标志。中国特色社会主义核心价值观的建构，离不开传统文化的血脉。党的十八大以来，我们的宣传工作有了很大改变，其中一个主要表现就是加大了对中华优秀传统文化的宣传，增强了人们对中华优秀传统文化现实意义的认识与理解。这不能不说得益于习近平总书记以及党中央对这一问题的

① 何中华：《马克思主义与中国优秀传统文化的契合》，《大众日报》2015 年 5 月 20 日第 4 版。

高度重视。2013 年 8 月 19 日，在全国宣传思想工作会议上，习近平总书记特别强调，宣传阐释中国特色要做到“四个讲清楚”：讲清楚每个国家和民族的历史传统、文化积淀、基本国情不同，其发展道路必然有着自己的特色；讲清楚中华文化积淀着中华民族最深沉的精神追求，是中华民族生生不息、发展壮大的丰厚滋养；讲清楚中华优秀传统文化是中华民族的突出优势，是我们最深厚的文化软实力；讲清楚中国特色社会主义植根于中华文化沃土、反映中国人民意愿、适应中国和时代发展进步要求，有着深厚历史渊源和广泛现实基础。[①] 他还就社会主义核心价值观的内容具体指出了中华优秀传统文化的贡献：“富强、民主、文明、和谐，自由、平等、公正、法治，爱国、敬业、诚信、友善，传承着中国优秀传统文化的基因，寄托着近代以来中国人民上下求索、历经千辛万苦确立的理想和信念，也承载着我们每个人的美好愿景。”[②] 历史启示我们：以儒、道思想为代表的中国传统文化在过去、现在和未来都具有永恒的价值，依然是中国人生活的精神之源。今天我们要践行的社会主义核心价值观，从某种意义上说其固有的根本同样在于中华优秀传统文化。习近平总书记指出：“文化自信，是更基础、更广泛、更深厚的自信。在 5000 多年文明发展中孕育的中华优秀传统文化，在党和人民伟大斗争中孕育的革命文化和社会主义先进文化，积淀着中华民族最深层的精神追求，代表着中华民族独特的精神标识。我们要弘扬社会主义核心价值观，弘扬以爱国主义为核心的民族精神和以改革创新为核心的时代精神，不断增强全党全国各族人民的精神力量。……中国共产党人和中国人民完全有信心为人类对更好社会制度的探索提供中国方案。”[③] 这样一种信念，诚然是学者的使命和期待，但其意义远远超出了学术的范畴，以中国走向大国的文化使命与必然路径的意义鼓舞并坚韧着中华民族的意志。

从历史上看，中国传统文化诚然是产生于农业社会、从属于农业文明的，其中的保守性与局限性也是无法回避的。但是在滚滚而来的现代化汹涌浪潮中，在文化交流、碰撞，以致同质性越来越难以避免的趋势中，要避免中国成为文化荒漠、中国人成为精神流浪者的命运，就必须唤醒中国

① 《习近平谈治国理政》，外文出版社 2014 年版，第 155—156 页。

② 《习近平谈治国理政》，外文出版社 2014 年版，第 169 页。

③ 《习近平谈治国理政》第 2 卷，外文出版社 2017 年版，第 36—37 页。

文化中的优秀传统文化基因，同时又赋予其现代化的灵魂。传统文化中的优秀成分经过深入挖掘、合理阐发、有效转化之后，优秀传统文化将不断被激活，被赋予鲜活的当代价值，仍然不失为建设中国特色社会主义的文化与价值框架。作为“中国特色社会主义”题中之义的“中国特色”，将因此而被植入深邃的中国文化土壤。这对于和谐社会的构建，具有鲜明的价值取向和价值整合的功能，对于民族复兴历史使命的完成，具有促进祖国统一和民族团结的强大凝聚力和推进全民族成员积极奋进的号召力。

第四章　中国特色社会主义理论体系的历史基础

人类文明进程中任何思想理论的产生，从认识史的角度来看，都是对前人认识的继承，与已有科学思想成果有着深刻的渊源和联系，在此基础上，总结新的实践经验从而得到丰富和发展。这是认识的继承与发展的结合，也是认识发展连续性与阶段性的统一，由此形成人类认识奔腾向前的历史长河。中国特色社会主义理论体系也不例外，同样无法割断与历史的联系，同样须在前人遗留的历史基础上进行。

关于中国特色社会主义理论体系的历史基础，目前学术界的看法仍有差异。如刘海飞、王四炯认为对新中国成立以来这段历史特别是“文化大革命”时期的历史经验教训的总结是中国特色社会主义理论体系的历史基础。[①] 丁根林认为，中国特色社会主义理论体系的历史基础不仅包括国际共产主义运动的经验教训，而且也有其时代条件，即世界主题的转换和现代科技的发展。[②] 刘建武认为，中国特色社会主义理论体系产生于20世纪70年代末期以后，它是在对当代世界主题的不断探索和正确回答的基础上形成的。[③] 总的看，在关于中国特色社会主义理论体系的历史基础问题上，学术界的观点仍存有争议。本书认为，中国特色社会主义理论体系与科学社会主义理论是一脉相承的理论体系，因而，世界社会主义运动的历史经验、中国共产党领导新民主主义革命、社会主义改造的历史经验，对于中

---

① 刘海飞、王四炯：《中国特色社会主义理论体系形成的历史根据》，《天中学刊》2010年第4期。

② 丁根林：《试论中国特色社会主义理论体系形成的历史条件》，《浙江学刊》2010年第2期。

③ 刘建武：《深化对中国特色社会主义理论体系形成的思想渊源和历史条件的研究》，《当代世界与社会主义》2008年第4期。

国共产党领导人民进行中国特色社会主义建设都具有十分重要的意义和价值。实际上，有些经验和做法对于中国社会主义运动具有长远的指导意义，比如关于马克思主义与中国实际相结合的原则，关于党的建设、军队建设、思想政治工作、政策和策略、文化教育及实事求是的思想路线，等等。因此，本书将世界社会主义运动的历史经验、中国新民主主义革命和社会主义改造时期的历史经验，视为中国特色社会主义理论体系的历史基础，而1956年社会主义制度建立以后应视为中国特色社会主义理论体系的现实基础，不应作为历史基础。

一　世界社会主义运动的历史经验和启示

所谓江河万里总有源，树高千尺也有根。从广义看，中国特色社会主义理论和实践的源头完全可以追溯到世界社会主义运动的开始，特别是马克思和恩格斯创立科学社会主义理论、开始指导欧洲社会主义运动以后的历史，包括列宁领导俄国十月革命、建立社会主义制度，以及此后苏联模式的形成和实践。无论顺利成功的经验还是挫折失败的教训，对于科学社会主义理论在中国的实践和发展都不可避免地产生了重要的影响。

（一）世界各国对社会主义发展模式的艰辛探索

1. 科学社会主义从理论到制度的建立及探索。“从理论探索而言，中国特色社会主义是科学社会主义一般原理中国化的历史演进的结果。”[①] 在《共产党宣言》中，马克思和恩格斯就通过对资本主义社会内在矛盾进行科学分析，揭示了资本主义社会产生、发展和必然灭亡的客观规律。他们从资本主义的社会化生产要求出发，运用生产关系一定要适合生产力发展的唯物主义原理提出，未来共产主义社会将实行生产资料归社会占有的公有制理论。1847年，两位革命导师在起草世界第一个无产阶级政党纲领《共产党宣言》中就提出：消灭私有制。[②] 1850年初，马克思在《1848年至1850年的法兰西阶级斗争》一书中，第一次提出世界各工人政党用以扼要表述自己的经济改造要求的公式是：生产资料归社会占有。[③] 后来，恩格斯在《反杜林论》中也指出，生产资料公有制建立以后，原先的无政

① 陈鹏、余斌：《中国特色社会主义的理论逻辑——从中国特色社会主义与科学社会主义的关系角度》，《扬州大学学报》（人文社会科学版）2015年第3期。

② 《马克思恩格斯选集》第1卷，人民出版社1995年版，第286页。

③ 《马克思恩格斯选集》第4卷，人民出版社1995年版，第508页。

府状态，将为有计划的自觉组织所代替，实现按照社会总体和每个成员的需要对生产进行的社会的有计划的调节。到那时，生产力将获得迅速的发展和不断增长的可能性，并且保证一切社会成员有富足的一天比一天充裕的物质生活，保证他们的体力和智力获得充分的自由的发展和运用。[①]

至于未来新社会所有制的具体组织形式，马克思、恩格斯并没有具体论述。在马克思、恩格斯所处的时代，无产阶级革命的胜利和建立社会主义制度还没有变为现实。因此，他们除了指出未来新社会所有制的发展方向、实质或基本原则以外，不可能为其规定固定不变的具体组织形式。

在无产阶级革命实践中，马克思、恩格斯都强调理论和实际相结合的重要性。如马克思在总结1848年欧洲革命的实践中，进一步提出无产阶级必须采用暴力“打碎、摧毁”资产阶级国家机器的论断。特别是他在总结1871年世界“无产阶级第一次掌握政权达两个月之久的巴黎公社的实际经验”中，更明确地指出：“无产阶级不能简单地掌握现成的国家机器，并运用它来达到自己的目的”[②]，从而丰富了无产阶级暴力夺取政权的理论。

随着19世纪末20世纪初资本主义由自由竞争演进至垄断阶段，科学社会主义的历史条件、内外环境发生了深刻的变化。如何根据时代新的变化开创科学社会主义的新局面，是科学社会主义所面临的重大历史课题。以列宁为代表的共产党人在实践中发展了马克思主义，创立了社会主义首先在一国胜利的理论，赢得了俄国十月社会主义革命和其他国家社会主义革命的胜利。在布尔什维克掌握政权后，列宁强调必须尽快将工作重心转移到经济建设上来，大力发展社会生产力。一开始，列宁主要是按照马克思、恩格斯的设想来组织社会主义经济。1918年夏天，面对大规模的外国武装干涉，为了聚集全部力量打赢战争，苏维埃政权采取了一系列非常措施，即实施“战时共产主义”政策。“战时共产主义”政策的基本特征是对国民经济实行高度集中的行政管理体制，废除商品货币关系，它对于保证战争的胜利起到很大的作用。但是，战时共产主义作为建设社会主义的一条道路，作为社会主义的一种经济模式，作为一种经济和政治体制来说，是不成功的。由于它不是通过市场，而是在市场以外建立城乡之间直接的产品交换，这种违背经济发展规律的做

① 参见《马克思恩格斯选集》第3卷，人民出版社1995年版，第633页。
② 《马克思恩格斯选集》第1卷，人民出版社1995年版，第249页。

法，使在苏维埃俄国经济成分中占优势的小生产丧失了生存的经济条件，也由此阻碍了生产力的发展。在此背景下，1921 年，苏维埃俄国实行了新经济政策。1921 年 3 月，俄共（布）第十次代表大会决定废止余粮收集制，实行粮食税制。会议同时通过了《关于新经济政策问题的决议》。由此，新经济政策作为一项长期的经济政策确定下来，其实施范围也从农业扩展到整个国民经济领域，围绕着工农业之间新的结合方式，陆续推出了一系列新政策措施。"新经济政策"的深刻意义不仅在于它在危难之中拯救了苏维埃政权，并使国家逐步步入工业化时代。更重要的是它从经济和政治方面创造了一个富有启发性的建设社会主义的模式，对经济落后国家向社会主义过渡的特殊规律进行了卓有成效的探索，对后来的社会主义国家坚持和发展马克思主义给予了方法上和思想上的启迪。

但在列宁去世之后，苏联围绕着一国能不能单独建成社会主义和如何进行社会主义建设等问题发生了激烈的争论。争论的结果是斯大林先后批判了托洛茨基和布哈林，苏联先后按斯大林的设想完成了工业化和农业集体化。在此基础上，于 20 世纪 30 年代中期形成了苏联社会主义建设模式。这种模式曾经起到了促进生产力发展、迅速实现工业化的巨大作用，保证了苏联卫国战争的胜利和战后国民经济的迅速恢复，较好地适应了苏联社会主义建设初期尽快发展重工业的客观需要，奠定了苏联社会主义强大的物质基础。因此，我们应该承认，苏联模式的历史进步作用是不应抹杀的，但这种模式也存在着许多需要克服的弊端。这些弊端主要是具体体制与运行机制上的毛病，主要表现为：一是建立起比较单一的生产资料公有制。由于片面追求高纯度公有制比例，而没有充分意识到在生产力不够发达的条件下非公有制经济的积极作用，不利于社会主义生产力的发展；二是在资源配置方式上，主要采取计划经济体制，没有注意市场对资源配置的作用。同时，在经济结构中，过分注重发展重工业，而对于人民生活密切相关的轻工业和农业发展则相对滞后，由此也造成国民经济结构的失衡。三是政治上民主法制不健全，权力过分集中于中央，过分集中于领袖个人，窒息了群众、地方、基层、企业的积极性。在斯大林领导下逐渐形成的过度集中的苏联政治实行自上而下的干部委任制和领导职务终身制；四是在意识形态领域存在高度个人崇拜、思想僵化、舆论过于"一律"等问题。这些问题对于继续探索社会主义建设道路的后来者来说，无疑具有重要的警示意义。

2. 社会主义制度及苏联模式在多国的建立及改革的尝试。第二次世界大战后，社会主义突破了苏联一国的范围。在欧洲，随着苏联红军在大战后期向德国推进，东欧大片土地被解放。波兰、保加利亚、阿尔巴尼亚、罗马尼亚、捷克斯洛伐克、匈牙利、南斯拉夫和民主德国相继走上了社会主义道路。在亚洲，随着日本法西斯的节节败退和最后投降，金日成领导下的朝鲜人民军在苏联支持下，在朝鲜北部建立了人民民主政权；越南人民在胡志明的领导下，解放了印度支那的大片国土；中国共产党领导人民打败了蒋介石国民党，建立了中华人民共和国。以后又有老挝和拉丁美洲的古巴建立了社会主义国家。

在二战后所形成的东西方两极世界格局中，苏联自然成为东方阵营的代表，也由此逐步确立了苏联对其他社会主义国家的领导地位，并在对外交往中强行推广苏联模式。苏联的社会主义模式，是苏联一国在特定的历史条件下建设社会主义的初步尝试，不应该成为其他社会主义国家直接搬用和效仿的对象，更不应该把它凝固化，但苏联在对外交往中却奉行大国主义，把苏联模式看作是社会主义的唯一标准，要求其他国家予以遵循。早在 1948 年上半年，苏联与南斯拉夫之间爆发了一场严重冲突。在这场冲突中，南共因不遵循苏联模式、不愿被苏联控制而被开除出了情报局。以铁托为首的南斯拉夫共产党试图摆脱苏联模式的束缚，独立探索适合本国国情的社会主义建设道路，但苏共谴责南共犯了民族主义和修正主义错误，不仅在苏联境内发起了声势浩大的批判南斯拉夫、批判铁托的运动，而且还授意情报局指挥东欧各国执政的共产党开展反“铁托分子”的斗争，导致苏南关系恶化。受此影响，其他社会主义国家在社会主义建设过程中基本上都搬用苏联模式。如在波兰，1948 年 12 月，波兰统一工人党第一次代表大会通过了发展国民经济的“六年计划”（1950—1955），开始了以发展重工业为中心的社会主义工业化建设和社会主义改造。这个“六年计划”就是以苏联实践和经验为蓝本，坚持以重工业、轻工业、农业的顺序安排国民经济发展的方针，这是苏联模式在波兰的再现。① 其他社会主义国家的情况也基本相同。

但就苏联模式自身来看，随着苏联国民经济转入正常发展的轨道，其局限性也逐步显现出来，主要表现为：一是农业发展状况令人堪忧。

① 邢和明：《中共眼里的苏联模式》，福建人民出版社 2006 年版，第 136 页。

"到1950年，全国一半以上的集体农庄，庄员每日所得粮食报酬不足1公斤。"① "从1948年起发生农民大规模逃往城市的现象，且大多是青壮年，集体农庄人数从1947年的6600万减少到1950年的6200万。"② 二是工业发展也出现了较多的问题。国家推行重工业优先发展战略，虽然极大地推动工业化发展，但其内部也逐步暴露出较多的问题。一方面重工业与轻工业比例失衡，造成日用消费品匮乏；另一方面生产效益较差。由于高度集中的指令性计划管理体制，企业被管得过死，没有经营积极性，同时造成科学技术成果的转化应用十分缓慢，因而出现劳动生产率降低趋势。正因为如此，人民群众要求变革的呼声很高，并且党内要求变革的声音也不断出现。如"当时主管农业工作的苏共中央政治局委员、全苏集体农庄事务委员会主席安德烈就积极支持包产到组的改革。1947年9月，他在《真理报》上撰文，指出个体、小组或个别庄员为劳动组织形式的积极作用"③。

从其他社会主义国家来看，经过一段社会主义建设实践以后，从20世纪50年代初开始，也相继对原有体制开始进行改革。南斯拉夫是社会主义改革的先行者。1950年6月，南斯拉夫正式颁布《关于劳动集体管理国营经济企业和更高级的联合组织基本法》，之后，南斯拉夫所有国营企业开始实行工人自治。1951年又通过了《国民经济计划管理法》，把集中的国家计划改成"社会计划"，社会主义改革在南斯拉夫也由此逐步推广。在波兰，哥穆尔卡担任波兰共产党中央第一书记后，也主张走独立自主的社会主义道路，进行政治经济改革。政治上，肯定宪法赋予议会的权利和地位，扩大社会团体的民主权利。经济上，削减国家的指令性指标，从几十项减到八项；扩大企业自主权，设工厂基金用于奖励和福利，成立工人委员会参与企业管理；撤销部属管理局，设联合公司作为经济核算单位；国家投资改为银行贷款；以赢利指标考查企业效益。

（二）世界社会主义运动对中国共产党人的启示

世界社会主义运动的历史，为中国社会主义建设提供了许多有益的经验与启示，包括各国无产阶级政党应依据本国实际情况，独立自主探索社

① 陈新明：《苏联演变与社会主义改革》，中共中央党校出版社2002年版，第220页。
② 陈新明：《苏联演变与社会主义改革》，中共中央党校出版社2002年版，第220页。
③ 陈新明：《苏联演变与社会主义改革》，中共中央党校出版社2002年版，第224—225页。

会主义建设道路；社会主义经济建设应遵循经济建设规律；在政治上应大力发展党内民主和社会主义民主，等等。把中国引向社会主义是中国共产党人自建党之日起就确立的奋斗目标，新中国成立后，在向社会主义过渡的过程中，中国共产党人也曾依据具体国情对过渡时期的政治、经济建设进行过独立思考。如在发展社会主义民主方面，在新中国成立后就将民主集中制原则运用于国家政治制度建设之中。1954 年第一届全国人民代表大会通过的宪法草案第二条规定："中华人民共和国的一切权力属于人民。人民行使权力的机关是全国人民代表大会和地方各级人民代表大会。"[①] 刘少奇在《关于中华人民共和国宪法草案的报告》中明确指出："我们的国家行政机关，从国务院到地方各级人民委员会，都由全国人民代表大会和地方各级人民代表大会这样的国家权力机关产生，受它们的监督，并可以由它们罢免。所以，我们的国家行政机关决不能脱离人民代表大会或者违背人民代表大会的意志而进行活动。"[②] 在经济建设方面，中国人民政治协商会议于 1949 年 9 月通过的《共同纲领》第二十六条规定："中华人民共和国经济建设的根本方针，是以公私兼顾、劳资两利、城乡互助、内外交流的政策，达到发展生产、繁荣经济之目的。"[③]

但总的看，在如何搞社会主义的问题上，刚刚执政的中国共产党人还是要向苏联学习。1949 年 6 月，毛泽东在《论人民民主专政》一文中指出，苏联"已经建设起来了一个伟大的光辉灿烂的社会主义国家。苏联共产党就是我们的最好的先生，我们必须向他们学习"[④]。1950 年 2 月 17 日，访苏中的毛泽东在莫斯科火车站发表演讲时再次指出："苏联经济文化及其他各项重要的建设经验，将成为新中国建设的榜样。"[⑤] 之后，在向社会主义过渡的实践中，毛泽东多次强调了这一思想。1953 年 2 月 7 日，毛泽东在全国政协一届四次会议上再次指出向苏联学习经验的重要性，强调要把苏联"所有的长处都学来，不但学习马克思列宁主义的理论，而且学习他们先进的科学技术，一切我们用得着的，统统应该虚心地学习"[⑥]。

① 《建国以来重要文献选编》第 5 册，中央文献出版社 1993 年版，第 522 页。
② 《建国以来重要文献选编》第 5 册，中央文献出版社 1993 年版，第 489 页。
③ 《中共中央关于修改宪法部分内容的建议》，中国法制出版社 2004 年版，第 116 页。
④ 《毛泽东选集》第 4 卷，人民出版社 1991 年版，第 1481 页。
⑤ 《建国以来毛泽东文稿》第 1 册，中央文献出版社 1987 年版，第 266 页。
⑥ 《毛泽东文集》第 6 卷，人民出版社 1999 年版，第 264 页。

1956 年苏共二十大是斯大林去世之后苏共召开的第一次党的代表大会，在苏共二十大上，赫鲁晓夫不仅作了《苏共中央向党的二十次代表大会的总结报告》，而且在大会最后召开的一次内部会议上作了《关于个人崇拜及其后果》的报告。由于这个报告没有公开，因此也被称为《秘密报告》。前一个报告主要是围绕着不同社会制度国家之间的和平共处展开的，后一个报告则是围绕着斯大林问题展开的。赫鲁晓夫的"秘密报告"主要讲了两个问题：一是个人崇拜的严重危害是破坏革命法制；二是产生个人崇拜的根源是斯大林的个人品质不良。"秘密报告"的冲击波是巨大的，它揭开了斯大林问题的盖子，促进了思想的解放。它从产生之时就在苏共领导上层引起激烈争论，随后公之于众又在整个国际共产主义运动内部产生了巨大分歧。

1956 年 3 月 17 日，毛泽东在中南海主持召开了中央书记处扩大会议和中央政治局扩大会议，毛泽东指出："赫鲁晓夫的秘密报告值得认真研究……现在看来，至少可以指出两点：一是他揭了盖子，一是他捅了娄子。"① "说他揭了盖子，就是讲，他的秘密报告表明，苏联、苏共、斯大林并不是一切都是正确的，这就破除了迷信。"② "说他捅了娄子，就是讲，他作的这个秘密报告，无论在内容上或方法上，都有严重错误。"③ 之后，毛泽东明确指出："不要再硬搬苏联的一切了，应该用自己的头脑思索了。应该把马列主义的基本原理同中国革命和建设的具体实际结合起来，探索在我们国家里建设社会主义的道路了。"④ 根据毛泽东的意见，1956 年 4 月 5 日，《人民日报》发表了《关于无产阶级专政的历史经验》一文。文章明确指出："必须从苏联共产党反对个人崇拜的斗争中吸取教训，继续展开反对教条主义的斗争。"⑤ 并指出："教条主义只是思想懒汉才会加以欣赏的东西，它对于革命，对于人民，对于马克思列宁主义，都是有百害

---

① 吴冷西：《忆毛主席：我亲身经历的若干重大历史事件片断》，新华出版社 1995 年版，第 4 页。

② 吴冷西：《忆毛主席：我亲身经历的若干重大历史事件片断》，新华出版社 1995 年版，第 4 页。

③ 吴冷西：《忆毛主席：我亲身经历的若干重大历史事件片断》，新华出版社 1995 年版，第 4—5 页。

④ 吴冷西：《忆毛主席：我亲身经历的若干重大历史事件片断》，新华出版社 1995 年版，第 6—7 页。

⑤《建国以来重要文献选编》第 8 册，中央文献出版社 1994 年版，第 234 页。

而无一利的。”[①] 这一时期，针对苏联模式暴露出来的问题，以毛泽东同志为主要代表的中国共产党人结合中国社会主义建设的具体实际，开始进行独立思考与探索。应该说这是非常难能可贵的建设中国特色社会主义的一大经验和启示。

二　中国特色新民主主义革命的历史经验和启示

中国共产党从建党伊始即以马克思主义为自己的指导思想，其所要担负的历史使命不仅包括反帝反封建反官僚资本主义，更要担负起建立社会主义制度、实现共产主义的伟大历史使命。对此，中共一大通过党的第一个纲领明确规定：“我党采取苏维埃的形式”[②]，并确立了党的奋斗目标。在之后革命道路的探索过程中，以毛泽东同志为主要代表的中国共产党人将马克思主义基本理论与中国实际相结合，发表了《中国社会各阶级分析》《湖南农民运动考察报告》《反对本本主义》等文章，尤其在井冈山革命根据地时期所写的《中国红色政权为什么能够存在?》《井冈山的斗争》《星星之火可以燎原》等文章，较为系统地阐述了农村包围城市、武装夺取政权的革命道路，并形成了新民主主义革命理论。正是在这一理论的指导下，经过28年的艰苦奋斗，最终取得新民主主义革命的胜利，实现了国家的独立和民族的解放。新民主主义革命期间，中国共产党不仅进行了局部执政，同时也在理论上进行了积极创新。这些历史和经验对于后来进一步探索中国特色社会主义建设并创立理论体系，其意义和价值也不可低估。

（一）正确认识国情是认识和解决一切问题的基本根据

所谓国情，简言之是一个国家的基本情况，通常是指一个国家的政治、经济、文化、社会、自然和历史等诸方面的基本情况和主要特点。国情认识不清、把握不准，路线方针政策就会脱离实际、发生偏差，实践就可能走弯路，产生重大挫折和失败。显然，无论是新民主主义革命，还是社会主义建设，都需要准确认识、正确把握国情。正如毛泽东所指出的：“认清中国的国情，乃是认清一切革命问题的基本的根据。”[③] 他还强调：

---

① 《建国以来重要文献选编》第8册，中央文献出版社1994年版，第236页。

② 《中国共产党历次党章汇编（1921—2002）》，中国方正出版社2006年版，第46页。

③ 《毛泽东选集》第2卷，人民出版社1991年版，第633页。

“现时中国的国情。作为统治的东西来说，这种社会的政治是殖民地、半殖民地、半封建的政治，其经济是殖民地、半殖民地、半封建的经济，而为这种政治和经济之反映的占统治地位的文化，则是殖民地、半殖民地、半封建的文化。”① 正是在对中国国情的把握上，以毛泽东同志为主要代表的中国共产党人正确分析了中国社会的性质，分析了近代中国社会的主要矛盾和革命的主要任务，尤其是分析了农民在革命中的主力军作用。为了准确认识中国国情，毛泽东非常注重深入群众进行调查研究。特别是1927年毛泽东赴湖南湘潭、湘乡、衡山、醴陵、长沙五县作了32天的实地调查，发表了《湖南农民运动考察报告》一文，热情歌颂农民运动好得很，并提出放手发动农民群众，建立农民武装，推翻地主统治，建立农民政权，解决土地问题的正确主张。1941年，毛泽东在《〈农村调查〉的序言和跋》中更为明确地指出：“要了解情况，唯一的方法是向社会作调查，调查社会各阶级的生动情况。对于担负指导工作的人来说，有计划地抓住几个城市、几个乡村，用马克思主义的基本观点，即阶级分析的方法，作几次周密的调查，乃是了解情况的最基本的方法。”② 可以说，没有对国情的把握，就不可能形成正确的理论，也就不可能找到正确的革命道路。同样，这一思想认识和实践经验也为新中国成立之后中国共产党人探索社会主义改造和社会主义建设道路奠定了思想基础。正如邓小平在后来所总结的：“过去搞民主革命，要适合中国情况，走毛泽东同志开辟的农村包围城市的道路。现在搞建设，也要适合中国情况，走出一条中国式的现代化道路。”③ 那么，中国搞社会主义建设所面临的具体情况是怎样的呢？几代共产党人持续不断探索的结果就是创立了社会主义初级阶段理论，为中国特色社会主义建设提供了充分的理论依据。

（二）为人民谋利益是中国共产党人的价值取向

中国共产党自成立起就明确提出以最广大人民的根本利益为最高标准。从价值追求来看，中国特色社会主义理论体系的最高追求就是要让人民过上富裕幸福的生活，促进人的自由而全面发展。马克思、恩格斯在指导无产阶级革命实践中曾指出：“革命以人民群众的名义，并且是公开为

① 《毛泽东选集》第2卷，人民出版社1991年版，第665页。

② 《毛泽东选集》第3卷，人民出版社1991年版，第789页。

③ 《邓小平文选》第2卷，人民出版社1994年版，第163页。

着人民群众即生产者群众的利益而进行这一点。”① 在《共产党宣言》中马克思、恩格斯强调为实现“自由人联合体”而奋斗。在那里，“每个人的自由发展是一切人的自由发展的条件”②。同样，中国共产党领导新民主主义革命奋斗的目标就是为最广大人民群众谋利益。因此，中国共产党成立之初就深入到群众中去，立足于群众的实践，宣传党的政策主张，组织、教育和引导群众，努力想群众所想，思群众所思，急群众所急。毛泽东曾指出：“真正的铜墙铁壁是什么？是群众，是千百万真心实意地拥护革命的群众。这是真正的铜墙铁壁，什么力量也打不破的，完全打不破的。”③ 为此，他强调：“要得到群众的拥护吗？要群众拿出他们的全力放到战线上去吗？那末，就得和群众在一起，就得去发动群众的积极性，就得关心群众的痛痒，就得真心实意地为群众谋利益，解决群众的生产和生活的问题，盐的问题，米的问题，房子的问题，衣的问题，生小孩子的问题，解决群众的一切问题。”④ 在实践中，中国共产党人在新民主主义革命时期采取的一系列措施，如解决农民土地问题，减租减息、帮助农民发展生产等，都是着眼于维护群众的利益，也由此得到了广大人民群众的认同。在此基础上，党的七大党章在总纲中更明确指出：“中国共产党人必须具有全心全意为中国人民服务的精神，必须与工人群众、农民群众及其他革命人民建立广泛的联系。”“每一个党员都必须用心倾听人民群众的呼声和了解他们的迫切需要，并帮助他们组织起来，为实现他们的需要而斗争。”⑤ 新中国成立以来，中国共产党人更加注重维护群众利益，如毛泽东就要求党的各级领导干部“必须重视人民的通信，要给人民来信以恰当的处理，满足群众的正当要求，要把这件事看成是共产党和人民政府加强和人民联系的一种方法”⑥。

总的看，中国共产党人在新民主主义革命时期所形成的思想认识和实践经验不仅被继续沿用到社会主义建设过程之中，成为中国特色社会主义建立的思想基础和精神动力，而且也成为社会主义建设过程中奉行的价值

① 《马克思恩格斯选集》第3卷，人民出版社1995年版，第106页。
② 《马克思恩格斯选集》第1卷，人民出版社1995年版，第294页。
③ 《毛泽东选集》第1卷，人民出版社1991年版，第139页。
④ 《毛泽东选集》第1卷，人民出版社1991年版，第138—139页。
⑤ 《中国共产党历次党章汇编（1921—2002）》，中国方正出版社2006年版，第97—98页。
⑥ 《毛泽东文集》第6卷，人民出版社1996年版，第164页。

取向和重要的实践准则。对此，邓小平在 1980 年 4 月接见外宾时就强调，“空讲社会主义不行，人民不相信”[①]。他还指出：“社会主义的目的就是要全国人民共同富裕，不是两极分化。如果我们的政策导致两极分化，我们就失败了。”[②] 在此基础上，他在 1992 年南方谈话中高度概括了社会主义本质，指出：“社会主义的本质，是解放生产力，发展生产力，消灭剥削，消除两极分化，最终达到共同富裕。”[③] 江泽民在庆祝中国共产党成立八十周年大会上的讲话中，也强调：“八十年的实践启示我们，必须始终紧紧依靠人民群众，诚心诚意为人民谋利益。”[④] 党的十六大以后，以胡锦涛同志为主要代表的中国共产党人更是强调以“以人为本”统领社会主义各方面的建设，把科学发展观贯彻到社会生活的各个方面。党的十八大以后，中国特色社会主义进入新时代，以习近平同志为核心的党中央进一步提出必须坚持以人民为中心的发展思想。总之，中国共产党在社会主义建设中所奉行的这种价值准则既是基于党的性质和社会主义自身的要求，也始终贯穿于中国共产党进行革命和社会主义建设的实践之中。

（三）不断推进马克思主义中国化是党的事业永葆生机的根本经验

在我国，党和国家的性质决定无论是新民主主义革命还是社会主义国家建设都必须以马克思主义理论为指导。但是，由于马克思主义理论没有也不可能为中国革命和社会主义建设提供现成的答案，这就要求我们必须注重将马克思主义基本原理和中国社会实际加以结合，不断推进马克思主义中国化。这一点中国共产党早期的一些优秀领导人是有充分认识的，早在“五四”时期，李大钊在与胡适论争时就曾指出：“大凡一个主义，都有理想与实用两面。例如民主主义的理想，不论在哪一国，大致都很相同。把这个理想适用到实际的政治上去，那就因时、因所、因事的性质情形，有些不同。社会主义，亦复如是。”“一个社会主义者，为使他的主义在世界上发生一些影响，必须要研究怎么可以把他的理想尽量应用于环绕他的实境。”[⑤]

当然，从历史发展来看，马克思主义中国化的历程也是一个曲折探

① 《邓小平文选》第 2 卷，人民出版社 1994 年版，第 314 页。
② 《邓小平文选》第 3 卷，人民出版社 1993 年版，第 110—111 页。
③ 《邓小平文选》第 3 卷，人民出版社 1993 年版，第 373 页。
④ 江泽民：《论“三个代表”》，中央文献出版社 2001 年版，第 151 页。
⑤ 《李大钊文集》（下），人民出版社 1984 年版，第 34 页。

索的过程。中国共产党成立之初，由于党对这一认识还不深刻，同样也由于对中国国情没有深刻把握，犯了照搬照抄的教条主义和经验主义错误。特别是党内一度盛行把共产国际决议和苏联经验神圣化。如在土地革命时期，以王明为代表的“左”倾冒险主义没有从中国的实际情况出发，没有认识到革命的长期性和艰巨性，实行军事冒险主义，在党的任务上强调对中心城市的“进攻路线”；在阶级关系问题上犯了“关门主义”错误；在革命性质上混淆了民主革命与社会主义革命的界限。他们不顾中国国情和实际，不认真研究中国革命的实际经验，而把马克思列宁主义书本上的若干个别词句照搬到中国来当作教条，其结果不仅导致马克思主义理论的僵化，失去生机和活力，同时也给中国革命造成了巨大损失。

在这一过程中，以毛泽东为代表的部分共产党人较早注意到要深入研究中国国情，反对照搬照抄，僵化运用马克思主义理论。1930 年，他在《反对本本主义》中指出：“不根据实际情况进行讨论和审察，一味盲目执行，这种单纯建立在‘上级’观念上的形式主义的态度是很不对的。”① 之后，毛泽东多次强调推进马克思主义中国化的重要性。他在创建党领导的第一个农村革命根据地时，坚持从实际出发，注重调查研究，从理论上探讨中国革命的道路。这集中体现在他所写的《中国的红色政权为什么能够存在?》《井冈山的斗争》《星星之火，可以燎原》等文章中。抗日战争时期，毛泽东进一步丰富和发展了中国化的马克思主义理论，并撰写了《中国革命战争的战略问题》《矛盾论》《实践论》《论持久战》《改造我们的学习》《在延安文艺座谈会上的讲话》《论联合政府》等文章。1942 年毛泽东在《整顿党的作风》中指出：“如果我们身为中国共产党员，却对于中国问题熟视无睹，只能记诵马克思主义书本上的个别的结论和个别的原理，那末，我们在理论战线上的成绩就未免太坏了。”② 为此，他号召党内同志要“用马克思列宁主义的立场、观点和方法，认真地研究中国的历史，研究中国的经济、政治、军事和文化，对每一问题要根据详细的材料加以具体的分析，然后引出理论性的结论来”③。

---

① 《毛泽东选集》第 1 卷，人民出版社 1991 年版，第 111 页。
② 《毛泽东选集》第 3 卷，人民出版社 1991 年版，第 814 页。
③ 《毛泽东选集》第 3 卷，人民出版社 1991 年版，第 814—815 页。

总之，在新民主主义革命的长期探索实践中，经历挫折和反思后，中国共产党人形成了对马克思主义中国化的自觉认识，同时也实现了马克思主义在中国的第一次飞跃，产生了马克思主义中国化的第一大理论成果——毛泽东思想。它不仅为新民主主义革命胜利提供了理论指导，而且也为执政后的中国共产党进行中国特色社会主义建设提供了思想和理论基础。这不仅由于实事求是是毛泽东思想的精髓，而且中国特色社会主义建设也需要毛泽东思想作为指导。从实践看，1956年之后，以毛泽东同志为主要代表的中国共产党人对马克思主义中国化的认识是明确的。在《论十大关系》中，他就明确指出："我们的理论，是马克思列宁主义的普遍真理同中国革命的具体实践相结合。"[①] 在同年发表的《要团结一切可以团结的力量》中，毛泽东再次指出："各国应根据自己国家的特点决定方针、政策，把马克思主义同本国特点结合起来。"[②] 之后，他还强调："马克思主义的普遍真理一定要同中国革命的具体实践相结合，如果不结合，那就不行。这就是说，理论与实践要统一。理论与实践的统一，是马克思主义的一个最基本的原则。"[③] 十一届三中全会之后，中国共产党人在社会主义建设过程中也都多次强调这一思想，如邓小平就指出："实事求是，是无产阶级世界观的基础，是马克思主义的思想基础。过去我们搞革命所取得的一切胜利，是靠实事求是；现在我们要实现四个现代化，同样要靠实事求是。"[④] 江泽民也指出："马克思主义不是教条，只有正确运用于实践并在实践中不断发展才具有强大的生命力。"[⑤] 胡锦涛更是强调："马克思主义只有与本国国情相结合、与时代发展同进步、与人民群众共命运，才能焕发出强大的生命力、创造力、感召力。"[⑥] 党的十八大报告同样强调："全党一定要勇于实践、勇于变革、勇于创新，把握时代发展要求，顺应人民共同愿望，不懈探索和把握中国特色社会主义规律。"[⑦] 从实践看，中

---

① 《毛泽东文集》第7卷，人民出版社1999年版，第42页。

② 《毛泽东文集》第7卷，人民出版社1999年版，第64页。

③ 《毛泽东文集》第7卷，人民出版社1999年版，第90页。

④ 《邓小平文选》第2卷，人民出版社1994年版，第143页。

⑤ 江泽民：《论"三个代表"》，中央文献出版社2001年版，第150—151页。

⑥ 《十一届三中全会以来历次党代会、中央全会报告公报决议决定》（下），中国方正出版社2008年版，第912页。

⑦ 胡锦涛：《坚定不移沿着中国特色社会主义道路前进，为全面建成小康社会而奋斗——在中国共产党第十八次全国代表大会上的报告》，人民出版社2012年版，第9页。

国特色社会主义之所以在实践中不断丰富和发展，一个很重要的原因就是党始终坚持推进马克思主义中国化，而这一思想认识和理论建设的自觉在新民主主义革命时期就已形成。

（四）局部执政时期的探索为全面领导社会主义建设积累了经验

中国特色社会主义理论体系的历史基础不仅包括中国共产党人在新民主主义革命时期形成的思想认识和理论自觉，同时也包括中国共产党人在局部执政时期的探索与实践，因为这种探索和实践为中国特色社会主义建设提供了直接的经验积累。

第一，在经济建设方面的经验积累。随着井冈山革命根据地的开辟和创建，党领导的经济工作也逐步开展起来。对此，毛泽东在1933年的《必须注意经济工作》中指出："革命战争的激烈发展，要求我们动员群众，立即开展经济战线上的运动，进行各项必要和可能的经济建设事业。"① 他把经济工作和群众生产生活提到革命政治工作的高度加以强调："盐很贵，有时买不到。谷子秋冬便宜，春夏又贵得厉害。这些情形，立即影响到工农的生活，使工农生活不能改良。这不是要影响到工农联盟这一个基本路线吗？"② 对根据地来说，发展经济首先要发展农业。1934年，毛泽东在《我们的经济政策》中指出："在目前的条件之下，农业生产是我们经济建设工作的第一位，它不但需要解决最重要的粮食问题，而且需要解决衣服、砂糖、纸张等项日常用品的原料即棉、麻、蔗、竹等的供给问题。"③ 对于根据地的经济发展来说，工商业也是非常重要的。除了发展农业之外，在发展农业生产的同时，中国共产党人也非常重视工商贸易。为了发展工商业，1933年春，"中央苏区正式成立了对外贸易总局。首任外贸局长是钱之光，副局长江亚民（后刘秉奎）。"④ 党在苏区首抓农业，兼及工商贸及各类合作社的发展，这些工作有效地巩固了红色政权，同时也有效地改善了群众的生活。

在延安时期，中国共产党人也对经济建设进行了探索和实践。这一时期的主要实践包括：一是开展自己动手、丰衣足食的大生产运动。1941年3月，中共中央令八路军第三五九旅开赴荒无人烟的南泥湾，使

① 《毛泽东选集》第1卷，人民出版社1991年版，第119页。
② 《毛泽东选集》第1卷，人民出版社1991年版，第120页。
③ 《毛泽东选集》第1卷，人民出版社1991年版，第131页。
④ 余伯流：《中央苏区经济史》，江西人民出版社1995年版，第252页。

南泥湾变成了“陕北的好江南”。在陕甘宁边区的大生产运动中，毛泽东发出“自己动手，丰衣足食”、“自力更生”、“自给自足”的号召，战士和干部，一手拿枪，一手拿锄，建立和发展了以自给为目标的农业、工业和商业等经济事业。二是组织劳动互助合作。为了发展生产，中国共产党在革命根据地成立了各种各样的劳动组织，“在第二次国内革命战争时期，中央革命根据地就比较普遍地组织了合作社。据1934年1月统计，闽浙赣三省加入合作社的人数达全省人口的50%以上，其中有相当大的一部分是农业生产合作社”①。在抗日战争时期，中国共产党成立了妇女生产组、劳动互助合作社等合作组织。在发展合作社方面，毛泽东强调要坚持自愿、互利民主的原则。他认为：“如果不是采取强迫命令、欲速不达的方针，而是采取耐心说服、典型示范的方针，那么，几年之内，就可能使大多数农民都组织在农业生产的和手工业生产的互助团体里面。”② 对于合作社的作用，毛泽东指出：“这种生产团体，一经成为习惯，不但生产量大增，各种创造都出来了，政治也会进步，文化也会提高，卫生也会讲究，流氓也会改造，风俗也会改变；不要很久，生产工具也会有所改良。到了那时，我们的农村社会，就会一步一步地建立在新的基础的上面了。”③ “据陕甘宁边区的延文县吴家枣园村、安塞县马家沟村、华池县城壕村的调查，实行劳动互助前后，1943年比1942年粮食产量分别增长81%、86%、60%。”④ 三是发展民族工商业。这一时期为了发展生产，满足自身的需要，中国共产党人也非常重视工商业的发展。以陕甘宁边区为例，“1938年以前，陕北的公营工厂，全部职工不过270人。1938年，边区政府开始注意公营工业的建设，建立了难民纺织厂、造纸厂、被服厂、农具厂、八路军制药厂等。产品可满足部分需要”⑤。“1944年，由于轰轰烈烈的大生产运动的推动，陕甘宁边区已拥有纺织、石油、印刷、制药、煤矿及军工等13个行业，101家公营工厂，职工7154人，比1937年发展了20倍左右。具体包括：纺织

① 赵玉林：《经济学词典》，中国经济出版社1990年版，第733页。

② 《毛泽东选集》第3卷，人民出版社1991年版，第1017页。

③ 《毛泽东选集》第3卷，人民出版社1991年版，第1017页。

④ 董志凯、毛立言：《延安时期毛泽东经济思想》，陕西人民教育出版社1993年版，第93页。

⑤ 王相钦：《中国民族工商业发展史》，河北人民出版社1997年版，第659页。

厂21家，职工2175人；被服厂17家，职工795人；造纸厂11家，职工397人；印刷厂4家，职工297人；木工厂10家，职工290人；化工厂9家，职工594人；石油厂1家，职工126人；煤矿及炼铁厂11家，职工1360人；机械和军火工厂10家，职工973人；纸烟厂7家，职工150人。”①

第二，在民主政治建设方面的经验积累。中国共产党在苏区执政过程中就非常注重民主政治建设。毛泽东指出：“人民共和国是代表反帝国主义反封建势力的各阶层人民的利益的。”② 为了推进根据地民主政治建设，中华苏维埃共和国就实行各级工农兵代表大会制度，通过吸收工农群众参加并管理自己的政权，保证人民的民主权利。在延安时期，中国共产党人对民主政治建设也进行了探索。在陕甘宁边区政府成立时，毛泽东就明确指出：“特区政府在中央的领导下，首先在西北广大地区，实行抗战和普选的民主政治，作全国民主政治之先导。”③ 在实践中，中共中央从1940年开始在各抗日民主根据地实行“三三制”政策。“三三制”是中国共产党人根据当时的实际所开创的政权组织形式。“中国共产党在根据地实行‘三三制’，其实质在于建立一个包容性更强、代表性更加广泛的政权，以适应抗日民族统一战线的需要。另外一个方面也是为了约束自己、防止包办代替的一个有力措施。”④

第三，在文化建设方面的经验积累。新民主主义革命时期，中国共产党人高度重视文化建设。1931年11月，中华苏维埃共和国中央临时政府在江西瑞金成立，中央苏区的文化教育工作逐步走向正规。为了加强对苏区文化教育建设的全面领导，中央临时政府设立了人民委员会教育部。1934年1月，毛泽东在《中华苏维埃共和国中央执行委员会与人民委员会对第二次全国苏维埃代表大会的报告》中曾明确提出要创造新的文化。他说：“为着创造革命的新时代，苏维埃必须实行文化教育的改革。解除反动统治阶级所加在工农群众精神上的桎梏，而创造新的工农的苏维埃文化。”⑤ 他还提出发展文化教育的总方针是：“以共产主义的精神来教育广

① 王相钦：《中国民族工商业发展史》，河北人民出版社1997年版，第660页。
② 《毛泽东选集》第1卷，人民出版社1991年版，第159页。
③ 《中共中央文件选集》第11册，中共中央党校出版社1991年版，第392页。
④ 林良旗：《民主的力量中国共产党如何走向未来》，五洲传播出版社2012年版，第29页。
⑤ 《毛泽东著作专题摘录》，人民出版社1964年版，第659页。

大的劳苦民众、在于使文化教育为革命战争与阶级斗争服务，在于使教育与劳动联系起来，在于使广大中国民众都成为享受文明幸福的人。”[①] 在抗日战争期间，“中国共产党在提出建立抗日民族统一战线的同时，提出了抗战教育方针。其总的精神是：文化教育应为全面、持久的抗日战争服务，培养大批的抗日干部，提高人民的民族文化与民族觉悟，以民族精神教育新的后代”[②]。后来将新民主主义文化教育方针概括为民族、科学、大众的文化。

很显然，新民主主义革命时期中国共产党在各根据地领导人民所进行的经济、政治、文化等建设工作是卓有成效的，其在夺取中国革命胜利的伟大斗争中无疑发挥了十分重要的保证和促进作用，同时，这些工作的开展也锻炼培养了大批干部，为党在革命胜利后领导全国范围的社会主义建设工作积累了经验。

三　中国特色社会主义改造的历史经验和启示

1949 年新中国成立之后，我国实现了国家独立和民族解放，之后经过社会主义改造，在我国建立了社会主义制度，从而实现了从新民主主义社会到社会主义社会的伟大转变。在这一过程中，以毛泽东同志为主要代表的中国共产党人提出了一系列关于社会主义改造的理论原则，积累了许多宝贵的经验。对此，1980 年 5 月 5 日，邓小平在会见几内亚总统杜尔时指出：“在搞社会主义方面，毛泽东主席的最大功劳是将马克思列宁主义的普遍真理同中国革命的具体实践结合起来。我们最成功的是社会主义改造。”[③] 这一伟大实践对于党领导人民进一步探索中国特色社会主义建设道路也提供了丰富的经验和启示，从而构成了中国特色社会主义理论体系的历史基础。

（一）努力探索有中国特色的社会主义改造道路

新中国成立之前，社会主义转变理论对新民主主义革命胜利后必然转向社会主义的方向给出了明确意见。但是，关于新民主主义社会何时向社会主义社会转变、怎样向社会主义社会转变等问题，则是这一时期以毛泽

① 《毛泽东著作专题摘录》，人民出版社 1964 年版，第 665 页。

② 王炳照等：《简明中国教育史》，北京师范大学出版社 1985 年版，第 346 页。

③ 《邓小平文选》第 2 卷，人民出版社 1994 年版，第 313 页。

东同志为主要代表的中国共产党人必须加以思考和探索的课题。在这一时期，以毛泽东同志为主要代表的中国共产党人从中国的实际情况出发，创造性地运用马克思列宁主义关于过渡时期的理论和学说，并依据中国的国情，开创了一条有中国特色的社会主义改造道路。

首先，在过渡步骤上，新中国成立前后党内高层领导人最初的设想实际上是“先后战略”，即“在革命胜利后先建设新民主主义，在实现了由农业国到工业国的转变后，再一举完成由新民主主义到社会主义的转变”①。但是，经过三年国民经济恢复和发展，中国共产党人对社会主义转变时期的形势有了新的认识：一是要改变贫穷落后状况，必须通过社会主义工业化来迅速提高生产力；二是对列宁关于过渡时期理论在中国的运用也逐渐有了新的认识，意识到国民经济恢复过程中的许多措施本身就带有社会主义革命的性质；三是小农经济的存在会产生农村资本主义，而资本主义的发展不仅对将来走向社会主义不利，而且还将危及社会主义制度的巩固。根据党对社会主义过渡时期的认识上的变化，1953 年，中共中央根据毛泽东的建议，及时提出了过渡时期总路线。这条被称为“一化三改”的总路线，把社会主义工业化和社会主义改造紧密地结合起来，体现了社会主义工业化和社会主义改造同时并举的思想。“‘同时并举’也正是过渡时期总路线的最突出特点。”②

其次，在过渡方式上，同苏联“农业全盘集体化”相比，在对农业社会主义改造中，毛泽东领导我们党从中国农业、农村和农民的实际出发，充分利用民主革命胜利后所获得的政治条件和物质基础，一方面要提倡组织起来，按照自愿互利的原则，发展互助合作的积极性，逐步引导农民走上了互助合作的道路。另一方面创造了从临时互助组、常年互助组，发展到半社会主义性质的初级社，再发展到社会主义性质的高级社的一系列逐步过渡形式。对此，毛泽东在 1953 年的《青年团的工作要照顾青年的特点》一文中就明确指出：“中国农业现在大部分是个体经济，要有步骤地进行社会主义改造。发展农业互助合作运动，要坚持自愿原则。不去发展，就会走资本主义道路，这是右倾。搞猛了也不行，

① 刘德军：《中华人民共和国史述评》（理论卷），济南出版社 2010 年版，第 7 页。

② 田克勤：《马克思主义中国化的理论轨迹》，中共党史出版社 2006 年版，第 131 页。

那是'左'倾。要有准备有步骤地进行。"[①] 农业社会主义改造，是5亿多农村人口的大规模的社会主义革命运动，是一场深刻的社会变革。从实践看，整个改造进程大体上经历了三个阶段：第一阶段，从新中国成立到1953年底以发展互助组为中心，同时试办初级社。第二阶段，从1954年到1955年下半年大办初级社阶段。第三阶段，1955年下半年到1956年底是合作化运动高潮阶段。到1956年底，入社农户已达1.17亿户，占全国农户的96.3%，其中加入高级社的农户占全国农户总数的87.8%，基本上实现了农业合作化。与此同时，"到1956年底，全国手工业生产合作社（组）发展到10万多个，入社的手工业人员占全体手工业人员的91.7%"[②]。

在对资本主义工商业进行社会主义改造的政策上，以毛泽东同志为主要代表的中国共产党人根据中国的实际情况，创造性地制定和平赎买政策，这一政策一方面促进整个国民经济的恢复和发展；同时也避免了可能出现的经济失序，同时可以吸收资本家科学管理企业的经验，提高企业的管理水平。与此同时，以毛泽东同志为主要代表的中国共产党人还充分注意到将对企业的改造与对人的改造相结合，即在改变生产关系的同时，注重将剥削者改造为自食其力的劳动者，从而将制度建设与人的改造结合起来达到既消灭剥削阶级，又实现团结、教育、改造资产阶级的目的。

中国特色社会主义改造是马列主义基本原理同我国的具体实际相结合的又一伟大创造，从理论和实践的结合上解决了在中国这样一个占世界人口四分之一的东方大国建立社会主义制度的艰巨任务，以崭新的理论和实践极大地丰富和发展了马列主义关于社会主义革命的学说，继承和发展了马列主义关于过渡时期及革命转变的理论。对此，江泽民在毛泽东诞辰100周年纪念大会上的讲话中指出："根据中国特点，用国家资本主义的形式与和平赎买政策改造资本主义工商业，用逐步过渡的形式改造个体农业和个体手工业，在社会主义改造的过程中，使社会生产力继续得到发展，广大人民生活水平得到提高，这是中国共产党的独特创造。"[③]

---

① 《毛泽东文集》第6卷，人民出版社1999年版，第280页。

② 徐方治：《中国革命理论与实践》，广西师范大学出版社1993年版，第275页。

③ 江泽民：《在毛泽东同志诞辰一百周年纪念大会上的讲话》，《人民日报》1993年12月27日第1版。

（二）搞社会主义须从实际出发，不可急于求成

由新民主主义向社会主义的过渡，是牵涉亿万人民切身利益的一场深刻的社会变革。在过渡的时间问题上，最初毛泽东、刘少奇，乃至全党的认识都很一致，即不能过早地向社会主义过渡，要经过长时期的新民主主义建设。毛泽东认为，要逐步向社会主义过渡，太快或太慢都不好，逐步过渡的时间大约要有15年。刘少奇也说："为了实现这个总路线、总任务……需要相当长的时间……不可能太短，太短就要犯急性病。"① 1951年7月，刘少奇向高级党校一部分学员讲《中国共产党的历史任务》时指出，估计至少要10年，多则15年、20年。② 1953年12月，经毛泽东审改，中央审批转发到全党的总路线《宣传提纲》中非常明确地指出："从中华人民共和国成立，到社会主义改造基本完成，这是一个过渡时期。党在这个过渡时期的总路线和总任务，是要在一个相当长的时期内，逐步实现国家的社会主义工业化，并逐步实现国家对农业、对手工业和对资本主义工商业的社会主义改造。"③ 这个"相当长的时期"，在《宣传提纲》中讲明是三个五年计划，加上经济恢复的三年，共18年。

在实际工作中，尽管中共中央也反复强调"积极领导，稳步前进"的方针，但广大干部群众热情高涨，急于求成思想开始抬头。在农业合作化运动快速发展过程中，部分新社不顾本身基础，盲目向老社看齐。有的征收过多的公积金，有的看到老社有房子，就准备修理门窗、整理公共场所，造成社内开支过大，引起社员反对。有的地方干部工作方法简单生硬，甚至违反政策强迫群众入社。"据江苏省1954年10月了解，在建社工作中，强迫命令现象已经露头。宿迁、赣榆、东海、常熟、溧阳、金坛、涟水等县的部分区乡干部，为了单纯追求办社数字，违反群众自愿原则，对群众施以种种威胁，如说'不参加社土地要归公'，'统购就统他'，'不发救济狼'，'统销造在计划之外'，'到供销社买不到东西'。有的还提出十分错误的口号：'办合作社是宪法规定的，不参加合作社就是违反宪法'，'谁不参加合作社，就是资本主义思想，就是死路一条'。"④ 1955年12月，农业合作化运动出现了超高速发展。自12月3日至12月

① 《刘少奇选集》下卷，人民出版社1985年版，第119页。

② 刘德军：《中华人民共和国史述评》（理论卷），济南出版社2010年版，第10页。

③ 《中共党史学习文献选编》，哈尔滨工业大学出版社1985年版，第284页。

④ 叶杨兵：《中国农业合作化运动研究》，知识产权出版社2006年版，第324—325页。

30日，河北、山西、北京、黑龙江、安徽、辽宁、热河、上海、天津、吉林、青海等省市先后宣布基本上完成了半社会主义合作化。到12月底，全国农业生产合作社已经发展到190余万个，入社农户7500余万户，占全国总农户的63.3%，比11月底的41.4%猛增了21.9%。其中，入社农户占总农户90%以上的有辽宁、北京，入社农户占80%—89%的有山西、天津、安徽、河北、上海、黑龙江，入社农户占70%—79%的有河南、湖北、吉林、甘肃，入社农户占60%—69%的有山东、内蒙古、浙江、江西、福建，入社农户占50%—59%的有江苏、青海、四川，入社农户在49%以下的有湖南、广东、陕西、广西、贵州、新疆、云南。[①] 到1956年2月底，全国入社农户上升到87%。3月底，全国入社农户达到88.9%，四川、云南、湖南三省入社农户所占比例最低，但也达到70%—90%。至此，全国已基本上实现了初级农业合作化。[②] 全国在短暂的时间内基本上完成了农业的社会主义改造，一方面反映了农民中蕴藏着巨大的社会主义积极性；但另一方面也出现了一些脱离实际，要求过急、工作过粗、改变过快的缺点和问题。

随着农业合作化一马当先，手工业的社会主义改造也掀起高潮。到1956年2月底，占全国大中城市总数88%的148个大中城市和691个县的手工业，全部或基本实现了合作化。其中，高级形式的手工业生产合作社发展到7.4万余个，社员484万余人，占全部从业人员的73.6%。[③] 至此，手工业由个体经济向集体经济的转变基本完成。除了某些边远地区以外，全国已经基本上实现了手工业合作化。

与此同时，资本主义工商业的改造也进一步加快。1955年11月，中共中央召开关于资本主义工商业社会主义改造问题会议。会议通过《关于资本主义工商业改造问题的决议（草案）》，确定："我们现在已经有了充分有利的条件和完全的必要把对资本主义工商业的改造工作推进到一个新的阶段，即从原来在私营企业中所实行的由国家加工订货、为国家经销代销和个别地实行公私合营的阶段，推进到在一切重要的行业中分别在各地区实行全部或大部公私合营阶段，从原来主要的是国家资本主义的初级形

① 叶杨兵：《中国农业合作化运动研究》，知识产权出版社2006年版，第471页。
② 叶杨兵：《中国农业合作化运动研究》，知识产权出版社2006年版，第471—472页。
③ 庞松：《简明中华人民共和国史》，广东教育出版社2001年出版，第153页。

式推进到主要的是国家资本主义的高级形式。”“这是资本主义所有制过渡到完全的社会主义公有制的具有决定意义的重大步骤。”① 在此基础上，1956年2月，中央政治局对这个决议草案的修正案作了个别修改，追认为正式决议。会后，《人民日报》连续发表社论，论述实行全行业公私合营的必要性，强调工业方面个别合营的方式，商业方面只采用经销代销办法，显然已不能适应今天全面改造的要求。只有在统筹安排的基础上，结合全行业的生产改组和经济改组实行全行业的公私合营，才能把工业方面全行业的生产和经营完全纳入国家计划的轨道。应该说，由个别企业的公私合营发展到全行业公私合营，是国家对资本主义工商业采取利用、限制、改造政策的必然趋势，同时也是经济运行中计划性不断加强的必然结果。“1956年底，全国原有的8.8万余户私营工厂，有99%实现了所有制的改造。除少数企业转入地方国营工业以外，其余按行业合并组成3.3万多个公私合营企业。与1955年底以前历年公私合营的总数相比，猛增10倍之多。”②

我国是一个经济文化落后、幅员辽阔的大国，在几亿农民中进行对个体农业的社会主义改造，是一项伟大而艰巨的事业，是一项新的社会实践。尤其在中国这样一个大国废除生产资料私有制的社会变革中，尽管1955年夏季以后部分地区出现了过渡形式改变过快，要求过急等问题，但总的看来，大规模的社会主义改造基本上保证和促进了国民经济的稳定发展，并且得到了各阶层人民的普遍拥护，不但避免了生产关系急剧变革引起的对生产力的破坏，而且基本上保证了工农业生产的增长，改善了人民生活。邓小平在总结历史时一再指出：“我们的社会主义改造是搞得成功的，很了不起。这是毛泽东同志对马克思列宁主义的一个重大贡献。”③

（三）生产关系一定要与生产力水平相适应

在进行社会主义改造的同时，国民经济恢复任务也已基本完成，国家迅即转入大规模经济建设，这一时期，中国的计划经济体制逐步建立起来。第一，建立和健全计划部门和机构。为了有效组织国家经济发展，

① 《建国以来重要文献选编》第8册，中央文献出版社1994年版，第149页。

② 庞松：《简明中华人民共和国史》，广东教育出版社2001年出版，第150页。

③ 《邓小平文选》第2卷，人民出版社1994年版，第302页。

1952 年建立国家计划委员会。计委建立之初，主要任务是制定国民经济发展的年度计划和中长期计划，对各部委及地方的国民经济计划进行审查和检查执行情况的监督。1953 年底，中央人民政府第 19 次会议通过了《关于改变大行政区人民政府（军政委员会）机构与任务的决定》。在国民经济恢复时期的经济管理方面曾发挥了很大作用的大行政区机构撤销，加强了中央政府的权力。到 1954 年，逐步建立和充实了上至中央各部，下至县政府、基层企业的计划机构。第二，编制全国性综合年度经济计划。在计划管理方面，各经济部门于 1950 年以后开始试编部门计划，当时，中央关于计划工作的方针是：区别不同的经济成分，区别各个不同地区，区别主要部门与次要部门，区别主要产品与次要产品，抓紧重点，分别缓急，进行计划。1953 年，国家计委统一管理、直接下达计划指标的产品是 115 种，1956 年增加到 380 种，涵盖了工业生产的主要产品，其产值占到工业总产值的 80% 左右。[①] 第三，限制市场在资源配置中的作用。1949 年中华人民共和国成立前后，市场在经济资源配置中起着主要作用。但从 1950 年起，随着计划经济开始实行，市场经济逐渐萎缩。如“1950 年关闭证券市场，1950—1952 年金融业社会主义改造的完成，使金融市场萎缩。1953 年批判‘四大自由’，禁止土地买卖、自由雇工等，土地退出了流通领域”[②]。而对私营企业来说，随着加工、订货、统购、包销制度的实施，也逐步纳入国家计划轨道之中。

“计划经济从根本上说是一种社会资源在公有制的基础上，由国家统一管理和高度集中配置资源的方式。”[③] 由于计划是人们预先作出的，是一种使人们的认识并自觉适应经济发展需要而制定的一种规划，因而计划要落到实处，人们就必须从宏观整体的角度考虑问题。为此，计划者就必须要有高度的权限来下达计划、调节计划、实施计划，以保证计划的权威性。计划经济的计划中需要包括所有国民经济部门，国家要通过层级管理部门垂直管理经济，甚至要将这种管理直接延伸至企业，管理的内容也事无巨细，价格、工资、物资供应等都要囊括其中。其特点主要包括以下几

① 姚开建、陈勇勤：《改变中国——中国的十个“五年计划”》，中国经济出版社 2003 年版，第 48 页。

② 姚开建、陈勇勤：《改变中国——中国的十个“五年计划”》，中国经济出版社 2003 年版，第 49 页。

③ 樊卫宾：《社会主义经济理论与实践》，兰州大学出版社 2009 年版，第 13 页。

个方面：（1）决策权高度集中；（2）通过指令性计划配置资源；（3）经济调控方式以直接调控为主；（4）实行单一公有制，排斥和消灭各种私有制。简单地理解马克思主义理论，认为社会主义经济在任何阶段都只能实行单一的公有制经济。为此，在实践中不遗余力地消灭私有制，不断提高公有化程度，追求“一大二公”。

总的看，在我国整个国民经济实力非常弱小的条件下，实行计划经济有利于新中国成立初期快速地展开工业化建设，为社会主义经济发展奠定了重要基础。但是，随着这种高度集中的计划经济体制弊端的显现，中国经济社会的发展受到了制约。具体而言，主要表现为：第一，从经济效率来看，在计划体制下，现代化的运转主体高度单一化，实际生产部门和企业被排除在现代化主体之外或者说变成国家主体的一个“零部件”，它们难以发挥自己的主动性、创造性和积极性。而且，在计划经济体制下，价格对经济没有指导性，由此导致市场资源得不到合理配置，也不可避免地制约了经济的发展。第二，从经济结构来看，计划经济也没有避免经济发展的失衡。以“大跃进”时期为例，积累和消费的比例失调表现为：“1958 年至 1960 年三年，积累率分别达到 33. 9%、43. 8% 和 39. 6%，大大超过第一个五年计划期间已经较高的平均积累率 24. 2%。”① 工农业比例失调表现为：“重工业畸形发展。从 1957 年至 1960 年，工业产值按可比价格计算增长 1. 3 陪，而农业却下降 22. 8%。”② 第三，从收入分配来看，分配表面上似乎实现了公平，但实际上无论是分配原则还是分配结果都存在着一定的非公平。从分配原则来看，计划经济下劳动收入实行的是平均主义的分配制度，把共同富裕的理论曲解成“大而全”、“一平二调”，实行供给制的分配办法，使“穷富拉平”，造成一部分人无偿占有别人的劳动成果。同时为纠正平均主义而实行的一些措施，如包产到户、包干到户等当做“单干风”进行批判；将工业管理上实行经济核算，讲求物质利益原则当做“利润挂帅”、“资本主义经营管理”进行批判。这就使经济中的平均主义思想长期得不到纠正，长时间存在着吃“大锅饭”问题。

新中国成立以后，随着高度集中和全面的计划经济体制的确立，为限制资本主义而采取的限制商品和市场的措施被推行到整个经济生活，由此

① 庞松：《简明中华人民共和国史》，广东教育出版社 2001 年版，第 218 页。
② 庞松：《简明中华人民共和国史》，广东教育出版社 2001 年版，第 218 页。

也影响了整个经济发展的活力。社会主义改造的快速推进，以及其遗留的一些问题，也给我们留下许多值得反思的地方：社会主义公有制已居于绝对统治地位，但是，有没有必要成为唯一经济成分？高度集中的计划经济体制的确可以消除社会的两极分化、防止资本增值所引起的“悖论”，但社会的活力如何激发？民众的积极性、主动性如何提高？靠革命的理想所激发出来的民众热情能否持续？经济文化落后的国家建设社会主义的道路是怎样的？

综上所述，中国特色社会主义理论体系的历史基础是极为丰厚的。科学社会主义创始人马克思、恩格斯预测未来共产主义社会的根据是：“共产主义是从资本主义中产生出来的，它是历史地从资本主义中发展出来的，它是资本主义所产生的那种社会力量发生作用的结果。”① 中国特色社会主义理论体系根本的理论渊源是马克思主义理论，马克思、恩格斯针对资本主义社会存在的种种弊端，指出了未来新社会发展的一些基本原则。同时，马克思、恩格斯特别强调理论的运用必须和实际相结合，才能制定出正确的方针和策略。列宁在探索社会主义建设过程中，对落后国家进行社会主义建设有一个曲折认识的过程，最终在结合俄国实际情况的基础上，推行新经济政策，对经济落后国家向社会主义过渡的自身特殊规律进行了卓有成效的探索。但是，列宁逝世之后，苏联在社会主义建设探索中逐步形成了其特有的模式，并坚持向其他社会主义国家推广。其后，苏联模式暴露出来的问题自然引发执政后的中国共产党人的思考。中国共产党人正是在这一特定的世界社会主义运动背景下开始思考中国特色社会主义建设道路问题，这也是我们今天研究中国特色社会主义理论体系历史基础必须要加以重视的问题。

当然，中国特色社会主义理论体系的历史基础并不单纯由世界社会主义运动历史经验所构成，更为重要的历史基础是中国共产党人在新民主主义革命时期和社会主义改造时期，通过政治、经济、文化、社会建设等各方面多领域的探索，都积累了丰富的经验并形成了一系列科学思想，包括必须坚持把马克思主义与中国实际国情结合起来，不断推进马克思主义中国化的根本思想；必须坚持实事求是、一切实际出发，在实践中检验和发展真理的思想路线；必须坚持调查研究、从群众中来、到群众中去的群众

① 《列宁选集》第3卷，人民出版社1995年版，第186—187页。

路线；必须坚持独立自主、自力更生的立足点；必须坚持党的领导、党的建设的根本原则；必须坚持政策和策略是党的生命的重要思想；必须坚持开展马克思主义的思想政治工作；必须坚持党对军队的绝对领导，等等。虽然期间走了弯路，提出过一些错误的理论，发生过严重失误，但总体而言，中国革命是朝着正确的方向不断前进的，包括失败和错误，都成为党汲取经验教训的宝贵财富，共同构成了中国特色社会主义理论体系的历史基础。

第五章　中国特色社会主义理论体系的现实基础

关于中国特色社会主义理论体系的现实基础，目前学术界的认识还存在较大的分歧。如贾建芳在《中国特色社会主义的历史方位和现实基础》中认为："中国特色社会主义理论体系来源于市场化推进的现代化进程"①，"世界社会主义理论与实践的深刻教训，主要不是不懂得把社会主义置于现实基础上这个方法论原则，而是没有科学认识经济文化落后国家建设社会主义的'现实基础'"②。在这里，作者将中国特色社会主义理论体系的现实基础归结为社会主义市场经济的发展。与此持相似观点的学者还有，如李道中认为："社会主义市场经济作为一种生产方式，是我国社会的现实的经济基础，不但决定着我国生产关系的状况，也决定着政治和文化上层建筑的面貌。"③ 从历史起点的角度看，有学者指出："中央文件对中国特色社会主义道路和理论所作的多次概括，都是以十一届三中全会为起点"④。熊启珍更是明确指出："党的十一届三中全会是中国特色社会主义理论的历史起点。"因为"它在结束'文化大革命'后首次明确提出马克思主义与中国社会主义现代化建设实际相结合，拓展了马克思主义中国化的内涵，再度彰显了马克思主义中国化的正确道路，因而成为中国特色社会主义理论体系的逻辑起点"⑤。总的看，把 1978 年十一届三中全会以来改革开放新时期视为中国特色社会主义理论体系的现实基础，是学术界的

---

① 贾建芳：《中国特色社会主义的历史方位和现实基础》，《理论视野》2008 年第 11 期。

② 贾建芳：《中国特色社会主义的历史方位和现实基础》，《理论视野》2008 年第 11 期。

③ 李道中：《中国特色社会主义的现实基础》，《科学社会主义》2008 年第 2 期。

④ 徐崇温：《中国特色社会主义理论体系研究》，重庆出版集团、重庆出版社 2011 年版，第 13 页。

⑤ 熊启珍：《中国特色社会主义理论体系的历史起点》，顾海良：《中国特色社会主义理论体系研究》，武汉大学出版社 2008 年版，第 35 页。

主流看法。如前所述，鉴于中国全面探索自己社会主义建设道路始于1956年，又鉴于中国共产党关于中国社会主义建设规律的最初成果产生于1956年，加上中央反复强调社会主义初级阶段是中国特色社会主义总依据的基本判断，我们认为中国特色社会主义理论体系的现实基础就是社会主义初级阶段，其时间起点就是从1956年中国共产党人开始全面探索社会主义道路算起，到21世纪中叶基本实现社会主义现代化。无论从特定历史的完整性还是从理论逻辑严谨性的角度看，这一划分都更合理更科学，也更具政治意义。

一 社会主义初级阶段是中国特色社会主义理论和实践的总依据

在人类发展的历史长河中，任何一个社会在其自身发展的过程中，都有它特定的时间和方位。正确认识这个问题至关重要，因为它是人们正确制定奋斗目标、具体任务以及一切阶段性路线方针政策的总依据。20世纪50年代中国社会主义改造基本完成，中国进入社会主义社会，如何正确认识此后中国所处的历史方位呢？从毛泽东时期开始，中国共产党人就积极思考并努力回答这个重大课题。毛泽东时期的探索将近30年，既有思想贡献，又有理论失误，直到1978年后，中国共产党才逐步作出了清醒而清晰的回答。中央强调：中国仍处在社会主义初级阶段，社会主义初级阶段是中国特色社会主义的初始阶段，也是中国特色社会主义建设的总依据。如何正确理解这些重要论断呢？我们认为至少要从三个方面加以理解：一是社会主义初级阶段理论是1956年以来几代中国共产党人在实践中探索形成的理论成果，也是中国特色社会主义理论体系赖以创立和发展的一大理论基石；二是社会主义初级阶段的国情和实际就是探索中国特色社会主义道路、创立中国特色社会主义理论体系、巩固和完善中国特色社会主义制度的国情和实际；三是社会主义初级阶段是中国特色社会主义很长历史的初始阶段，中国特色社会主义道路的探索起始并形成于这一时期，中国特色社会主义理论体系萌芽并形成于这一时期，中国特色社会主义制度奠基并形成于这一时期。

（一）社会主义初级阶段理论是中国特色社会主义理论体系的一大基石

所谓理论基石，主要是指理论学说建立和发展的根据，是理论体系得以形成和发展的基础。以马克思、恩格斯所创立的科学社会主义理论为例，科学社会主义理论就是建立在历史唯物主义和剩余价值的理论基石之上的。中国特色社会主义理论体系是在坚持和继承科学社会主义基本理论的基础上，结合中国实际形成的理论成果。作为马克思主义中国化的重大理论成果，也有自身的理论基石。

一切关于社会发展的理论都产生在特定的时代、特定的历史条件之下，用来解决特定的社会发展问题。毛泽东思想产生在20世纪上半叶战争与革命的时代背景之下，产生在半殖民地半封建的中国社会，其所要解决的首要问题是民族独立和人民解放的重大历史课题。其理论基石之一便是以毛泽东同志为主要代表的中国共产党人对近代中国社会各阶级分析的科学理论。那么，作为马克思主义中国化第二大理论成果，即中国特色社会主义理论体系的理论基石是什么呢？我们知道，中国特色社会主义是在新中国成立，特别是社会主义制度确立以后，中国共产党人在经过失败、成功，再失败、再成功的反复实践的基础上逐步形成的，是对当代中国国情和社会发展规律，乃至对人类社会发展规律不断认识的产物。关于当代中国国情的认识，集中到一点就是社会主义初级阶段理论的形成。社会主义初级阶段理论是从毛泽东时期开始，经历几代共产党人集体思考、共同探索的智慧结晶。

认识和把握基本国情，从来都是革命、建设和改革的首要问题。尤其在中国这样一个大国建设社会主义，其困难难以想象。早在1956年1月，我国社会主义改造尚未完成的时候，毛泽东在一次会议上就提出我国已经进入社会主义社会，但尚未完成。一年后，毛泽东在《关于正确处理人民内部矛盾问题》的报告中更明确指出："我国的社会主义制度还刚刚建立，还没有完全建成，还不完全巩固。"[①] 在这里，毛泽东根据我国的实际国情，用"进入"、"建立"和"完成"、"建成"不同的概念对我国社会发展阶段进行了区分。1959年，他在《读苏联〈政治经济学教科书〉的谈话》中进一步指出："社会主义这个阶段，又可能分为两个阶段，第一个阶段是不发达的社会主义，第二个阶段是比较发达的社会主义。"[②] 之后，毛泽东还多次强调社会主义建设的长期性。1960年，他在同蒙哥马利的谈话中指出，中国要建设强大的社会主义经济，五十年不行，会要一百年，

① 《毛泽东文集》第7卷，人民出版社1999年版，第214页。
② 《毛泽东文集》第8卷，人民出版社1999年版，第116页。

或者更多的时间。[①] 毛泽东时期虽然尚未形成关于社会主义初级阶段的科学理论，但他关于社会主义建设阶段性、长期性和复杂性的具体论述，显然具有十分重要的理论意义，实际上也为社会主义初级阶段理论的创立奠定了重要的思想基础。

十一届三中全会之后，以邓小平同志为主要代表的中国共产党人在总结经验教训的基础上，进一步对社会主义的发展阶段进行思考。1980 年 4 月 21 日，他指出："要充分研究如何搞社会主义建设的问题……不要离开现实和超越阶段采取一些'左'的办法，这样是搞不成社会主义的。"[②] 1981 年，中共中央《关于建国以来党的若干历史问题的决议》中首次提出"我们的社会主义制度还是处在初级阶段"[③]。1982 年，党的十二大报告指出，"我国的社会主义社会现在还处在初级发展阶段，物质文明还不发达"[④]。1986 年，党的十二届六中全会指出："我国在社会主义初级阶段不但必须实行按劳分配，发展社会主义的商品经济，而且在相当长的历史时期内，还要在以公有制为主体的前提下发展多种经济成分。"[⑤] 从 1956 年起，经过 30 多年的思考、探索和实践，1987 年党的十三大就社会主义初级阶段理论进行了全面而深刻的阐述，从而为中国特色社会主义理论体系的创立奠定了基础。以邓小平同志为主要代表的中国共产党人在继承和创新毛泽东关于社会主义建设正确思想的基础上，创立了邓小平理论，成为中国特色社会主义理论体系的基础理论。

十三届四中全会以后，以江泽民同志为主要代表的中国共产党人对中国国情进行了更加深入的探索，深刻地指出社会主义初级阶段也要经历若干个具体的发展阶段，并以此为基础进一步丰富和发展了中国特色社会主义理论。2000 年 6 月，江泽民在全国党校工作会议上的讲话中指出："我国现处在社会主义初级阶段……在这个长过程中，我们已经历了若干个具

---

① 《毛泽东文集》第 8 卷，人民出版社 1999 年版，第 301 页。

② 《邓小平文选》第 2 卷，人民出版社 1994 年版，第 312 页。

③ 《十一届三中全会以来历次党代会、中央全会报告公报决议决定》（上），中国方正出版社 2008 年版，第 121 页。

④ 《十一届三中全会以来历次党代会、中央全会报告公报决议决定》（上），中国方正出版社 2008 年版，第 143 页。

⑤ 《十一届三中全会以来历次党代会、中央全会报告公报决议决定》（上），中国方正出版社 2008 年版，第 274 页。

体的发展阶段，还要继续经历若干个具体的发展阶段。”[①] 将社会主义初级阶段进一步细化的思想在党的十六大上得到了充分体现。进入 21 世纪之际，也是实施现代化建设第三步发展战略开始之时。以江泽民同志为主要代表的中国共产党人又把第三步发展战略分解为三步。即第一步到 2010 年，社会主义市场经济体制初步定型，全面建设小康社会处于初级阶段；第二步到 2021 年建党一百周年之际，全面建设小康社会达到较高阶段；第三步到 2049 年中华人民共和国成立一百周年之际，达到中等发达国家的水平。为此，党的十六大把 21 世纪头 20 年称为“全面建设小康社会、加快推进社会主义现代化的新的发展阶段”。

依据社会主义初级阶段的基本国情，以江泽民同志为主要代表的中国共产党人强调，发展是党执政兴国的第一要务。2000 年，他进一步把发展问题上升到政治的高度加以强调：“发展是硬道理，这是我们必须始终坚持的一个战略思想。对这个问题，不仅要从经济上看，而且要从政治上看。”[②] 2000 年 2 月，江泽民在广东考察工作时指出：“总结我们党七十多年的历史，可以得出一个重要结论，这就是：我们党所以赢得人民的拥护，是因为我们党在革命建设改革的各个历史时期，总是代表着中国先进生产力的发展要求，代表着中国先进文化的前进方向，代表着中国广大人民的根本利益，并通过制定正确的路线方针政策，为实现国家和人民的根本利益而不懈奋斗。”[③] 在党的十六大报告中，他从党的指导思想的战略高度对“三个代表”重要思想进行了重要阐释，强调“‘三个代表’重要思想是对马克思列宁主义、毛泽东思想和邓小平理论的继承和发展，反映了当代世界和中国的发展变化对党和国家工作的新要求”[④]。“三个代表”重要思想是中国共产党依据社会主义初级阶段的基本国情，通过总结党的历史经验，积累十三届四中全会以来党在应对国内外形势变化的现实经验，并把历史经验和现实经验加以凝练和升华才最终形成的。它不仅回答了“建设一个什么样的党和怎样建设党”的问题，而且进一步丰富和发展了中国特色社会主义理论体系。

---

① 《江泽民同志在全国党校工作会议上的讲话》，《人民日报》2000 年 6 月 10 日第 1 版。

② 《江泽民论有中国特色社会主义（专题摘编）》，中央文献出版社 2002 年版，第 92 页。

③ 《江泽民文选》第 3 卷，人民出版社 2006 年版，第 2 页。

④ 《十一届三中全会以来历次党代会、中央全会报告公报决议决定》（下），中国方正出版社 2008 年版，第 744 页。

十六大之后，以胡锦涛同志为主要代表的中国共产党人同样强调坚持社会主义初级阶段的重要性。党的十七大报告明确指出："我国仍处于并将长期处于社会主义初级阶段的基本国情没有变，人民日益增长的物质文化需要同落后的社会生产之间的矛盾这一社会主要矛盾没有变。"① 同时，以胡锦涛同志为主要代表的中国共产党人立足于十六大之后我国发展面临的新情况、新问题，明确提出了科学发展观，指出："科学发展观，是立足社会主义初级阶段基本国情，总结我国发展实践，借鉴国外发展经验，适应新的发展要求提出来的。"② 科学发展观强调要立足于社会主义初级阶段新特征，是在正确把握中国国情基础上提出来的，回答了中国特色社会主义如何发展、发展什么等重大问题。在此基础上，2007 年党的十七大明确提出了"中国特色社会主义理论体系"这一新概念，指出："改革开放以来我们取得一切成绩和进步的根本原因，归结起来就是：开辟了中国特色社会主义道路，形成了中国特色社会主义理论体系。"③

十八大以后，党和国家发展面临极不平凡的新形势和新情况，世界经济复苏乏力、局部冲突和动荡频发、全球问题加剧，国内经济发展进入新常态，以习近平同志为核心的党中央以巨大的政治勇气和强烈的责任担当，出台一系列重大方针政策，推出一系列重大举措，推进了一系列重大工作，解决了许多长期想解决而没有解决的难题，办成了许多过去想办而没有办成的大事，推动党和国家事业发生了历史性变革。2017 年，党的十九大报告郑重宣告：经过长期努力，中国特色社会主义进入了新时代，这是我国发展新的历史方位。中华民族迎来了从站起来、富起来到强起来的伟大飞跃，迎来了实现中华民族伟大复兴的光明前景。④ 在思想理论层面，党中央紧密结合新的时代条件和实践要求，以全新的视野深化了对共产党执政规律、社会主义建设规律和人类社会发展规律的认识，创立了习近平新时代中国特色社会主义思想，再一次丰富和发展了中国特色社会主义理

---

① 《十一届三中全会以来历次党代会、中央全会报告公报决议决定》（下），中国方正出版社 2008 年版，第 913 页。

② 《十一届三中全会以来历次党代会、中央全会报告公报决议决定》（下），中国方正出版社 2008 年版，第 913 页。

③ 《十一届三中全会以来历次党代会、中央全会报告公报决议决定》（下），中国方正出版社 2008 年版，第 912 页。

④ 习近平：《决胜全面建成小康社会，夺取新时代中国特色社会主义伟大胜利——在中国共产党第十九次全国代表大会上的报告》，人民出版社 2017 年版，第 2、8、10 页。

论体系。全面分析我国社会发展所处的形势和任务，报告指出：我国社会主要矛盾已经转化为人民日益增长的美好生活需要和不平衡不充分的发展之间的矛盾。这是关系全局的历史性变化，必然对党和国家各项工作提出许多新的要求。①

中国特色社会主义理论体系是中国共产党人在社会主义制度建立之后，尤其是改革开放以来，依据中国国情长期探索的理论成果。其主要内容包括社会主义初级阶段理论、社会主义改革开放理论、社会主义本质理论、社会主义市场经济理论、关于社会主义政治文化社会生态党建的理论、关于“一国两制”祖国和平统一的理论、关于国防军事军队建设的理论、关于国际战略与外交政策等一系列科学理论，都是基于社会主义初级阶段的科学理论而提出、形成和发展起来的。社会主义初级阶段理论是最基本最基础的理论，学界公认其为中国特色社会主义理论体系的一大理论基石，是中国特色社会主义全部内容的立论基础。社会主义初级阶段理论的提出及其在实践中的发展，不仅为中国特色社会主义理论体系的丰富发展奠定了基础，同时也为当代中国一切发展进步提供了科学的理论依据。可以说，没有社会主义初级阶段理论的形成，就没有中国特色社会主义理论体系的形成和发展。

（二）社会主义初级阶段的国情是中国特色社会主义建设的最大实际

关于国情问题，早在新民主主义革命时期，毛泽东就曾指出：“认清中国社会的性质，就是说，认清中国的国情乃是认清一切革命问题的基本的根据。”② 新民主主义革命有一个认清国情的问题，社会主义建设也不例外。1956 年，我国进入社会主义社会。如上所述，在思考和探索中国特色社会主义发展道路的过程中，以毛泽东同志为主要代表的中国共产党人对中国国情的认识堪称深刻。他不仅看到了中国人口众多、幅员辽阔等优势，同时也清醒地看到新中国农业生产力水平低下、工业基础薄弱、科技文化落后等现实状况。毛泽东曾用“一穷二白”生动地描述了中国社会的发展层次和水平，而且他也曾强调要用五十到一百年的时间，中国才可能发展起来，多次告诫全党急不得，要一步一个脚印地前进。但是，在中国

① 习近平：《决胜全面建成小康社会，夺取新时代中国特色社会主义伟大胜利——在中国共产党第十九次全国代表大会上的报告》，人民出版社 2017 年版，第 11、12 页。

② 《毛泽东选集》第 2 卷，人民出版社 1991 年版，第 633 页。

新民主主义革命、社会主义改造先后取得重大胜利的历史背景之下，在苏联社会主义工业化建设迅速取得巨大成就的鼓舞下，在全党和全国人民建设社会主义热情空前高涨的直接推动下，“只争朝夕”、急于改变中国贫穷落后面貌的“左”倾冒进情绪也曾深深地影响了中国社会主义建设，总路线、人民公社和“大跃进”运动，甚至产生“跑步进入共产主义”的错误口号，结果混淆了社会主义较低发展阶段和较高发展阶段的区别，从而发生了超越阶段的错误。此后，“左”倾思想进一步发展到政治领域，演变成了“以阶级斗争为纲”，直至发生十年“文化大革命”的严重错误。在发生这些历史性错误的同时，毛泽东虽然深知中国经济社会发展水平不高、实现社会主义现代化仍需要长期奋斗，但在他看来，只能用“抓革命，促生产”的办法逐步发展。

1978年十一届三中全会以来，我们党重新恢复并确立了实事求是的思想路线，开始对中国国情加以重新认识。早在1979年3月，邓小平在《坚持四项基本原则》中就指出：“过去搞民主革命，要适合中国情况，走毛泽东同志开辟的农村包围城市的道路。现在搞建设，也要适合中国情况，走出一条中国式的现代化道路。”[①] 1980年12月，他在《贯彻调整方针，保证安定团结》中再次强调：“真正摸准、摸清我们的国情和经济活动中各种因素的相互关系，据以正确决定我们的长远规划的原则。”[②] 要“根据我国的实际情况，确定实现四个现代化的具体道路、方针、方法和措施”[③]。

中国作为一个社会主义国家，其实际情况到底是怎样的？能不能从理论层面作出合乎客观事实的解读，从而为中国的发展道路和发展规划提供理论依据？显然，1987年党的十三大关于社会主义初级阶段的理论及其后关于社会主义初级阶段基本特征的深刻阐述，是全面科学、令人信服的回答。此后，历届中国共产党中央领导集体都继续坚持这一科学理论，强调了中国特色社会主义建设必须立足于中国国情的极端重要性。1991年，江泽民在庆祝中国共产党成立七十周年大会上的讲话中指出：“中国的基本国情，决定了我国处在社会主义的初级阶段。”[④] “社会主义的根本任务是

---

① 《邓小平文选》第2卷，人民出版社1994年版，第163页。
② 《邓小平文选》第2卷，人民出版社1994年版，第356页。
③ 《邓小平文选》第2卷，人民出版社1994年版，第141页。
④ 《江泽民思想年编》，中央文献出版社2010年版，第64页。

发展社会生产力，在初级阶段，我们更要自觉地坚定不移地把这个任务放在中心位置。”[①] 2007 年，胡锦涛在党的十七大报告中也指出：“强调认清社会主义初级阶段基本国情，不是要妄自菲薄、自甘落后……而是要坚持把它作为推进改革、谋划发展的根本依据。”[②] 2012 年，党的十八大报告也指出：“在任何情况下都要牢牢把握社会主义初级阶段这个最大国情，推进任何方面的改革发展都要牢牢立足社会主义初级阶段这个最大实际。”[③] 十八大之后，以习近平同志为核心的中央领导集体多次强调中国特色社会主义建设必须立足社会主义初级阶段国情的重要性。习近平总书记在党的十九大报告中对我国社会主要矛盾的变化作出了新的阐述，但是，他接着就强调指出：社会主要矛盾的变化没有改变我国仍处于并将长期处于社会主义初级阶段的基本国情，全党要继续牢牢把握这个基本国情和最大实际，继续坚持党的基本路线，努力把我国建设成为富强民主文明和谐美丽的社会主义现代化强国。[④]

那么，社会主义初级阶段的基本国情及其基本特征是怎样的呢？以往我们常常讲，中国是一个农业大国，幅员辽阔、人口众多，历史悠久、文化灿烂，发展工业化和现代化的底子薄、基础薄弱，文盲多、教育落后，人民勤劳勇敢、爱好和平。关于社会主义初级阶段的主要特征，十二大以来，党的历次代表大会都程度不同地作了阐释和说明。一般认为，社会主义初级阶段的根本特征是生产力水平低、经济基础薄弱。至于其基本特征，按照党的十五大报告从生产力发展、农业人口向非农业人口转变、市场经济发展、人们的文化教育等九个方面比较系统地概括了社会主义初级阶段的特征。简言之，社会主义初级阶段是从一个不发达的社会主义国家到富强民主文明和谐美丽的社会主义现代化国家的转变过程。在此基础上，2007 年，党的十七大报告对当前我国社会发展的阶段性特征又作了进一步分析和概括：“经济实力显著增强，同时生产力水平总体上还不高，自主创新能力还不强，长期形成的结构性矛盾和粗放型增长方式尚未根本

---

① 《江泽民思想年编》，中央文献出版社 2010 年版，第 64 页。

② 《十一届三中全会以来历次党代会、中央全会报告公报决议决定》（下），中国方正出版社 2008 年版，第 913—914 页。

③ 胡锦涛：《坚定不移沿着中国特色社会主义道路前进，为全面建成小康社会而奋斗——在中国共产党第十八次全国代表大会上的报告》，人民出版社 2012 年版，第 16 页。

④ 习近平：《决胜全面建成小康社会，夺取新时代中国特色社会主义伟大胜利——在中国共产党第十九次全国代表大会上的报告》，人民出版社 2017 年版，第 12 页。

改变；社会主义市场经济体制初步建立，影响发展的体制机制障碍依然存在，改革攻坚面临深层次的矛盾和问题；人民生活总体上达到小康水平，同时收入分配差距拉大趋势还未根本扭转，城乡贫困人口和低收入人口还有相当数量，统筹兼顾各方面利益难度加大；协调发展取得显著成绩，同时农业基础薄弱、农村发展滞后的局面尚未改变，缩小城乡、区域发展差距和促进经济社会协调发展任务艰巨；社会主义民主政治不断发展、依法治国基本方略扎实贯彻，同时民主法制建设与扩大人民民主和经济社会发展的要求还不完全适应，政治体制改革需要继续深化；社会主义文化更加繁荣，同时人民精神文化需求日趋旺盛，人们思想活动的独立性、选择性、多变性、差异性明显增强，对发展社会主义先进文化提出了更高要求”① 等八个方面，这些特征是依据新世纪、新阶段我国经济社会发展的新情况所作出的新概括，虽然与十五大的概括有所不同，但总体上仍然属于社会主义初级阶段的基本特征。中国特色社会主义进入新时代，我国社会仍然面临许多困难和挑战，包括发展不平衡不充分的突出问题、发展质量和效益不高、创新能力不强、实体经济水平有限、生态环境问题、脱贫攻坚民生问题、城乡区域发展和收入分配差距、就业教育、医疗居住养老问题、依法治国、国家治理体系和治理能力、国家安全、党的建设、祖国统一问题等等，都是我国社会主义初级阶段所面临的需要解决的突出问题。

建设中国特色社会主义是基于社会主义初级阶段的基本国情而作出的战略选择。因此，社会主义初级阶段的具体实际，是中国特色社会主义建设必须立足和遵循的最大的国情和实际。它要求我们搞社会主义，不能超越发展阶段，急于求成，要从生产力水平低、经济基础薄弱、民主法治不够健全、社会制度还不完善、文化教育和精神文明层次不高等实际情况出发，制定合乎实际的路线方针政策；同时也要求我们搞社会主义，必须坚持四项基本原则，坚持公有制主体地位、坚持共享发展、共同富裕的目标和原则，不能改旗易帜，走资本主义的邪路。

（三）社会主义初级阶段是中国特色社会主义很长历史的初始阶段

中国共产党在提出社会主义初级阶段这个科学论断时，不仅对社会主义初级阶段的内涵作出了明确阐释，而且对它的时间方位也作出了明

① 《十七大以来重要文献选编》（上），中央文献出版社 2009 年版，第 10—11 页。

确设想。我国社会主义初级阶段，是从20世纪50年代社会主义制度建立，到21世纪50年代基本实现社会主义现代化、达到世界中等发达国家发展水平，至少需要一百年。一定社会历史阶段时间的长短，不是人们的主观意愿所决定的，而是取决于这个阶段的客观实际及其发展规律。我国社会主义初级阶段之所以要经历上百年的时间，是由我国现阶段的主要矛盾和历史任务决定的，尤其是我国这样一个生产力发展比较落后的发展中大国，实现社会主义现代化是一项十分艰巨的历史任务。要完成这项艰巨的历史任务，决不是一朝一夕的事情，必然要经历一个较长的历史阶段。

"建设中国特色社会主义"这个重大命题，是中国共产党人根据社会主义初级阶段的具体实际而提出的一个科学命题，它不仅符合人类社会发展的一般规律，也完全符合马克思主义科学社会主义的基本原理。但是，社会主义初级阶段不是中国特色社会主义的全部，二者有联系也有区别。社会主义初级阶段的历史大体需要一百年的时间，其目标是基本实现社会主义现代化。其后，中国社会主义将继续发展至中级阶段、高级阶段……直至共产主义社会的实现。与此同时，社会主义现代化也将不断发展提升，达致更高的程度和水平……就逻辑而言，社会主义中级、高级阶段也可以囊括在中国特色社会主义历史和理论框架之内。社会主义初级阶段与中国特色社会主义的历史起点是一致的，均始于1956年社会主义制度的基本确立。中国特色社会主义道路探索始于并成于社会主义初级阶段，中国特色社会主义理论体系萌芽并成于社会主义初级阶段，中国特色社会主义制度始建并定型于社会主义初级阶段。但是，中国特色社会主义的历史要久远得多，社会主义初级阶段只是中国特色社会主义很长历史的起始阶段，二者的终点大不相同。也就是说，社会主义初级阶段之后，中国特色社会主义道路将继续拓展和延伸，中国特色社会主义理论体系将继续创新、丰富和发展，中国特色社会主义制度必将继续巩固和完善，中国特色社会主义文化也必将不断繁荣兴盛。

二　改革开放前后两个时期统一于中国特色社会主义理论和实践

以"中国特色社会主义"为视角，研究考察改革开放前后两个历史时期，可以看出两个历史时期是不可割裂的，更不是对立的，两个历史时期统一于中国特色社会主义理论和实践的探索之中。从中国特色社会主义理论和实践的形成和发展来看，我们可以大致将其区分为萌芽和初创阶段、形成和成熟阶段、创新和发展三个阶段。

（一）1956—1978：中国特色社会主义理论和实践的萌芽和初创阶段

以毛泽东同志为主要代表的中国共产党人之所以在1956年就开始思考中国的社会主义建设道路问题，其原因主要有：一是国内社会主义改造基本完成，如何推进社会主义建设是中国共产党人需要着手思考的问题；二是1956年2月苏共二十大暴露出苏联社会主义模式的各种问题，对中国共产党和毛泽东产生了很大的震动，对中国共产党破除对斯大林和苏联经验的迷信，解放思想，努力寻求适合中国情况的建设道路，具有很大的推动作用。

如前所述，从1956年起，毛泽东领导我们党在理论和实践两个方面都进行了卓有成效的探索，在经济、政治、文化、社会、国防、外交及祖国统一等方面取得了很大成就。在前述第二章曾论及毛泽东的重要著作《论十大关系》和《关于正确处理人民内部矛盾的问题》及党的八大关于社会主义社会主要矛盾、国家主要任务、奋斗目标等方面都作出的正确分析和部署，这里不再赘述。就经济、政治、文化方面看：一是提出了一系列关于发展社会主义经济的思想，主要包括：（1）提出要注意发展商品生产和商品交换的思想。关于发展社会主义商品生产和商品交换，毛泽东在1958年的《关于社会主义商品生产问题》中就明确指出，"在生活资料方面，必须发展社会主义的商业，并且利用价值法则的形式"①。他说，不能认为发展商品经济就是搞资本主义，社会主义商品经济和资本主义的商品经济有着本质的区别，社会主义发展商品经济是为发展社会主义生产力服务的。（2）在经济体制方面，毛泽东也提出了改革高度集中的单一经济体制的思想。中国国土辽阔，人口众多，情况复杂，生产力水平参差不齐，既有现代化的工业，又有仍然停滞在刀耕火种阶段的落后的农业，单一的公有制基础上的计划经济体制，难以适应复杂的具体情况。以毛泽东同志为主要代表的中国共产党人，针对单一的计划经济体制存在的弊端，开始探讨公有制的补充形式。对此，1956年，陈云在党的八大上就提出了"三个主体，三个补充"的设想。这个设想已经涉及非公有制经济成分存在的合法性及其作用问题。显然，毛

① 《毛泽东文集》第7卷，人民出版社1999年版，第434页。

泽东时期这些重要思想对于我们党在改革开放时期形成发展社会主义市场经济的理论极具意义和影响。

二是提出了关于发展社会主义民主的正确观点和主张。中国进入社会主义初级阶段后，社会主义的民主政治建设提到了议事日程上来。1956 年周恩来在《专政要继续，民主要扩大》中指出："我们的人大代表，还有政协委员，每年应有两次到人民中去直接视察工作。"[①] 党的八大在社会主义民主政治建设方面也作出了巨大的贡献。刘少奇在党的八大政治报告中就指出："我们所建立的国家，同一切其他的社会主义国家一样，是人类历史上最民主、最有效率、最巩固的国家。"[②] "我们的民主不是属于少数人的，而是属于绝大多数人的。"[③] 为了推进社会主义民主，他尤其强调加强权力监督的重要性，指出要加强对国家工作的监督机制，加强各级人大对政府部门的监督，加强各级政府部门自上而下和自下而上的监督，以及加强人民群众对国家机关的监督。[④] 1957 年 7 月，毛泽东在《一九五七年夏季的形势》一文中更明确指出："我们的目标，是想造成一个又有民主又有集中，又有纪律又有自由，又有统一意志、又有个人心情舒畅、生动活泼，那样一种政治局面。"[⑤] 在协商民主方面，社会主义制度建立之后，以毛泽东同志为主要代表的中国共产党人也进行了多次阐述。1956 年，毛泽东在《论十大关系》中专门论述过"党和非党的关系"，提出了"究竟是一个党好，还是几个党好"的问题，他明确回答说："现在看来，恐怕是几个党好。"[⑥] 在《关于正确处理人民内部矛盾的问题》中，毛泽东进一步阐述了这个方针，说明这一方针是中国特定历史条件与现实条件决定的，强调："凡属一切确实致力于团结人民从事社会主义事业的、得到人民信任的党派，我们没有理由不对它们采取长期共存的方针。"[⑦] 总之，以毛泽东同志为主要代表的中国共产党人这一时期对发展协商民主进行了深入的思考，并将之看作社会主义民主的重要途径，为完善中国共产党领导下的多党合作和政治协商制度进行了积极的探索，这也为今天社会主义民

① 《建国以来重要文献选编》第 8 册，中央文献出版社 1994 年版，第 436 页。
② 《建国以来重要文献选编》第 9 册，中央文献出版社 1994 年版，第 80 页。
③ 《建国以来重要文献选编》第 9 册，中央文献出版社 1994 年版，第 81 页。
④ 《建国以来重要文献选编》第 9 册，中央文献出版社 1994 年版，第 88 页。
⑤ 《毛泽东选集》第 5 卷，人民出版社 1977 年版，第 456—457 页。
⑥ 《毛泽东文集》第 7 卷，人民出版社 1999 年版，第 34 页。
⑦ 《毛泽东文集》第 7 卷，人民出版社 1999 年版，第 235 页。

主发展奠定了坚实的基础。

三是对社会主义文化建设进行了积极的思考。1957 年 3 月 12 日，毛泽东在全国宣传工作会议上的讲话中指出："要使几亿人口的中国人生活得好，要把我们这个经济落后、文化落后的国家，建设成为富裕的、强盛的、具有高度文化的国家。"① 对于文化发展的方针，毛泽东明确指出："百花齐放、百家争鸣的方针，对于科学和艺术的发展给了新的保证。"② "百花齐放、百家争鸣这个方针不但是使科学和艺术发展的好方法，而且推而广之，也是我们进行一切工作的好方法。这个方法可以使我们少犯错误。"③ "双百"方针的提出，是建立在马克思主义哲学理论基础之上的，它以辩证法特别是对立统一规律为指导，体现了科学文化发展的规律，也是社会主义的民主原则在文化领域的具体运用和具体体现。

总之，社会主义制度建立之后，以毛泽东同志为主要代表的中国共产党人对社会主义发展道路进行了较为系统的思考和探索。这些富有价值的重要思想和实践探索，应视为中国特色社会主义理论和实践的萌芽和初创阶段。

（二）1978—1997：中国特色社会主义理论与实践的形成和成熟阶段

从十一届三中全会至十四大这一时期，以邓小平同志为主要代表的中国共产党人在总结社会主义建设经验教训的基础上，将发展生产力、推进经济、政治体制改革与完善社会主义制度建设结合起来，创立了中国特色社会主义理论，开辟了中国特色社会主义道路。

1978 年 12 月召开的十一届三中全会是我国改革开放新时期全面起步的标志。这次全会抛弃"以阶级斗争为纲"的错误方针，确定把党和国家的工作重心转移到经济建设上来，为中国共产党推进改革开放奠定了思想基础和路线保障。在此基础上，1982 年邓小平在党的十二大开幕词中明确提出："我们的现代化建设，必须从中国的实际出发"④，同时提出"把马克思主义的普遍真理同我国的具体实际结合起来，走自己的路，建设有中

① 《毛泽东文集》第 7 卷，人民出版社 1999 年版，第 275 页。

② 《毛泽东文集》第 7 卷，人民出版社 1999 年版，第 278 页。

③ 《毛泽东文集》第 7 卷，人民出版社 1999 年版，第 279 页。

④ 《十一届三中全会以来历次党代会、中央全会报告公报决议决定》（上），中国方正出版社 2008 年版，第 130 页。

国特色的社会主义”[1] 的思想。关于建设中国特色社会主义，如上所述，早在1956年毛泽东就进行了思考，但没有明确提出“中国特色社会主义”这一概念。党的十二大第一次提出了“建设有中国特色的社会主义”这一重要概念。

之后，随着中国特色社会主义实践的不断推进，以邓小平同志为主要代表的中国共产党人对中国特色社会主义理论也进行了较为系统的思考。主要表现为：一是继续强调发展生产力的同时，强调共同富裕的社会主义建设目标。在经济文化落后的国家建设社会主义首先就必须大力发展生产力，提高人民生活水平，为此，邓小平多次强调发展生产力的重要性，提出贫穷不是社会主义，强调“空讲社会主义不行，人民不相信”[2]。在强调发展生产力的同时，邓小平也强调共同富裕的重要性。1986年8月19日，他在视察天津的讲话中也指出：“我的一贯主张是，让一部分人、一部分地区先富起来，大原则是共同富裕。”[3] 二是进一步强调发展社会主义商品经济发展的重要性。1984年10月，中共十二届三中全会通过的《中共中央关于经济体制改革的决定》明确提出了以城市为重点全面开展经济体制改革的任务，并以发展有计划的商品经济作为经济体制改革的目标模式和新的理论指导。三是破除公有制是社会主义唯一经济成分的传统思想，等等。在此基础上，1987年，党的十三大在总结我国改革开放成就和经验的基础上，比较系统地阐述了我国社会主义初级阶段的理论，同时也概括了建设有中国特色社会主义理论的基本轮廓，初步回答了我国社会主义建设的阶段、任务、动力、条件，也标志着中国特色社会主义理论和路线基本形成。1992年初，邓小平在视察南方的重要谈话中，进一步回答了多年来困扰和束缚人们思想的许多重大问题。谈到计划与市场的关系问题，邓小平明确指出，计划多一点还是市场多一点，不是社会主义与资本主义的本质区别，计划和市场都是经济手段。在此基础上，邓小平在南方谈话中对社会主义本质作出高度概括：“社会主义的本质，是解放生产力，发展生产力，消灭剥削，

① 《十一届三中全会以来历次党代会、中央全会报告公报决议决定》（上），中国方正出版社2008年版，第130页。

② 《邓小平文选》第2卷，人民出版社1994年版，第314页。

③ 《邓小平文选》第3卷，人民出版社1993年版，第166页。

消除两极分化，最终达到共同富裕。”① 这一概括进一步深化了对社会主义建设规律的认识。1992 年 10 月，党的十四大据此明确提出建立社会主义市场经济体制的目标，也为进一步深化经济体制改革，增强经济活力奠定了基础。与此同时，十四大报告还从社会主义发展道路、根本任务、发展阶段、发展动力、外部条件、政治保证、战略步骤等方面全面阐述了建设中国特色社会主义理论的主要内容。

1997 年召开的党的十五大进一步提出了社会主义初级阶段的基本纲领，并对中国特色社会主义经济、政治、文化建设作了较为全面的部署，主要表现为：经济上，就是在社会主义条件下发展市场经济，不断解放和发展生产力；政治上，就是在中国共产党的领导下，在人民当家作主的基础上依法治国，发展社会主义民主政治；文化上，就是坚持以马克思主义和邓小平理论为指导，培育“四有”公民，发展“三个面向”的民族的科学的大众的社会主义文化。建设中国特色社会主义的经济、政治和文化的基本纲领是党的基本路线的展开。十五大把当时以邓小平同志为主要代表的中国共产党人关于中国特色社会主义的探索成果命名为“邓小平理论”，并确立邓小平理论为党的指导思想。由此也标志着中国特色社会主义理论体系的成熟。

（三）1997 年至今：中国特色社会主义理论体系完善和发展阶段

社会主义社会基本纲领明确了中国特色社会主义经济、政治、文化建设的方向。十五大之后，中国共产党在解决改革开放、现代化建设面临的新情况新问题的过程中，进一步丰富和发展了中国特色社会主义理论体系。

在理论创新方面，十三届四中全会之后，以江泽民同志为主要代表的中国共产党人根据全球化深入推进的实际和党的建设面临的新情况，2001 年 7 月 1 日，江泽民《在庆祝中国共产党成立八十周年大会上的讲话》中总结我们党 80 年的历史经验，阐述了“三个代表”重要思想，进一步回答了建设一个什么样的党和怎样建设党的重大问题。在此基础上，2002 年 11 月召开的党的十六大，不仅确立了“三个代表”重要思想的指导地位，同时也对全面建设小康社会作了部署。大会强调，在 21 世纪头 20 年，要集中力量，全面建设惠及十几亿人口的更高水平的小康社会，使经济更加

① 《邓小平文选》第 3 卷，人民出版社 1993 年版，第 373 页。

发展、民主更加健全、科教更加进步、文化更加繁荣、社会更加和谐、人民生活更加殷实。

十六大之后，中国经济社会发展取得巨大的成就。但同时，在经济社会发展方面也面临着不少的问题，人们对改革的认同出现了分歧，“在2004 年左右，一场关于改革得失成败的大争论在中国迅速展开”①。在国内出现了一股否定改革、否定开放的思潮；同时也有些人鼓吹西方的民主、自由和人权，甚至主张照搬西方的经济政治模式，有的人主张在我国推行民主社会主义。② 面对否定改革开放、主张重走僵化封闭老路的论调，以及否定社会主义方向，主张照搬西方经济政治模式的思潮沉渣的泛起，以胡锦涛同志为主要代表的中国共产党人多次强调坚持中国特色社会主义道路的重要性。他在党的十七大报告中明确指出：“改革开放以来我们取得一切成绩和进步的根本原因，归结起来就是：开辟了中国特色社会主义道路，形成了中国特色社会主义理论体系。”③ “在当代中国，坚持中国特色社会主义道路，就是真正坚持社会主义。”④

与此同时，十六大之后，如何破解发展难题，推进经济社会的持续发展，也是以胡锦涛同志为主要代表的中国共产党人着力思考的问题。对此，2003 年 10 月，党的十六届三中全会正式提出了“坚持以人为本，树立全面、协调、可持续的发展观，促进经济社会和人的全面发展”。这是党的中央文件中第一次对科学发展观的完整表述。之后，胡锦涛在不同场合对科学发展观进行了阐释。2007 年 6 月，胡锦涛在中共中央党校发表的重要讲话中，进一步对科学发展观的丰富内涵作了概括：“科学发展观，第一要义是发展，核心是以人为本，基本要求是全面协调可持续，根本方法是统筹兼顾。”⑤

十七大对中国特色社会主义理论体系的另一个重要贡献就是第一次提出“中国特色社会主义理论体系”这一新概念，并明确提出：“中国

---

① 高林远：《改革开放 30 年三次思想交锋的回顾与启示》，《四川师范大学学报》2008 年第 5 期。

② 赵曜：《坚持走中国特色社会主义道路不动摇》，《思想理论教育导刊》2007 年第 8 期。

③ 《十一届三中全会以来历次党代会、中央全会报告公报决议决定》（下），中国方正出版社 2008 年版，第 912 页。

④ 《十一届三中全会以来历次党代会、中央全会报告公报决议决定》（下），中国方正出版社 2008 年版，第 912 页。

⑤ 《十七大以来重要文献选编》（上），中央文献出版社 2009 年版，第 11—12 页。

特色社会主义理论体系，就是包括邓小平理论、‘三个代表’重要思想以及科学发展观等重大战略思想在内的科学理论体系。”① 这一理论体系“是以马克思主义哲学即实事求是为共同的哲学基础的，是以中国特色社会主义的经济、政治、文化、社会、国际战略和执政党建设等为基本内容的”②。

2012 年，党的十八大高举中国特色社会主义伟大旗帜，系统阐述了坚持和发展中国特色社会主义的一系列重大理论和实践问题，强调：“道路关乎党的命脉，关乎国家前途、民族命运、人民幸福”，并指出：“中国特色社会主义道路，中国特色社会主义理论体系，中国特色社会主义制度，是党和人民九十多年奋斗、创造、积累的根本成就，必须倍加珍惜、始终坚持、不断发展。”③ 总的来看，十八大对中国特色社会主义理论体系的贡献主要有：一是明确中国特色社会主义的构成，即它是统一于道路、理论体系、制度之中；二是明确了中国特色社会主义道路、理论体系、制度之间的内在关系，其中，中国特色社会主义道路是实现途径、理论体系是行动指南、制度是根本保障，这对于我们整体上把握中国特色社会主义内在关系无疑具有重要的意义；三是阐述了建设中国特色社会主义的总依据，即社会主义初级阶段；四是明确提出中国特色社会主义总布局是“五位一体”。实际上，总布局的发展思路由来已久，只是涵盖面有所不同。十二大提出建设社会主义物质文明和精神文明，这在实际上提出了“两位一体”总体布局的思想。十五大报告指出中国特色社会主义是社会主义市场经济、社会主义民主政治和社会主义先进文化的有机统一，实际上确立了“三位一体”的总体布局。十七大确立了经济建设、政治建设、文化建设、社会建设“四位一体”的总体布局。而党的十八大进一步将生态文明建设列入总体布局之中，这对于实现中华民族永续发展具有重大的现实意义和深远的历史意义。

十八大之后，以习近平同志为主要代表的中国共产党人在中国特色社会主义道路探索过程中，一方面把我国社会带到了中国特色社会主义

---

① 《十一届三中全会以来历次党代会、中央全会报告公报决议决定》（下），中国方正出版社 2008 年版，第 912 页。

② 朱松山、孙家荣：《系统科学视野中的中国特色社会主义理论体系》，国防大学出版社 2008 年版，第 59 页。

③ 《十八大报告辅导讲座》，解放军出版社 2013 年版，第 13 页。

新时代，迎来民族伟大复兴的光明前景，另一方面创立了习近平新时代中国特色社会主义思想。习近平总书记在建党95周年、纪念改革开放40周年，及其他多次重要讲话中都强调，我们在建设中国特色社会主义事业中的伟大成就，不是从天上掉下来的，更不是别人恩赐施舍的，而是全党全国各族人民历尽千辛万苦、付出巨大代价取得的。中国特色社会主义，既是我们必须不断推进的伟大事业，又是我们开辟未来的根本保证。

（四）改革开放前后两个时期统一于中国特色社会主义的哲学分析

自1978年十一届三中全会以来，国内外学术界一直很关注改革开放前后两个历史时期的研究。三十多年的持续研究产生了丰硕的成果，与此同时在一些重大问题上也始终存在着争论和分歧。例如，关于两个历史时期的评价及其关系，有的人以改革开放后的历史否定改革开放前的历史，也有的人以改革开放前的历史否定改革开放后的历史。显然，这不仅是一个极其重大的历史和学术问题，也是一个极其重大的现实和政治问题。十八大以来，习近平总书记多次阐述并强调：这是两个既相互联系又有重大区别的时期，本质上都是党领导人民进行社会主义建设的实践探索，否定两个历史时期及其辩证统一的关系都是错误的。考察国内外关于改革开放前后两个历史时期的研究成果，不难发现，有些颇具影响的观点实际上很值得商榷，甚至自觉不自觉地将研究引入了误区，对正确分析和认识两个历史时期的辩证关系产生了不应有的负面作用。

一些学者往往自觉或不自觉地把改革开放前后两个时期对立起来，这实际上是一种割裂历史的错误。这类观点以西方学者为主。如亨利·基辛格在其《论中国》一书中提出：邓小平没有遵循数十年的毛泽东思想的灌输，他关注的是结果，不是什么主义。邓小平所推行的政策将“彻底改变中国，但方向正好相反”①。詹姆斯·R. 唐森、布兰特利·沃马克著《中国政治》认为：中国特色社会主义“标志着与毛泽东主义模式坚决而重要的分离”，中国特色社会主义只是为中国没有放弃社会主义作辩护，所使用的“一个托辞”而已。② 马丁·哈特·兰兹伯格与伯

---

① ［美］亨利·基辛格：《论中国》，中信出版社2012年版，第434页。

② ［美］詹姆斯·R. 唐森、布兰特利·沃马克：《中国政治》，江苏人民出版社2003年版，第252—253页。

克特合著《中国与社会主义：市场改革与阶级斗争》，其观点也很有代表性。他们在书中明确提出："中国的市场社会主义改革并未将该国导向一种新型的社会主义，而是导向了一种日渐分化和残忍的资本主义形态"，"中国的市场改革并不通往社会主义的复兴，而是通往彻底的资本主义复辟"。[①] 还有的国外学者更是危言耸听地指出："建立在对国有和集体财产盗窃基础上的原始资本积累已经完成，资产阶级已经正式形成。与此同时，数以百万计的国有企业和集体企业职工下岗，并日益走向穷困潦倒。"[②]

把中国特色社会主义视为"中国特色资本主义"的西方学者不在少数。国内鲜有这方面的公开主张，但持这种看法的人也是存在的。这些学者往往否定改革开放两个历史时期的连续性，认为 1978 年以来的改革开放彻底否定了毛泽东时期的发展道路，偏离了社会主义。在他们看来，搞市场经济就是搞资本主义，社会主义只有计划经济，他们不能接受邓小平关于计划和市场都是手段、不具有社会制度属性的重要论断。所谓改革开放，就是要与世界资本主义接轨，就是要融入世界资本主义体系，所谓"中国特色"，其实质和内核就是资本主义。

还有学者认为，中国特色社会主义理论体系是新时期改革开放的全新产物，不包括改革开放前毛泽东时期的探索，哪怕是积极的理论成果，只能归入毛泽东思想。这种观点粗看起来颇有道理，但仔细分析，不仅于事实不相符合，而且在逻辑上也会造成继承与发展的混乱。辩证唯物主义和历史唯物主义认为，事物的发展表现为量变和质变两种形式。量变是质变的必要准备，量变达到一定程度必然引起质变，但是，在量变和质变的过程中，我们还应该看到，两者是相互渗透的，事物在量变的过程中有部分阶段的质变，新事物是在旧事物的母体中逐步酝酿和发展起来的。就马克思主义中国化的理论成果来看，其形成和发展也只能遵循这一普遍规律。它经历了萌芽、形成到成熟，再到继续发展的过程，即质量互变的过程。以毛泽东思想为例，毛泽东思想成熟于土地革命战争后期和抗日战争时期，但这一思想成熟必然经历一个量变的积累过程。这个量变的过程可以

① Martin Hart-Landsberg and Paul Burkett, *China and Socialism: Market Reforms and Class Struggle*, New York: Monthly Review Press, 2005, p. 34.

② Minqi Li, "The Rise of the Working Class and the Future of the Chinese Revolution", *Monthly Review*, Vol. 63, No. 2, June 2011, pp. 38 – 51.

说自 1921 年中国共产党成立并努力领导中国革命就开始了，与国民党进行第一次合作进行国民革命、合作破裂后独立领导土地革命，其间关于中国革命的思想和经验在不断积累和丰富。这是量变不断积累的过程，但其中也有部分质变的发生，比如关于中国社会各阶级的分析、关于中国革命领导权的认识、关于中国革命道路的探索，从无知到清醒就是部分的质变。马克思主义中国化的第二大理论成果中国特色社会主义理论体系也是如此。如果说，中国特色社会主义理论体系到党的十五大走向成熟，那么，其量变的积累和孕育则开始于 1956 年中国确立社会主义制度、进入社会主义社会。改革开放前以毛泽东同志为主要代表的中国共产党人关于社会主义建设的积极探索及其重要成果，无疑是中国特色社会主义理论体系的量变过程，它就是中国特色社会主义理论体系这一最新理论成果诞生之前的“母体”。如上所述，量变积累和孕育的过程也是部分质变发生的过程，而质变过程中又包含着两大成果在量上的此消彼长，直到质变的完全实现。质量互变规律告诉我们：改革开放前后，中国共产党关于中国特色社会主义建设的理论成果和实践是相互联系、不可割裂的两个历史阶段。实际上，将两个历史时期统称为探索中国特色社会主义建设的历史，在逻辑上、事实上都是顺理成章的。

如上所述，如果按照三个阶段的区分法，我们可以将 1956 年至 1978 年称为中国特色社会主义理论和实践的起步和初创阶段，把 1978 年至 1997 年称为中国特色社会主义理论和实践的形成和成熟阶段，把 1997 年以来称为中国特色社会主义理论和实践的创新和完善阶段。

三　以 1956 年为中国特色社会主义理论和实践起点的依据和意义

就逻辑而言，承认社会主义初级阶段是中国特色社会主义建设的总依据，承认改革开放前后两个历史时期统一于中国特色社会主义理论与实践的探索之中，就应当承认 1956 年社会主义制度的确立为中国特色社会主义理论和实践的历史起点，也就应当承认中国特色社会主义理论体系的现实基础始于 1956 年社会主义制度的确立。但是，在这个问题上学界一直存有分歧和争论。

（一）确认中国特色社会主义理论和实践起点的主要根据

否认 1956 年为中国特色社会主义理论和实践起点的主要观点：第一，承认 1956 年到 1978 年探索中国社会主义道路有一个良好开端，却否认其为中国特色社会主义的“历史起点”。关于改革开放前后两个历史时期的概括，有的学者把两个时期统称为“中国特色社会主义”，如王伟光、孙麾等学者明确提出“毛泽东是中国特色社会主义的伟大奠基者、探索者和先行者”①，唐洲雁、雷云等学者认为“毛泽东是探索中国特色社会主义道路的先行者”②。与此同时，有不少学者仅把改革开放后称为“中国特色社会主义建设时期”。至于改革开放前，他们习惯于称其为“探索适合中国情况的社会主义建设时期”或者“中国社会主义建设时期”。他们虽然承认，中国特色社会主义道路和理论体系凝结了几代人的探索、实践、智慧和心血，有邓小平对新道路的开辟和理论体系的开创，也有毛泽东的先行探索，但是中国特色社会主义的历史起点仍然是1978年十一届三中全会。③有学者说，虽然改革开放前对中国特色社会主义的探索“有良好开端”，但探索中有重大失误，最终也没有真正找到道路，所以不能成为起点。④不难看出，这里的问题：一是把“历史起点”与“良好开端”两个本来很相近、应该统一的概念割裂开，陷入了自相矛盾的误区；二是把道路和理论探索的起点与道路的开辟和理论体系的形成，甚至把“真正找到道路”与“历史起点”和“开始探索”等本不相同的概念混为一谈，陷入了混淆概念的误区；三是借口“重大失误”否认“开始探索”，实际上也是混淆概念的错误。凡探索必有风险，可能成功也可能失败，何况1956—1978年的探索并非完全失败。

第二，承认中国特色社会主义理论体系继承、吸收了毛泽东时期关于社会主义建设的正确思想，却不承认中国特色社会主义理论体系包含包括它，进而否定1956年为中国特色社会主义的历史起点。关于中国特色社会主义理论体系与毛泽东思想的关系，多数学者认为，中国特色社会主义理论体系不包括毛泽东思想，自然也不包括毛泽东时期关于社会主义建设的正确思想，其主要理由：一是以中央文件为据，得出中国特

① 王伟光、孙麾：《毛泽东是中国特色社会主义的伟大奠基者、探索者和先行者》，《中国社会科学》2013年第12期。

② 雷云：《毛泽东与中国特色社会主义》，《中国特色社会主义研究》2013年第6期；唐洲雁：《毛泽东是探索中国特色社会主义道路的先行者》，《东岳论丛》2013年第9期。

③ 徐崇温：《中国特色社会主义理论体系研究》，重庆出版集团、重庆出版社2011年版，第3—8页。

④ 石仲泉：《中国特色社会主义理论体系：当代中国创新理论的科学体系》，《理论参考》2007年第12期。

色社会主义理论体系不包括改革开放前毛泽东时期关于社会主义建设正确思想的结论。认为“中央文件对中国特色社会主义道路和理论所作的多次概括，都是以十一届三中全会为起点，从来没有把毛泽东思想包括在内”[①]。党的十七大报告指出：“中国特色社会主义理论体系，就是包括邓小平理论、‘三个代表’重要思想以及科学发展观等重大战略思想在内的科学理论体系。”[②] 多数学者由此推导：既然中央认为中国特色社会主义理论体系不包括毛泽东思想，当然也就不包括改革开放前毛泽东时期关于社会主义建设的正确思想。二是“毛泽东关于社会主义建设的正确思想，已经被邓小平创立的建设有中国特色社会主义理论加以继承和发展”[③]。“毛泽东的探索成果是中国特色社会主义最重要最直接的思想来源”，但“不能把毛泽东的探索过程算作中国特色社会主义的一个发展阶段”。[④] 承认毛泽东时期有成功探索，也承认继承和发展，却否认其为中国特色社会主义的一个发展阶段（哪怕作为起点），这其实是一个莫名其妙的奇怪逻辑。三是认为马克思主义中国化的两次飞跃、两大成果相互独立、各成体系，第二大成果自然不包括第一大成果。[⑤] 这种观点夸大了两大成果的独立性，忽视了二者一脉相承的联系。如前所述，第二大理论成果只能在第一大理论成果的母体中孕育成熟，吸收并部分包含第一大理论成果的内容是必然的，符合质量互变规律的一般规律。过分夸大两大理论成果的独立性，看不到两者内在联系显然是不科学的。四是认为“毛泽东所开始的，是对中国特色社会主义建设规律的探索，而不是中国特色社会主义理论体系的创立”[⑥]。这里的问题是，把认识社会发展规律的过程与社会发展理论生成的过程割裂开了。

那么，如何正确认识中国特色社会主义理论和实践的起点呢？我们认

---

① 徐崇温：《中国特色社会主义理论体系研究》，重庆出版集团、重庆出版社 2011 年版，第 13 页。

② 胡锦涛：《坚定不移沿着中国特色社会主义道路前进，为全面建成小康社会而奋斗——在中国共产党第十八次全国代表大会上的报告》，人民出版社 2012 年版，第 12 页。

③ 李君如：《马克思主义中国化若干问题研究》，《中共中央党校学报》2008 年第 1 期。

④ 闫志民：《中国特色社会主义理论发展史》，人民出版社 2012 年版，第 202—203 页。

⑤ 何腊生：《关于毛泽东思想与中国特色社会主义理论体系的关系的思考》，《湖北社会科学》2009 年第 6 期；杨凤城：《关于毛泽东思想与中国特色社会主义理论关系的思考》，《教学与研究》2008 年第 4 期。

⑥ 徐崇温：《中国特色社会主义理论体系研究》，重庆出版集团、重庆出版社 2011 年版，第 17 页。

为，首先要确认判断中国特色社会主义理论和实践起点的主要根据。

党的十八大报告及其后习近平总书记的多次讲话有一个明显的变化和特点，即反复强调、充分肯定中国特色社会主义的深厚历史渊源。十八大报告联系九十多年的历史讲我们“历尽千辛万苦，付出各种代价，取得革命建设改革伟大胜利，开创和发展了中国特色社会主义”；强调中国特色社会主义“是党和人民九十多年奋斗、创造、积累的根本成就”；毛泽东时期“为新的历史时期开创中国特色社会主义提供了宝贵经验、理论准备、物质基础”[①]。以习近平同志为核心的中央领导集体较以往更多地强调中国特色社会主义的来之不易。很明显，其目的就是要引导我们从更深远、更宽广的角度认识和理解中国特色社会主义的历史、理论和实践。

就中国特色社会主义的历史发展和演变来看，其基本形态主要表现为道路、理论和制度，那么，判断中国特色社会主义理论和实践起点的主要根据就可以也应当是：（1）社会主义制度在中国基本确立的时间；（2）社会主义建设（道路）在中国全面启动的时间；（3）马克思主义与中国实际第二次结合的开始。

1956 年底社会主义基本制度在中国的确立，开启了中国特色社会主义制度建设、完善和发展的历史；1956 年党的八大之后社会主义建设在中国的全面启动，开启了中国特色社会主义道路的艰辛探索；1956 年我们党提出并开始探索马克思主义与中国实际的第二次结合，开启了中国特色社会主义理论形成和发展的历史。这三件大事涉及制度、道路、理论，“三位一体”，密切相关，统一于中国特色社会主义的具体实践，也标志着中国特色社会主义历史在三个方位上的同时启动。

（二）确认 1956 年为中国特色社会主义理论和实践起点的重大意义

确认 1956 年为中国特色社会主义道路、理论和制度发展的历史起点，不会降低 1978 年十一届三中全会作为当代中国史上一大转折点的意义，也不会降低邓小平作为改革开放总设计师的历史地位，不会混淆两个历史时期在发展思路、方针政策等方面的重大区别，也不是要肯定毛泽东晚年发动“文化大革命”的“左”倾错误。确认这个历史起点，是对中国共产党领导人民开始大规模探索适合本国实际的社会主义建设道路这一基本事

① 胡锦涛：《坚定不移沿着中国特色社会主义道路前进，为全面建成小康社会而奋斗——在中国共产党第十八次全国代表大会上的报告》，人民出版社 2012 年版，第 9 页。

实的确认，是对改革开放前二十多年党和人民在探索和建设中国特色社会主义事业中取得重大成就的确认，也是对两个历史时期在发展阶段、发展方向、发展目标以及制度原则等方面所具有的连续性和统一性的确认。具体而言，把1956年视为中国特色社会主义起点的重要意义主要表现为：

第一，把1956年作为中国特色社会主义的起点，有利于从更宽广的视野研究和把握中国特色社会主义道路、理论、制度和文化形成发展的总体性和阶段性，在顺利与曲折、成功与失败、真理与迷误、经验与教训的比较中，深刻认识历史发展的复杂性和曲折性，并从中总结有益经验，以此把握共产党的执政规律、社会主义的建设规律和人类社会的发展规律，坚定全党和全国各族人民对中国特色社会主义的道路自信、理论自信、制度自信和文化自信。

第二，把1956年作为中国特色社会主义的起点，有利于坚定而清醒地把握中国特色社会主义建设的总依据——社会主义初级阶段，深刻认识我国社会长期不变的基本国情，牢牢把握党的基本路线，坚持把以经济建设为中心同四项基本原则、改革开放这两个基本点统一于中国特色社会主义伟大实践，既不妄自菲薄，也不妄自尊大，反“左”防右，扎扎实实地推进中国特色社会主义事业。[①] 一般认为，社会主义初级阶段理论是中国特色社会主义理论的奠基石，没有社会主义初级阶段的历史探索及其理论的形成，就没有中国特色社会主义道路及其理论的形成和发展。如果我们把十一届三中全会前的二十多年排除在外，社会主义初级阶段的历史就是残缺不全的，而中国特色社会主义的历史发展就不完整，从而失去了应有的说服力。

第三，把1956年作为中国特色社会主义的起点，有利于历史地、发展地、全面地认识和把握中国特色社会主义建设的总布局——经济建设、政治建设、文化建设、社会建设、生态文明建设五位一体的现代化建设布局的逐步演进并把握其内在联系。在中国特色社会主义建设过程中，中国共产党对社会发展的目标规划也经历了认识不断深化的过程，由最初的工业化到后来的四个现代化，由两个文明到三个文明、四个文明到五个文明。这种认识既是党坚持解放思想、实事求是这一思想路线的结果，同时也反映了中国共产党人对三大规律认识不断深化的过程。不可否认，我们

① 胡锦涛：《坚定不移沿着中国特色社会主义道路前进，为全面建成小康社会而奋斗——在中国共产党第十八次全国代表大会上的报告》，人民出版社2012年版，第16页。

对于中国特色社会主义建设规律的认识和把握仍在继续，没有终结，也不可能终结。如果从1956年毛泽东时期的探索来审视这个历史，其发展变化的完整性就可以清晰地呈现在我们的面前。

第四，把1956年作为中国特色社会主义的起点，有利于更加明确、更加坚定不移地把握中国特色社会主义建设的总任务——实现社会主义现代化和中华民族伟大复兴。近代以来，中华民族面临着两大历史任务，一是实现民族独立和人民解放；二是实现国家繁荣富强和人民共同富裕。①这两大任务的落脚点就是实现现代化、振兴中华。历史表明，完成前一个任务是完成后一个任务的前提条件，没有民族独立和人民解放，国家人民就不可能走上现代化的正确道路，就不可能实现繁荣富强和共同富裕，中华民族就不可能实现伟大复兴。1949年新中国的成立和1956年社会主义基本制度的确立，是“中国历史上最深刻最伟大的社会变革，为当代中国一切发展进步奠定了根本政治前提和制度基础”②，从此，中国人民才有可能独立自主地探索适合本国情况的中国特色社会主义建设道路，全面启动社会主义现代化和中华民族伟大复兴的第二大历史任务，逐步实现这个萦绕在中华民族心头一百多年的孜孜以求的奋斗目标。

习近平总书记指出：“中国特色社会主义，承载着几代中国共产党人的理想和探索，寄托着无数仁人志士的夙愿和期盼，凝聚着亿万人民的奋斗和牺牲，是近代以来中国社会发展的必然选择，是发展中国、稳定中国的必由之路。”③ 承认1956年为中国特色社会主义理论和实践发展的起点，就是对中国共产党领导人民开始大规模探索适合本国实际的社会主义建设道路这一基本事实的确认，就是对毛泽东时期党和人民在探索和建设中国特色社会主义事业中取得了重大成就的确认，也是对1978年前后中国社会主义发展两个时期继承和连续性的确认，没有否认毛泽东时期的失误，更没有也不会降低或否定邓小平时期开创社会主义现代化、开创中国特色社会主义建设新局面的重大历史贡献。

---

① 江泽民：《高举邓小平理论伟大旗帜，把建设有中国特色社会主义事业全面推向二十一世纪——在中国共产党第十五次全国代表大会上的报告》，人民出版社1997年版，第2页。

② 胡锦涛：《坚定不移沿着中国特色社会主义道路前进，为全面建成小康社会而奋斗——在中国共产党第十八次全国代表大会上的报告》，人民出版社2012年版，第10页。

③ 习近平：《紧紧围绕坚持和发展中国特色社会主义，学习宣传贯彻党的十八大精神——在十八届中共中央政治局第一次集体学习时的讲话》，人民出版社2012年版，第3页。

第六章　中国特色社会主义理论体系的制度基础

中国特色社会主义理论体系，源于中国特色社会主义道路和制度建设的具体实践。没有道路探索和制度建设的具体实践，就没有中国特色社会主义理论体系的形成、发展和完善。因此，制度是中国特色社会主义理论体系得以形成和建构的又一重要基础。与中国特色社会主义道路的不断探索和完善一样，中国特色社会主义制度是党和人民在长期实践探索中逐步形成的科学制度体系，我国国家治理一切工作和活动都依照中国特色社会主义制度展开。“中国特色社会主义制度”这一重要概念是胡锦涛在2011年《庆祝中国共产党成立90周年大会上的讲话》中首次提出来的。他指出：“中国特色社会主义制度，是当代中国发展进步的根本制度保障，集中体现了中国特色社会主义特点和优势。”① 2016年7月，习近平再次强调：“中国特色社会主义制度，坚持把根本政治制度、基本政治制度同基本经济制度以及各方面体制机制等具体制度有机结合起来，坚持把国家层面民主制度同基层民主制度有机结合起来，坚持把党的领导、人民当家作主、依法治国有机结合起来，符合我国国情，集中体现了中国特色社会主义的特点和优势。”② 2017年党的十九大报告和2019年十九届四中全会通过的《中共中央关于坚持和完善中国特色社会主义制度、推进国家治理体系和治理能力现代化若干重大问题的决定》进一步明确：“中国共产党领导是中国特色社会主义最本质的特征，是中国特色社会主义制度的最大优势。”③ 关于中国特色社会主义制度的建立，多数学者把1978年党的十一

---

① 《胡锦涛文选》第3卷，人民出版社2016年版，第527页。

② 《习近平谈治国理政》，外文出版社2014年版，第9—10页。

③ 习近平：《决胜全面建成小康社会，夺取新时代中国特色社会主义伟大胜利——在中国共产党第十九次全国代表大会上的报告》，人民出版社2017年版，第20页。

届三中全会全面启动改革开放作为历史起点加以考察，本书认为，应将1956年社会主义改造基本完成、社会主义制度基本建立作为历史起点。诚然，1956年后党的第一代领导集体关于中国特色社会主义制度的实践探索出现过严重失误，但我们仍然有足够的理由将改革开放前的探索视为中国特色社会主义基本制度的初创时期，即开始探索时期，其实践探索为之后中国特色社会主义基本制度的真正建立和完善奠定了不可或缺的重要基础，提供了必不可少的重要经验。鉴于中国特色社会主义文化制度在思想基础和价值基础等章节中已有论述和分析，本章对制度基础的讨论将集中在政治、经济、社会等三个方面。

一　中国特色社会主义政治制度及其优势

近代以来，中国人民经过一百多年的奋斗和牺牲，终于在中国共产党的领导下赢得了民族独立、人民解放的辉煌成就。1949年中华人民共和国的成立标志着中华民族彻底告别了几千年的封建专制制度，实现了向人民民主制度的伟大跨越，为建立崭新的社会主义政治制度开辟了道路、创造了条件。自新中国成立以来，以毛泽东、邓小平等同志为主要代表的几代中国共产党人坚持把马克思主义与中国具体实际相结合，在新中国政治建设的实践中进行了艰辛探索并取得了巨大成就，在坚持人民民主专政的基础上，逐步确立了人民代表大会的根本政治制度，确立了中国共产党领导的多党合作与政治协商、民族区域自治、基层群众自治等基本政治制度，从而逐渐找到了一条坚持党的领导、人民当家作主和依法治国三者有机统一的中国特色社会主义的民主政治发展道路。

（一）中国特色社会主义国家制度的确立和巩固

采取何种形式巩固和维护来之不易的革命政权、管理新生的国家是新中国成立后中国共产党和全国人民面临的一个重大课题。早在新民主主义革命时期，在《新民主主义论》《论联合政府》《论人民民主专政》等著作中，毛泽东就多次论及国体与政体问题，明确提出了实行工人阶级领导的、以工农联盟为基础的人民民主专政的主张，指出中国新民主主义革命所要建立的国家政权只能是人民民主专政，即人民当家作主，并将民主集中制运用到国家政权的建设中，确定国家政权的组织领导原则。1949年9月，中国人民政治协商会议第一届全体会议通过了具有临时宪法性质的《中国人民政治协商会议共同纲领》，确定了新中国的国体和政体，中华人民共和国的成立标志着人民民主专政国家政权的正式建立。新中国成立初期，中国共产党鉴戒苏联经验，积极探索中国自己的发展道路，一面积极进行经济建设，一面加快进行社会主义政治制度建设，加快由新民主主义向社会主义的过渡。1954 年召开的第一届全国人民代表大会顺利通过了《中华人民共和国宪法》。宪法明确规定："中华人民共和国是工人阶级领导的、以工农联盟为基础的人民民主国家，中华人民共和国的一切权力属于人民。人民行使权力的机关是全国人民代表大会和地方各级人民代表大会"①，从而正式确立了人民民主专政的国体性质和人民代表大会这一根本政治制度，为建立中国特色社会主义政治制度奠定了第一块国家制度的基石。之后，毛泽东在实践中不断深化对人民代表大会制度建设的思考。他认为，人大代表应认真履行代表的职责，要为国家政权建设作出应有的贡献，地方人大在不违背宪法和中央方针的条件下可以根据工作实际情况的需要制定相关的章程、条例和办法等。到 1957 年上半年，全国人大及其常委会很好地履行了其职责义务，通过了诸多法律法令，审查批准了年度计划预算等。1954—1965 年召开了三届人大会议，基本上做到了按期举行。基层人民代表大会从 1953—1963 年先后进行了五次普选，也基本上做到了按时选举。从 1955 年起全国人大和省级人大代表每年组织两次视察，还开展了代表检查工作的活动。此后，"大跃进"和"文化大革命"等左倾错误逐渐抬头，党内民主集中制和人民代表大会制度受到较大冲击，但这一根本政治制度的基本架构已经确立起来。

总起来看，新中国诞生后，以毛泽东为主要代表的第一代中央领导集体对中国特色社会主义国家制度建设的积极探索意义深远。基于中国国情的人民民主的国家政权建设、根本政治制度建设、第一部坚持人民民主原则和社会主义原则的宪法——《中华人民共和国宪法》的制定，都为开创和发展中国特色社会主义奠定了根本政治前提。所以说，改革开放以来，党的历次代表大会都对党的第一代中央领导集体团结带领全党和全国各族人民，完成新民主主义革命、社会主义改造，开始全面建设社会主义的探索给予了高度评价，称其"为当代中国一切发展进步奠定了根本政治前提和制度基础，为开创和发展中国特色社会主义提供了宝贵经验、理论准备

① 《建国以来重要文献选编》第 5 册，中央文献出版社 1993 年版，第 522 页。

和物质基础”①。万事开头难，毛泽东时期的积极探索是开创性的、奠基性的、历史性的贡献。

实行改革开放后，中国改变了过去高度集中的计划经济体制，逐步确立起社会主义市场经济制度，国内经济基础发生了深刻变化，人民民主意识不断增强。党的十一届三中全会之后，中国共产党适应新形势和新任务的要求，在加强和改善党的建设方面做了大量工作，重点解决了健全党的民主集中制，恢复党的优良传统和作风等问题，恢复了人民代表大会制度。80 年代，以邓小平同志为主要代表的中国共产党人开始着手对党和国家领导体制中存在的官僚主义等一些弊端进行改革。1978—1991 年这一时期中国社会主义民主政治制度得到完善，各级人大工作得到了加强和完善，其与人民群众的联系更加密切，人大代表不仅能够更好地代表人民，同时也受到了人民的监督，相关立法工作的推进又加强了法律监督。以江泽民同志为核心的第三代中央领导集体紧紧把握中国的基本国情和时代发展的新特征，不断创新完善中国特色社会主义各项政治制度，强调“坚持和完善工人阶级领导的、以工农联盟为基础的人民民主专政；坚持和完善人民代表大会制度和共产党领导的多党合作、政治协商制度以及民族区域自治制度；发展民主，健全法制，建设社会主义法治国家”②。一方面，坚持和完善人民代表大会制度，要求人大代表深入社会了解民情、充分反映民意、广泛集中民智，从而真正代表人民大众利益；另一方面，继续加强人民代表大会立法和监督职能，把执法检查作为各级人大常委会实施法律监督的一种重要形式。1992 年，在七届全国人大常委会第二十四次会议上，万里委员长指出：“一定要把对法律执行情况的监督检查，同制定法律放在同等重要的地位。”③ 在全国人大会议上由过去的“完全赞成”、“热烈拥护”、“一致通过”，到后来赞成中有反对、有弃权，且越来越变得司空见惯，对不同声音和批评的接受和保护，体现了民主的精神和价值。根据新的制度规范和要求，从八届全国人大开始，人代会期间各代表团都增设了新闻联络员，各代表团可带随行记者直接上会。从此，“两会”受媒体和社会的关注度倍增，许多群众通过来电来信表达他们的关切。据统计，

① 习近平：《在学习〈胡锦涛文选〉报告会上的讲话》，人民出版社 2016 年版，第 6 页。

② 江泽民：《高举邓小平理论伟大旗帜，把建设有中国特色社会主义事业全面推向二十一世纪——在中国共产党第十五次全国代表大会上的报告》，人民出版社 1997 年版，第 20—21 页。

③ 《万里文选》，人民出版社 1995 年版，第 615 页。

仅八届全国人大一次会议就收到全国各界来信九千多件。①

进入21世纪，从新世纪的新情况出发，以胡锦涛同志为总书记的党中央在理论创新的基础上加强对中国特色社会主义政治制度的创新与发展。2005年5月，中共中央批转了《关于进一步发挥全国人大代表作用，加强全国人大常委会制度建设的若干意见》，要求坚持和完善人民代表大会制度，并提出了新形势下人大工作的基本原则和工作重点等。一是保障人大代表依法行使职权，全国各地代表提出的议案在加强综合分析的基础上，实行统一交办制度。自2006年开始，代表们建议处理情况的报告均上报全国人大常委会。“十届全国人大三次会议期间代表提出的5884件建议、批评和意见已经办理完毕，并逐件答复代表。代表建议中，所提问题已经解决或正在抓紧解决的有1502件，占25%，比去年有较大提高；所提建议被采纳并已列入今后工作计划的有2347件，占40%。据对1000多名代表直接反馈的意见统计，对代表建议办理工作满意和基本满意的占92%。”② 二是密切人大代表同人民的联系，针对人民群众来信来访反映比较集中的问题，先后组织了大量代表参加专题调研，并组织代表就“十一五”规划编制涉及的重大问题进行集中视察。三是在学历、年龄等方面优化人大常委会组成人员结构。

党的十八大再次重申人民代表大会制度作为根本政治制度的重要地位。党的十八大以来，“广大人民依照宪法和法律规定，通过各级人民代表大会行使国家权力，通过各种途径和形式管理国家和社会事务、管理经济和文化事业”③。从包括刑法修正案、大气污染防治法等重要法律法规的修订表决，到依法行使监督、决定等职权，再到基层国家权力机关和人大代表如何发挥作用，处处彰显人民代表大会作为全国人民的权力机关行使国家权力的制度更加完善，实践方式不断创新。不仅如此，党中央在十八大后还对党组制度、地方党委工作条例等重要工作制度首次建规或修订，全面规范党组和地方党委工作。

人民民主专政是指中国共产党领导的人民民主政权下，在人民内部实行民主，发展社会主义民主政治；对境内外敌对势力和犯罪分子实行专

① 张纬炜：《恢宏壮阔的民主之旅》，《中国人大》2014年第17期。

② 吴邦国：《吴邦国在十届全国人大四次会议上作的常委会工作报告（摘登）》，《人民日报》2006年3月10日第2版。

③ 李捷、尹汉宁主编：《中国需要什么样的民主》，学习出版社2017年版，第73页。

政。进入社会主义初级阶段，人民民主专政基础上的中国社会阶级结构发生了较大的变化：剥削阶级已经被消灭，工人阶级在国家政治生活中的作用明显增强，工农联盟更加巩固，知识分子已成为工人阶级的一部分。1956年，党的八大就正确地指出，中国国内的主要矛盾已经不再是阶级矛盾，国家政权的主要任务是中国共产党带领全国各族人民进行社会主义现代化建设、巩固和发展社会主义制度。但阶级斗争作为一种社会现象在一定范围内还将长期存在，甚至有时还会激化，因此，人民民主专政的国家性质不会也不能改变。新世纪新阶段，当今社会的时代主题虽然仍然是和平与发展，但并不代表国际社会一直是风平浪静的，国际局部地区仍然战争频发，恐怖主义、民族分裂主义等仍然横行，中国仍然面临防御外部敌人的颠覆、“和平演变”、西化、分化活动和侵略，对企图颠覆和推翻社会主义制度的外部敌对势力必须坚决予以回击。互联网时代新的国际国内形势下，“组织社会主义经济建设、政治建设、文化建设、社会建设、生态文明建设，发展科学、文化、教育和社会保障事业，大力发展社会生产力，建设社会主义物质文明、政治文明、精神文明和生态文明，走共同富裕道路，是人民民主专政长期的、根本的任务”，“必须建设强大的国防军，必须建设强大的公安政法力量，以人民民主专政的力量保卫和平、保卫人民、保卫社会主义”①。

（二）中国特色社会主义政党制度的确立和完善

作为中国特色社会主义发展过程中内生的一项基本政治制度，中国共产党领导下的多党合作与政治协商制度是中国特色社会主义政党制度的基石。中国是一个多党派的国家，除了中国共产党是执政党外，还有八个民主党派是共产党的友党、参政党并受共产党的领导。这些民主党派在新中国成立之前就已存在，在新民主主义革命期间，中国共产党与各民主党派在与敌人的持续斗争过程中逐渐形成了风雨同舟、患难与共的合作关系，这为后来确立中国共产党与民主党派之间长期共存、团结合作的方针奠定了重要基础。新中国成立之初，中国就建立了中国共产党领导下的多党合作与政治协商制度。在这一制度下，依照宪法规定八大民主党派保持组织独立性，并享有政治自由和法律地位平等。1956年，中共八大政治报告中明确规定了今后将采取共产党和民主党派“长期共存、互相监督”的方

① 王伟光：《坚持人民民主专政，并不输理》，《红旗文稿》2014年第18期。

针。1957年4月，周恩来指出，民主党派的寿命要与我们党的寿命一样长，这就明确表明共产党要与民主党派长期共存、互相监督，共产党居于领导执政地位，主要是民主党派监督共产党，奠定了社会主义条件下中国多党合作的政治格局，使国内民主党派人士备受鼓舞，大大提高了他们参政议政的积极性。虽然从1957年反右派斗争开始直至“文化大革命”结束，中国共产党领导的多党合作政治协商制度正常运作遇到了一些障碍，但是民主党派仍然保持着相对较为独立的组织身份和地位，并且在“文化大革命”期间也有向中共中央和毛泽东就“文化大革命”中的重大问题谏言的机会。据史料记录，1972年民革中央就以民主党派的身份参与举办纪念孙中山诞辰的活动。

改革开放以来，以邓小平同志为核心的第二代中央领导集体不断完善共产党领导下的多党合作和协商制度，丰富了新时期统一战线理论，明确了人民政协的工作任务，在中国共产党同各民主党派之间建立起“长期共存、互相监督、肝胆相照、荣辱与共”的关系。邓小平在1979年全国政协五届二次会议上发表讲话谈道：“人民政协是发扬人民民主、联系各方面人民群众的一个重要组织。中国的社会主义现代化建设事业，继续需要政协就有关国家的大政方针、政治生活和四个现代化建设中的各项社会经济问题，进行协商、讨论，实行互相监督，发挥对宪法和法律实施的监督作用。”① 1982年又重新修订了政协章程，章程回答了人民政协的性质、任务、职能以及组织总则等基本问题，为新时期人民政协事业的发展确立了科学的制度规范。随后《中华人民共和国宪法》进一步明确写入人民政协的性质、重要地位等，并于1993年3月修订宪法时加入“中国共产党的多党合作和政治协商制度将长期存在和发展”的条文内容，以法律形式确保这一基本政治制度的长期存在和发展。党中央1995年又出台《政协全国委员会关于政治协商、民主监督、参政议政的规定》，以人民政协的长远发展为立足点，全面阐述人民政协履行职能的规范化、制度化、程序化等问题。1997年，党的十五大在修订《中国共产党章程》时体现了中国特色社会主义政治制度中人民政协的重要地位，并将“坚持和完善中国共产党领导的多党合作和政治协商制度”作为党在社会主义初级阶段的基本纲领之一予以巩固。随后召开的庆祝人民政协成立50周年大会上，江

① 《邓小平文选》第2卷，人民出版社1994年版，第187页。

泽民从人民政协的发展历程出发，总结了人民政协在社会主义现代化建设中的宝贵经验，并提出了新世纪人民政协的发展要求。

2007 年 11 月，中国政府颁布《中国的政党制度》白皮书，详细规定了中国共产党和各民主党派在中国特色社会主义政治制度中的各自责任与相互关系，中国共产党领导的多党合作和政治协商制度体现了中国社会主义政治制度的特点与优势，它将长期存在并发展下去。“1990 年至 2006 年底，中共中央、国务院及委托有关部门召开的协商会、座谈会、情况通报会达 230 多次，其中中共中央总书记主持召开 74 次。”① 2002 年党的十六大后，为加强社会主义政治文明建设，中国共产党进一步加强人民政协建设，尤其注重发挥政协在协调关系、汇聚力量、建言献策、服务大局等方面的重要作用，继续完善多党合作制度及其相关程序，使其更加规范健全。2013 年 12 月，习近平总书记在全国政协新年茶话会上的讲话中指出：“我们要巩固和发展最广泛的爱国统一战线，坚持和完善中国共产党领导的多党合作和政治协商制度，寻求最大公约数，凝聚改革共识，汇聚改革正能量。”②

中国特色社会主义政治制度中，选举式民主与协商式民主是中国社会主义民主的两种基本形式。其中，多党合作和政治协商制度所体现的协商民主自然孕育于中国的传统文化和历史土壤中，“符合社会主义民主的本质要求，反映了中国特色社会主义政治制度的特点和优势，以其民主协商、求同存异的原则在中国具有其深厚的发展基础和特殊价值”③。目前，中国已进入社会结构深刻变动、利益格局深刻调整的关键时期，时代要求不断创新机制，进一步发挥多党合作和政治协商制度的优势和作用。“比如通过建章立制，合理调整政协界别设置，以适应社会结构的变化，让协商更见实效；通过培训、实践，提高各个利益主体的协商能力，提升协商民主的质量；通过完善机制设计，进一步畅通渠道，让利益诉求得以有效表达，充分协商；通过完善监督体系，让政治协商成果真正在决策中得到充分体现；等等。”④ 从而使中国特色社会主义的多党合作和政治协商制度

① 《中国的政党制度》，《人民日报》2007 年 11 月 16 日第 15 版。

② 习近平：《全国政协举行新年茶话会》，《人民日报》2014 年 1 月 1 日第 1 版。

③ 常辉：《习近平社会主义协商民主思想新论断刍议》，《中共山西省直机关党校学报》2015 年第 6 期。

④ 本社编：《辉煌十年·政治篇》，学习出版社 2012 年版，第 87 页。

进一步显示其不可动摇的作用和力量。

（三）中国特色社会主义民族区域自治制度的建立和巩固

中国是统一的多民族国家，有着光荣的革命传统，各少数民族在民主革命过程中为革命胜利作出了积极贡献。1949 年中国人民政治协商会议颁布了《共同纲领》作为国家临时宪法，以法律的形式确认了党的民族政策，其在第 51 条明确规定："各少数民族聚居的地区，应实行民族的区域自治，按照民族聚居的人口多少和区域大小，分别建立各种民族自治机关。凡各民族杂居的地方及民族自治区内，各民族在当地政权机关中均应有相当名额的代表。"[①] 由此，民族区域自治政策开始在全国范围内实施推行。新中国成立后，民族工作面临的情况特别复杂：一是少数民族由于长期受到反动统治者的压迫对汉族持敌视对立的态度，与汉族存在很深的民族隔阂，并有狭隘民族主义的倾向；二是多数少数民族信仰宗教，对中国共产党及其中央政府不信任，存在很大疑虑；三是少数民族多处于边远地区，民族内部经济、政治、文化等发展水平很不平衡，与汉族地区的发展存在更大差距。因此，以毛泽东同志为主要代表的中国共产党人必须从中国民族问题的具体实际出发，设计制定出合理的制度与政策，才能避免引发民族争端，有效解决新中国成立初期复杂而艰巨的民族问题。1950 年 3 月，第一次全国统战工作会议讨论了民族工作问题，5 月，中央人民政府举行政务会议提出，要采取"慎重稳进"的方针解决民族问题，6 月，毛泽东在七届三中全会上强调，少数民族地区的社会改革是一件重大的事情，必须谨慎对待。同年党中央还出台了《关于处理少数民族问题的指示》，要求对于少数民族问题遇事必须向上级和中央汇报请示，不得擅自处理。从 1950 年开始，党中央不断加大对少数民族地区的访问与联系，为广大少数民族百姓恢复生产，提供大量生活帮助，并着力培养提拔少数民族干部。1952 年《中华人民共和国民族区域自治实施纲要》获准通过，纲要对民族自治机关、自治区内的民族关系、与中央的关系等核心问题进行了明确规定，民族区域自治制度开始形成雏形，并将这一政策正式写入 1954 年《宪法》中，使之作为一项基本政治制度固定下来。自 1947 年首先设立内蒙古自治区到新中国成立后设置新疆、广西、宁夏等自治区，直至 1965 年 9 月西藏自治

① 《建国以来重要文献选编》第 1 册，中央文献出版社 1992 年版，第 12 页。

区的成立，标志着新中国民族区域自治的基本格局已经建立。1957 年，周恩来在《民族区域自治有利于民族团结和共同进步》中谈及民族区域自治制度时指出：“因为我国许多少数民族同汉族长期共同聚居在一个地区，有些地区，如内蒙古、广西、云南，汉族都占很大比重，若实行严格的单一民族的联邦制，很多人就要搬家，这对各民族团结和发展都很不利。所以我们不采取这种办法，而要实行民族区域自治的政策。”① 在民族政策实施过程中，中国共产党从民族团结的大局出发，反对大汉族主义与地方民族主义，重视改善民族关系，培养少数民族干部，帮助少数民族地区积极发展经济、教育文化等，努力消除民族间的不平等与隔阂，为新中国的统一稳定与繁荣发展奠定了民族政策的制度基石。之后，中国共产党领导下的国家政府继续高度重视民族问题。1984 年 5 月，第六届全国人民代表大会第二次会议审议通过了《民族区域自治法》，它将宪法中有关民族区域自治制度具体化，于 1984 年 10 月 1 日正式实施。坚持在维护祖国统一的基础上，切实加强民族工作，进一步完善民族区域自治制度，坚持民族平等、民族团结和促进各民族的共同繁荣，以培养少数民族干部为重要途径，发展良好的社会主义民族关系，巩固各民族间的团结。

民族区域自治制度不同于民族自决制度，其内涵是指在国家统一领导下在各少数民族聚居的地区实行区域性自治，使少数民族人民在本民族区域内充分享有民族自治权。宪法明确规定：“各少数民族聚居的地方实行区域自治，设立自治机关，行使自治权。各民族自治地方都是中华人民共和国不可分离的部分。”② 迄今为止，民族区域自治制度已经走过了七十多年的历程。实践证明，这一制度既保证了少数民族能够充分享有和行使管理地方国家事务的权力，又维护了民族团结和国家统一，是从中国的国情出发制定的又一项具有中国特色的基本政治制度。

当今世界风云变幻，国际国内形势出现新变化。国际上民族分裂主义浪潮不断冲击中国少数民族地区，西方势力利用宗教等干涉中国内政，国内改革开放以来西部民族边远地区与东部沿海地区差距进一步拉大，城镇

① 汪晖：《东方主义、民族区域自治与尊严政治——关于“西藏问题”的一点思考》，《天涯》2018 年第 4 期。

② 《改革开放三十年重要文献选编》（上），人民出版社 2008 年版，第 301 页。

化浪潮中民族自治权力缩小，等等，中国民族问题面临诸多挑战。从当今现实出发，党中央指出，要进一步完善民族区域自治制度，健全民族区域自治相关法律法规，明确自治机关与上级及其相关部门的权力权限，强化民族自治区域群众参政议政渠道，充分保障少数民族民众的权利，促进并加快少数民族地区经济社会发展，使民族区域自治制度在中国特色社会主义发展道路上发挥更加突出的作用。

（四）中国特色社会主义基层群众自治制度的探索和建立

中国的基层群众自治制度，是指“城乡居民群众以相关法律法规政策为依据，在城乡基层党组织领导下，在居住地范围内，依托基层群众自治组织，直接行使民主选举、民主决策、民主管理和民主监督等权利，实行自我管理、自我服务、自我教育、自我监督的制度与实践”①。基层群众自治制度大致包括城市居委会、农村村委会和城乡社区建设等三种形式。“截至2007年底，我国农村有61万多个村民委员会，城市有8万多个社区居民委员会。自《村民委员会组织法》和《城市居民委员会组织法》实施以来，全国绝大多数农村和城市已进行了6次以上的村（居）民委员会换届选举。85%的农村建立了实施民主决策的村民大会或村民代表大会，90%以上的农村建立了保障民主监督的村民理财小组、村务公开监督小组等组织，村务公开、民主评议等活动普遍开展。89%的城市社区建立了居民（成员）代表大会，64%的社区建立了协商议事委员会，22%的社区建立了业主委员会，居民评议会、社区听证会等城市基层民主形式普遍推行，收到了很好效果。”② 可以说，经过长期的发展探索，中国基层群众自治组织体系日渐完善，自治从内容到形式日益丰富多样。2007年，党的十七大将“基层群众自治制度”“中国共产党领导的多党合作和政治协商制度”“民族区域自治制度”并列为我国的基本政治制度。把坚持和完善基层群众自治制度作为坚持中国特色社会主义政治发展道路的重要内容，是新时期中国共产党的一个重大决策，大大提升了基层群众自治制度的地位与作用。

《中华人民共和国宪法》第111条规定：“城市和农村按居民居住地区设立的居民委员会或者村民委员会是基层群众性自治组织。居民委员会、

① 李学举：《我国基层群众自治制度地位的重大提升》，《求是》2008年第3期。

② 郭秋琴：《论基层群众自治制度》，《上海党史与党建》2009年第4期。

村民委员会的主任、副主任和委员由居民选举。居民委员会、村民委员会同基层政权的相互关系由法律规定。居民委员会、村民委员会设人民调解、治安保卫、公共卫生等委员会，办理本居住地区的公共事务和公益事业，调解民间纠纷，协助维护社会治安，并且向人民政府反映群众的意见、要求和提出建议。”① 居民委员会、村民委员会、企业职工代表大会和其他民主形式等都属于基层群众自治制度，广大人民群众依法在选举、决策等基层民主实施过程中行使各项民主权利。在基层群众自治制度中，人民群众可以自主行使权利和管理基层事务，它体现了社会主义民主在现实生活中最广泛的应用。基层群众自治制度下，不仅需要加大对群众的民主意识教育，帮助其树立社会主义民主法治的观念，鼓励其参与社会管理和公共服务，维护群众合法权益，还需要进一步增强政务等信息公开的程度，在制定与群众利益密切相关的法律法规和公共政策时要积极听取群众意见，促使群众积极投入基层公共事务等实践活动，并从群众利益出发对相关干部行使监督权。企事业民主管理制度下，职工代表大会是职工参与改革和管理的基本形式，通过职工代表大会维护自身合法权益，及时纠正企事业单位改革管理过程中出现的武断决策、强迫命令等错误行为，杜绝贪污腐败等严重伤害人民利益的行为。基层群众自治制度从人民利益出发，鼓励人民依法直接参与基层民主实践，以自主的管理和服务带动自主的教育和监督，有利于形成良好的基层干群关系与和谐的社会生活环境。

党的十七大以来，我国基层群众自治制度不断完善，基层党组织充满活力，基层群众自治机制进一步健全，在中国特色社会主义民主政治制度体系中日益发挥着基础性作用。“基层群众自治组织基本实现了全覆盖，新型城乡自治组织不断涌现。目前，农村有59万多个村委会，成员233.3万人；城市有8.9万个社区居委会，成员43.9万人。”② 随着中国社会的发展，基层群众自治制度将在党的领导下继续坚持依法治国方略，在现有制度的基础上进行制度创新。健全各项民主管理制度和法规，完善各项公开办事规章制度，丰富基层民主政治的形式，扩大基层民众参与政治的渠道，组织引导民众提高自身民主管理的水平。

（五）中国特色社会主义国家军事制度的建立和巩固

党对军队的绝对领导是马克思主义建军学说的重要内容。马克思主义

① 《十二大以来重要文献选编》（上），人民出版社1986年版，第246—247页。

② 李立国：《深入落实和不断完善基层群众自治制度》，《求是》2012年第14期。

认为，无产阶级军队是无产阶级专政的首要条件，无产阶级只有掌握军队，才能推翻资产阶级的统治，取得无产阶级革命的胜利。以毛泽东为核心的第一代党中央将马克思主义无产阶级专政理论与中国革命实践相结合，确立了党对军队的绝对领导的根本原则和基本军事制度，从而成为“中国特色社会主义政治制度的重要组成部分，是党和国家的重要政治优势”①。

中国人民解放军是由中国共产党缔造的无产阶级新型的人民军队，其宗旨是全心全意为人民服务，它必须坚持中国共产党的绝对领导，才能成为真正的党领导、服务于人民的军队。毛泽东曾经明确指出，“没有人民军队，就没有人民的一切”。早在新民主主义革命时期，以毛泽东同志为主要代表的中国共产党人就认识到军队和武装斗争的重要性，提出“枪杆子里面出政权”的论断，开始创建人民军队，并注重从思想、政治、组织等方面加强军队建设，明确贯彻“党指挥枪”的根本原则，将人民军队的领导权牢牢掌握在党中央的手里。党对军队绝对领导，是打倒一切国内外反动派的重要前提，是维护民族利益和全国人民根本利益的基本保证，中国共产党在对军队绝对领导的基础上依靠人民军队，取得了新民主主义革命的胜利，并建立了独立的国家政权。新中国诞生后，以毛泽东同志为主要代表的中国共产党人领导全党全军结合马克思主义军事理论，围绕军队与党、国家和政府等关系，对最高军事领导制度进行相应调整，即使在“文化大革命”期间，党中央也始终牢牢掌握着军队的最高领导权，最高军事领导制度亦没有发生根本性变化。十一届三中全会以后，以邓小平同志为主要代表的中国共产党人总结经验教训，加强国家法治建设，通过宪法正式确立军委主席负责制，从法律上明确了这一最高军事领导制度，并从组织上和制度上进一步完善军委主席负责制。20 世纪 90 年代，江泽民结合新世情、新国情、新党情，对军委主席负责制进行实践举措创新，修订了相关法律法规，“1997 年 3 月，在江泽民的领导和推动下，八届全国人大第五次会议通过《中华人民共和国国防法》，规定中央军事委员会领导全国武装力量，行使十项职权”②，加强党对军队的领导与建设。2009

① 《国防和军队建设贯彻落实科学发展观重要论述选编》，解放军出版社 2010 年版，第 201 页。

② 袁新涛：《党对军队的绝对领导与军委主席负责制的形成与发展》，《党的文献》2016 年第 4 期。

年12月胡锦涛在中央军委扩大会议上指出："党对军队的绝对领导，是我军建军的根本原则和永远不变的军魂，是我国的基本军事制度和中国特色社会主义政治制度的重要组成部分，是党和国家的重要政治优势。"① 党的十八大以来，习近平总书记提出要实现中国梦强军梦，强调政治建军是立军之本，面对新情况新问题，要毫不动摇坚持党对军队的绝对领导，并成立军委改革领导小组，大力推动国防和军队改革，从理论和实践上不断丰富完善军委主席负责制，确保军队高度集中统一。"2015年2月，中央军委《关于新形势下深入推进依法治军从严治军的决定》指出，军委主席负责制，是宪法明确规定的重大制度，是党对军队绝对领导的最高实现形式，必须健全完善贯彻军委主席负责制的体制机制，严格落实军委主席负责制的各项制度规定。"②

中国人民解放军作为国家政治制度的重要组成部分，担负着保卫祖国、建设祖国的重任，是保卫革命果实和建设成果的坚实盾牌，而中国共产党对军队的绝对领导是中国特色社会主义国家军事制度的奠基石。党对军队的绝对的领导，主要体现在政治、思想、组织等方面的领导。所谓政治领导，就是全军的思想和行动要服从统一于党的纲领、路线、方针和政策；所谓思想领导，就是以马克思主义思想武装军队，树立无产阶级世界观；所谓组织领导，就是军队在党中央及其中央军委的集中统一领导下，以保证党的政治领导和思想领导的实现。在新形势下，坚持党对军队的绝对领导，最核心的一点就是"用中国特色社会主义理论体系武装官兵，把听党指挥建立在理性自觉的基础上，从根本上解决听党的话、跟党走的问题"③。自毛泽东为代表的第一代党中央领导集体开始，一代代中国共产党人就以马克思主义建军理论为指导，从中国革命和建设实践中摸索出了"党对军队的绝对领导"的成功经验，进而将这一经验提升为理论，最终形成了独具中国特色的最高军事领导制度，即党中央总书记、国家主席、中央军委主席"三位一体"的军委主席负责制。正如习近平总书记所说："党对军队的绝对领导，是我国的基本军事制度和中国特色社会主义政治

① 《国防和军队建设贯彻落实科学发展观重要论述选编》，解放军出版社2010年版，第201页。

② 袁新涛：《党对军队的绝对领导与军委主席负责制的形成与发展》，《党的文献》2016年第4期。

③ 《始终不渝坚持党对军队的绝对领导》，《人民日报》2012年6月5日第7版。

制度的重要组成部分，全心全意为人民服务是我军的根本宗旨。无论怎么改，这些都绝对不能变。”①

中国特色社会主义政治制度是自新中国探索社会主义现代化建设以来逐渐建立起来的一套适合中国国情的民主政治发展道路。中国从一穷二白的基础上开始建设社会主义，在借鉴苏联的基础上独创了人民民主专政、多党合作等中国特色社会主义基本政治制度，并凭借其独特的制度优势取得了世人瞩目的辉煌成就。

第一，能够使人们享有更加广泛的权利与自由。在人民代表大会制度这一根本政治制度下，人民通过人民代表大会行使国家权力，人民代表大会必须真正代表人民的利益，按照人民的意志行使国家权力，对人民负责，受人民监督。它通过立法等形式确保人民真正享有管理国家事务的权利，行使当家作主的权利。因此，人民民主专政基础上的人民代表大会制度是将马克思主义理论运用于中国并形成具有中国特色的根本政治制度的重要基石。

第二，能够有效维护国家秩序和社会安定。中国特色社会主义政治制度的本质特征是中国共产党的领导。共产党是唯一合法的执政党，其他民主党派是参政党，可以就国家的大政方针积极献言献策、民主监督。多党合作的政治协商制度有利于中国共产党与民主党派之间建立亲密的合作关系，既保证中国共产党的集中领导，又促进其他民主党派积极参政议政。此外，民族区域自治制度，有利于保障少数民族人民当家作主的权利；基层群众自治制度有利于人民群众在基层参与管理国家事务和社会事务。这些基本政治制度都大大增强了中华民族的凝聚力，利于形成安定团结的政治局面。

第三，能够坚定维护国家独立自主。中国作为世界上最大的发展中国家，从新中国成立以来就面临复杂的国内外环境，既要积极保护革命和建设的成果，维护国家的独立自主，又要广交朋友，为本国赢得更多的发展空间。将党的领导、人民当家作主和依法治国三者统一于社会主义伟大实践中，并在此基础上确立起中国特色社会主义基本政治制度，保证了国家沿着安定有序的社会主义轨道发展下去，同时坚持在和平共处五项原则基础上发展同一切国家的正常关系，并坚决抵制任何国家以社会制度、意识

① 《习近平关于全面深化改革论述摘编》，中央文献出版社 2014 年版，第 121 页。

形态等借口干涉别国内政，从而有效维护了国家的独立自主。

二　中国特色社会主义经济制度及其优势

新中国成立伊始，国内经济百废待兴，中国共产党结合本国国情制定了过渡时期的总路线，顺利完成了对生产关系的改造，确立起社会主义公有制经济基础，并贯之以与其相匹配的按劳分配原则。“文化大革命”结束以后，在实事求是思想路线指导下，党中央领导全国人民在政治、经济、军事、科教等领域拨乱反正，结束了“以阶级斗争为纲”的基本路线，实现全党全国的工作重心转移，并开始实行改革开放，成为当代中国特色社会主义现代化建设的伟大转折点，逐步形成了公有制为主体、多种所有制经济共同发展的基本经济制度和按劳分配为主体、多种分配方式并存的分配制度。随着中国社会主义市场经济体制理论和实践的不断完善，“基本经济制度、收入分配制度和社会主义市场经济体制共同构成了中国特色社会主义经济制度”①。

（一）中国特色社会主义生产资料所有制的基石

公有制为主体、多种所有制经济共同发展的基本经济制度，是中国特色社会主义经济制度的重要基石，体现着当代中国特色社会主义生产资料公有制的性质。新中国成立伊始，经济发展落后，工业化程度极低，社会生产力整体水平低下，中国共产党从具体实际出发，首先领导推进由新民主主义向社会主义的过渡，提出了社会主义工业化与社会主义改造同时并举的过渡时期总路线，其中的战略重点是对生产资料实行社会主义改造，即对生产关系的变革，把生产资料私有制转变为生产资料公有制。1956 年底社会主义三大改造完成，标志着社会主义公有制经济初步成形。社会主义改造的基本完成使当时中国国民经济结构发生了根本改变，与社会主义改造前相比，“全民所有制经济在国民收入中的比重由 1952 年的 19.1% 上升到 32.2%，集体所有制经济的比重由 1.5% 上升到 53.4%，比重上升最为显著，公私合营经济由 0.7% 上升到 7.3%，私营经济由改造前的 6.9% 下降到 0.1%，个体经济由 71.8% 下降到 7.1%，包括全民所有制、集体所有制和公私合营三种社会主义公有制经济在国民收入中的整体比重达到

---

①　乔惠波：《中国特色社会主义基本经济制度的内涵与定位》，《中国特色社会主义研究》2013 年第 4 期。

了93%”[①]，从而一举奠定了社会主义公有制经济在整个国民经济中的主体地位，并形成了以生产资料单一公有制、按劳分配和高度集中、计划调控为主要特征的社会主义基本经济制度。

随着1956年社会主义改造的基本完成，处于国内社会大变动和国际形势新变化中的中国开始探索中国式的社会主义建设新道路，揭开了探索完善中国特色社会主义经济制度的序幕。新中国成立后，国家通过没收官僚资本、改造民族资本和大规模经济建设逐步建立了中国的国有经济体系，并形成了一套与传统的计划经济体制相适应的国有企业管理体制。在国有企业的宏观管理方面，主要实行行政化的国有企业管理体制，即严格指令性计划的国营企业制度。国有企业的生产经营依照国家制定和下达的指令性计划进行，企业没有经营自主权。国有企业的厂长由上级主管部门任免，企业的人、财、物由国家统一配给，企业的产、供、销由国家统一负责，企业按照国家的指令，完成国家下达的各项计划指标。在国有企业的微观管理上，主要通过厂长负责制与民主化管理相结合来实现微观管理，具体表现为企业由厂长或经理负责，同时建立由其他生产负责人和工人代表组成的工厂管理委员会进行监督。这种高度集中的国有企业管理制度曾经在新中国成立之初充分发挥了优势，使中国的经济发展取得了显著成绩，推动了中国工业化建设，为后来的中国社会主义现代化建设奠定了重要基础。但是，随着中国经济建设规模的扩大和结构的复杂化，它所包含的政府对企业统得过多过死、资源配置效率低下等致命缺陷日益成为经济发展的障碍。1978年以前，中国政府曾经采取下放物资管辖权、实行财政大包干等措施进行了几次小规模的调整并收到一定成效。

毛泽东指出："中国民族和人民要彻底解放，必须实现国家工业化。"[②]1956年，他提出在发展重工业的前提下，加大对农业和轻工业的投资。1957年，在《关于正确处理人民内部矛盾的问题》一文中毛泽东又提出"工业和农业同时并举"的方针，1959年，进一步要求发展国民经济要按照农、轻、重的次序来进行。1962年中共八届十中全会确定了发展国民经济的总方针，提出实行"同时并举"的方针，包括"农重轻并举""大中

---

① 林蕴晖等：《强国的方略——中国五十年社会主义战略的演变》，中国青年出版社2000年版，第85页。

② 《毛泽东文集》第6卷，人民出版社1999年版，第223页。

小型企业并举”“土洋结合”等。当然，后期因过于追求工业化建设速度，导致出现了“大跃进”等严重失误。但必须承认的是，中国共产党在新中国成立之初的客观条件下一直坚持工业化的发展方向，集中力量优先发展重工业，并努力保持和发展国有企业在工业化过程中的主导作用，从而快速地建立起比较独立完整的社会主义工业体系，为国民经济的发展奠定了基本的工业基础。尽管出现“文化大革命”等严重挫折，经济发展一度陷入混乱停滞状态，但中国的工业化发展在“文化大革命”期间总体还是得以贯彻坚持。据资料统计，“1976 年与 1966 年相比，钢 2046 万吨，增长 33.6%；原煤 4.83 亿吨，增长 91.7%；原油 8716 万吨，增长 499%；发电量 2031 亿千瓦小时，增长 146%；化肥 524.4 万吨，增长 117.7%；水泥 4670 万吨，增长 131.8%；机床 15.7 万台，增长 186%；汽车 13.52 万辆，增长 141.9%；全国工业总产值指数如以 1952 年为 100，则 1976 年为 1274.9”①。党在 1981 年十一届六中全会上发布的《关于建国以来党的若干历史问题的决议》中谈到社会主义工业化发展方向时指出；“整个来说，在一个几亿人口的大国中比较顺利地实现了如此复杂、困难和深刻的社会变革，促进了工农业和整个国民经济的发展，这的确是伟大的历史性胜利。”②

经过社会主义改造确立了公有制经济的绝对统治地位，从经济基础上保证了社会主义国家的性质。改革开放后，中国共产党通过认真总结以往的经验和教训，并不断加深对非公有制经济的认识与理解。改革开放之初，党中央和政府分别于 1981 年、1984 年颁布《关于城镇非农业个体经济若干政策性规定》和《关于农村个体工商业的若干规定》等文件，文件指出，“个体经济是国营经济和集体经济的必要补充，要鼓励和支持它的发展”，个体经济开始得到恢复和发展，特别是农村家庭联产承包责任制获得推广后，有雇佣经营的私营企业开始出现并发展起来。但当时国家对这种私营性质的企业持谨慎观望态度。1982 年，党的十二大报告中提到“城镇青年和其他居民集资经营的合作经济，近几年在许多地方发展了起来，起了很好的作用。党和政府应当给以支持和指导，决不允许任何方面

① 刘永佶：《国家资本及其国有企业是新中国工业化的基础和主干》，《当代中国史研究》2003 年第 4 期。

② 《三中全会以来重要文献选编》（下），人民出版社 1982 年版，第 801 页。

对它们排挤和打击。在农村和城市，都要鼓励劳动者个体经济在国家规定的范围内和工商行政管理下适当发展，作为公有制经济的必要的、有益的补充。只有多种经济形式的合理配置和发展，才能繁荣城乡经济，方便人民生活"[①]。直到1987年经过调查研究后，党中央出台了关于私营企业的指导方针，"允许存在、加强管理、兴利抑弊、逐步引导"[②]。党的十三大报告明确规定，"社会主义初级阶段的所有制结构应以公有制为主体。目前全民所有制以外的其他经济成份，不是发展得太多了，而是还很不够。对于城乡合作经济、个体经济和私营经济，都要继续鼓励它们发展。"[③] 这是在对社会主义阶段和社会主义经济的认识上获得的巨大突破，国家已经充分认识到中国处于社会主义初级阶段，中国的社会主义经济是有计划的商品经济，这为非公有制经济的发展奠定了重要基础。1988年，以个体经济和私营经济为代表的非公有制经济取得长足发展，全国数量超过1000万家，雇佣人数达到近2500万人，中国社会主义初级阶段的公有制为主体、多种所有制经济成分并存的生产资料所有制制度基本确立起来。随着社会主义市场经济体制的发展完善，公有制经济与非公有制经济在市场经济中互相影响、相得益彰。据统计，"2014年，全国国有企业（不包括金融类国有企业）资产总额102.1万亿元，净资产35.6万亿元，实现利润总额2.5万亿元，上交税金3.8万亿元，分别是改革开放之初的141倍、73倍、38倍、65倍，进入世界500强的94家大陆企业中有84家是国有企业。同时，非公有制经济发展迅速，占国内生产总值的比重超过60%，税收超过50%，新增就业达到90%，在支撑增长、增加税收、扩大就业、促进创新等方面发挥着越来越重要的作用"[④]。

中国特色社会主义基本经济制度下，公有制经济的主体地位确保了国民经济的社会主义性质，非公有制经济则充分调动企业和个人的积极性，发挥其灵活、高效的优势促进了社会主义市场经济的繁荣，推动了国家现代化的发展。改革开放以来，在基本经济制度的基础上，中国国内生产力迅速提高，经济发展取得举世瞩目的成绩。可以说，公有制经

① 《改革开放三十年重要文献选编》（上），人民出版社2008年版，第270页。

② 《十二大以来重要文献选编》（下），人民出版社1988年版，第1237页。

③ 《改革开放三十年重要文献选编》（上），人民出版社2008年版，第487页。

④ 王勇：《坚持公有制为主体多种所有制经济共同发展》，《人民日报》2015年11月24日第6版。

济和非公有制经济共同构成了中国经济社会发展的重要基础，二者相互促进、互利共赢、共同发展，是现阶段中国全面建成小康社会的重要力量。因此，必须要坚持和完善这一基本经济制度，既不能走封闭僵化的老路搞“一大二公”“纯而又纯”，更不能走改旗易帜的邪路搞私有化、“去国有化”，要在全面深化社会主义市场经济体制改革的基础上，“使公有制的实现形式进一步多样化，破除非公有制经济发展的体制障碍，使各种所有制经济能够平等参与市场竞争”；“要继续深化国有企业改革，健全现代企业制度，优化国有经济布局和结构，增强国有经济活力、控制力、影响力”。①

（二）中国特色社会主义市场经济体制的探索和建立

社会主义市场经济体制是社会主义改造完成后，尤其是十一届三中全会后中国共产党领导全国人民进行社会主义理论与实践探索的又一重要成果，是改革开放后中国特色社会主义经济发展的必然产物。社会主义市场经济，即社会主义与市场经济相结合，是马克思主义经典理论中没有提出过的全新课题。传统社会主义固有的观点认为，市场经济是资本主义特有的，社会主义必须实行计划经济以区别于资本主义。对于这一传统模糊观点，毛泽东等第一代中央领导集体颇为关注。1958 年 11 月，毛泽东在郑州会议上明确指出：“在社会主义时期，废除商品是违背经济规律的，我们不能抛开一切必须使用的、还有积极意义的商品生产、商品流通、价值法则等来为社会主义服务。中国是商品经济很不发达的一个国家，商品生产不是消灭的问题，而是要大大发展。”②“毛泽东对社会主义商品经济理论的探索主要集中在 1958 年的下半年到 1960 年的上半年。在这段时间内，他带领一些同志认真研读《苏联政治经济学教科书》、《苏联社会主义经济问题》，并结合中国社会主义建设的具体实践，边读边议，迸发出关于社会主义商品经济的一些重要火花，丰富和发展了马克思主义商品生产和商品交换的理论。”③ 以毛泽东为代表的中国共产党第一代领导集体对社

① 乔惠波：《中国特色社会主义基本经济制度的内涵与定位》，《中国特色社会主义研究》2013 年第 4 期。

② 《关于建国以来党的若干历史问题的决议注释本（修订）》，人民出版社 1985 年版，第 328 页。

③ 林志友、曲星颐：《1958—1960 年毛泽东商品经济思想及其评价》，《河南师范大学学报》2015 年第 5 期。

会主义商品经济认识与实践的探索，为后来的中国特色社会主义市场经济体制奠定了基础。随着十一届三中全会的召开，党和政府制定了改革开放的基本国策，对社会主义一些基本问题的思考开始有了重大突破。从中共十二大提出“计划经济为主、市场调节为辅”[①]，到党的十二届三中全会指出“商品经济是社会经济发展不可逾越的阶段，我国社会主义经济是公有制基础上的有计划商品经济”[②]，再到党的十三大进一步提出“社会主义有计划商品经济的体制应该是计划与市场内在统一的体制”[③]，直至邓小平同志于1992年视察南方期间发表了关于计划和市场的关系以及姓社姓资问题的讲话，解答了长久以来人们对于计划经济和市场经济的思想困惑，为中国的经济体制改革指明了方向。南方谈话后的中共十四大、十五大报告陆续提出建立社会主义市场经济体制、社会主义初级阶段的经济纲领等目标。

中国的改革实践最早出现在农村地区，1979年家庭联产承包责任制的实施标志着农村经济发展开始经历重大变革。高度集中的计划经济体制在城市开始松动，市场机制在国民经济中的调节作用逐步受到重视，政府先后开始实施放权让利、工业经济责任制、承包经营责任制等一系列措施进行国有企业的改革。随着社会主义市场经济体制改革步伐的不断推进，1992—2001年，中国国有企业改革进入重大实践阶段，这一阶段采取的主要改革措施是建立现代企业制度。1993年，中共十四届三中全会明确提出今后国有企业改革的方向就是建立产权清晰、权责明确、政企分开、管理科学的现代企业制度，实现企业成为社会主义市场经济中的法人实体和竞争主体的转变。我国经济体制改革进入了全面铺开、整体推进的新阶段。对国有企业进行股份制形式的改革早在1986年国家就在少数的国有企业进行过试点，但由于当时的经济体制环境、外在法律环境的局限以及对股份制改革的认识不足，股份制改革并没有在全国的国有企业中进行大面积的推广。1994年，政府发布了《关于选择一批国有大中型企业进行现代企业制度试点的方案》，对建立现代企业制度改革过程中的一些重要问题进行逐一说明，随后建立现代企业制度的改革在国有企业中开始广泛展开，

① 《十二大以来重要文献选编》（上），中央文献出版社1986年版，第22页。

② 《十二大以来重要文献选编》（中），中央文献出版社1986年版，第953页。

③ 《十三大以来重要文献选编》（下），人民出版社1993年版，第2072页。

全国各地总共挑选了2500多家国有企业进行试点改革。根据要求，试点改革的国有企业进行了清产核资，界定了产权并办理了国有资产产权登记，企业成为独立经营、自负盈亏的法人实体，在享有法人财产权的同时负有对国有资产的保值增值责任。与此同时，对试点企业进行公司制改造，初步建立起由董事会、经理人员、监事会和股东会组成的公司内部组织治理结构，在用工制度上实行企业和职工之间双向选择的形式，通过签订劳动合同确立雇佣关系。到1998年，全国2343家现代企业制度试点企业，共有84.8%的企业实行了不同形式的公司制，法人治理结构已初步建立。

在进行现代企业制度改革的同时，国家政府机构改革也同步展开。首先是进一步转变政府的职能，为企业创造良好的外部发展环境；调整国有经济的整体布局和发展战略，改变国有企业过去单纯通过数量多和比例高而占据经济主体地位的状态，要通过国有企业的控制力来发挥其在经济中的主导作用；进一步深化价格机制改革；加快建立社会福利保障制度和体系；减轻企业负担，解决企业富余人员和下岗职工的再就业问题等。通过国有企业一系列改革措施，到2002年底，中国国有及国有控股企业数量为15.9万户，国有及国有控股资产总额达到18.02万亿元。1995—2002年，国有及国有控股工业企业户数从7.76万户减少到4.19万户，下降了46%，实现利润从838.1亿元提高到2209.3亿元，上升了163.6%。①2003年党的十六届三中全会通过了《中共中央关于完善社会主义市场经济体制若干问题的决定》中指出，“社会主义市场经济体制初步建立，公有制为主体、多种所有制经济共同发展的基本经济制度已经确立”，“坚持公有制的主体地位，发挥国有经济的主导作用”，“实现投资主体多元化，使股份制成为公有制的主要实现形式”，自2002—2012年，以国有资产管理体制改革推动实现中国国有企业规范治理，改革的中心主要围绕建立产权多元化和法人治理结构等重要问题展开。中国学者关于国有企业改革的研究讨论随着国有企业改革实践的开展逐渐深入，建立现代企业制度、实现产权多元化、规范法人治理结构成为国企改革的主要内容。产权多元化就是要改变国有企业产权结构中政府绝对控股、一股独大的局面，使国有企

① 邹东涛：《中国经济发展和体制改革报告NO.1：中国改革开放30年（1978~2008）》，社会科学文献出版社2008年版，第185页。

业的控股权具有流动性。国有产权的流动有利于优化国有企业的产权结构，规范公司内部法人治理结构，同时积聚大量资金支持国家的重点建设。2002 年中共十六大以后，中国在国有资产管理体制、资本市场的发展等方面加快改革的步伐。明确了深化国有经济管理体制改革的任务，并提出在中央和地方两级政府成立国有资产管理机构，专门负责国有资产的审查、管理和监督，力求改变过去国有企业实行多头管理、条块分割管理的混乱状态。中央和地方的国有资产监督管理委员会建立后继续促进产权多元化改革，鼓励大中型国有企业通过股票市场募集更多的企业发展资金。同时要求大型国有企业在改变“大企业、小社会”的基础上，继续实行主辅分离，突出主业经营特色，将辅业分离后转变为独立经营、自负盈亏的经济实体。

“社会主义与市场经济相结合，公有制与市场经济相结合，不是简单的外部结合，而是互相渗透的内在结合，是你中有我、我中有你的结合。”① 因此，社会主义市场经济兼有一般市场经济的共性特征与社会主义性质的制度性特征。在市场与政府的关系上，既要使市场在资源配置中起决定作用，又要让党和政府发挥宏观调控作用。具体体现为企业自主经营、自负盈亏、国家宏观调控间接化、法制化等。社会主义市场经济具有的制度性特征是市场经济与社会主义基本制度的结合而成的、充分体现社会主义性质的根本特征，主要表现在以下几个方面：一是所有制结构方面公有制为主体，非公有制经济长期共同发展，公有制与非公有制经济还可以自愿实行多种形式的联合，不同所有制性质的企业在市场上平等竞争，国有企业在国民经济中起主导作用；二是分配制度方面按劳分配为主、其他分配方式并存，兼顾效率与公平，将先富与共富相结合；三是宏观调控方面以最广大人民的根本利益为出发点，注重人民当前利益与长远利益的结合、国家局部利益与整体利益的结合。

（三）中国特色社会主义分配制度的建立和改革

收入分配制度是维护社会主义基本经济制度的一项重要制度，是社会主义市场经济体制良好运行的重要基础。改革开放前在高度集中的计划经济体制下，中国的收入分配制度呈现平均主义的特点，职工吃企业的“大锅饭”，企业吃国家的“大锅饭”，干多干少一个样，工资严格按照政治级

① 张卓元：《意义重大的理论创新》，《人民日报》2012 年 5 月 28 日第 7 版。

别来划分，这种“按政分配”的收入分配制度极大地束缚了企业生产的积极性和劳动者的主观能动性，成为整个社会生产力发展的障碍。总起来看，1949—1978年中国收入分配制度的变迁大致经历了四个时期：一是新中国成立后到社会主义改造基本完成，这一时期占主导地位的国营经济和集体经济实行按劳分配，其他经济成分中实行灵活多样的收入分配方式，具有“大集中、小自由”的特点；二是1956—1966年，这一时期，基本上实行的是以城乡分隔为基础、以平均主义为特点的单一的按劳分配的收入分配制度；三是“文化大革命”时期，由于受林彪及“四人帮”的干扰，按劳分配的分配制度被否定，平均主义趋势进一步加强；四是“文化大革命”结束至改革开放前（1976—1978年），收入分配制度没有大的改变，但其平均化的局面有所改善。①

改革开放以来，立足中国社会主义初级阶段现实状况，党中央在建立社会主义市场经济体制的基础上不断推进收入分配制度改革，逐渐建立起按劳分配为主、多种分配方式并存的收入分配制度。1978年党的十一届三中全会恢复了贯彻按劳分配的社会主义原则，提出要克服分配中的“平均主义”，在农村，家庭联产承包责任制逐渐推广到全国，成为农村分配制度改革的主要形式，“缴够国家的，留够集体的，剩下都是自己的”分配原则大大调动了农民进行农业生产的积极性，农民收入增长显著。1984年十二届三中全会后，城镇国有企业则以放权让利为开端，打破国有企业的“铁饭碗”，工人工资逐渐与企业经济效益挂钩，政府开始征收个人收入调节税。1987年，党的十三大报告明确指出，社会主义初级阶段的分配方式不可能是单一的，必须实行按劳分配为主体的多种分配方式，允许合法的非劳动收入，在促进效率的前提下体现社会公平。党的十四届三中全会提出了个人收入分配要坚持以按劳分配为主体、多种分配方式并存的制度，并提出了“效率优先、兼顾公平”的原则。1997年，党的十五大把除按劳分配以外的如按资本、劳动、技术等分配方式统称为按生产要素分配。伴随收入分配制度的形成，国有企业工资分配与企业经营者收入分配改革进一步深化，逐渐形成劳动者的多种工资收入形成机制与企业经营者年薪制、股权激励等多种分配方式。职工持股分配、按技术要素分配等办法也

① 黄晓霓：《新中国成立以来收入分配制度的历史考察及启示》，硕士学位论文，中央民族大学，2011年。

开始实践。2007 年党的十七大在坚持和完善按劳分配为主体、多种分配方式并存的分配制度基础上，进一步健全生产要素按贡献参与分配的制度，同时初次分配和再分配都要处理好效率和公平的关系，再分配更加注重公平。可以说，自 1978 年以来，随着收入分配制度的不断改革与完善，城镇及农村居民收入增长迅速，人民生活水平明显提高。“1978 年到 2007 年，我国城镇居民人均可支配收入增长了 39 倍，年均实际增长 7.2%；农村居民人均纯收入增长了 31 倍，年均实际增长 7.1%。”[①] 2008 年政府工作报告中提出要继续调整收入分配格局，个税起征点由 1600 元提高到 2000 元。2011 年个税起征点再次调整为 3500 元，同时将国家扶贫标准提高至农民人均纯收入 2300 元。党的十八大召开后，政府进一步深化收入分配制度改革，2013 年，国务院颁发《关于深化收入分配制度改革的若干意见》，要求各地区和各部门将深化收入分配制度改革列入重要议事日程，建立统筹协调机制，把落实收入分配政策、增加城乡居民收入、缩小收入分配差距、规范收入分配秩序作为重要任务。经过不断探索与实践，中国在社会主义初级阶段基本确立了按劳分配为主体、多种分配方式并存的分配制度，有力地推动了社会主义市场经济体制的发展与完善，极大地促进了国民经济快速发展。

如果说共同富裕是社会主义的目标，终将成为社会主义的最大优越性，那么社会主义市场经济就要防止快速发展过程中带来的贫富两极分化问题。以公有制为主体、多种所有制经济共同发展的社会主义基本经济制度和按劳分配为主、多种分配方式并存的分配制度，可以从很大程度上减少贫富差距等市场经济的种种弊端。中国共产党在长期执政的过程中高度重视共同富裕，在党代会上多次强调共同富裕的重要性。邓小平著名的“三步走”战略为中国特色社会主义发展道路初步勾画出了国强民富的美好未来。1992 年，邓小平在南方谈话中概括了社会主义的本质，要求继续解放和发展生产力，并指出社会主义的原则是共同富裕。继党的十四大提出建立社会主义市场经济体制的目标后，党的十五大提出，“通过先富带动和帮助后富，逐步走向共同富裕”[②]，是建设中国特色社会主义经济的重

① 本报社：《变革给人们带来实惠（经典中国辉煌 30 年）》，《人民日报》2008 年 10 月 15 日第 4 版。

② 《江泽民文选》第 2 卷，人民出版社 2006 年版，第 17 页。

要内容。党的十六大提出了全面建设小康社会的目标，强调要深化分配制度改革，“既要反对平均主义，又要防止收入悬殊”，“以共同富裕为目标，扩大中等收入者比重，提高低收入者收入水平”。[①] 党的十七大则在全面建设小康社会的基础上，提出构建社会主义和谐社会目标，实现以人为本，全面协调可持续发展的科学发展观。党的十八大、十九大都重申，要坚持走共同富裕的道路，确保到2020年实现全面建成小康社会的宏伟目标。当然，共同富裕不等于平均主义，也不可能通过同步发展来实现。致富和富裕的步伐有快有慢，通过先富带动后富直至实现共同富裕，这是中国社会主义发展过程中实现共同富裕的必由之路。

中国特色社会主义经济制度是自1956年社会主义改造完成以来中国共产党通过不断摸索和实践逐渐建立起来的。实行改革开放后，通过社会主义市场经济的不断改革，使社会主义制度更加具有生命力和活力。社会主义市场经济体制下，国有经济与集体经济在市场经济中占有主体地位，决定着整个国民经济发展的方向，对中国经济发展发挥了不可替代的影响力，而非公有制经济成为公有制经济的有益补充，其灵活、多变、高效的独特优势促进了市场经济的繁荣，公有制经济与非公有制经济发展相互影响、相互补充、相得益彰。中国特色社会主义政治制度与经济制度相匹配，能够使国家政府在较短时间内集中力量办大事，尤其是像中国这样工业化起步较晚的国家，更加需要集中力量办大事。20世纪60年代中期，中国面临着严峻的国际形势，一方面，美国始终敌视新中国政权，冷战环境中的中美关系持续紧张并不断恶化，以日本和中国台湾等作为军事基地威胁中国国家安全；另一方面，中苏关系走向破裂，苏方撤走所有专家并烧毁了全部资料，为新中国的工业科技发展制造了诸多障碍。党中央带领全国人民不畏艰辛，独立自主地研发出第一颗原子弹和氢弹，为新中国的国家安全提供了坚实的后盾。全球化时代竞争空前激烈，国际环境更为严峻复杂，中国经济的快速发展，在航天、高铁等重要科技领域，相比欧美发达国家，我国目前已走在世界前列，但总体科技水平还明显低于发达国家，一些重要新兴科技领域的核心技术和关键装备单纯依靠市场自发的力量是搞不起来的，因此必须集中国家财力、物力、人力发挥制度优势，推动工业化不断迈上新水平。

---

① 《江泽民文选》第3卷，人民出版社2006年版，第550页。

三　中国特色社会主义社会制度及其优势

（一）中国特色社会主义社会保障制度的探索和建立

社会保障制度是新中国成立后中国特色社会主义制度建设发展的重要组成部分，为国民经济持续发展和社会稳定提供了重要的基本制度保障。新中国成立后，国民经济正处于恢复时期，虽然国家财政存在很多困难，但党和政府仍然从本国实际出发开始着手建立社会保险制度。首先是建立国营企业和集体企业的职工社会保险制度。1950 年，劳动部和中华全国总工会拟定《保险条例》草案，后经过全国职工广泛讨论提出部分修改意见，两部门对草案做了认真修改，1951 年《保险条例》正式实施。“据中华全国总工会的统计，至 1952 年 11 月底，全国实行保险条例的企业共有 3861 个，职工 320. 2 万人，连同他们的供养直系亲属在内，约有 1000 万人。”[①] 随着新中国的经济发展，政府根据财政状况适时对《保险条例》进行数次修改，不断扩大社会保险适用的企业范围和职工人数，到 1965 年，实行《保险条例》的职工总数已达 594. 8 万人。对于新中国的国家工作人员实行社会保险的标准略不同于企业职工，经过多次修改后，到 1955 年底，国家工作人员的社会保险制度基本建立起来。另外，优抚安置、社会救济等工作先后展开，社会福利机构及设施等也陆续建立，到 1956 年，新中国的社会保障制度初步形成。1957 年，周恩来在八届三中全会上作了《关于劳动工资和劳保福利问题的报告》，提出了劳保医疗和公费医疗实行少量收费的建议。之后劳动部等部门经过不断努力，对全国社会保障制度进行了调整，统一了退休和退职规定，制定了企业职工伤病生育假期等。可以说，高度集中的计划经济时代，国民的社会保障主要依赖政府与单位，而个人基本不承担任何责任。

改革开放以来，党和政府重新确立了社会保障制度的地位和作用，明确了社会保障制度的发展方向，社会保障制度的改革逐步从计划经济时代的“国家—单位保障制”向与社会主义市场经济体制相适应的“国家—社会保障制”转型，并取得了很大成效。1978 年，国务院颁布《国务院关于安置老弱病残干部的暂行办法》和《国务院关于工人退休、退职的暂行办法》，经过试点后 1979 年正式实施。同时，社会福利工作也有了新的进展，

---

① 邵雷、陈向东：《中国社会保障制度改革》，经济管理出版社 1991 年版，第 37—38 页。

1978 年，实行企业基金制度以来，企业福利基金连年增加，从 1978 年 36.75 亿元增加到 1982 年的 58.48 亿元。随着福利基金的增多，企业职工住宅与职工文化福利事业的建设发展很快，职工宿舍、食堂、幼儿园等修建迅速，改善了职工的生活条件。1982 年 4 月，国务院颁布实行《企业职工奖惩条例》，这是自 1978 年改革开放以来中国发布的第一部劳动法规，国营企业“铁饭碗”制度开始松动。次年，劳动人事部发布《关于试行劳动合同制的通知》，提出对新招收的工人采取劳动合同制，这是中国改革用工制度的开端。1986 年，国务院针对国有企业的用工制度又颁布了《国营企业实行劳动合同制暂行规定》等多个文件，改变了过去以行政方式录用工人和一次录用决定终身的用工制度，并且明确提出了到 20 世纪末“人人享有卫生保健”的目标。1992 年，中共十四大提出建立社会主义市场经济体制的目标，并主张加快人事劳动制度改革，逐步建立健全符合机关、企业和事业单位不同特点的科学的分类管理体制和有效的激励机制。随后卫生部、财政部等部门联合下发了《关于深化卫生改革的几点意见》和《关于加强农村卫生工作若干意见的通知》，并成立了医疗制度改革小组。1994 年颁布了《劳动法》，并在 1995 年 5 月 1 日开始实施，为在中国全面推行劳动合同制提供了基本法律依据。同时，政府开始着手农村医疗卫生制度、养老保险制度等方面的改革，1996 年，民政部印发《关于加快农村社会保障体系建设的意见》，提出要建立农村最低生活保障制度。随着城镇企业下岗职工集中涌现，政府不断加大再就业工程的建设力度，及时出台《建立统一的企业职工基本养老保险制度的决定》，并成立了国有企业下岗职工“再就业服务中心”。1998 年底，国务院又作出了建立城镇职工基本医疗保险制度的决定，在全国推行城镇职工医疗保险制度改革。

2003 年，随着党的十六届三中全会公布《中共中央关于完善社会主义市场经济体制若干问题的决定》，社会保障制度进入深化发展阶段。政府相关部门联合起来对使用童工、农民工工资、最低工资和工伤保险等具体问题陆续出台相关政策规定。2004 年，中央政府发布了《中国的就业状况和政策》和《中国的社会保障状况和政策》白皮书，全面总结中国社会保险制度的基本框架体系，展示了中国行之有效的社会保障政策措施以及面临的问题。2006 年国务院敦促有关部门加快研究建立新型农村医疗合作组织，确保农村居民更好地享受医疗保险制度。2007 年 6—12 月，十届全国人大常委会会议先后审议通过了《中华人民共和国劳动合同法》《就业促进法》《劳动争议仲裁法》，尤其是《劳动合同法》自2008年1月1日起实施，成为继《劳动法》后又一个劳动保障制度上的标志性法律文献。党的十七大提出“全面建设小康社会”的总体目标，要求“覆盖城乡居民的社会保障体系基本建立，人人享有基本生活保障。合理有序的收入分配格局基本形成，中等收入者占多数，绝对贫困现象基本消除。人人享有基本医疗卫生服务。社会管理体系更加健全”[①]。全国几十个城市开始进行城乡居民基本医疗保险试点。2011年7月1日，《社会保险法》正式实施。党的十八大进一步提出了“全面建成小康社会和全面深化改革开放”的目标，其中强调要加强以保障和改善民生为重点的社会建设，加快推进社会体制改革，完善包括教育、就业、工资收入、医疗保健等方面的重要任务，并加强和创新社会管理。目前中国正在加快建设健全覆盖城乡居民的社会保障体系，并促进这一制度能够稳定可持续地发展下去。社会保障体制改革的巨大进展，为实现社会稳定与保障人民权益、实现共同富裕提供了重要的制度保障。

（二）中国特色社会主义社会治理体系的探索和创新

新中国成立以来，由于实行的是高度集中的计划经济体制，政府在经济、政治、社会等国家事务中居于绝对领导地位，国内的社会领域空间较为狭小，社会问题治理方式较为单一化。1978年改革开放之前，中国共产党领导下的中央人民政府是社会管理的唯一主体，全面管理掌握国家各项事务，社会管理格局基本遵循着“国家—单位—个人”的一元化管理模式，并通过城市实行单位制和农村实行人民公社化实现对社会资源的整合和分配。这种全能政府下的一元化社会管理模式在社会主义革命和建设初期发挥了积极作用，“统一集中管理的方式一定程度上有利于降低管理的难度和成本，提高管理效率，维护社会稳定，还有利于发挥集中力量办大事的优势，为国民经济的恢复和发展奠定基础、开辟道路”[②]。其缺点则表现为一定程度上限制了社会的流动与发展，禁锢了个人的创造性。

1978年后，中国开始启动改革开放并逐步确立社会主义市场经济体制

---

① 胡锦涛：《高举中国特色社会主义伟大旗帜，为夺取全面建设小康社会新胜利而奋斗——在中国共产党第十七次全国代表大会上的报告》，人民出版社2007年版，第20页。

② 曲美彩：《改革开放前后两个历史时期中共社会管理思想比较研究》，山东大学，2015年。

的目标。随着市场经济的快速发展，国内国际环境日渐开放，尤其是随着全球化经济时代和互联网时代的来临，中国社会领域急剧扩大，社会问题也开始变得复杂，政企之间、官民之间、企民之间矛盾不断涌现，社会内部普通民众之间的大小摩擦日益普遍。在长期形成的政府作为唯一治理主体的社会管理体制下，坚持只有政府独自享有管理社会的责任和权力的理念，各地方政府都坚持“唯经济论”，片面追求经济的高速增长和表面的政绩工程，甚至为此伤害了群众的利益和感情，造成官民矛盾异常尖锐，最后政府运用权力动用强制力量维稳，压制群众的利益要求，看似解决了当时的问题，却使社会矛盾日积月累更加激烈，无形中考验着中国共产党的执政能力。

面对复杂的社会问题，2004 年，党的十六届四中全会在完善社会管理体系和政策法规，整合社会资源的基础上，“第一次提出了要建立健全党委领导、政府负责、社会协同、公众参与的社会管理格局，分别明确了党委领导核心的地位、政府社会管理的职能、社会组织协同的功能和公民广泛参与的作用”[①]，并明确提出要建立健全社会预警体系，提高保障公共安全和处置突发事件的能力，进一步健全正确处理人民内部矛盾的工作机制。2012 年，党的十八大将社会建设列入中国特色社会主义总体布局中，更加重视社会建设。中共中央十八届三中全会从实际国情出发提出“创新社会治理体制”的任务，以“社会治理”代替过去的“社会管理”[②]，这是基于对过去“维稳式”社会管理的反思后中国共产党社会管理思想和理念的重要转变，是对现代国家治理体系和治理能力现代化的积极实践。紧接着，党的十八届五中全会通过了《中共中央关于制定国民经济和社会发展第十三个五年规划的建议》（以下称《建议》），这是关于加强和创新社会治理的一项重要战略部署。

中国是世界上人口最多的超大型国家，目前正处在大规模工业化、城镇化进程中。面对现代化转型中的国家，面对复杂多变的现代化社会，政府、企业、社会三者都不可能仅仅凭借一方解决复杂的现实社会问题，因此中国进行社会治理的难度相当巨大。“改革开放三十多年来，中国整体

---

① 《中共中央关于加强党的执政能力建设的决定》，人民出版社 2004 年版，第 25 页。

② 《中共中央关于全面深化改革若干重大问题的决定》，人民出版社 2013 年版，第 49—52 页。

社会、基层社会、基层社区都发生了重大变迁。比如，中国城镇化率从1979年的17.9%上升到2015年的56%。随着城镇化进程的加快，我国社会结构将实现从农村社会为主，到城镇、城市社会为主的千年巨变。”① 所谓“社会治理”，就是对社会领域事务的治理，“共建共享的社会治理就是各治理主体比较充分地参与，进行比较充分的协商，达到尽可能大的共识，进而采取相互配合的治理行动”。要改变过去那种以势压人的社会管理体制，建立真正科学、有效的社会治理格局，就必须通过全民共建共享这一途径。“全民共建共享的社会治理将政府治理、社会调节、居民自治三大机制协调起来。”② 社会基层呈现资源要素多元化，共建共享就是要将多元的资源要素调动起来，共同参与治理及享有治理成果，在党中央和政府的领导组织下，按照《建议》所提出的“人人参与、人人尽力、人人享有”的要求，全民参与社会治理，通过共享共建缓解利益冲突，把过去的冲突转变为协调，进一步增强社会发展的活力，实现良性社会秩序，维护人民的根本利益，最终实现全面建成小康社会的目标。

总体来看，1956—1978年二十二年的艰辛探索过程中的成功经验为十一届三中全会以来中国特色社会主义基本制度的形成发展奠定了制度基础，失败教训为十一届三中全会以来中国特色社会主义基本制度的形成发展提供了历史借鉴。自1956年社会主义改造基本完成后，以毛泽东同志为主要代表的中国共产党人初步探索并创立了中国特色社会主义基本经济、政治、社会制度的基础框架，其在探索社会主义建设道路过程中对社会主义经济体制、政治体制和社会保障体制的改革探索与实践，也为新时期中国特色社会主义制度的创新和发展提供了宝贵经验。正如党的十八大报告所指出的，“在探索过程中，虽然经历了严重曲折，但党在社会主义建设中取得的独创性理论成果和巨大成就，为新的历史时期开创中国特色社会主义提供了宝贵经验、理论准备、物质基础”③。

党的十八届三中全会提出，到2020年“形成系统完备、科学规范、

① 李强、温飞：《构建全民共建共享的社会治理格局》，《前线》2016年第2期。

② 王思斌：《社会工作在构建共建共享社会治理格局中的作用》，《国家行政学院学报》2016年第1期。

③ 胡锦涛：《坚定不移沿着中国特色社会主义道路前进，为全面建成小康社会而奋斗——在中国共产党第十八次全国代表大会上的报告》，人民出版社2012年版，第10页。

运行有效的制度体系，使各方面制度更加成熟更加定型”①。2019年，党的十九届四中全会在总结肯定中国特色社会主义国家制度已经形成的十三个方面的“显著优势”的基础上，进一步提出了十三个“坚持和完善”，到我们党成立一百年时，在各方面制度更加成熟更加定型的基础上取得明显成效；到2035年，各方面制度更加完善，基本实现国家治理体系和治理能力现代化；到新中国成立一百年时，全面实现国家治理体系和治理能力现代化，使中国特色社会主义制度更加巩固、优越性充分展现。②

中国特色社会主义制度是中国特色社会主义理论体系指导下的实践成果，是中国共产党领导全国人民坚持中国特色社会主义道路实践经验的重大成果。同时，中国特色社会主义制度并非一成不变的教条，必将随着中国特色社会主义理论体系与中国特色社会主义道路伟大实践的逐步发展而不断自我完善。自1956年社会主义改造完成以来的社会主义建设实践已经证明，完全效仿苏联斯大林模式或者企图走全盘西化的资本主义道路都是行不通的。因此，中国必须将马克思主义与本国国情相结合，坚持“道路自信、理论自信、制度自信、文化自信”，不断艰苦奋斗与开拓创新，才能实现伟大的民族复兴，正如习近平总书记在2016年“七一讲话”中所讲的，“我们要坚信，中国特色社会主义理论体系是指导党和人民沿着中国特色社会主义道路实现中华民族伟大复兴的正确理论，是立于时代前沿、与时俱进的科学理论。我们要坚信，中国特色社会主义制度是当代中国发展进步的根本制度保障，是具有鲜明中国特色、明显制度优势、强大自我完善能力的先进制度”③。

---

① 《习近平谈治国理政》，外文出版社2014年版，第10页。

② 《中共中央关于坚持和完善中国特色社会主义制度，推进国家治理体系和治理能力现代化若干重大问题的决定》，人民出版社2019年版，第5—6页。

③ 习近平：《在庆祝中国共产党成立95周年大会上的讲话》，人民出版社2016年版，第13页。

第七章　中国特色社会主义理论体系的主题和主线

2017年7月党的十九大召开前，习近平总书记发表重要讲话强调："中国特色社会主义是改革开放以来党的全部理论和实践的主题，全党必须高举中国特色社会主义伟大旗帜，牢固树立中国特色社会主义道路自信、理论自信、制度自信、文化自信，确保党和国家事业始终沿着正确方向胜利前进。"① 关于主题，有学者曾提出："只要承认人类社会历史是按照客观规律向前发展的，那么，就必然会承认，历史在一定发展阶段上必然有自己的主题，区别仅仅在于，历史创造者是否意识到这个主题。历史创造者如果能够充分意识到当时阶段的历史主题，就能高屋建瓴，总揽全局，更自觉更有成效地从事历史创造活动。但是，充分认识并把握历史主题又是很不容易的。"② 这段话告诉我们，人类社会历史活动的主题具有必然性、复杂性和全局性的特点，如果人们想增强创造历史、推动历史的有效性，就要提高认识和把握其主题的自觉性，尽可能充分而准确地认识和把握历史活动的主题。主线，也是人们认识和把握历史活动的重要方式。就中国特色社会主义这一历史活动来看，主题和主线都是研究、讨论和建构中国特色社会主义理论体系过程中极为重要的基础性问题。关于中国特色社会主义理论体系的主题和主线，学界高度关注并且概括提出了不少很有价值的选项。问题是，作为一个成熟的科学的用来指导社会实践的理论体系，中国特色社会主义理论体系的主题和主线要不要达成共识？能不能达成共识？如何达成共识（哪怕是阶段性的共识）？否则，五花八门、各自表述的主题和主线不仅会削弱理论体系建构的科学性、准确性和严肃

① 《习近平谈治国理政》第2卷，外文出版社2017年版，第59页。

② 沈宝祥：《略谈"建设中国特色社会主义"主题》，《社会主义论丛》2006年第6期。

性，也将直接影响中国特色社会主义实践探索的方向、目标、任务和重点。

一　关于主题和主线的不同主张

理论是实践的先导。中国共产党历来高度重视理论建设和理论创新，十一届三中全会以来，不仅党中央高度重视，理论界也高度重视中国社会主义建设理论的研究和创新。邓小平理论形成伊始，理论界就十分关注主题和主线问题。仅就党的十六大以来的研究成果看，关于中国特色社会主义理论体系的主题和主线，理论界已形成多种主张和观点。为方便对比，现将部分成果及观点列表如下：

作者	著作、出版时间	主题	主线
习近平	《习近平谈治国理政》第2卷，外文出版社2017年版	中国特色社会主义	
中央宣传部	《习近平新时代中国特色社会主义思想三十讲》，学习出版社2018年版	坚持和发展中国特色社会主义	
刘云山	《毫不动摇地高举中国特色社会主义伟大旗帜》，《求是》2008年第2期	中国特色社会主义	
李慎明	《牢牢把握中国特色社会主义这一主题》，《中国人大》2018年第5期	中国特色社会主义	
包心鉴	《习近平新时代中国特色社会主义思想的理论主题、科学内涵和鲜明特质》，《国外理论动态》2017年第11期	坚持和发展中国特色社会主义	
刘建军	《中国特色社会主义：改革开放40年的历史主题》，《人民论坛》2018年第28期	中国特色社会主义	
张莉	《深刻把握新时代中国特色社会主义主题》，《党政论坛》2018年第1期	中国特色社会主义	

续表

作者	著作、出版时间	主题	主线
祝辉	《习近平新时代中国特色社会主义思想的理论主题》，《实事求是》2019 年第 11 期	新时代坚持和发展什么样的中国特色社会主义、怎样坚持和发展中国特色社会主义	
戴木才	《中国特色社会主义是改革开放以来党的全部理论和实践的主题》，《红旗文稿》2017 年第 15 期	中国特色社会主义	
赵曜	1.《中国特色社会主义史论研究》（科学体系卷），中共中央党校出版社 2012 年版 2.《论中国特色社会主义理论体系》，《光明日报》2008 年 5 月 6 日	1. 建设有中国特色的社会主义 2. 建设中国特色社会主义	什么是社会主义，怎样建设社会主义
李君如	《我们为什么要坚持中国特色社会主义》，《科学社会主义》2004 年第 3 期	建设中国特色社会主义	
北京市邓小平理论和“三个代表”重要思想研究中心	《论中国特色社会主义理论体系》，《光明日报》2008 年 5 月 6 日	建设中国特色社会主义	什么是社会主义、怎样建设社会主义，体现为社会主义、党的建设和发展三大问题的统一
秦刚	1.《中国特色社会主义史论研究》，中共中央党校出版社 2008 年版 2.《中国特色社会主义理论体系与毛泽东思想的内在联系》，《中国井冈山干部学院学报》2010 年第 6 期	1. 建设和发展中国特色社会主义 2. 发展	什么是社会主义，怎样建设社会主义；建设什么样的党，怎样建设党；实现什么样的发展，怎样发展
秦宣	1.《论中国特色社会主义理论体系的主题》，《中国特色社会主义研究》2015 年第 1 期 2.《关于中国特色社会主义理论体系研究的几个问题》，《高校理论战线》2008 年第 12 期	1. 在中国这样的经济文化比较落后国家如何建设、巩固和发展社会主义 2. 建设中国特色社会主义	
沈宝祥	1.《略谈“建设中国特色社会主义”主题》，《社会主义论丛》2006 年第 6 期 2.《略谈中国特色社会主义理论体系》，《中国特色社会主义研究》2007 年第 6 期	1. 建设中国特色社会主义 2. 中国特色社会主义	

续表

作者	著作、出版时间	主题	主线
严书翰	1.《科学社会主义理论逻辑与中国社会发展历史逻辑的辩证统一——对中国特色社会主义理论体系主题的再认识》，《中共云南省委党校学报》2013 年第 5 期 2.《中国特色社会主义何以有声有色》，《人民网》人民论坛 2009 年 4 月 1 日	1. 回答中国这样经济文化比较落后的国家如何建设、巩固和发展社会主义 2. 建设中国特色社会主义；经济文化比较落后的中国，如何建设、巩固和发展社会主义	
牛先锋	《关于中国特色社会主义理论的几个问题》，《中国特色社会主义研究》2005 年第 2 期	建设中国特色社会主义	什么是社会主义和怎样建设社会主义，建设什么样的党和怎样建设党
田克勤	1.《中国特色社会主义理论与实践研究》，中国人民大学出版社 2012 年版 2.《马克思主义理论研究文集》（第三辑），浙江人民出版社 2011 年版 3.《深入研究中国特色社会主义理论体系的几点思考》，《马克思主义研究》2008 年第 6 期	1. 中国特色社会主义 2. 中国特色社会主义建设 3. 当代中国的社会主义发展	马克思主义中国化
冯海波	《中国特色社会主义理论体系的历史逻辑与理论逻辑》，《内蒙古社会科学》2010 年第 5 期	中国特色社会主义	
赵丽华	《中国特色社会主义理论的逻辑结构和体系构建》，《社会主义研究》2008 年第 4 期	建设中国特色的社会主义	什么是社会主义、怎样建设社会主义，建设什么样的党、怎样建设党，实现什么样的发展、怎样发展
杜鸿林	《关于构建中国特色社会主义理论体系的若干思考》，《天津行政学院学报》2007 年第 1 期	中国特色社会主义	中国特色社会主义
方燕	《中国特色社会主义理论体系研究》，暨南大学出版社 2011 年版	建设中国特色社会主义	
常锐 永军	《论中国特色社会主义理论体系的主题》，《天津师范大学学报》2011 年第 6 期	建设和发展中国特色社会主义	

续表

作者	著作、出版时间	主题	主线
顾海良	《中国特色社会主义理论体系研究》，中国人民大学出版社 2009 年版	①什么是社会主义、怎样建设社会主义，建设什么样的党、怎样建设党，实现什么样的发展、怎样发展 ②建设和发展中国特色社会主义	马克思主义中国化
齐卫平	《论中国特色社会主义理论体系形成的历史逻辑》，《中共宁波市委党校学报》2008 年第 6 期	什么是社会主义、怎样建设社会主义，建设什么样的党、怎样建设党，实现什么样的发展、怎样发展	
陈殿林	《论中国特色社会主义理论体系的主题》，《党政干部学刊》2009 年第 3 期	什么是社会主义、怎样建设社会主义，建设什么样的党、怎样建设党，实现什么样的发展、怎样发展	
陈锡喜	《关于中国特色社会主义理论形成起点问题的讨论及思考》，《求实》2008 年第 10 期	什么是社会主义、怎样建设社会主义	
陈学明	《对马克思主义中国化六十年历程中若干问题的认识》，《毛泽东邓小平理论研究》2009 年第 12 期	什么是社会主义、怎样建设社会主义	对社会主义的探索
张静如 李向勇	《马克思主义中国化历史进程中的两大理论体系》，《中国特色社会主义研究》2008 年第 2 期	什么是社会主义，怎样建设和发展社会主义	
侯远长	《论中国特色社会主义理论的科学体系》，《中州学刊》2005 年第 1 期	什么是社会主义、怎样建设社会主义	
韩振峰	《试论中国特色社会主义理论体系的几个基本问题》，《广西社会科学》2008 年第 3 期	什么是社会主义、怎样建设和发展社会主义	
叶庆丰	《中国特色社会主义理论体系的主题》，《科学社会主义》2008 年第 2 期	经济文化比较落后的中国如何建设和发展社会主义	
王怀超	《关于中国特色社会主义理论几个基本问题的思考》，《科学社会主义》2012 年第 2 期		经济文化落后的中国建设社会主义现代化强国的规律性

续表

作者	著作、出版时间	主题	主线
闫志民	《中国特色社会主义理论发展史》，人民出版社2012年版	民族复兴	什么是马克思主义，怎样对待马克思主义；什么是社会主义，怎样建设社会主义；建设什么样的党，怎样建设党；实现什么样的发展，怎样发展
刘建军	《精髓·主线·主题》，《人民日报》2007年12月12日	发展	改革开放
王伟光	《中国特色社会主义理论体系研究》，人民出版社2012年版	发展	
孙显元	《发展是中国特色社会主义理论主题》，《中国特色社会主义理论》2012年第7期	发展	
许全兴	《毛泽东与“第二次结合”的若干理论问题》，《毛泽东邓小平理论研究》2012年第1期	实现社会主义现代化	
李海青	《实现社会主义现代化：中国特色社会主义理论体系的主题》，《党政干部论坛》2012年第12期	实现社会主义现代化	
李忠杰	《深化对“中国特色社会主义”的认识和研究》，《教学与研究》2003年第6期		不断探索有中国特色的社会主义道路
胡鞍钢	《2030中国——迈向共同富裕》，中国人民大学出版社2011年版	共同富裕	
杨丹娜	《论中国特色社会主义理论体系的主题》，《学习论坛》2009年第10期	什么是社会主义、怎样建设社会主义	
王莉	《“实现社会主义现代化和中华民族伟大复兴”的科学理论——关于中国特色社会主义理论主题的学理思考》，《理论视野》2013年第9期	理论主题就是为完成建设中国特色社会主义的总任务——实现社会主义现代化和中华民族伟大复兴给予科学的理论指导	

梳理对照中央领导有关论述及学界近年来的研究成果可知，关于中国特色社会主义理论体系的主题至少有以下六种不同观点：第一种观点认为，中国特色社会主义理论体系的主题是“中国特色社会主义”，类似观点有“建设中国特色社会主义”“建设和发展中国特色社会主义”“坚持和发展中国特色社会主义”。这是当前多数学者的主流观点。第二种观点认为，中国特色社会主义理论体系的主题是“什么是社会主义、怎样建设社会主义，建设什么样的党、怎样建设党，实现什么样的发展、怎样发展”，近似观点还有“什么是社会主义、怎样建设社会主义”“什么是社会主义、怎样建设和发展社会主义”，或者“经济文化比较落后的中国如何建设、巩固和发展社会主义”。持这一主张的也占有相当比例。第三种观点认为，中国特色社会主义理论体系的主题是“发展”。第四种观点认为，中国特色社会主义理论体系的主题是“民族复兴”。第五种观点认为，中国特色社会主义理论体系的主题是“实现社会主义现代化”。第六种观点认为，中国特色社会主义理论体系的主题是“共同富裕”。

与此同时，关于中国特色社会主义理论体系的主线，至少有以下五种观点：第一种观点提出，“什么是社会主义，怎样建设社会主义”是中国特色社会主义理论体系的主线，类似观点还有“什么是社会主义、怎样建设社会主义，建设什么样的党、怎样建设党，实现什么样的发展、怎样发展”，“什么是马克思主义、怎样对待马克思主义，什么是社会主义、怎样建设社会主义，建设什么样的党、怎样建设党；实现什么样的发展、怎样发展”。这类观点可以说是关于主线的主流看法。第二种观点提出，“马克思主义中国化”是中国特色社会主义理论体系的主线。第三种观点提出，“不断探索有中国特色的社会主义道路”是中国特色社会主义理论体系的主线，类似观点还有“对社会主义的探索”“中国特色社会主义”等。第四种观点认为，“经济文化落后的中国建设社会主义现代化强国的规律性”，是中国特色社会主义理论体系的主线。第五种观点认为，“改革开放”是中国特色社会主义理论体系的主线。

在理论研究中，不同观点的提出丰富了建构中国特色社会主义理论体系的研究思路，显示了中国特色社会主义理论体系主题和主线问题的复杂性，从而也表明进一步研究并确认中国特色社会主义理论体系主题和主线的必要性和紧迫性。如前所述，中国特色社会主义理论体系是引领当代中国社会发展进步的唯一正确的科学理论，对于“主题主线”，虽然可以从不同的角度进行研究和分析，但一般来说，最适当的主题和主线只有一个，一个理论体系并列几个主题和主线既不严谨，也没有意义。因此，有必要深入研究、促成共识，为建构中国特色社会主义理论的科学体系夯实基础，为更好地传播学习、领会实践中国特色社会主义理论体系创造条件。

二 对几个问题的理论分析

结合学界现有研究成果，针对相关问题作出以下分析。

第一，中国特色社会主义理论体系的主题和主线是两个不同的问题吗？学界在探究中国特色社会主义理论体系的过程中，是把主题和主线作为两个不同的问题加以讨论的。也就是说，人们在给出一个主题的同时，也给出一个主线，而且主题和主线经常被混淆在一起。同一个答案有的学者视其为主题，有的学者视其为主线，反之亦然。那么，主题和主线的问题何以如此复杂？有必要回到问题的原点加以讨论。

我们需要认真反思到底什么是主题、什么是主线。主题和主线是一个问题还是两个问题？表面看来，主题和主线好像是两个不同的问题，但实际上，无论从概念的本义，还是从学界的实际使用来看，都很难把二者区别开来。主题，一般是指文章、报告、作品或理论的中心思想和核心内容，是全部内容、材料及其相互联系的集中反映和体现。主线，则是指贯穿事物发展全过程的主要线索，也可称其为某一事物的中心和核心。如果说主线是纵向的、历史的表达，那么，主题既是横向的、逻辑的，也可以是纵向的、历史的，即是说主题是纵与横的综合表达。有学者这样解读，理论的主题是揭示理论本质的思想结晶，是理论体系的主线，是贯穿理论发展始终的一条主旋律。[①] 这里，干脆以“主线”来解读“主题”。可见，在学理层面，主题和主线大体上可以说是同一个问题的不同表达。就中国特色社会主义理论体系来看，其主题既是全部内容所围绕的一个中心，也应当是贯穿理论体系形成发展过程的一条主线。不是主线的问题很难称得上是主题，反之，不是主题的问题也很难称得上是主线。基于此，我们认为，无需强行区分中国特色社会主义理论体系的主题和主线，无需将本来

① 方燕：《中国特色社会主义理论体系基本问题研究》，暨南大学出版社 2011 年版，第 92 页。

简单清晰的问题复杂化，理应将主题和主线视为同一个问题，可将其统称为“主题主线”。主题主线源于内容，高于内容，对具体内容的形成和发展具有决定性的影响。在文字表述上，“主题主线”具有简要、明确、概括和引导的特点，通常都是以简明扼要的语言来概括和表达的。

理论研究中还出现了一个问题，即理论的主题主线与实践的主题主线是否一致？有的学者认为，中国特色社会主义理论体系的主题或主线，与实践的主题或主线是不同的。我们认为，这种看法很值得商榷。理论及其主题主线在历史活动中形成，并引领历史活动，理论主题主线的实践指向是非常明确的。即是说理论源于实践，服务于实践，确认理论的主题主线就是为了指导实践，实践的主题主线与理论的主题主线的一致是必然的。中国特色社会主义理论体系产生于特定的时代、特定的空间，用于解决特定的社会发展问题，其主题主线贯穿理论形成和发展的始终，是全部内容形成、展开并构成体系的中心和基础，也是中国特色社会主义实践活动的中心和基础。

第二，研究中国特色社会主义理论体系主题和主线需要一个怎样的角度？人们对事物的认识往往取决于观察事物的角度。讨论“主题主线”的角度不同，其结论就会不同。有的学者从马克思主义中国化历史进程的角度，即马克思主义与中国实际相结合的角度出发研究“主题”，提出了“三次转换”：第一次主题的转换是从“新民主主义革命”到“社会主义改造”，第二次主题转换是从“社会主义革命”到“社会主义建设”，第三次主题转换是从否定“无产阶级专政下继续革命”到回归“社会主义现代化建设”再到“中国特色社会主义建设”。[①] 同样是从马克思主义与中国实际相结合的角度，有的学者认为第一次结合的主题是“如何实现民族独立”，第二次结合的主题是“如何实现社会主义现代化”。[②]

还有学者从当代中国共产党全部理论和实践的角度，或者从当代中国社会发展的角度讨论“主题主线”，他们提出：“建设和发展中国特色社会主义，是当代中国共产党人全部理论和全部实践的主题，当然也是中国特色社会主义理论体系的主题。建设和发展中国特色社会主义，其目的是为

---

① 田克勤：《马克思主义中国化的历史进程及其主题转换》，《马克思主义理论研究文集》（第三辑），浙江人民出版社2011年版，第19—20页。

② 许全兴：《毛泽东与“第二次结合”的若干理论问题》，《毛泽东邓小平理论研究》2012年第1期。

了完成国家强盛和人民富裕的历史任务。因此，也可以说，发展是中国特色社会主义理论体系的主题。建设和发展中国特色社会主义与发展有着内在的一致性。”①

这几个角度与中国特色社会主义理论体系的角度有没有区别呢？就其表述看，上述几个角度所涉及的主题主线似乎是一致的。固然，当代中国的发展进步、马克思主义与中国实际的第二次结合、当代中国共产党的全部理论和实践与中国特色社会主义理论体系，这几个问题联系紧密，角度也很接近，因为中国共产党的历史就是马克思主义与中国实际相结合的历史，也是马克思主义中国化的历史。作为执政党，中国共产党的责任就是要担负当代中国发展进步的历史使命，二者也是统一的。但是，深入分析即可发现，与中国特色社会主义理论体系的角度相比，其他几个角度的视野更宏大更宽泛，也更具前提性，而中国特色社会主义理论体系的角度更微观更具体。历史的逻辑是：先有“马克思主义与中国实际第二次结合”（即马克思主义中国化）任务的提出，后有“中国特色社会主义理论体系”的产生，再有“中国共产党在当代中国全部理论和实践”的概括，三者是一种因果关系。至于“当代中国发展进步的主题主线”，这一视角显然更宽泛，如果我们讲“中国特色社会主义”是其主题主线的话，其要点在于当代中国不能搞其他什么主义，虽然在“一国两制”的框架下允许港澳台地区搞资本主义，但国家社会主体必须是中国特色社会主义，这一点不能有丝毫动摇。假定说“马克思主义与中国实际第二次结合的主题主线是建设中国特色社会主义”，我们也可以假定“中国共产党在当代中国全部理论和实践的主题主线是建设中国特色社会主义”（或者是坚持和发展中国特色社会主义）。这三个命题在逻辑和事实层面是成立的，意义在于强调中国特色社会主义的不可动摇，反对任何妄图动摇当代中国社会发展方向、发展道路或指导思想、社会制度的错误倾向。

但是，除此之外，我们必须思考：探究中国特色社会主义理论体系的主题主线的目的到底是什么？或者说还有什么重要意义？还需要进一步解决什么问题？毋庸讳言，长期以来，社会各界对“什么是中国特色社会主义”总有质疑，甚至有各种奇谈怪论，譬如说什么“中国特色是个筐，什么东西都可以往里装”，把社会上出现的一些丑恶腐败现象都视为“中国

① 秦刚：《中国特色社会主义理论体系》，中共中央党校出版社2008年版，第22页。

特色”。这说明，人们对中国特色社会主义的理解和把握还很不够，缺乏共识，有些干部和理论工作者可能也是懵懵懂懂、没有完全搞清楚。这样，如何从理论上进一步简明扼要、通俗易懂，甚至能够深入人心地说清楚什么是中国特色社会主义，就显得十分重要和迫切。从“主题”出发，鲜明地回答我们党所坚持的中国特色社会主义的中心问题，就很有意义。这是一个更深层次的追问，答案理应更深入、更具体、更明确，简单停留在“中国特色社会主义”的原有话题上是不够的，因为这是无法解决一些人的疑惑的。

第三，对学界几个观点的具体分析。（1）关于中国特色社会主义理论体系的主题主线是中国特色社会主义，或者是“建设中国特色社会主义”“坚持和发展中国特色社会主义”“建设和发展中国特色社会主义”。如上所述，这个答案回答了当代中国的发展道路、社会制度和指导思想问题，但是还不够。熟悉改革开放历史的人们都知道，“中国特色社会主义”这个概念是“建设中国特色社会主义”的简称（第一章已作考察）。我们所以提出中国特色社会主义理论体系的主题主线，还有一个重要原因，就是如何用简明扼要的语言回应人们对“什么是中国特色社会主义”的种种疑问和困惑，也就是要进一步探讨中国特色社会主义的本质内涵或者中心课题。显然，这是更进一步的追问，也是建构理论体系的需要。

（2）如果把中国特色社会主义理论体系的主题主线视为“什么是社会主义、怎样建设社会主义，建设什么样的党、怎样建设党，实现什么样的发展、怎样发展”三大基本问题，从形式上看，内容含量较大，也具有很强的概括性。但是，本书认为，以三个新的问题回应一个“老问题”，既不答疑也不解惑，显然也不是一个好的选择。一个未解的难题变成了三个未解的难题，把问题引向多样化、复杂化，使疑问者陷入更大更多的困惑与不解，这样做或许有利于学术探讨和研究，对于建构和呈现理论体系来说显然是不适当的。可以说这一思路偏离了追问“主题主线”的初衷和目的。虽然“主题主线”可以理解为“主要的问题”，但这里追问“主题主线”的目的是要获得具体明确的答案，并非获得新的更复杂的问题。如果说中国特色社会主义发展到今天，中国特色社会主义理论体系不仅形成且已成熟，我们对于理论体系的主题主线却仍然处在懵懵懂懂的困惑之中，不能给出简明扼要的回答，那么，我们就没有理由公开宣称已经“开辟了（找到了）中国特色社会主义道路、形成了中国特色社会主义理论体系、建立了中国特色社会主义制度”云云。所谓“高举中国特色社会主义伟大旗帜”，“高举”什么？如何“高举”呢？所谓“坚定道路自信、理论自信、制度自信和文化自信”，“自信什么”？如何“自信”呢？固然，中国特色社会主义建设和发展事业仍面临诸多问题和困难，其实践特色、理论特色、民族特色和时代特色仍需不断创造、丰富和增强，但是，中国特色社会主义已经在理论、实践和制度等方面取得了巨大成功，这也是不容置疑的客观事实。应该说，鲜明的主题主线早已渗透、贯穿在中国特色社会主义理论体系、道路、制度等诸方面各领域之中，已经并将继续发挥统领、核心及主导的作用。摆在理论工作者面前的紧迫任务是认真提炼、准确概括，尽快给出一个符合实际、能为人们所普遍接受的科学的主题主线。

（3）把“发展”视为中国特色社会主义理论体系的主题主线，是又一种观点。“发展”是时代特征，也是当今世界各国的普遍要求，称其为当代中国的主题主线在逻辑上似乎也未尝不可，但是如果把“发展”视为中国特色社会主义理论体系的主题主线显然不是最好的选择。“发展”这个词很抽象、含量也很大，是当今世界各国面临的共同问题，不仅社会主义国家和广大发展中国家面临发展问题，发达资本主义国家也存在发展的困惑和难题。破解之道何在？世界各国人民都在积极探索实践，中国人民也不例外。一般认为，“风景这边独好”的中国正前进在正确的道路上，而“中国道路”的特点特色是客观存在的。把“发展”作为主题的最大缺陷是不能反映中国社会主义建设和发展的具体特点。因此，这一观点也很难成为理论界的共识。

（4）视“民族复兴”为中国特色社会主义理论体系的主题主线，看起来有诸多理由，它首先反映了鸦片战争以来中国人民前赴后继、不断探索的伟大梦想，同时也反映了中国共产党成立九十多年来领导人民不断奋斗的光荣使命，也集中体现了建设和发展中国特色社会主义的中心任务。但是，其局限性正在于它的宏大性和复合性。众所周知，从鸦片战争到中国共产党成立，先进的中国人就开始了“民族复兴”之路的艰辛探索，包括地主阶级改革派、资产阶级改良派、资产阶级革命派等都曾提出并领导进行过不同主张、不同道路的尝试，虽然前人的探索为后人的前进提供了宝贵的经验和教训，也在不同程度上推进了民族复兴的历史进程，但均以失败而告终。“中华民族伟大复兴”的大业最终落在了中国共产党人的肩膀上，毫无疑问，它是近代以来民族复兴伟大梦想最有力的继承者和推动者，但是，中国共产党所遵循的思想理论及其所探索的道路实践几乎是全新的，大不同于之前的探索实践。把“民族复兴”这个宏大的复合性的命题作为中国特色社会主义理论体系的主题主线，在形式、内涵、逻辑上都没有问题，而其缺陷在于，不能充分反映中国共产党成立以来，特别是不能充分反映新中国成立、社会主义建设全面启动以来，中国共产党人实践探索与理论创造的独特性和创造性，因而亦非最好的选择。

三　社会主义现代化：中国特色社会主义理论体系的主题和主线

综合学界研究成果，提炼概括、选择恰当的、有利于促成共识的中国特色社会主义理论体系的主题和主线，首先需要讨论作为中国特色社会主义理论体系主题和主线的基本条件，或曰确认主题和主线的主要依据。从现有成果看，有的学者把新时期中国共产党召开的数次全国代表大会的主题作为主要依据，还有的学者把邓小平理论、“三个代表”重要思想和科学发展观着重解决的三个基本问题作为主要根据。本书认为，中国特色社会主义理论体系的主题和主线固然与新时期党的代表大会的主题，与“什么是社会主义，怎样建设社会主义”“建设什么样的党，怎样建设党”“实现什么样的发展，怎样发展”三个基本问题均有密切关联，但是党的代表大会的主题因其特定的时限性，而三个基本问题也因其抽象、笼统和不确定性，均不适于中国特色社会主义理论体系的主题和主线。我们认为，中国特色社会主义理论体系的主题和主线至少应符合以下三个基本条件。

第一，集中体现中国共产党成立以来，特别是党在社会主义建设时期一以贯之的不懈追求。鸦片战争以来，先进的中国人苦苦追寻民族复兴之路的探索虽然大多归于失败，但实现国家工业化和现代化的目标却越来越清晰地成为国人致力于民族复兴的不二选择，只是在国家没有独立、民族没有解放的前提下，工业化、现代化的目标都成了空想。金春明在《评〈剑桥中华人民共和国史〉》中指出：“纵观 1840 年以来近现代中国的历史，一个关系中华民族生存发展的主题是实现现代化，它贯穿 1840 年以来的中国历史，是历史发展的主流。而要实现现代化，必须解决两大历史任务。一是推翻帝国主义、封建主义和官僚资本主义的反动统治，求得民族独立和人民解放，为实现现代化扫清道路；二是经过艰苦创业，建设一个繁荣富强和人民共同富裕的新国家，实现中华民族的伟大复兴。中国共产党从它建立起，继承以往几代先进中国人的努力，就一直领导中国人民为建设一个独立、统一、民主和富强的新中国而奋斗。”新民主主义革命的胜利、中华人民共和国的成立，“中国由此进入建设社会主义和实现现代化的历史新纪元。并从1956年前后，中国共产党开始探索建设社会主义现代化强国的道路”①。这是对近现代中国历史的客观描述，工业化和现代化的梦想是在中国共产党领导人民推翻三座大山、建立新中国、确立社会主义制度的基础上，才得以全面启动和推进。以毛泽东为核心的党的第一代中央领导集体最初的目标是实现工业化，党在20世纪50年代社会主义改造时期就提出逐步实现国家社会主义工业化的目标和任务，1964年全国三届人大会议才第一次完整提出“把我国建设成为一个具有现代农业、现代工业、现代国防和现代科学技术的社会主义强国”的宏伟目标，并作出了“两步走”的战略构想。从此，“社会主义现代化”成为党和人民数十年来探索建设中国社会主义的中心课题。毛泽东时期虽发生过严重失误，仍提出了一系列关于社会主义现代化建设的正确思想和原则，同时在工业体系、国民经济体系及政治、文化、国防和外交等方面都为社会主义现代化建设奠定了坚实基础；以邓小平同志为总书记的党的第二代领导集体在新的历史条件下，一面继承和坚持毛泽东时期所提出和倡导的一系列正确思想，一面总结经验教训，纠正“左”倾错误，积极推进改革开放，探索并创新中国特色社会主义发展道路，作出了一百年分三步走、基本实现社会主义现代化的战略部署，将我国社会主义现代化建设推向了快速发展的新阶段；以江泽民同志为核心的党的第三代领导集体面对风云变幻的国际形势，高举马列主义、毛泽东思想和邓小平理论的伟大旗帜，继往开来，与时俱进，提出并全面贯彻“三个代表”重要思想，就“全面建设小康社会，加快推进社会主义现代化”作出了新的具体部署，从而推进了社会主义现代化建设的全面发展；进入21世纪，以胡锦涛同志为总书记的党中央领导全国各族人民大力推进以人为本的科学发展，构建和谐社会，在经济、政治、文化、社会等方面丰富发展了社会主义现代化建设的基本内涵，进一步拓展了社会主义现代化的战略布局；党的十八大以来，以习近平同志为核心的中央领导集体继续高举中国特色社会主义伟大旗帜，以

① 金春明：《评〈剑桥中华人民共和国史〉》，湖南人民出版社2001年版，第435—436页。

巨大的政治勇气适时而果敢地提出“全面建成小康社会、全面深化改革、全面依法治国、全面从严治党”的重大战略布局，牢牢把握中国特色社会主义经济建设、政治建设、文化建设、社会建设、生态文明建设以及其他各方面建设的总布局，不断加快我国社会主义现代化步伐，使中华民族比历史上任何时候都更加接近伟大复兴的宏伟目标。党的历史，特别是中国社会主义建设的历史脉络清晰地告诉我们，“社会主义现代化”既是毛泽东时期，也是邓小平、江泽民、胡锦涛、习近平乃至此后若干代中央领导集体带领全国各族人民不断探索中国特色社会主义道路的始终不渝的主题和主线。

第二，集中反映党在社会主义初级阶段的奋斗目标和中国特色社会主义建设的总任务。中国特色社会主义理论体系是在社会主义初级阶段形成并发展起来的，社会主义初级阶段是中国特色社会主义建设的总依据，社会主义初级阶段理论是中国特色社会主义理论体系的一大基石。邓小平说，社会主义初级阶段基本路线要管一百年，动摇不得，[①] 这是因为以“一个中心、两个基本点”为核心的基本路线集中反映了党在这一时期的领导力量、依靠力量、中心任务、基本原则、基本方针和奋斗目标等。学界公认，这条基本路线既是中国特色社会主义道路的核心内容，也是中国特色社会主义理论体系的核心内容。其所规定的社会主义初级阶段的奋斗目标是“把我国建设成为富强民主文明和谐美丽的社会主义现代化强国”。这个社会主义现代化的奋斗目标早在毛泽东时期就明确提了出来，曾乐观设想到 20 世纪末基本实现。进入改革开放新时期，党的十二大以来历次代表大会报告和党章都重申了这个奋斗目标，并将之作为 21 世纪中叶新中国成立一百年时的奋斗目标。可见其主题主线地位历来十分显著。至于中国特色社会主义建设的总任务，十八大报告的概括是“实现社会主义现代化和中华民族伟大复兴”[②]。应该看到，社会主义现代化与中华民族的伟大复兴都是长期的、动态的、有层次的发展目标，社会主义现代化以中华民族的伟大复兴为目标，中华民族的伟大复兴以社会主义现代化为基本内容，二者统一于建设和发展中国特色社会主义的实践之中。社会主义初级

① 《邓小平文选》第 3 卷，人民出版社 1993 年版，第 370—371 页。

② 胡锦涛：《坚定不移沿着中国特色社会主义道路前进，为全面建成小康社会而奋斗——在中国共产党第十八次全国代表大会上的报告》，人民出版社 2012 年版，第 13 页。

阶段是中国特色社会主义的初始阶段，中国特色社会主义建设的总任务包含社会主义初级阶段的奋斗目标，二者的共同点是实现社会主义现代化。习近平总书记指出："我们党的庄严使命、改革开放的根本目的、我们国家的奋斗目标，都聚焦于这个总任务、归结于这个总任务。我们要紧紧扭住这个总任务，一代一代锲而不舍干下去。"① 党的十九大报告概括了新时代中国特色社会主义思想的"八个明确"，其中第一条就是"明确坚持和发展中国特色社会主义，总任务是实现社会主义现代化和中华民族伟大复兴"②。可见，社会主义现代化在社会主义初级阶段和中国特色社会主义建设和发展中居于不可动摇的中心地位。

第三，主题和主线是中国特色社会主义理论体系的总题目，也是其实践探索的总题目。关于理论主题与实践主题的统一，学界分歧不大，大多承认理论主题与实践主题的统一。③ 虽然关于建构中国特色社会主义理论体系的观点不尽相同，但无论以哪种方式建构体系，都离不开党的解放思想、实事求是、与时俱进的思想路线，离不开社会主义本质的理论，离不开关于发展阶段、发展道路、发展战略、发展动力及社会主义市场经济、民主政治、先进文化、和谐社会、国防、外交与国际战略、祖国统一、依靠和领导力量等基本的理论内容。所有这些理论内容又都环绕着一个目标或曰主题和主线——实现社会主义现代化，即国家繁荣富强、人民共同富裕，也即中华民族的伟大复兴。从实践层面看，探索中国特色社会主义发展道路，包括经济、政治、文化、社会、生态、国防、军队、党建等一切历史活动，同样紧紧围绕着一个目标或主题主线——实现社会主义现代化。毋庸置疑，推进并发展社会主义现代化，是我们党成为执政党以后全面履行为人民服务根本宗旨、不断提高人民物质文化生活水平、促进社会全面发展和进步、实现民族伟大复兴的必然选择。站在国家富强、民族复兴、人民幸福的更高目标来看，实现并发展社会主义现代化既是我们党全面推进中国特色社会主义事业不断向前发展的中心内容，又是我们党全面推进各项事业、完成伟大历史使命的关键抓手。反之，实现社会主义现代

① 习近平：《紧紧围绕坚持和发展中国特色社会主义，学习宣传贯彻党的十八大精神——在十八届中共中央政治局第一次集体学习时的讲话》，人民出版社 2012 年版，第 7 页。

② 习近平：《决胜全面建成小康社会，夺取新时代中国特色社会主义伟大胜利——在中国共产党第十九次全国代表大会上的报告》，人民出版社 2017 年版，第 19 页。

③ 沈宝祥：《略谈"建设中国特色社会主义"主题》，《社会主义论丛》2006 年第 6 期。

化、为全体人民谋利益谋幸福，也唯有坚持和发展中国特色社会主义。习近平总书记指出："中国特色社会主义道路，是实现我国社会主义现代化的必由之路，是创造人民美好生活的必由之路。"① 因此，中国特色社会主义建设的理论体系就是中国实现社会主义现代化的理论体系，而中国特色社会主义建设的伟大实践就是中国实现社会主义现代化的伟大实践。

以上分析表明，无论从中国共产党执政70多年的奋斗历史来看，还是从社会主义初级阶段的基本路线和建设中国特色社会主义的总任务来看，抑或从中国特色社会主义理论体系的基本内容、中国特色社会主义的基本实践看，实现社会主义现代化都是贯穿始终的主线、总揽各方的主题。

有的学者主张把"现代化"作为中国特色社会主义理论体系的主题和主线，这一观点也是很值得商榷的。作为社会发展、人类文明的一种深刻变化，一般认为，现代化是世界各国各民族发展进步不可避免的必然趋势，也是当今世界各国所追求的共同目标。有西方学者提出："现代化是人类历史上最剧烈、最深远并且显然是无可避免的一场社会变革。是福是祸暂且不论，这些变革终究会波及到与业已拥有现代化各种模式的国家有所接触的一切民族。"② 中国学者也大多认同这一观点，坚信现代化是18世纪以来的一个世界潮流，是19世纪中叶以来先进的中国人谋求民族复兴的梦想，也是当代中国的国家目标和最大任务。③

问题在于：现代化只有资本主义模式的现代化吗？中国需要什么样的现代化？中国能不能创造自己的社会主义的现代化？虽然一直有人把"现代化"等同于"西化"，把"西化"等同于"美国化"或"欧洲化"，认为要想现代化就必须模仿甚至复制西方制度，但总体而言，越来越多的学者正越来越清晰地认识到现代化虽有共性，但各国家各民族的历史、文化、传统、地理、生存条件、生存方式等诸多个性和习惯终归不可能消亡，也不可能消灭。比如，殖民地、半殖民地国家要实现现代化，不仅要工业化、民主化，还要首先解决反侵略、求独立的民族化问题。在这里，

① 习近平：《紧紧围绕坚持和发展中国特色社会主义，学习宣传贯彻党的十八大精神——在十八届中共中央政治局第一次集体学习时的讲话》，人民出版社2012年版，第4页。

② ［美］吉尔伯特·罗兹曼：《中国的现代化》，江苏人民出版社2003年版，第3页。

③ 虞和平：《中国现代化历程》第1卷，江苏人民出版社2001年版，第1页。

民族化成了国家现代化的一个前提条件和基本内容，[①] 这一点在西方资本主义现代化的过程中是不存在的，它们在现代化进程中大多拥有殖民、扩张、掠夺的历史和内容，而这显然不应成为社会主义现代化的内容。

就中国而言，赢得民族独立、彻底解决“民族化”问题靠的是马克思主义理论武装起来的中国共产党。革命胜利、民族独立之后，中国共产党继续坚持马克思主义与中国实际相结合的原则，领导人民进行社会主义改造，成功建立了社会主义制度。从丰富的革命斗争传统和经验中走来的中国共产党人历来强调独立自主走自己的路，不仅新民主主义革命具有鲜明的中国特色，社会主义改造、社会主义现代化道路也逐渐形成了自己的鲜明特色。如果说毛泽东时期的独立探索有过重大失误、成功经验和特点特色还不那么鲜明的话，改革开放以来中国共产党探索现代化的特点特色应该说非常鲜明。有人说，现代化不分国界，与社会制度无关。改革开放总设计师邓小平曾明确指出：“我们搞的现代化，是中国式的现代化。我们建设的社会主义，是有中国特色的社会主义。”[②] 他批评说：“很多人只讲现代化，忘了我们讲的现代化是社会主义现代化。”[③] 在邓小平看来，社会主义现代化与资本主义现代化不仅有区别，而且具有本质意义上的区别。资本主义现代化的一个严重弊端是造成社会两极分化，社会主义不仅坚持公有制、按劳分配的原则，还坚持共同富裕等重要原则。社会主义需要现代化，但现代化不等于社会主义。世界各国发展现代化的道路不可能只有一种模式，必然各具特色。研究中国现代化历史及其特性的美国学者吉尔伯特·罗兹曼也肯定指出：“以世界上许多现代化中的国家为背景，在我们把中国的现代化发展水平及其若干独到的特点审视一番之后便发现，构成中国现代化历史的那些要素，与其他国家的情况比较起来是如此之不同，以致我们不得不把它当作一个别具一格的研究个案。”[④] 当国内某些学者、青年不问青红皂白一概否定中国传统及现存制度、一味主张“全盘西化”的时候，读一读西方学者的肺腑之言倒显得很有必要，也很有意义。

如前所述，主题和主线是有条件、有范畴、有层次的。如果说实现中华民族的伟大复兴（即中国梦）是近代以来中国人民奋斗不已、探索不止

① 虞和平：《中国现代化历程》第1卷，江苏人民出版社2001年版，第28页。

② 《邓小平文选》第3卷，人民出版社1993年版，第29页。

③ 《邓小平文选》第3卷，人民出版社1993年版，第209页。

④ ［美］吉尔伯特·罗兹曼：《中国的现代化》，江苏人民出版社2003年版，第3页。

的主题和主线，那么，坚持和发展中国特色社会主义就是当代中国发展进步、谋求民族复兴的主题和主线；进而言之，实现社会主义现代化又是坚持和发展中国特色社会主义的主题和主线，也是中国特色社会主义理论体系和实践探索的主题和主线。如果再进一步，继续追问中国社会主义现代化的主题和主线，我们认为，从毛泽东到习近平历届中央领导集体关于社会主义本质、目的、目标、原则和优越性的系列论述来看，可以把公平正义、共同富裕视为社会主义现代化的主题和主线。

由追求民族独立复兴落脚到探索和建设中国特色社会主义，由探索和建设中国特色社会主义具体到实现社会主义现代化，进而具体化为实现公平正义和共同富裕，最终实现人的全面自由发展。这里“主题主线”的不断演进，不是否定和代替，而是深化和具体，是继承和发展。大体说来，这是对近代以来中华民族和中国人民不断探索救国救民道路、谋求发展进步和幸福生活的历史的、逻辑的客观描述，也是对中国共产党人践行马克思主义、引领中国社会不断发展进步的历史的逻辑的客观描述（可参见下图）。

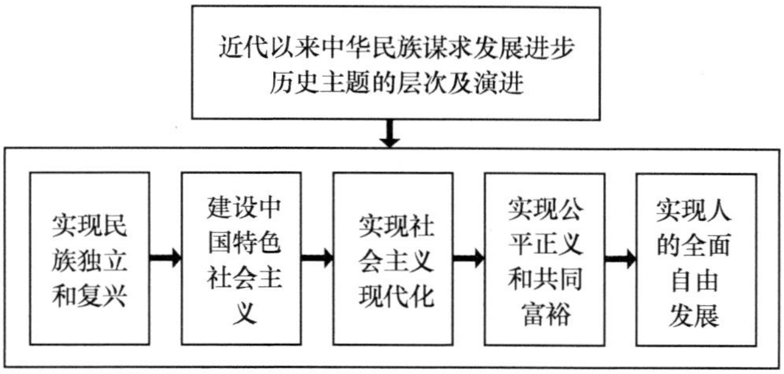

在本课题研究之前，我们曾撰文并论证“共同富裕是现阶段中国特色社会主义的主题”①。在深入研究本课题的过程中，我们提出了判断“主题和主线”的主要依据，并据此进行了更深入更全面的考察和分析，认为将“社会主义现代化”视为中国特色社会主义的主题和主线更恰当、更准确、更科学。这首先是一个充分反映并尊重历史的考虑。虽然毛泽东时期提出

① 孙武安：《共同富裕：现阶段中国特色社会主义的主题》，《科学社会主义》2005 年第 2 期。

过“共同富裕”，邓小平时期讲得更多更深刻，但是无论从中央历次代表大会的文献来看，抑或从全社会的使用频率和接受程度来看，“社会主义现代化”都明显高于“共同富裕”，党和政府及学术界对“社会主义现代化”的重视及其解读、认知和把握，已趋于成熟和完备。相反，对“共同富裕”理论和实践的研究仍显薄弱，把共同富裕作为党和政府乃至全社会“中心课题”的条件尚不成熟，共同富裕尚未成为全社会的核心理念，强大的社会舆论氛围尚未形成。我们认为，全面建成小康社会、加快社会主义现代化的实质就是实现共同富裕。关于全面建成小康社会与实现共同富裕，我们曾提出，全面建成小康社会是实现共同富裕的必要准备，实现共同富裕是全面建设小康社会的必然趋势，二者统一于社会主义现代化的历史进程之中，也统一于中国特色社会主义的历史进程之中。[①] 党的十八大进一步提出“全面建成小康社会”，并把“逐步实现全体人民共同富裕”纳入实现社会主义现代化国家的奋斗目标。可见，如何认识共同富裕与全面建成小康社会和社会主义现代化的关系，仍是一个亟须深入研究的重大课题。

① 孙武安：《论全面建设小康社会与实现共同富裕》，《山东大学学报》2003 年第 5 期，中国人民大学复印资料《社会主义论丛》2003 年第 11 期。

第八章　中国特色社会主义核心价值问题

长期以来，理论界对社会主义的研究主要从学说（理论或思想）、运动、制度三个层面展开。自20世纪后期始，人们开始越来越重视“价值”层面的研究。普遍认为价值尤其是核心价值的研究具有更深刻、更深层的意义。有的学者甚至提出，核心价值、本质和基本制度是研究社会主义的三个新的层面。[①] 马克思主义、科学社会主义自产生以来，其对世界历史的巨大推动和对人类进步事业的重大影响已为实践反复证明。马克思列宁主义是关于无产阶级和全人类解放的科学理论，当中国共产党人把它运用于中国革命和建设实际的时候，先后产生了毛泽东思想和中国特色社会主义理论体系两大理论成果。有了这两大理论成果的形成及其对中国革命、建设和改革的指导，中国人民才摆脱了鸦片战争以来一百多年的屈辱和贫困，赢得了独立和解放，迎来了当代中国的快速发展。历史告诉我们：没有马克思列宁主义，就没有中国共产党；没有中国共产党，就没有新民主主义革命；没有新民主主义革命，就没有毛泽东思想；没有毛泽东思想，就没有新中国；没有新中国，就没有社会主义改造和社会主义制度；没有社会主义改造和社会主义制度，就没有马克思主义与中国实际的第二次结合；没有马克思主义与中国实际的第二次结合，就没有中国特色社会主义；没有中国特色社会主义，就没有当代中国的一切发展和进步。

对于中华民族的前途和命运，马克思列宁主义、毛泽东思想和中国特色社会主义理论体系、道路、制度和文化的重大价值和意义，已成为不容置疑的客观事实。尽管如此，来自不同方面的对于马克思主义及其价值的质疑和拷问，从来都没有停止过。客观地说，马克思主义是在不断质疑和拷问中形成和发展的。当世界社会主义运动于20世纪80年代末遭遇挫折

---

① 严书翰：《对社会主义的再思考》，《思想理论教育导刊》2005年第10期。

步入低潮时，在逆境中艰难前行的中国特色社会主义所面对的质疑、拷问、攻击和批判更加尖锐。当资本主义借助其历史、经济、政治、文化和军事优势，假道义之名，行利益之实，四处“传经布道”、兜售其所谓“民主、自由、人权”等普世价值观的时候，社会主义、中国特色社会主义到底还行不行？其价值和意义何在？这不仅关系到中国特色社会主义的理想、信念、道路、制度和政策的设计和选择，也关系到中国特色社会主义理论体系的建构和完善。显然，这是一个十分重大的基础性课题。有学者认为：“中国特色社会主义理论体系基本问题不外有三，即：事实、观念和价值。‘事实’即社会存在，‘观念’即社会主义建设的指导思想，‘价值’则是蕴含于其中的社会理想和建设寄托。”① 可见，讨论研究中国特色社会主义的核心价值十分重要，也极为紧迫。

一　关于价值、核心价值及相关概念的分析

价值问题很复杂，涉及哲学、经济学、政治学、历史学、社会学等各学科，因而也是多年来学界所关注的一个颇具争议的热点问题，特别是关于社会主义基本价值、核心价值（观）等问题的认识分歧尤为突出。分析造成分歧的主要原因，拨开迷雾，提炼概括更好的核心价值，必须从价值问题的源头说起。厘清基本概念，把握提炼概括的关键要素至关重要。什么是价值呢？马克思主义认为，“‘价值’这个普遍的概念是从人们对待满足他们需要的外界物的关系中产生的”②。价值的本质是作为客体的事物对人的需要的满足关系，或者人及其创造物对人的满足关系。③ 从这个意义上讲，价值是对人类实践活动的一种理论上的抽象，是关于客体与主体的关系范畴，是客体对主体的一种积极意义，是客体能够满足主体需要的一种属性和功能。客体能够满足主体的需要，客体就有价值，客体不能满足主体的需要就没有价值。

由上可知，价值的构成需要具备四个基本要素：（1）客观存在着的主体；（2）客观存在着的客体；（3）主体具有需求或需要；（4）客体具有提供和满足的功能。前两个要素是价值产生的基础条件，后两个要素是价

① 刘海涛：《中国特色社会主义理论体系基本问题》，《学习论坛》2009 年第 1 期。

② 《马克思恩格斯全集》第 19 卷，人民出版社 1963 年版，第 406 页。

③ 韩震：《社会主义核心价值体系研究》，人民出版社 2007 年版，第 12 页。

值产生的关键条件。主体、客体、需求、供给，四位一体，缺一不可。离开或偏离任何一个要素，讨论价值都会发生偏差和错位。因此，讨论价值首先要明确这四个基本要素。

关于“价值主体”和“价值客体”。“主体”是相对于“客体”而言的，有“客体”就有“主体”。“价值主体”一般是指人，在价值的对象关系中，人是需要者；用以满足人、成为人的目的之手段的对象是“价值客体”。在这种思考方式中，人的价值主体地位，包括两个相关的层次：一个是“类”的整体的一般层次；一个是现实的具体人的层次。即是说“价值主体”不是抽象的、唯一的，而是具体的、多元的。[①] 我们认为，“价值主体”可能是个体的人、群体的人，如群众、团体、政党、民族、国家、社会，也可能是某些具有人格特点的事物，如理论、制度、道路等；而“价值客体”可以是一切人和物。一般认为，不同的主体具有不同的需求，不同的客体具有不同的属性和功能，即是说，不同的客体能够满足不同的需求，不同属性的事物具有不同的功能。这表明，价值主体和价值客体是复杂的、多样的（或多元的）、相对的，而价值必然随着主客体的变化呈现出差异性。客体是否具有价值取决于价值主体的内在需要，价值主体没有需要，外在事物就没有价值可言。所以，讨论价值必须明确价值主体、价值客体并分析价值主体的具体需要，否则就会导致价值观的混乱。

关于“基本价值”和“核心价值”。主体的需求和需要往往不是单一的，而是多样的、变化的，主体需要的多样性和变动性决定了价值的多样性（有学者称之为“多元性”[②]）和变动性。价值的多样性和变动性带来了价值的复杂性，从而增加了人们的认知难度。为了准确、深刻地认识事物及其价值，对价值作进一步的区分就成为必然。如何根据价值的不同功能进行分类？特别是关于不同价值的概念和称谓，学界提出了诸多不同概念和术语，如价值、基本价值、一般价值、核心价值、首要价值、主导价值、主流价值、终极价值，价值体系、核心价值体系，还有理论价值、实践价值或具体的经济价值、政治价值、伦理价值、审美价值、生态价值等，林林总总，令人眼花缭乱。这里不打算就此作更深入的讨论，只就核

---

① 李德顺、龙旭：《关于价值和“人的价值”》，《中国社会科学》1994 年第 5 期。

② 李德顺：《关于社会主义核心价值观的几个问题》，《上海党史党建》2007 年第 7 期。

心价值的相关问题尽可能作出更简要的说明。鉴于价值是不同的、有层次的，我们可以根据价值的重要程度将其区分为“基本价值”和“核心价值”两大类。所谓“基本价值”即价值或一般价值，这是普通的、基础的价值，其特点往往表现为多样性、变动性；所谓“核心价值”即主导价值、主流价值、首要价值，它是根本的、中心的、居于支配地位的，往往具有一定的稳定性、稀少性甚至单一性。显然，“核心价值”是相对于“基本价值”或“一般价值”而言的，它居于诸价值的中心地位，主导、影响并支配着基本价值的存在。就某个特定的主客体价值关系范畴来说，如果核心价值很多的话，其与基本价值还有什么区别呢？其“核心”的意义何在？基本价值与核心价值的关系是，前者是后者的基础，也是外延和展开；后者基于、源于前者，又指导并影响前者的存在和发展。二者相互依存，辩证统一。可见，认识和把握事物的核心价值并不容易，需要人们对诸多复杂的基本价值进行比较分析鉴别，进而提炼和概括。

关于“价值体系”。一般认为，价值体系“属于社会意识的范畴，是社会意识的本质体现”，“受一定社会基本制度的制约，是由一定社会崇尚和倡导的思想理论、理想信念、道德准则、精神风尚等因素构成的社会价值认同体系”。[①] 作为基本含义，这是引申意义上的解读。就缘起看，先有价值，后有“价值体系”。所谓“价值体系”，指在一定条件下能够满足同一主体不同需要的多个相互联系的价值存在，两个以上多个主体的有联系的多种需要获得满足，也可以构成一种复杂的价值体系。狭义的“价值体系”是由同一主体的多种需要及其被满足所决定的。如果一个价值主体在一定条件下的需求和需要是单一的，客体只满足其单一的需求和需要，此时，就没有“价值体系”的存在。但价值往往是多样的、相互联系的，因而构成了“体系”。至于“核心价值体系”，其存在的前提是“核心价值”不是唯一的，在一定条件下至少有三个以上居于核心地位的相互联系的价值同时满足一个主体的不同需要，这是第一种情况；第二种情况是同一主体在不同条件下的核心价值需求，由此产生的多个相互联系的核心价值，也可以构成“核心价值体系”；第三种情况是不同主体在相同或不同条件下的核心价值需求且相互联系，也可以称其为核心价值体系。一切事物都是发展的、变化的、有联系的，不同条件下的核心价值，其特点和属

① 韩震：《社会主义核心价值体系研究》，人民出版社 2007 年版，第 13 页。

性不同，但它们仍可能是相互联系的；或许某些情况下核心价值之间的联系较为松散，但研究这个体系仍有助于揭示和认识事物发展的基本规律。就现实社会看，利益群体多元，思想观念复杂，价值体系呈多元并存态势。但社会的存在和发展，总需要核心价值（体系）的强力支撑和主导。据此，有论者提出："核心价值体系"是指一个国家或地区占据主导、统领地位的社会价值体系，涵盖社会发展的指导思想和价值取向，决定社会意识的性质和方向，影响人们的思想观念、思维方式、行为规范，引领社会思潮，是推动社会前进的精神旗帜。①

至于"价值观"，特指作为主体的人对其他事物（包括人、事、物）的意义、功能和重要性的评价和看法。人的需要可能相同，也可能不同，因此现实生活中人们的价值观可能相同，也可能不同。价值观是人们对价值的一种主观表达，没有价值的存在，就没有价值观的存在；没有价值的确认，就没有价值观的形成。二者的主要区别在于，价值是指主体与客体的一种客观关系，而价值观则是人对这一客观关系的主观认识和表达。从这个意义上说，讨论价值的过程，也是讨论价值观的过程。

综上，研究核心价值的关键在于，一是确认主体及其需要，二是确认客体及其提供。我们认为，模糊和混淆价值主体与价值客体的对应性，很可能是导致当前价值判断产生文不对题或诸多乱象的主要原因。

二　关于社会主义核心价值（观）的讨论

在改革开放过程中，理论界首先围绕"真理标准"问题进行了大讨论，从一般意义上对价值问题进行了反思。20 世纪 80 年代末 90 年代初，苏东剧变、世界社会主义运动遭受严重挫折，随之而来的是"历史的终结论"以及对社会主义的普遍质疑和忧虑，一时间社会主义失败论甚嚣尘上，资本主义价值观、民主社会主义思潮大有一统天下之势。"中国社会主义向何处去"的问题空前尖锐地摆在了中国共产党和中国人民的面前。在这样一个特定的时代背景下，理论界把目光聚焦于社会主义的价值和核心价值，并逐步触及中国特色社会主义的核心价值问题。如马德普著《社会主义基本价值论》（中央编译出版社 1997 年版）、郁建兴等著《社会主义价值学导论》（浙江人民出版社 1997 年版）、李斌雄著《中国共产党的

---

① 韩震：《社会主义核心价值体系研究》，人民出版社 2007 年版，第 14 页。

价值观研究》（中国社会科学出版社2003年版）等。同时，国内有关刊物也先后发表了不少论文，如中国科学社会主义学会主办的《科学社会主义》曾于2005年前后连续刊发有关社会主义价值观问题的讨论文章。国内知名学者李忠杰教授曾明确提出："构建中国特色社会主义的核心价值观，可能是把中国特色社会主义理论与实践推向前进的一个着力点，也是进一步丰富和发展科学社会主义理论的一个切入点。"① 其间，俞可平发表《全球化时代的"社会主义"》，从社会主义核心价值的角度全面评析了20世纪90年代以来西方社会主义的主要理论和观点，在理论界都产生了一定影响。

2006年党的十六届六中全会提出构建社会主义核心价值体系，把人们对社会主义价值问题的关注推进到一个新的阶段。此后，理论界的研究重点是解读中央提出的社会主义核心价值体系的内涵、关系、意义及其推进途径等，如韩震著《社会主义核心价值体系研究》（人民出版社2007年版）、唐昆雄著《马克思主义与社会主义核心价值体系研究》（中国社会科学出版社2010年版）、中华文化学院编《中华文化与社会主义核心价值体系》（知识产权出版社2011年版）等。当然，与此同时也有学者从社会主义核心价值观的角度进行微观方面的研究，如田海舰等著《社会主义核心价值观论纲》（人民出版社2010年版）、宋惠昌著《社会主义核心价值观专题解读》（中共中央党校出版社2010年版）、吴新文著《社会主义核心价值观》（重庆出版社2009年版）、宣兆凯等著《中国社会价值观现状及演变趋势》（人民出版社2011年版）等，这些成果都在一定程度上促进了社会主义核心价值问题的研究。

但是，究竟什么是社会主义的核心价值？中央关于社会主义核心价值体系的概括并非最终答案，只是提供了一个宏观的指导，困惑争论仍然存在。2011年，中央领导李长春明确提出要积极探索，提炼和概括"能够得到广泛认同的""简明扼要、便于传播践行的社会主义核心价值观"。② 到2012年，党的十八大报告正式提出："倡导富强、民主、文明、和谐，倡导自由、平等、公正、法治，倡导爱国、敬业、诚信、友善，积极培育和

① 李忠杰：《构建中国特色社会主义核心价值观》，《科学社会主义》2005年第2期。

② 《中共中央关于深化文化体制改革，推动社会主义文化大发展大繁荣若干重大问题的决定》，人民出版社2011年版，第60页。

践行社会主义核心价值观。”[①] 此后，学界研究重点又集中在这24个字的解读上，出版著作论文较多，如徐伟新等著《社会主义核心价值观研究》（中共中央党校出版社2016年版）、韩震等著《社会主义核心价值观与当代中国发展》（全5册，四川人民出版社2018年版）、郭建宁主编《社会主义核心价值观基本内容释义》（人民出版社2014年版）、韩震著《社会主义核心价值观新论：引领社会文明前行的精神指南》（中国人民大学出版社2014年版）、居云飞编著《兴国之魂：社会主义核心价值观与中华优秀传统文化》（中国社会科学出版社2014年版）等，有的学者还以专题的方式分别对24个字12个问题进行研究，如袁银传、董朝霞等著《社会主义核心价值观：平等》（社会科学文献出版社2014年版），等等。

就已有研究成果看，理论界对社会主义核心价值（观或体系）的极端重要性已经达成了高度共识。学界普遍认可，社会主义核心价值体系是社会主义意识形态的核心内容和本质体现，是社会主义理论的首要内容，是社会主义制度的生命之魂，是社会主义的精神自我，是激励全民族奋发向上的精神动力和维系全民族团结和睦的精神纽带，是社会主义精神文明和先进文化建设的重要组织部分，也是社会主义道路、理论和制度的合法性之所在。十八大报告的概括是“社会主义核心价值体系是兴国之魂，决定着中国特色社会主义发展方向”[②]。关于社会主义核心价值观，十九大报告指出：“社会主义核心价值观是当代中国精神的集中体现，凝结着全体人民共同的价值追求。”[③] 从客观存在的角度看，价值、核心价值（观）是社会主义的根本问题，没有价值和核心价值（观），社会主义就没有生命和意义；从主观认知的角度看，没有社会主义核心价值（观）上的自觉，就不能真正搞懂什么是社会主义。对社会主义核心价值（观）的任何忽视和淡漠，不仅在理论上是错误的，在实践上也是有害的。[④] 中国特色社会主义是党和人民基于对近代以来中国社会发展规律进行正确认识的历史性选择，而今它既是人们的精神寄托，更是人们对美好未来充满期待的一个

---

① 胡锦涛：《坚定不移沿着中国特色社会主义道路前进，为全面建成小康社会而奋斗——在中国共产党第十八次全国代表大会上的报告》，人民出版社2012年版，第31—32页。

② 胡锦涛：《坚定不移沿着中国特色社会主义道路前进，为全面建成小康社会而奋斗——在中国共产党第十八次全国代表大会上的报告》，人民出版社2012年版，第31页。

③ 习近平：《决胜全面建成小康社会，夺取新时代中国特色社会主义伟大胜利——在中国共产党第十九次全国代表大会上的报告》，人民出版社2017年版，第42页。

④ 吴向东：《社会主义价值观的当代建构》，《科学社会主义》2005年第4期。

客观存在。社会主义核心价值（观）要求一切制度、体制、路线、方针、政策，都要围绕着这个中心来设计和建设。反思社会主义发展史，有学者认为，过去我们的许多偏差，就是只注意具体制度和形式，没有注意到它的功能和价值，就形式讲形式，把形式摆在了不适当的位置上，没有根据功能价值、目标任务的要求来设计和谋划具体形式，结果犯了本末倒置的错误。

理论界对社会主义核心价值（观或体系）的特征、功能等作了深入分析。如提出核心价值观具有普遍性、稳定性、时代性、开放性、民族性和意识形态性、合规律性等基本特征；其功能包括明确方向、设计制度、制定法律、决策改革、教育公民、整合人心、鼓励士气、凝聚力量、规范言行、稳定社会、提升文化实力等。① 对于其所具有的积极意义的认识分歧不大，这里不作赘述。

从研究的具体内容看，大体集中于四个方面的问题：一是继续解读中央关于社会主义核心价值体系的四项基本内容，即坚持马克思主义指导思想是社会主义核心价值体系的灵魂、树立中国特色社会主义共同理想是其主题、弘扬民族精神和时代精神是其精髓、践行社会主义荣辱观是其基础。

二是提炼概括和解读社会主义核心价值（观）。据不完全统计，理论界至少提出了数十种观点和主张，② 主要有以人为本、共同富裕、公平正义、民主法治、文明和谐、普遍幸福、人的自由全面发展等。如任玉秋提出，“社会主义价值观的主要内容就是马克思恩格斯在《共产党宣言》中阐述的基本思想”，即工人阶级和所有劳动者通过自觉的奋斗，在消灭阶级、消灭剥削的过程中实现共同富裕、平等和民主，以构筑全面发展的自由人的联合体。而人民共同富裕则是“社会主义价值观的首要的基本内容”③。王占阳提出：“社会主义最基本、最一般的价值取向，就是公民的普遍幸福”，“社会主义价值实质上就是普遍幸福主义的价值。所谓社会主义的价值体系，实质上也正是普遍幸福主义的价值体系”。他认为，这是

---

① 教育部高等学校社会科学发展研究中心：《社会主义核心价值体系研究述评》，教育科学出版社 2012 年版，第 172—179 页。

② 杨兴林：《关于社会主义核心价值观的研究现状及思考》，《理论探索》2010 年第 1 期。

③ 任玉秋：《社会主义价值观的历史唯物主义考究》，《科学社会主义》2005 年第 4 期。

社会主义的“最高价值”和“终极价值”。[①] 理论界投入精力最多的当属解读十八大报告关于社会主义核心价值观的概括及其内涵。多数学者将 12 个词语、24 个字视为社会主义核心价值观的集中概括。在学界投入极大精力深入研究的同时，党政机关、学校企业、报刊媒体、广场街道、农村社区，几乎一切公共平台和场所都可以看到这 24 个字的宣传和广告，旨在营造良好氛围，培养良好社会风尚。关于社会主义核心价值体系与社会主义核心价值观之间的关系，有学者认为，前者是基础和前提，后者是最高层面的抽象；也有学者认为，二者是“系统”与“内核”的关系、形式与内容的关系、一般与个别的关系，等等。[②]

三是少数学者从中国特色社会主义核心价值（观或体系）的角度展开研究。如程伟礼著《中国特色社会主义核心价值观的历史形成》（复旦大学出版社 2012 年版）、杨信礼著《中国特色社会主义核心价值体系研究》（中共中央党校出版社 2015 年版）、卓越等著《中国特色社会主义核心价值理念研究》（中国社会科学出版社 2013 年版）等。有学者提出，中国特色社会主义核心价值观是“实现人的全面和谐发展”，并围绕这个核心提出了伦理价值观、政治价值观、经济价值观和社会生活价值观，认为这些构成了中国特色社会主义核心价值体系；[③] 侯远长在文章中还提出，中国特色社会主义的基本价值是可持续发展、民主政治、社会文明、以人为本、人的全面发展等，而核心价值观是共同富裕。[④] 卓越等提出了“公正、诚信、和谐、自由”是中国特色社会主义核心价值理念体系。[⑤] 孙武安认为中国特色社会主义核心价值是具体的、发展的、有层次的，现阶段中国特色社会主义的核心价值是共同富裕。[⑥]

四是从中国历史文化传统的角度研究核心价值（观或体系）。有学者提出，中华民族的核心价值包括“民惟邦本、本固邦宁”的政治伦理核心价值，“以义制利、以道制欲”的经济伦理核心价值，“中为大本、和为达

---

① 王占阳：《社会主义的终极价值》，《科学社会主义》2005 年第 4 期。

② 《社会主义核心价值体系研究述评》，教育科学出版社 2012 年版，第 175—176 页。

③ 张利华：《试析中国特色社会主义核心价值体系的结构和内涵》，《中国特色社会主义研究》2007 年第 4 期。

④ 侯远长：《中国特色社会主义的价值问题探讨》，《中州学刊》（郑州）2006 年第 1 期。

⑤ 卓越、邹之坤：《中国特色社会主义核心价值理念研究》，中国社会科学出版社 2013 年版。

⑥ 孙武安：《论中国特色社会主义的核心价值》，《毛泽东邓小平理论研究》2006 年第 6 期。

道”的社会伦理核心价值，“德施普世、天下文明”的中华天下核心价值，作者把这四个方面视为“民族复兴的核心价值”加以阐释。①

在解读社会主义核心价值（观）的同时，有的学者也探讨了提炼社会主义核心价值（观）的原则或根据。很显然，研究标准、依据或原则对于提炼科学的社会主义核心价值观具有直接的指导意义。侯惠勤提出：“概括社会主义核心价值观，一是在价值内容上要体现社会主义特性和人类性的有机统一；二是在价值主体上要体现规范国家和规范公民的内在一致；三是在价值基础上要体现现实性和理想性的历史统一。”② 还有学者提出，概括社会主义核心价值观要体现社会主义的本质；要遵循马克思主义关于社会主义价值追求的基本思想；要突出中国共产党的执政理念；要反映我国优秀的文化传统和人类文明的进步成果；要最大限度地反映社会共识、便于传播和记忆。③ 有些学者提出，要把“普适性”作为提炼价值观的最高原则。他们认为无论社会主义还是资本主义，都不能超越某些共同的东西，超阶级的“人类价值”才是价值观的精髓，社会主义、爱国主义只是“特殊价值”。该观点貌似有理，实际上所谓超阶级的抽象的“普世价值”的追求，所释放的信息往往是对马克思主义和社会主义的怀疑和否定，是对西方强权价值观和霸权话语体系的屈从或盲从。其要害在于，用所谓“人类性”“普世性”否定了阶级社会的“阶级性”，甚至否定了民族、国家利益的客观性。因此，把“普世价值”作为社会主义核心价值（观）概括的最高原则，其结果不是什么“普世”，而是在霸权和强权之下“普资”，彻底否定马克思主义和社会主义。

总的看，理论界关于社会主义价值和核心价值（观或体系）的研究成果可谓众说纷纭，汗牛充栋，这里只能作有限梳理。不过，这些梳理已经让我们深切感到进一步提炼概括能够为社会各界所公认的中国特色社会主义核心价值（观）的必要性，而且这显然是一项十分艰巨的任务。我们认为，有待进一步思考研究的问题至少包括：

第一，概念的简化规范问题。涉及价值问题提出的相关概念过于庞杂繁多（不排除个别人有“为新而新”的风头动机），以致许多学者为概念

---

① 姜义华：《中华文明的根柢——民族复兴的核心价值》，上海人民出版社 2012 年版。

② 侯惠勤：《社会主义核心价值观建设中的若干重大理论问题》，《思想理论教育》2012 年第 5 期。

③ 《社会主义核心价值体系研究述评》，教育科学出版社 2012 年版，第 183—190 页。

所累，越理越乱，而读者也每每望而却步。因此，简化、规范并适当统一概念便成为必要，本书以“基本价值”（即价值或一般价值）和“核心价值”两大类加以区分。

第二，一般与特殊的问题。社会主义与中国特色社会主义是一般与特殊的关系。一般源于特殊，特殊之中包含一般，但特殊具有一般所不具有的一些个性，虽有共性，却不可相互代替。长期以来，理论界集中讨论的是社会主义核心价值（观或体系），并将之等同于中国特色社会主义核心价值（观或体系）。问题在于，社会主义核心价值（观或体系）的研究可以代替或者等同于中国特色社会主义核心价值（观或体系）的研究吗？社会主义核心价值（观或体系）在中国有没有具体化？有没有独特性？中国特色社会主义政治、经济、文化建设的同时，要不要、有没有中国特色的核心价值（观或体系）呢？

第三，价值客体与价值主体的对应性问题。价值是主体与客体相统一的关系范畴，讨论价值不能在脱离主体和客体的虚拟空间进行，脱离或不明确主体和客体，就是无的放矢。就“社会主义核心价值”而言，“社会主义”是价值客体，“人民”是价值主体，“社会主义”的功能和意义在于满足“人民”的不同需要和利益诉求。忽略或者混淆主体、客体的对应性，必然导致在社会主义核心价值（观或体系）问题上众说纷纭、难以达成共识，这很可能是长期以来学界在核心价值（观或体系）问题上产生较大分歧的一个深层原因。有学者分析指出：“我们在核心价值观的提炼上缺乏共识，就是因为许多概括的着眼点是规范和要求公民，而非规范国家制度。核心价值观当然也需要通过凝聚社会共识去规范公民的行为，但是这种共识的形成毕竟来源于对国家制度的认同，归根到底来源于对国家制度和国家精神的认同。因此，成功的核心价值观不是直接对公民提出要求，而是通过塑造国家形象、彰显制度精神以获得国民的认同，并使之自觉规范自己的行为。”① 我们相信：这是研究社会主义核心价值（观）的一个关键，非常重要。我们讨论社会主义核心价值（观）的一个重要目的，就是规范社会主义国家制度、规范执政党的理论和实践，塑造其亲民为民的良好形象，进而赢得人民的认同和拥护，使人民深刻理解我们坚持

① 侯惠勤：《社会主义核心价值观建设中的若干重大理论问题》，《思想理论教育》2012 年第 5 期。

马克思主义、坚持社会主义的道理所在。通俗地讲，就是要回答社会主义到底要给、能给人们带来什么利益？或者说社会主义“有什么用”“有什么好处”。从学理层面讲，就是要追问社会主义的功能、意义、目标、任务及其优越性。

对照理论界所关注的“社会主义核心价值体系”来分析。第一条马克思主义指导思想，严格地讲，这并不是对“什么是社会主义”追问的具体回应，因为中国共产党自诞生之日起就是马克思主义的政党，马克思主义已写入党章，新中国成立后马克思主义的指导地位又被写入国家宪法，因此说马克思主义是立党立国之本，是旗帜、方向和灵魂。坚持中国特色社会主义，马克思主义的指导地位不言自明。第二条中国特色社会主义共同理想，中国特色社会主义是科学社会主义在中国的具体实践，是近代以来中国历史发展的基本结论，是当代和未来中国发展的道路选择，至于中国特色社会主义的功能，这里没有作出具体回答。第三条民族精神和时代精神，这是全国各族人民团结奋斗、艰苦创业、开拓进取、振兴中华的优良传统和精神动力，显然这也不是社会主义的功能和意义。第四条社会主义荣辱观，这是中国传统文化教育的基本内涵，是现代文明社会和谐进步发展的道德基础，也是关于公民的基本道德规范，很难称得上是中国特色社会主义对人民利益和要求的满足。四项内容涉及党和国家的指导思想、当代中国的发展道路、中华民族精神和时代精神，以及公民道德建设的基本要求。从上述“社会主义核心价值体系”的表述形式上看，好像是广义的、一般意义上的社会主义，但其具体内容多指“中国”，显然是有特殊意义的。也就是说，从学理层面模糊了“一般”与“特殊”的关系，理论的严谨性值得商榷。这是一个问题。第二个问题是四项内容内涵宏大、总括性强，是党和国家基于生存发展需要，对公民所提出的要求和规范，不是人民群众具体利益的直接表达，也不是社会主义的具体功能和意义。因此，能不能称其为社会主义或者中国特色社会主义的核心价值（观）仍可讨论。第三个问题是其价值主体和客体指向不明，唯有人民群众具体利益的直接表达，才可称得上是社会主义或中国特色社会主义的核心价值（观）。在这段表述里，价值主体不完全是人民群众，或许是“党和国家”；价值客体不是社会主义或中国特色社会主义，或许是“当代中国”。虽然马克思主义政党、社会主义国家与人民利益在根本上是一致的，但角度不同，表达的具体性和直接性就不同，毕竟实现人民利益需要通过特定的路径和手段。把这四项内容或应称之为“当代中国的核心价值（观）”。必须指出，作为价值客体，“当代中国”与“中国特色社会主义”虽然密切相关，却不可等同。前者内涵显然大于后者，而后者更具体更微观。

就党的十八大报告倡导的“富强、民主、文明、和谐、自由、平等、公正、法治、爱国、敬业、诚信、友善”来看，报告在列举了这三组 12 个词语 24 个字之后，进一步提出要“积极培育和践行社会主义核心价值观”；十九大报告也提出要“培育和践行社会主义核心价值观”。[①] 显然，这些内容都有其特定的意义和价值。但是，这里仍有两个问题需要讨论：一是如果按照“人民”是价值主体、社会主义是“价值客体”的基本思路分析，把“富强、民主、文明、和谐”和“自由、平等、公正、法治”视为社会主义的价值（观），在逻辑上还讲得过去。但是，把“爱国、敬业、诚信、友善”视为社会主义的价值（观）在逻辑上就不大通顺了，因为这四个方面所表达的是国家对公民的要求，价值主体是国家，不是公民；价值客体是公民，不是社会主义。可见，把 24 个字视为社会主义核心价值（观），从价值主体和客体的角度看是模糊的、混乱的。二是提炼概括社会主义核心价值（观）是不是越多越好？一般认为，核心价值是为了区别于基本价值才提出来的，应该简明扼要，用尽可能简洁的语言概念集中表达核心功能，即人民群众的核心利益。12 个词语 24 个字的表述明显繁多复杂，从理解、记忆、传播和践行的角度看并不理想。实际上，自 2012 年以来，虽然党政机关、理论宣传、学校教育、舆论媒体及社会公共场所到处都在以不同的方式大力宣介这 24 个字，投入人力、物力、财力巨大。但实际效果怎么样呢？就初步调查看效果未必乐观，实际上有多少人能把 24 个字熟记下来都是个很大的问题。据了解，许多思想政治理论课教师也为牢记 24 个字而犯愁，更不用说普通公民。

因此，我们认为提炼概括中国特色社会主义核心价值（观）的工作仍需深入。提炼和概括决不能闭门造车，“应该反映我们历史传统包括共产党的历史经验，反映所处时代潮流及其时代精神，反映解决现实生活中人民群众的要求，就是要从历史经验和时代要求中提炼出来，并解决现实问

① 习近平：《决胜全面建成小康社会，夺取新时代中国特色社会主义伟大胜利——在中国共产党第十九次全国代表大会上的报告》，人民出版社 2017 年版，第 42 页。

题，为广大人民所认同”①。这段话启示我们，提炼概括中国特色社会主义核心价值（观），应遵循以下四条基本原则：

（1）明确价值主体：中国特色社会主义核心价值（观）的价值主体只能是当代中国最广大人民群众，明确价值主体就是要切实了解、准确把握当代中国最广大人民群众的根本利益和根本要求；（2）明确价值客体：中国特色社会主义核心价值（观）的价值客体是中国特色社会主义。明确价值客体，就是搞中国特色社会主义决不能背离社会主义的目的、目标、本质特征和最大优越性；（3）体现时代要求：中国特色社会主义核心价值（观），即当代中国最广大人民群众的根本利益和根本要求，应切实体现人类共生共存、共同建设、共同发展、共同享有、共同繁荣的普遍追求；（4）体现管用原则：了解把握当代中国最广大人民群众的根本利益和根本要求、提炼概括中国特色社会主义的核心价值（观），应切实体现简明扼要、提纲挈领、通俗易懂、朴实生动的原则，力戒面面俱到、求全就繁，以致丧失“核心价值”的本质属性及其核心意义。

必须指出，依照党章党纲规定，中国共产党的根本宗旨是全心全意为人民服务，除此之外，党没有自己的特殊利益。为人民谋利益，不仅反映在党章党纲上，更集中体现在党的阶段性奋斗目标上。在中国特色社会主义核心价值（观）的命题中，人民是价值主体，中国特色社会主义是价值客体，中国共产党作为中国特色社会主义事业的领导核心，必然是价值客体的核心部分。中国共产党就是要通过领导人民建设和发展中国特色社会主义，来最大程度地满足当代中国最广大人民的根本利益和根本要求。总之，探讨中国特色社会主义核心价值（观），实际上就是要弄清楚当前中国最广大人民的根本要求和根本利益是什么。

三　共同富裕是中国特色社会主义的核心价值

中国共产党人为什么要坚持中国特色社会主义道路？人民群众凭什么相信搞中国特色社会主义是当代中国最好的选择？其实质就是要回答中国特色社会主义的最大优越性是什么？到底能给人民带来什么好处？实际上就是要搞清楚中国特色社会主义的功能、目的、目标和任务。在

① 李君如：《社会主义核心价值体系与文化软实力建设》，《石河子大学学报》2012 年第 5 期。

这个问题上，邓小平的回答清晰而明确："走社会主义道路就是要逐步实现共同富裕。"[①] 在他的思想里，共同富裕就是社会主义的目的、目标、本质、原则、中心课题和最大优越性。把共同富裕的重要性提得如此之高，在社会主义思想史上前所未有。著名党史专家胡绳曾这样评论，社会主义的终极目的"既不是公有制，也不是发展生产力，而是全社会人民的物质和文化生活水平普遍提高（直到能够进入共产主义），邓以通俗的语言称之为共同富裕"[②]。"共同富裕"是毛泽东在50年代就明确提出来的一个科学概念，[③] 但邓小平讲得最多，提得最高，且部署具体。理论界因此有邓小平理论就是共同富裕理论的说法。

如果说建设中国特色社会主义、实现社会主义现代化，是几代共产党人在长期思考和探索"什么是社会主义、怎样建设社会主义"这个首要问题的基础上所得出的基本结论，那么，共同富裕则是中国特色社会主义事业和社会主义现代化建设的出发点和落脚点。从这个意义上讲，中国特色社会主义道路就是实现人民共同富裕的道路，中国特色社会主义理论体系就是实现人民共同富裕的理论体系，而中国特色社会主义制度就是实现人民共同富裕的社会制度。

把共同富裕作为中国特色社会主义的核心价值，可以从以下几个方面理解：

第一，共同富裕是马克思、恩格斯关于社会主义的目的和目标，也是中华民族几千年来梦寐以求的美好憧憬和理想社会。马克思、恩格斯没有明确提出"共同富裕"这个概念，并不是说他们没有这一重要思想。事实上，马克思、恩格斯研究人类社会发展问题正是基于严重的两极分化，即财富的大量创造与贫困的普遍存在及其所造成的严重的社会对立。在他们关于未来社会的设想中，差不多到处都有关于"满足所有人的需要"的重要思想。马克思提出，在新社会制度中，社会生产力将高速发展，而生产将以所有人的富裕为目的，同时所有人的可以自由支配的时间也将获得增加；[④] 恩格斯指出：我们要建立社会主义制度，给所有的人提供充裕的物

① 《邓小平文选》第3卷，人民出版社1993年版，第373页。
② 胡绳：《马克思主义与改革开放》，中国社会科学出版社2000年版，第108—109页。
③ 《毛泽东文集》第6卷，人民出版社1993年版，第437页。
④ 《马克思恩格斯文集》第8卷，人民出版社2009年版，第200页。

质生活和闲暇时间，给所有的人提供真正的充分的自由。① 恩格斯还指出：未来社会将“把生产发展到能够满足所有人的需要的规模；结束牺牲一些人的利益来满足另一些人的需要的状况；彻底消灭阶级和阶级对立；通过消除旧的分工，通过产业教育、变换工种、所有人共同享受大家创造出来的福利，通过城乡的融合，使社会全体成员的才能得到全面发展”②。马克思和恩格斯的观点很清楚，建立社会主义制度就是要在发展生产力的基础上，满足所有人的两种需要：一是富裕；二是自由。我们知道，当年马克思和恩格斯视社会主义和共产主义为同义语，是不加区分的。当后人把二者区分为两个大的社会发展阶段的时候，“所有人的富裕”便成为社会主义阶段的中心任务和目标，因为总体而言，人的真正的充分的闲暇和自由只有在物质充裕的基础上才可能产生和实现，也才最有意义。

此外，马克思关于人类社会发展三大形态（或三大阶段）理论同样蕴含着共同富裕思想。他认为，人类最初的社会形态是人的依赖关系占统治地位，在这种形态下，个人没有独立性，直接依附于一定的社会共同体。人的生产能力只是在狭窄的范围内和孤立的点上发展着，人们的社会联系仅限于共同体内部，在孤立的地点和狭窄的范围内发生地方性联系。在这种原始的社会关系下，“无论个人还是社会，都不能想象会有自由而充分的发展，因为这样的发展是同原始关系相矛盾的”③。第二大形态是以物的依赖性为基础的人的独立性阶段，在这种形态下，才能形成普遍的社会物质交换、多方面的需求以及全面的能力的体系。由于社会关系以异己的物的关系的形式同个人相对立，人的发展仍然受到社会关系的束缚和压抑。然而，它“在产生出个人同自己和同别人相异化的普遍性的同时，也产生出个人关系和个人能力的普遍性和全面性”，为更高历史阶段的到来创造着条件。④ 建立在个人全面发展和他们共同的、社会生产能力成为从属于他们的社会财富这一基础上的自由个性，是第三个阶段。第二个阶段为第三个阶段创造条件。因此，家长制的，古代的（以及封建的）状态随着商业、奢侈、货币、交换价值的发展而没落下去，现代社会则随着这些东西

① 《马克思恩格斯全集》第 28 卷，人民出版社 2018 年版，第 652 页。
② 《马克思恩格斯文集》第 1 卷，人民出版社 2009 年版，第 689 页。
③ 《马克思恩格斯文集》第 8 卷，人民出版社 2009 年版，第 136 页。
④ 《马克思恩格斯文集》第 8 卷，人民出版社 2009 年版，第 56 页。

同步发展起来。[①] 可见，人类社会只有在第二个阶段创造足够涌流的财富、实现共同富裕，才可能摆脱对物的依赖进入第三个阶段。人类历史的发展表明，资本主义或许可以创造更多的财富，却不能实现共同富裕，只有社会主义制度才使共同富裕成为可能。

如果说共同富裕是一个梦想，而人类需要梦想，没有梦想就没有现实和未来，也没有历史。中华民族从来就不缺少梦想，具有数千年历史的中国传统文化包含着丰厚的共同富裕的思想渊源。中国古代伟大的思想家孔子在《礼记·礼运》篇中提出过这样的美好设想："大道之行也，天下为公，选贤与能，讲信修睦。故人不独亲其亲，不独子其子，使老有所终，壮有所用，幼有所长，矜、寡、孤独、废疾者皆有所养。男有分，女有归。货恶其弃于地也，不必藏于己；力恶其不出于身也，不必为己。是故谋闭而不兴，盗窃乱贼而不作，故外户而不闭，是谓大同。"关于贫富关系及其解决，汉代大儒董仲舒曾讲："大富则骄，大贫则忧。忧者为盗，骄者为暴，此众人之情也。圣者则于众人之情，见乱之所从生，故其制人道而差上下也，使富者足以示贵而不至于骄，贫者足以养生而不至于忧。以此为度而调均之，是以才不匮而上下相安，故易治也。"[②] 可见，儒家不仅没有主张平均主义，还对控制贫富差距的度作了富有意义的思考。

近代中国，太平天国的农民英雄们制订并颁布了《天朝田亩制度》，提出建立"有田同耕、有饭同食、有衣同穿、有钱同使，无处不均匀，无人不饱暖"的平均主义的天国理想，虽然没有实施，但应该说代表了中国最大多数农民大众的愿望和要求，这也是广大农民舍生忘死追随太平天国运动的根本原因。此后，近代中国著名政治家、思想家、社会改革家康有为撰写了他的名篇《大同书》。他认为，发达资本主义不是人类的终极目标，只是"升平世"阶段，其后还有一个更高的社会发展阶段，即"太平世"阶段。在那里"无邦国、无帝王、人人相亲、人人平等、天下为公"，消除了一切界限和区别，是一个人人幸福的大同社会。[③] 伟大的中国革命的先行者孙中山先生在关于三民主义的著名演讲中指出：真正的三民主

① 《马克思恩格斯文集》第8卷，人民出版社2009年版，第52页。
② 转引自曹锦清《如何研究中国》，上海人民出版社2010年版，第202页。
③ 康有为：《大同书》，辽宁人民出版社1994年版。

义，就是孔子所希望的大同世界，没有贫富悬殊、没有压迫、没有穷人、没有不公正现象，全体民众生活幸福、自由平等，达到“民有”“民治”“民享”，真正实现“天下为公”。[①] 这些朴素而宝贵的思想虽然都不免带有几分空想色彩，却深刻地反映了千百年来中华民族对未来社会的美好愿望和追求，也在一定程度上为共同富裕思想的形成提供了宝贵的思想渊源。曹锦清先生这样评价当代中国社会的发展目标：“从‘小康社会’的提出，到‘和谐社会’的建构，这不仅是我们对发展目标的重新厘定，而且表达了我们民族对传统文化价值的重新确责。‘小康’与‘和谐’不仅语出先秦诸家，更为有意义的是，它确立了两千余年来中华民族的共同价值目标。”[②] 在曹锦清先生的议论中，全面小康就是共同富裕。

由上可知，共同享有、共同富裕不是无根之木、无源之水，马克思主义基本理论为其提供了坚实的理论根据，而悠久的中国传统文化则是其丰厚的思想渊源。

第二，共同富裕是当代中国各族人民根本利益的集中体现，也是中国共产党领导中国革命、建设和改革全部事业的出发点和落脚点。江泽民在党的十五大报告中指出，近代以来，中华民族就面临着两大历史任务，一是结束帝国主义、封建主义和官僚资本主义的反动统治，实现民族独立和人民解放；二是解放发展生产力、消灭贫困，实现国家繁荣富强和人民共同富裕。前一个任务是后一个任务的前提条件，[③] 没有民族独立和人民解放，国家繁荣富强和人民共同富裕就无从谈起。一个民族、一个国家没有独立的生存权，没有自己独立发展的道路，只能沦为别人的附庸和工具。这已为历史所反复证明。可以认为，求得独立生存的基本权利，进而实现独立发展的基本权利，是一切民族和国家最基础最重要的不可侵犯的尊严和主权，也是一切民族和国家的首要的根本利益和要求。如果说中华民族赢得独立、解放的生存权，靠的是一百多年前赴后继的民主革命斗争，那么解决温饱、达到小康、实现国家繁荣富强和人民共同富裕的发展权，靠的则是以社会主义现代化为主题主线的中国特色社会主义建设事业的不断探索和推进。所谓中国特色社会主义道路、理论和制度，就是通过社会主

① 《孙中山选集》第1卷，人民出版社2015年版，第506页。

② 曹锦清：《如何研究中国》，上海人民出版社2010年版，第219页。

③ 江泽民：《高举邓小平理论伟大旗帜，把建设有中国特色社会主义事业全面推向二十一世纪——在中国共产党第十五次全国代表大会上的报告》，人民出版社1997年版，第2页。

义现代化实现国家繁荣富强和人民共同富裕的道路、理论和制度，进而实现中华民族伟大复兴的道路、理论和制度。

马克思和恩格斯在《共产党宣言》中指出："过去的一切运动都是少数人的，或者为少数人谋利益的运动。无产阶级的运动是绝大多数人的，为绝大多数人谋利益的独立的运动。"① 这是马克思主义政党的一个本质属性，也是根本要求。毛泽东把中国共产党的宗旨概括为"为人民服务"，把党和人民的关系比作鱼水关系，强调党一刻也离不开群众，要永远把人民群众的利益作为最高利益。十八大报告强调："为人民服务是党的根本宗旨，以人为本、执政为民是检验党一切执政活动的最高标准。任何时候都要把人民利益放在第一位。"② 经历了百年风雨历程的中国共产党立党为公、执政为民，始终是中国各族人民利益的忠实代表，维护好、实现好、发展好中国最广大人民的根本利益永远是党的一切工作的出发点和落脚点。

如上所述，人民的利益是历史的、具体的、发展的、阶段性的、有层次的。民主革命时期，中国最广大人民的根本利益集中表现为国家独立和人民解放；社会主义初级阶段，中国最广大人民的根本利益集中表现为"日益增长的物质文化需求"，即消灭贫困、实现共同富裕。1955 年，中国进入社会主义前夕，毛泽东正式提出了共同富裕问题。他指出："我们的目标是要使我国比现在大为发展，大为富、大为强。""我们实行这样一种制度，这么一种计划，是可以一年一年走向更富更强的，一年一年可以看到更富更强些。而这个富，是共同的富，这个强，是共同的强，大家都有份……这种共同富裕是有把握的，不是什么今天不晓得明天的事。"③ 我们知道，满怀豪情的毛泽东领导党和人民为建设富强、幸福、美好的社会主义国家，进行了不知疲倦的探索，在国民经济、工业化、现代化建设中取得巨大成就的同时，也遭遇到了严重的挫折和失误。邓小平在总结历史经验和教训的基础上，从解决"人民日益增长的物质文化需要与落后的社会生产之间的社会主要矛盾"出发，提出了以经济建设为中心、致力于从温饱到小康，从小康到共同富裕的社会主义现代化发展战略。他提出在 20

① 《马克思恩格斯文集》第 2 卷，人民出版社 2009 年版，第 42 页。

② 胡锦涛：《坚定不移沿着中国特色社会主义道路前进，为全面建成小康社会而奋斗——在中国共产党第十八次全国代表大会上的报告》，人民出版社 2012 年版，第 50—51 页。

③ 《毛泽东文集》第 6 卷，人民出版社 1993 年版，第 495—496 页。

世纪末达到小康的时候就要把“共同富裕”作为社会发展的“中心课题”“突出地提出和解决”。[①] 20世纪末，中国在解决了温饱问题的基础上，提前达到了总体小康、实现了局部富裕。如何使十几亿人口共享改革开放发展的成果、达到共同富裕，已成为新阶段中国最广大人民的强烈要求和根本利益。党和政府及时提出贯彻“三个代表”重要思想、全面建成小康社会、树立科学发展观、构建社会主义和谐社会等重大战略思想，其主旨就是要把发展思路和发展战略由“部分先富”转变为共同发展、共同享有的“共同富裕”。[②] 科学发展观，就是要坚持以人为本，着力解决发展不平衡问题，实现经济社会和自然的全面、协调、可持续发展，使发展成果人人共享、普遍受益；全面建设小康社会就是要“全面建设惠及十几亿人口的更高水平的小康社会”，使国家更加繁荣富强、人民生活更加幸福美好；[③] 构建社会主义和谐社会，就是要从改革开放和社会主义现代化建设的根本目的出发，以保障和改善民生为重点，提高人民物质文化水平，[④] 从而“化解增长中的社会矛盾”，为进一步发展营造好的社会环境。[⑤] 众所周知，当前我国社会矛盾多而复杂，而其中的一个焦点问题就是贫富差距扩大。如何缩小差距，实现共同富裕？如何从根本上化解社会矛盾，实现两个一百年的奋斗目标？针对发展难题，2015年召开的党的十八届五中全会强调提出，要“牢固树立并切实贯彻创新、协调、绿色、开放、共享的发展理念。这是关系我国发展全局的一场深刻变革”。在五大发展理念中，“共享”就是要“坚持发展为了人民、发展依靠人民、发展成果由人民共享”。全会提出，要“作出更有效的制度安排，使全体人民在共建共享发展中有更多获得感，增强发展动力，增进人民团结，朝着共同富裕方向稳步前进”[⑥]；2017年习近平总书记在党的十九大报告中也几次谈到了促进“全

---

① 《邓小平文选》第3卷，人民出版社1993年版，第364、374页。

② 胡鞍钢：《中国新发展观》，浙江人民出版社2004年版，第7页。

③ 江泽民：《全面建设小康社会，开创中国特色社会主义事业新局面——在中国共产党第十六次全国代表大会上的报告》，人民出版社2002年版，第19—20页。

④ 胡锦涛：《坚定不移沿着中国特色社会主义道路前进，为全面建成小康社会而奋斗——在中国共产党第十八次全国代表大会上的报告》，人民出版社2012年版，第34页。

⑤ 赵曜：《构建社会主义和谐社会的几个理论认识问题》，《当代世界社会主义问题》2005年第2期；侯惠勤：《作为社会主义本质特征的共同富裕》，《中国社会科学报》2012年2月1日第1版。

⑥ 《十八大以来重要文献选编》（中），中央文献出版社2016年版，第793页。

体人民共同富裕”的问题；[①] 2019 年 11 月，党的十九届四中全会在关于坚持和完善中国特色社会主义制度、推进国家治理体系现代化和国家治理能力现代化若干重大问题的决定中，持续坚定强调走共同富裕道路。

可见，在历届中央领导集体治国理政的战略部署中，共同发展、共同享有、共同富裕都是中国共产党坚定不移的奋斗目标。

有人认为，共同富裕只讲生产关系，不讲生产力，担心强调共同富裕会影响生产力的发展、财富的增长。实际上，共同富裕是生产力与生产关系的统一。“共同”表示公平、合理、和谐的人际关系，“富裕”不仅是结果，更要求发展生产、创造财富。二者互为条件，辩证统一。所以，共同富裕是在生产力高度发展、社会财富充分增长基础上所建立的公平正义、合理和谐的人际关系，是社会文明全面提升的一种社会状态。

第三，共同富裕是社会主义的目的、目标和结果，也是社会主义的本质特征、根本原则和中心课题。马克思、恩格斯创立了科学社会主义，列宁领导俄国人民建立了世界上第一个社会主义国家，毛泽东领导我们党夺取了新民主主义革命的胜利、建立了社会主义基本制度，并对中国建设社会主义的道路进行了艰辛探索。以往的历史、理论和实践无疑是后人继续前行的指南和灯塔，但是后人前行的道路绝不会因此而成为一条平坦大道。事实上，每一代人只能解决历史所赋予他们的任务和使命，前人不可能代替后人解决未来的任务。关系人类美好未来的社会主义运动是一个十分漫长的历史活动，至今人们对它的认识也只是刚刚开了个头。“什么是社会主义，怎样建设社会主义”的问题我们正认识得越来越深刻，但远未终结，也不可能终结，仍需要我们在实践中继续探索。人的认识总在前进中。改革开放初期，邓小平即告诫某些“吹牛”的人，我们搞了几十年，对于“什么是社会主义，怎样建设社会主义”这个首要的基本问题，实际上还没有完全搞清楚。邓小平在总结国内外社会主义运动经验教训的基础上不断思考，不断深化认识，并努力揭示这个关系重大的理论和实践问题。他从“贫穷不是社会主义”的基本理念出发，一再破解长期困扰人们的种种迷雾，提出并形成了一系列重要思想：“社会主义的特点不是穷，

---

① 习近平：《决胜全面建成小康社会，夺取新时代中国特色社会主义伟大胜利——在中国共产党第十九次全国代表大会上的报告》，人民出版社 2017 年版，第 19、29 页。

而是富，但这种富是人民共同富裕”[①]；“社会主义的目的就是要全国人民共同富裕，不是两极分化”[②]；“我们坚持走社会主义道路，根本目标是实现共同富裕”[③]；“社会主义与资本主义不同的特点就是共同富裕，不搞两极分化”[④]；“社会主义最大的优越性就是共同富裕，这是体现社会主义本质的一个东西”[⑤]；“在改革中，我们始终坚持两条根本原则，一是以社会主义公有制经济为主体，一是共同富裕”[⑥]，“我们就是要坚决执行和实现这些社会主义的原则”[⑦]；“社会主义的本质，是解放生产力，发展生产力，消灭剥削，消除两极分化，最终达到共同富裕”[⑧]。

鉴于中国社会主义诞生在半殖民地半封建的贫穷落后的社会基础之上，还处在社会主义初级阶段，邓小平又说，“按照社会主义的标准来要求”，我们还“不够格”。[⑨] 在他看来，如果我们完成了三步走发展战略，“而且是共同富裕的，到那时候就能够更好地显示社会主义制度优于资本主义制度，就为世界四分之三的人口指出了奋斗方向，更加证明了马克思主义的正确性。所以，我们要理直气壮地坚持社会主义道路，坚持四项基本原则”[⑩]。阅读《邓小平文选》《邓小平思想年谱》和《邓小平年谱》，我们不难发现，自 1978 年以来，邓小平先后 30 多次直接谈到共同富裕问题，仅在 1992 年南方谈话中就有 4 次。晚年的他更加关注并强烈呼吁：共同富裕是一个关系社会稳定的“大问题”，“要利用各种手段、各种方法、各种方案来解决”[⑪]。邓小平关于共同富裕的这些重要论断及其思想，无疑是对社会主义本质及其属性和功能认识上的重大突破和飞跃，其重要而长远的理论和实践意义仍需要人们深刻领会和把握。

有的人把共同富裕简单视为社会主义的最终目的、目标和方向，忽略了其作为社会主义本质、原则、特点、中心课题的现实意义和重要价值，

① 《邓小平文选》第 3 卷，人民出版社 1993 年版，第 265 页。
② 《邓小平文选》第 3 卷，人民出版社 1993 年版，第 110—111 页。
③ 《邓小平文选》第 3 卷，人民出版社 1993 年版，第 155 页。
④ 《邓小平文选》第 3 卷，人民出版社 1993 年版，第 123 页。
⑤ 《邓小平文选》第 3 卷，人民出版社 1993 年版，第 364 页。
⑥ 《邓小平文选》第 3 卷，人民出版社 1993 年版，第 142 页。
⑦ 《邓小平文选》第 3 卷，人民出版社 1993 年版，第 111 页。
⑧ 《邓小平文选》第 3 卷，人民出版社 1993 年版，第 373 页。
⑨ 《邓小平文选》第 3 卷，人民出版社 1993 年版，第 138、225 页。
⑩ 《邓小平文选》第 3 卷，人民出版社 1993 年版，第 195—196 页。
⑪ 《邓小平年谱》（下），中央文献出版社 2004 年版，第 1364 页。

割裂了共同富裕与社会主义发展过程的统一。“目的”和“目标”，一般是指事物发展的结果和未来，“本质”和“原则”则是指现存事物的根本属性和核心要求。“本质”乃事物的内在规定性，是一事物区别于其他事物的根据。没有“本质”属性的事物就失去了独立存在的根据。“原则”是事物存在和发展的外部条件，没有“原则”的恪守，事物也会失去独立性。正因为共同富裕是社会主义赖以存在和发展的本质和原则，邓小平才强调只有坚持并实现共同富裕，“才能说真的搞了社会主义，才能理直气壮地说社会主义优于资本主义”①。如果说邓小平更多地是从一般意义上论及共同富裕与社会主义的关系，党的十八大报告则非常明确地强调：“共同富裕是中国特色社会主义的根本原则”，我们“必须坚持走共同富裕道路”，“逐步实现全体人民共同富裕”。② 习近平总书记在解读十八大精神时多次强调这一重要思想。他指出，因为“共同富裕是中国特色社会主义的根本原则，所以必须使发展成果更多更公平惠及全体人民，朝着共同富裕方向稳步迈进”③。国情研究专家胡鞍钢在关于共同富裕的专著中明确提出，“坚定不移走中国特色社会主义道路，其本质就是坚定不移走共同富裕道路”④。

还有人说共同富裕是空想，不可能实现。需要指出，共同富裕是在反对个人主义、反对两极分化、践行公平正义的背景下提出来的科学构想，是在生产力高度发达基础上实现的最大多数社会成员共同享有的、丰富多彩的、和而不同的物质文化生活。社会主义制度下的共同富裕不是同步富裕，也不是平均富裕，更不是平均主义，而是先后有序逐步实现的、有底线有层次的、差距适度的社会发展目标。与人类对公平正义、自由平等、民主法治等价值目标的不懈追求一样，“共同富裕”也是历史的、具体的、相对的、发展的、有条件有层次的。发展没有止境，人类对未来美好生活的追求也没有止境。关于差距，邓小平讲过，不同地区、不同条件、不同的人“总会有一定的差距。这种差距太小不行，太大也不行。……我们的

---

① 《邓小平文选》第3卷，人民出版社1993年版，第225页。

② 胡锦涛：《坚定不移沿着中国特色社会主义道路前进，为全面建成小康社会而奋斗——在中国共产党第十八次全国代表大会上的报告》，人民出版社2012年版，第12、15页。

③ 《习近平总书记重要讲话文章选编》，中央文献出版社、党建读物出版社2016年版，第13页。

④ 胡鞍钢等：《2030中国——迈向共同富裕》，中国人民大学出版社2011年版，第2页。

政策应该是既不鼓励懒汉，又不能造成打‘内仗’”[①]。非均衡的社会发展规律启示我们，富裕程度的差距也要根据不同地区、阶段和人群的具体实际进行适当调控。可以设想，社会主义国家把握“度”的标准至少应兼顾三个方面：（1）保证生产力持续发展；（2）使最大多数人能够接受和满意；（3）保持社会稳定与和谐。有人认为，共同富裕的内涵太抽象，标准不好把握。其实，这是一个完全可以通过研究加以具体化的问题。小康社会、现代化可以拟定评价标准，共同富裕为什么不能呢？

第四，共同富裕是社会主义的最大优越性，也是社会主义现代化的本质特征。社会主义的优越性可以也应当表现在公有制等多个方面，但是只有这些是不够的。诚如邓小平所言，我们“现在还吹不起这个牛”[②]，“要建设对资本主义具有优越性的社会主义，首先必须摆脱贫穷”[③]。如果人民生活贫困，就无法体现社会主义的优越性，也不是社会主义。为此，邓小平提出“社会主义最大的优越性就是共同富裕”[④]，中国只有达到世界中等发达国家水平，实现了共同富裕，社会主义的优越性才能真正体现出来，[⑤] 也才能“向人类表明，社会主义是必由之路，社会主义优于资本主义”[⑥]。资本主义宣扬自由、民主、平等、人权等价值目标，但就是不提共同富裕，而共同富裕恰恰是最大多数人的根本利益和价值追求。

现代化是人类社会发展的客观规律，也是世界各国谋求发展的共同目标。但当今世界只有发达资本主义国家的现代化比较成功，社会主义运动起步晚，尚无成功范例。那么，社会主义现代化与资本主义现代化有没有区别？如果有，根本区别是什么？就世界现代化发展的历史看，现代化的共性是客观存在，但模式多样、道路不同、特点各异也是必然的。所谓“橘生淮南则为橘，生于淮北则为枳”就是这个道理。中国只能从自己的实际出发，建设本国特色的社会主义现代化。“特色”可能表现在发展道路、模式、内容等诸多方面，但就本质而言，社会主义现代化与资本主义

① 《邓小平年谱》（下），中央文献出版社 2004 年版，第 1357 页。
② 《邓小平文选》第 3 卷，人民出版社 1993 年版，第 227 页。
③ 《邓小平文选》第 3 卷，人民出版社 1993 年版，第 225 页。
④ 《邓小平文选》第 3 卷，人民出版社 1993 年版，第 364 页。
⑤ 《邓小平文选》第 3 卷，人民出版社 1993 年版，第 364 页。
⑥ 《邓小平文选》第 3 卷，人民出版社 1993 年版，第 225 页。

现代化的最大区别在于享有现代化的主体不同。资本主义现代化的成果是少数人享有，不仅在国内造成两极分化，还造成了全球的两极分化。社会主义现代化的成果由全体人民共同享有。邓小平多次强调，我们搞的是社会主义现代化，就是要实现共同富裕。[①] 如果导致两极分化，改革就算失败了，[②] 社会主义就名不符实了。这就是说，共同富裕是社会主义现代化的本质特点，社会主义现代化的发展战略就是共同富裕的发展战略，二者是同步的，是一个问题的不同角度；从事现代化研究的中国学者已经提出第一次现代化、第二次现代化……相互交叉、不断提升的主张。[③] 那么，作为社会主义现代化的本质，共同富裕有起点、有底线，也是动态的、有层次的，将伴随着社会主义现代化的发展而发展、提升而提升，逐步达到更高的社会发展阶段。

有学者提出：21 世纪上半叶，中国将发生翻天覆地的伟大变化，到 21 世纪中叶全面实现现代化，中国将建成富强民主文明的社会主义国家，将先后完成新的三件大事。第一件大事就是用 20 年的时间全面建设小康社会；第二件大事就是到 2030 年共同构建共同富裕社会；第三件大事是全面实现社会主义现代化。[④] 值得注意的是：作者不仅对中国的发展充满信心，坚信 2020 年将全面建成小康社会、2030 年将建成“共同富裕社会”、2050 年全面实现现代化，把共同富裕作为全面实现社会主义现代化的一个阶段性目标，这种割裂共同富裕与社会主义现代化同步性的观点，是很值得商榷的，也是我们所不敢苟同的。

第五，共同富裕是富强、民主、文明、和谐，也是平等、自由、公正、法治等价值目标在现阶段的集中体现和具体实践。人类在艰难而漫长的历史发展中，逐步形成了某些共同的、美好的、永恒的价值追求，包括独立自由、富裕民主、包容和谐、法治平等、公平正义、合作发展、文明幸福、仁爱礼让等，所有人类生存发展中已经产生或将要产生的需要、需求都可以视为价值目标，我们可将其统称为基本价值或者一般价值。虽然其中不少价值目标都具有相当的普遍意义，但社会发展是历史的、具体的，有阶段性的，每个特定的历史时期只能解决这个历史时期所能解决的

① 《邓小平文选》第 3 卷，人民出版社 1993 年版，第 357 页。
② 《邓小平文选》第 3 卷，人民出版社 1993 年版，第 139 页。
③ 何传启：《现代化科学——国家发达的科学原理》，科学出版社 2010 年版，第 44、88 页。
④ 胡鞍钢等：《2030 中国——迈向共同富裕》，中国人民大学出版社 2011 年版，第 3 页。

具体问题。所以，这些价值目标又是相对的，不同的发展阶段会有不同的实践和表现形式。比如，许多学者包括西方马克思主义者往往把“平等”视为社会主义首要的、最重要的核心价值,[①] 从学理上看，作为核心价值似乎没有问题，但在实际的社会发展中，“平等”必须具体化，否则便是空洞的原则和口号。诚如马克思所言：“正确的理论必须结合具体情况并根据现存条件加以阐明和发挥。”[②] 列宁也曾强调：我们不否认一般的原则，但是我们要求对具体运用这些一般原则的条件进行具体的分析。抽象的真理是没有的，真理总是具体的。[③]“平等”不仅是动态的、发展的、有层次的，而且应当包括政治平等、经济平等、文化平等等多个方面的内容，而每一个方面的推进和实现都需要一定的历史条件和过程，脱离社会发展水平抽象地讲“平等”，其凝聚力、引领发展的作用必然受到极大的局限。

事实上，人类（无论个人还是集体、国家、政党、制度）没有能力一步到位同时推进、同时实现所有的追求和梦想，渐进式的或称波浪式的逐步推进，毫无疑问是基于社会发展规律所作的理性选择。当然，渐进式的、波浪式的推进，并不是忽视或者放弃对其他价值目标的追求，只是先后有序的、有重点的、分解式的推进。由于诸价值在价值体系中不可避免的相互关联、渗透和影响，当重点或主体推进时，其他方面必然需要得到兼顾和统筹，否则重点或主体也难以推进。这就是我们常说的抓主要矛盾的方法，其效果是提纲挈领、以点带面、纲举目张。这也正是我们讨论核心价值的目的所在。从大的发展阶段看，人类首先要摆脱人的依附关系（即压迫和奴役），获得独立与人身平等；而后需要摆脱对物的依赖，达到共同富裕，解决物质生活问题；最后才可能达致人自身自由而全面的发展。这里对每一发展阶段目标的概括性描述决不是否定和排除其他目标，而是纲举目张、以点带面的重点描述，其他居于次要方面的兼顾和发展也是必然和必须的。

我们知道，无论《中华人民共和国宪法》，还是党在社会主义初级阶段的基本路线都在相当程度上包含了上述价值目标。但问题在于，到底哪

① 俞可平：《全球化与政治发展》，社会科学文献出版社2003年版，第108—109页。

② 《马克思恩格斯全集》第47卷，人民出版社2004年版，第35页。

③ 《列宁全集》第12卷，人民出版社1987年版，第273页。

个价值目标能够提纲挈领地集中反映现阶段中国特色社会主义的根本属性和功能呢？实现共同富裕能不能内在地体现阶段性的平等、自由、公正、法治、民主、文明、和谐等基本价值目标和原则呢？

有人认为，共同富裕只讲民富，没有讲国家富强。显然，把民富与国富对立起来的观点是站不住的。中国古代著名政治家管仲说："凡治国之道，必先富民。"思想家荀子也说："足国之道，节用裕民。"这是说，国家富足的根本方法在于节省行政费用，使人民富裕起来。荀子还说："田野荒而仓廪实，百姓虚而府库满，夫是之谓国蹶。"就是说如果百姓贫困、国家富裕，国家就要垮掉了。孔子也讲："百姓足，君孰与不足？百姓不足，君孰与足。"这是说老百姓富足，国君怎能不富足？老百姓不富足，国君何以富足？古代思想家和政治家强调富民，并非不要富国，只不过民为邦本、富民为先。以人为本是马克思主义的根本点，在社会主义国家，人民的主体地位是不可动摇的根本大法。国家、社会、人民是统一的，人民组成了社会，国家代表着人民。国家社会的一切发展最终都是为了全体人民的不断发展、进步、自由和幸福。民富是基础，也是国富的目的和归宿，国富是民富之必然，没有民富，就没有国富。二者辩证统一，不可分割，民富包含国富。在我国社会主义现代化战略中，人民生活水平的不断提高与综合国力的不断增强是同步的、统一的。提高国民生产总值、实现社会主义现代化、达到世界中等发达国家水平，这些是从增强综合国力的角度描述发展目标，而温饱、小康、共同富裕，则是从提高人民生活水平的角度描述发展目标。两个方面相互包含、相互依存，共同构成了中华民族伟大复兴的核心内容，即社会主义现代化和共同富裕的基本实现。因此，决不能把共同富裕简单地解释为"民富"，它是民富与国富的统一，是民族复兴的根本标志。如果说个人利益与集体利益的结合是提炼社会主义核心价值的一个难点，[①] 共同富裕既包含集体利益，又包含个人利益，把二者很好地结合在了一起。

马克思主义基本原理告诉我们，发展生产、创造财富、奠定基本的物质基础、满足基本的生存需要，是政治、文化及其他一切社会事业发展的基础和条件。没有发达的生产力和雄厚的物质基础，就不能摆脱贫困的物

① 李君如：《社会主义核心价值体系与文化软实力建设》，《石河子大学学报》2012 年第 5 期。

质生活，民主政治、精神文明、社会和谐、平等自由、公正法治等基本价值目标只能是纸上谈兵、空中楼阁。一方面，发展生产、实现共富，必然要求民主政治、精神文明、社会和谐、公平正义、自由法治的逐步推进；另一方面，从广义的角度讲，发展生产、实现共富，其本身就是对经济上的民主平等、物质上的文明、社会关系上的和谐、共生共存共建共享的公平正义、经济生活的自由，以及收入分配法律制度等方面的践行和完善。因此，发展生产、消灭贫困、实现共富既是实现民主、文明、和谐、平等、自由、公正、法治等基本价值目标的必要条件，也是对这些基本价值目标阶段性的实践和推进。

1995 年 3 月，联合国召开了有 118 个国家参加的社会发展世界首脑会议，其主题是“解决贫困、失业和社会两极分化”①；2000 年 9 月，联合国再次召开了有 189 个国家参加的世界首脑会议，制定并发布了以发展和消除贫困为主题的《千年发展目标》（Millennium Development Goals，MDG）。这些都表明，消除贫困、消除两极分化、实现共同富裕，进而推进公正、平等、民主、法治、自由、和谐、文明等基本价值目标，不仅是当今世界各国人民的共同要求，也是当今世界各国元首、政府首脑们的共识。2004 年，世界银行全球扶贫大会在中国召开，温家宝总理在《为减少全球贫困而携手行动》的讲话中指出：“消除贫困、实现富裕，是人类梦寐以求的理想，也是人类追求正义、公平和平等的永续实践。”② 因此，消除贫困、实现共富，不只是一个严重的经济问题，更是一个重大的政治问题；既是各国自己的紧迫任务，也是国际社会的共同责任。中国坚持走自己特色的社会主义道路，就是要在发展经济的基础上，使人民大众分享发展成果、达到共同富裕，从而推进公平正义、平等自由、民主和谐等价值目标的实现。可见，消除贫困、实现共同富裕理应成为现阶段人类追求各项价值目标的最基本最重要的一个现实选择。中国不仅要继续推进国内扶贫工作，还要积极“推动国际社会把消除贫困看作是一种核心人权和新的普世价值，逐步纠正西方主流价值在这个问题上长期存在的偏差，这也是我们中国人的世界眼光和人类精神”③。

---

① 《李鹏总理出席社发世界首脑会议》，《人民日报》（海外版）1995 年 3 月 14 日第 6 版。

② 温家宝：《为减少全球贫困而携手行动》，《人民日报》2004 年 5 月 27 日第 1 版。

③ 张维为：《中国触动——百国视野下的观察与思考》，世纪出版集团、上海人民出版社 2012 年版，第 226 页。

有人片面认为，共同富裕只是一个经济学概念，包含物质方面的内容，“不包含精神方面的内容”①。这也是对共同富裕思想的严重曲解。共同富裕在党和国家的战略构想中本来就是一个社会全面进步的发展目标。共同富裕虽然在字面上着重于物质文明，但绝不是物质文明的单一发展，而是物质文明、政治文明、精神文明、社会文明，乃至生态文明等诸方面全面协调发展的产物。温饱、小康、共同富裕，都是中国共产党在思考“什么是社会主义、怎样建设社会主义”的过程中所形成的战略构想。小康社会是“三步走”战略的中间环节，上承温饱，下启社会主义现代化即共同富裕。从字面看，温饱、小康、共同富裕，着重于经济建设和物质文明，但作为社会主义发展的阶段性目标，又不限于经济，而是以经济发展为基础的政治、文化、社会、生态等全面协调发展的产物。2002 年中共十六大强调：“全面建设小康社会的目标，是中国特色社会主义经济、政治、文化全面发展的目标，是与加快推进现代化相统一的目标”②；2011 年胡锦涛在七一讲话中强调，要在解放和发展社会生产力的基础上，推动经济社会全面发展，维护和促进社会公平正义、实现全体人民共同富裕。③ 2012 年胡锦涛在党的十八大报告中数次讲到共同富裕问题，强调：中国特色社会主义道路，就是要“坚持走共同富裕道路”。④ 这些讲话都表明，共同富裕不是单纯的经济发展目标，而是中国特色社会主义全面发展的目标，不仅内含经济、政治、文化、社会等方面的全面进步，而且在发展水平和文明程度上都高于小康社会。

事实如此，尽管改革开放 40 多年来中国特色社会主义的发展着重于经济建设，着重于让人民物质富裕起来，但从来没有放弃政治民主、精神文明、社会和谐及法治公正等方面的建设和推进。虽然总有人在抱怨或批评民主建设滞后、道德诚信滑坡、法制与法治落后、公平正义缺失、发展

---

① 刘泽民：《社会主义本质论研究》，人民出版社 1999 年版，第 204—206 页；徐久刚：《社会主义本质论研究六题》，《毛泽东思想研究》2003 年第 2 期。

② 江泽民：《全面建设小康社会，开创中国特色社会主义事业新局面——在中国共产党第十六次全国代表大会上的报告》，人民出版社 2002 年版，第 20 页。

③ 胡锦涛：《在庆祝中国共产党成立 90 周年大会上的讲话》，《人民日报》2011 年 7 月 2 日第 2 版。

④ 胡锦涛：《坚定不移沿着中国特色社会主义道路前进，为全面建成小康社会而奋斗——在中国共产党第十八次全国代表大会上的报告》，人民出版社 2012 年版，第 12、15 页。

机会不均、自由受限等，实际上“不能说中国没有政治改革”[①]，也不能说没有文化、社会发展，没有法制与法治建设和推进等。应该看到，数十年来人民群众在民主生活、文化教育、思想观念、依法维权、追求平等及言论、活动自由等各方面都获得了长足的进步和发展。以撰写《大趋势》而闻名的美国未来学家约翰·奈斯比特与多丽丝·奈斯比特，于2009年共同完成了《中国大趋势——新社会的八大支柱》一书。谈到民主建设，他们指出：“中国政府自上而下的指令与中国人民自下而上的参与正在形成一种新的政治模式，我们称之为‘纵向民主’”；“中国政府取得的成就是举世瞩目的，再苛刻的批评者也不得不承认这一事实。我们提到的所有迹象都表明，中国各方面的自由度都将继续提高，自下而上的参与也将继续加强”。他们的结论是：“支撑中国新社会长治久安最重要、最稳定、最微妙也是最关键的支柱就是自上而下（top-down）与自下而上（bottom-up）力量的平衡。这是中国稳定的关键，也是理解中国独特的政治理念的关键。”[②] 胡鞍钢、王绍光、周建明在其《第二次转型：国家制度建设》，郑永年在《中国模式——经验与困局》《中国改革三步走》等著作中，也对中国在国家制度、民主政治改革和建设方面的进步作了较为详尽的讨论。

此外，“共同富裕”这一概念的表述形式也显示了其独特优势，既简明扼要，又通俗易懂；既内涵丰富，又朴实生动；既寓意深刻，又便于传播和接受。这就为形成社会共识、引领社会风尚、营造具有中国特色的共生共存、共建共享、和谐共处的社会主义精神文化家园，从而凝聚力量，为推动中国特色社会主义、社会主义现代化和中华民族伟大复兴的历史进程，发挥出其他概念术语难以发挥的导向作用。

综上，把共同富裕作为中国特色社会主义核心价值，是坚持马克思主义基本理论的必然要求，也是弘扬中国传统文化的必然选择；是代表当代中国最广大人民根本利益的迫切要求，也是践行中国共产党的根本宗旨、完成党的历史使命的必然选择；是坚持社会主义道路、显示社会主义最大优越性的客观要求，也是推进社会主义现代化的根本要求；是践行富强、民主、文明、和谐，也是践行平等、自由、公正、法治等社会主义基本价

---

① ［新］郑永年：《中国模式——经验与困局》，浙江出版联合集团、浙江人民出版社2010年版，第2页。

② ［美］约翰·奈斯比特、［德］多丽丝·奈斯比特：《中国大趋势——新社会的八大支柱》，魏平译，吉林出版集团、中华工商联合出版社2009年版，第39、57页。

值的必然要求。

四　促成共识、推进共富的迫切要求

概括提炼中国特色社会主义核心价值的目的在于，在全社会传播、培育、塑造并践行核心价值，从而引领各种社会思潮、形成社会共识、凝聚社会力量，为建设富强民主文明和谐美丽的中国特色的共同富裕的社会主义现代化社会创造良好的文化氛围乃至政策和制度条件。核心价值观在全社会的形成不是天然的、自发的，它虽然源于历史、文化、传统，源于人民大众的根本利益和现实要求，但也需要政党、国家自上而下、由外及里地进行传播、教育和塑造，直至内化为社会各界普遍接受和共同享有的信念和信仰。王绍光把“国家培育与巩固国族认同社会核心价值的能力称为濡化能力”，而“濡化能力”与“强制能力”共同构成了国家能力。虽然强制能力是国家权力最基本的内容，但是如果仅仅通过强制手段来维持国内和平，其代价将是极其高昂的。“因此，任何政治体制要想有效运作，都必须想方设法使其居民内化（internalize）某些官方认可的观念，从而减少在行为上制造麻烦的可能性。”[①] 当下，我们必须站在党的执政地位、国家发展战略、社会和谐稳定及中国特色社会主义全面发展的高度，加紧研究“什么是共同富裕，怎样实现共同富裕”，并推动各级党和政府进一步转变发展理念，克服理论滞后、宣传滞后及政策滞后的现实困境。

第一，应站在执政党生死存亡的高度，把实现共同享有、共同富裕作为现阶段为人民服务的“中心课题”加以明确。为人民服务，是中国共产党的唯一宗旨，是中国共产党的本质属性，也是中国共产党能够从一个弱小的革命党成为坚强的执政党的根本原因。民主革命时期，为民族独立和人民解放而斗争，是党对为人民服务宗旨的具体实践；和平建设时期，实现国家繁荣富强和人民共同富裕，是为人民服务宗旨的具体实践。为人民服务既是党赢得政权的最大政治优势，也是党能不能长期执政的最大政治考验。虽然在和平建设时期党所面临的困难和风险很多，但能不能始终代表最广大人民的根本利益，不断实践为人民服务的根本宗旨，是关系党生死存亡的根本问题。改革开放、快速发展有两个重要前提：一个重要前提

---

① 胡鞍钢、王绍光、周建明：《第二次转型：国家制度建设》，清华大学出版社 2009 年版，第 103 页。

是鼓励一部分人一部分地区先富起来的重大政策，另一个重要前提是先富带后富、实现共同富裕的重大承诺。当前，如何实现共同享有、共同富裕的问题已成为全社会关注的焦点。如果说一部分人一部分地区先富起来只是为人民服务的部分实践，那么，全体人民的共同享有、共同富裕才是对为人民服务宗旨的全面实践。只有部分富裕，没有共同富裕，意味着党将面临着脱离广大人民群众的巨大风险。"贫富两极分化历来是社会动乱的根本原因"①，诺贝尔经济学奖获得者阿玛蒂亚·森指出，人类社会像一个生态系统，穷人和富人可以看作两大种群，他们是共生的关系，必须和谐发展。贫富差距过分悬殊会破坏生态平衡。要知道一个种群的消失，意味着另一个种群也将消失。在人类历史上贫穷总是动乱的温床。② 贫富差距不断扩大，将导致人心涣散，进而侵蚀并瓦解党的执政基础。"当代政治作出的两项基本责任承诺——全面小康（或称共同富裕）和和谐社会——乃是政治合法性的两大支柱，也是'坚持党的领导'的先决条件。"③ "坚持'共同富裕'不仅是社会主义的最大优越性，也是中国共产党及其政府合法性的基础。能否坚持'共同富裕'防止贫富两极分化，是中国改革成功或失败的关键标志。"④ 因此，把实现共同享有、共同富裕作为现阶段中国共产党为人民服务的"中心课题"，是深化改革开放、持续发展的要求，更是实践党的根本宗旨、巩固党的执政地位的迫切要求。

第二，应站在国家意志和国家战略的高度，把实现共同富裕作为现阶段中国特色社会主义全面发展的"中心课题"加以部署。长期以来，我们把实现社会主义现代化作为奋斗目标和历史任务，忽略了实现社会主义现代化与实现共同富裕的统一性，忽略了实现共同富裕与实现人、社会、自然全面协调发展的统一性，以致在制定经济社会发展目标时对共同享有、共同富裕的部署不够明确、不够具体，不够有力，甚至把共同富裕作为一个纯粹的经济问题或者遥远未来的一个发展方向。这与邓小平关于共同富裕的重要论述是不相符合的。确立构建社会主义和谐社会和全面建成小康

---

① 曹锦清：《如何研究中国》，上海人民出版社 2010 年版，第 202 页。

② 世界银行：《经济展望》1999 年第 7 期，转引自胡鞍钢《中国：新发展观》，浙江人民出版社 2004 年版，第 50—52 页。

③ 曹锦清：《如何研究中国》，上海人民出版社 2010 年版，第 219 页。

④ 胡鞍钢、王绍光、周建明：《第二次转型：国家制度建设》（增订版），清华大学出版社 2009 年版，第 8 页。

社会的奋斗目标是必要的、及时的、正确的。“两极分化是现实和今后深层次矛盾的主要根源，实现共同富裕则是破解这一切矛盾的总钥匙。”[①] 全面小康是共同富裕的基础和准备，但不能代替共同富裕的目标和任务；共同富裕是社会主义和谐社会的基础、前提和必然要求，没有共同富裕，就没有社会主义和谐社会，社会主义和谐社会是共同富裕的题中之义和必然结果。共同发展、共同享有、共同富裕已经成为现阶段中国经济社会发展的主题和迫切要求，必须自上而下、旗帜鲜明地把实现共同享有、共同富裕作为现阶段各级党和政府推进经济社会全面发展的“中心课题”加以研究、部署和解决。

第三，应站在弘扬社会主义主旋律的高度，把共同富裕作为中国特色社会主义的核心价值和共同理想大力宣传、普遍教育，在全社会营造强大的集体主义舆论氛围。“共同富裕是人民大众的、正义的、先进的文化”，是集体主义精神在社会主义阶段的集中体现，因而是发展中国特色社会主义文化的核心问题。侯惠勤提出，共同富裕应成为共产党员在社会主义时期发挥先锋模范和示范带头作用的精神动力，成为社会群众抵御拜金主义、享乐主义、极端个人主义，培育健康生活方式的动力，成为营造相互关心、相互帮助、团结奋斗的社会氛围的一种精神动力。实现共同富裕的过程就是社会主流价值观培育和形成的过程。[②] 共同富裕是社会主义的出发点和落脚点，是社会主义的最大优越性，我们应以共同富裕为主题，建构中国特色社会主义的共同理想，深化并创新社会主义核心价值观教育，使共同建设、共同发展、共同享有、共同富裕的理念深入人心，建设既能代表当代中国最广大人民根本利益，又能充分反映当今世界各国人民普遍要求的先进文化、精神文明，从而促进人与社会的共同发展、共同富裕，为人与社会自由而全面的发展创造条件。

第四，应站在理论创新的高度，加紧研究“什么是共同富裕，怎样实现共同富裕”及其与中国特色社会主义的统一性。邓小平共同富裕思想极其丰富，而且极具深度、价值很高。邓小平把共同富裕视为社会主义的目的、目标、本质、原则、中心课题和最大优越性等，这些重要定位对于中

---

① 杨承训：《“共同富裕”是根治深层次矛盾之本》，《毛泽东邓小平理论研究》2012 年第 1 期。

② 侯惠勤：《论“共同富裕”》，《思想理论教育导刊》2012 年第 1 期。

国特色社会主义理论和实践到底意味着什么？仍需要我们从历史、理论及实践等不同角度深入研究和领会。就现有理论研究看，不少人把共同富裕局限在经济学领域，或局限在民富的狭小范畴，削弱了共同富裕思想的丰富内涵，也降低了共同富裕思想的理论价值和实践意义。因此，现阶段我们应遵循人民主体、科学发展的根本原则，深入分析当代中国经济社会所出现的各类矛盾和问题，研究并揭示实现共同建设、共同发展、共同享有、共同富裕的基本规律，探讨其动力机制、制度设计和决策思路，切实搞清楚“什么是共同富裕，怎样实现共同富裕”及其与中国特色社会主义的联系与区别，从而深化对“什么是社会主义，怎样建设社会主义”的认识和理解，促进当代中国马克思主义的创新和发展。

第九章　中国特色社会主义理想信念问题

“信仰、信念、信心，任何时候都至关重要。小到一个人、一个集体，大到一个政党、一个民族、一个国家，只要有信仰、信念、信心，就会愈挫愈奋，愈战愈勇，否则就会不战自败、不打自垮。”① 中国特色社会主义理想信念是凝聚14亿中国人民的共同理想，是支撑中华民族不息奋斗的共同信念，在中国特色社会主义理论体系中居于引领价值观的灵魂地位，也是中国特色社会主义理论体系构建中的一个重要的基础性问题。本章将在厘清有关概念、归纳有关争论的基础上，梳理改革开放以来中国共产党历届领导集体对理想信念问题的相关论述，揭示并论证“中华复兴”的深刻内涵及丰富内容，进而探讨中国特色社会主义理想信念的推进逻辑。

一　关于中国特色社会主义理想信念的讨论

一般而言，一个概念或说法能够引起广泛关注和讨论，这一方面表明该问题具有相当的重要性；另一方面也表明，该问题具有相当的复杂性。真理越辩越明，长期深入的讨论必将使我们的认识越来越接近真理。研究中国特色社会主义理想信念问题并推动其理论建构同样如此。

（一）中国特色社会主义理想信念问题的提出

关于理想、信念的内涵、外延等基本问题，中外学术界都有大量的分析和研究。一般而言，“理想重在标志人与奋斗目标之间的关系，主要是指向未来的，为人们的行动指明方向；而信念则重在标志人对事物、观念

① 《习近平关于“不忘初心、牢记使命”论述摘编》，中央文献出版社、党建读物出版社2019年版，第89页。

的看法和态度，主要是面对现在的，为人们的行动提供精神支持"①。从心理学上看，信念是意志的理性形态，是行为的驱动力，是个体短期目标与其整体长远目标的相互统一，没有信念就不会有意志，更不会有持续有效的行为；作为一种心理动能，信念对行为的作用在于激发人们潜在的精力、体力、智力和其他能力，以实现和信仰相应的志向目标。如果与理想联系起来，信念就是主体在为理想奋斗的过程中表现出来的精神意志和力量，特别是在实现理想的过程中遭遇巨大挫折和困难的时候，信念往往凸显出战无不胜的巨大力量。正所谓"理想因其远大而为理想，信念因其执着而为信念"②。理想信念并不是理想与信念的简单叠加，而是在现实生活中将所追求的理想目标内化为确信的观点、主张、思想等，并作为信条而坚定不移地笃行。

理想信念可以激发一个人的奋斗激情和为之献身的坚强意志；理想信念是一个政党的旗帜，决定党的性质，规定党的纲领，关乎党的生死存亡、前途命运；理想信念还是一个国家或一个民族的灵魂及凝聚人心的思想基础。一般而言，中国共产党人的理想有两个层次：一个是最高理想或远大理想（在党的纲领体系中也被称为"最高纲领"），即共产主义，其主要内涵是在全世界全人类建立共产主义社会制度，实现每个人的自由全面发展；另一个是为了实现这个最高理想而根据不同的历史发展阶段所设定的最低理想（在党的纲领文献中也被称为"最低纲领""基本纲领"或"共同理想"）。最高理想在其实现之前具有稳定性，这是共产党人最根本的"初心"；而"最低理想"即"共同理想"则具有丰富的历史性或特殊的阶段性，它是共产党人根据不同国情和发展状况来确定的具体的阶段性奋斗目标和实践（革命、建设、改革等）任务。

显然，共产主义社会理想的实现是一个漫长的历史过程，其中必然遭遇无数难以想象的困难和挫折，这就需要共产主义者拥有坚若磐石的信念和意志，才可能战胜一切困难，乘风破浪、朝着理想勇往直前，这就是通常所说的共产主义或社会主义信念。因此，我们总是把理想和信念连在一起讲，比如"坚定共产主义理想信念""树立共产主义远大理想，坚定社

---

① 吴潜涛等主编：《高校思想政治教育的理论与实践》，人民出版社2012年版，第25页。

② 习近平：《在庆祝中国共产党成立95周年大会上的讲话》，人民出版社2016年版，第11页。

会主义信念”，等等，实际上是把理想与其实现主体必备的直面现实的精神状态完整地表达出来。这里所讨论的“中国特色社会主义理想信念”就是在主观与客观相一致、目标和过程相顺应、理想与现实相统一，乃至知行合一的意义上来表述的。因此，一般不再刻意区分“中国特色社会主义理想”和“中国特色社会主义信念”，而是作为一个整体来论述。

用马克思主义科学理论武装起来的中国共产党从来都是一个具有崇高理想信念的政党。党成立伊始，即在党纲中明确了共产主义的最高理想，进而根据中国革命的具体实际，明确了党在新民主主义革命时期的最低纲领（即共同理想信念），即反对帝国主义、封建主义和官僚资本主义，推翻三座大山，解放全中国，建立人民民主专政的新民主主义共和国。新中国成立后，又结合中国国情，制定了进行社会主义改造、建立社会主义制度的最低纲领（即共同理想信念）。进入社会主义社会，党适时提出了建设四个现代化的社会主义强国的最低纲领（即共同理想信念）。在中国这样一个农业大国，实现社会主义现代化前无古人，困难、问题和挑战是空前的。在中国人民致力于实现社会主义现代化的过程中，特别是通过改革开放推动现代化建设的新时期，中国共产党根据世情、国情、党情的不断变化，适时地调整、丰富和拓展中国特色社会主义共同理想信念的具体内涵。

改革开放以来，党中央对理想信念问题进行了多次论述，其中最有代表性的有以下几次。其一，1986 年中共十二届六中全会在《中共中央关于社会主义精神文明建设指导方针的决议》中明确提出了建设有中国特色的社会主义这一共同理想。决议指出：“社会主义精神文明建设的根本任务，是适应社会主义现代化建设的需要，培育有理想、有道德、有文化、有纪律的社会主义公民，提高整个中华民族的思想道德素质和科学文化素质。”“精神文明建设，包括思想道德建设和教育科学文化建设两个方面”，并特别清晰地指出：“建设有中国特色的社会主义，把我国建设成为高度文明、高度民主的社会主义现代化国家，这就是现阶段我国各族人民的共同理想。”但“我们党的最高理想是建立各尽所能、按需分配的共产主义社会。无论过去、现在和将来，这个最高理想都是我们共产党人和先进分子的力量源泉和精神支柱。而建设有中国特色的社会主义，则是实现最高理想的必经阶段。对于我们共产党人来说，为建设有中国特色的社会主义而奋斗，也就是为党的最高理想而奋斗”。并指出：“社会主义现代化建设的成就越大，广大人民群众对实现共同理想的信念就越坚定。”① 决议不仅明确提出了建设有中国特色的社会主义的共同理想，还首次清晰地论述了“共同理想”及其与“最高理想”的历史的和辩证的关系。

其二，1996年中共第十四届六中全会通过的《中共中央关于加强社会主义精神文明建设若干重要问题的决议》，明确提出了建设有中国特色社会主义的共同理想和信念。论及精神文明建设目标时，决议首先指出：“全民族牢固树立建设有中国特色社会主义的共同理想，牢固树立坚持党的基本路线不动摇的坚定信念”；同时，“思想道德建设的基本任务是：坚持爱国主义、集体主义、社会主义教育，加强社会公德、职业道德、家庭美德建设，引导人们树立建设有中国特色社会主义的共同理想和正确的世界观、人生观、价值观。我们现在建设和发展有中国特色的社会主义，最终目的是实现共产主义，应当在全社会认真提倡社会主义、共产主义思想道德”。②

其三，1997年江泽民在党的十五大报告中强调中国特色社会主义共同理想和共产主义理想的重要性，指出：“在全社会形成共同理想和精神支柱，是有中国特色社会主义文化建设的根本。”③ “在新的历史条件下，共产党员保持先进性，要体现时代的要求，做到胸怀共产主义远大理想，带头执行党和国家现阶段的各项政策，勇于开拓，积极进取，不怕困难，不怕挫折；诚心诚意为人民谋利益，吃苦在前，享受在后，克己奉公，多作贡献。”④

其四，2009年十七届四中全会《中共中央关于加强和改进新形势下党的建设若干重大问题的决定》强调：“把理想信念教育作为全党学习践行社会主义核心价值体系的重中之重，教育引导党员着力增强贯彻党的基本理论、基本路线、基本纲领、基本经验的自觉性和坚定性，增强走中国特色社会主义道路、为党和人民事业不懈奋斗的自觉性和坚定性，做共产主义远大理想和中国特色社会主义共同理想的坚定信仰者。”⑤

其五，2011年十七届六中全会通过了《中共中央关于深化文化体制改

---

① 《改革开放三十年重要文献选编》（上），人民出版社2008年版，第434页。

② 《改革开放三十年重要文献选编》（上），人民出版社2008年版，第874页。

③ 《江泽民文选》第2卷，人民出版社2006年版，第33页。

④ 《江泽民文选》第2卷，人民出版社2006年版，第46页。

⑤ 《十七大以来重要文献选编》（中），中央文献出版社2011年版，第147页。

革推动社会主义文化大发展大繁荣若干重大问题的决定》，进一步阐述了确立中国特色社会主义共同理想的基本内容和重大意义。决定指出："坚持推进社会主义核心价值体系建设，用马克思主义中国化最新成果武装全党、教育人民，用中国特色社会主义共同理想凝聚力量，用以爱国主义为核心的民族精神和以改革创新为核心的时代精神鼓舞斗志，用社会主义荣辱观引领风尚，巩固了全党全国各族人民团结奋斗的共同思想道德基础。"《决定》要求"深入开展理想信念教育"，让干部群众"深刻认识中国共产党领导和中国特色社会主义制度的历史必然性和优越性"，及"中国特色社会主义道路既是实现社会主义现代化和中华民族伟大复兴的必由之路，也是创造人民美好生活的必由之路"，要求广大干部群众"自觉把个人理想融入中国特色社会主义共同理想之中"。①

其六，2012 年习近平总书记在强调坚定理想信念重要性的过程中第一次阐发了"中国梦"。他指出："坚定理想信念，坚守共产党人精神追求，始终是共产党人安身立命的根本。对马克思主义的信仰，对社会主义和共产主义的信念，是共产党人的政治灵魂，是共产党人经受住任何考验的精神支柱。"他强调："理想信念是共产党人精神上的'钙'，没有理想信念，理想信念不坚定，精神上就会缺'钙'，就会得软骨病。"因此，他要求全党"矢志不渝为实现中国特色社会主义共同理想而奋斗"。② 其间，习近平总书记把"中国梦"界说为"实现中华民族伟大复兴，就是中华民族近代以来最伟大的梦想"。他说："这个梦想，凝聚了几代中国人的夙愿，体现了中华民族和中国人民的整体利益，是每一个中华儿女的共同期盼。"③"中国梦"这个概念的提出，是一次思想内容和话语方式上的重大创新和调整，"中国梦"成为中国特色社会主义共同理想信念最通俗最容易深入人心、化为行动的表达方式，已经发挥出了其特有的巨大的感召力和凝聚力。2017 年党的十九大报告指出："革命理想高于天。共产主义远大理想和中国特色社会主义共同理想，是中国共产党人的精神支柱和政治灵魂，也是保持党的团结统一的思想基础。要把坚定理想信念作为党的思想建设的首要任务，教育引导全党牢记党的宗旨，挺起共产党人的精神脊

① 《十七大以来重要文献选编》（下），中央文献出版社 2013 年版，第 565 页。

② 《习近平总书记重要讲话文章选编》，中央文献出版社、党建读物出版社 2016 年版，第 15—16 页。

③ 《习近平谈治国理政》，外文出版社 2014 年版，第 36 页。

梁，解决好世界观、人生观、价值观这个‘总开关’问题，自觉做共产主义远大理想和中国特色社会主义共同理想的坚定信仰者和忠实实践者。”①

中国特色社会主义理想信念的提出，既是对毛泽东思想关于中国共产党人所特有的理想信念的继承和创新，也是对马克思主义关于共产主义理想和社会主义信念理论的时代化、中国化的发展。中国特色社会主义理想信念是中国特色社会主义的灵魂，是当代中国共产党人信仰建设、社会主义先进文化和精神文明建设的核心内容，它在建构中国特色社会主义理论体系、引领和促进中国特色社会主义事业发展中，都发挥着极为重要的作用。

（二）关于中国特色社会主义理想信念的讨论②

中国特色社会主义理想信念如此重要，那么，其内涵到底是什么呢？理论界从不同的视角对这一问题进行了探讨。主要有以下几种观点：

第一，“社会主义现代化”说。中国特色社会主义共同理想是社会主义核心价值体系的基本内容之一，它是一个综合性的社会理想，彰显了中国特色社会主义的理想性和信仰价值，其主要内容是在中国共产党的领导下，走中国特色社会主义道路，把中国建设成为富强、民主、文明、和谐的社会主义现代化国家。董朝霞、张绍平撰文指出，“中国特色社会主义，既是一种思想理论，又是一种社会制度理想。”③ 赵胜轩认为，“建设中国特色社会主义，把我国建设成为富强民主文明和谐的社会主义现代化国家，是现阶段我国各族人民的共同理想。只有用这一共同理想去凝聚全党和全国人民的意志和力量，我们才能战胜前进道路上的艰难险阻，将中国特色社会主义事业不断推向前进。”④

第二，“全面建成小康社会”说。“小康社会”是由邓小平在改革开放之初提出的战略构想。随着中国特色社会主义的深入发展，小康社会的内涵和意义不断地得到丰富和发展。党的十八大报告提出了“确保到二〇二

① 习近平：《决胜全面建设小康社会，夺取新时代中国特色社会主义伟大胜利——在中国共产党第十九次全国代表大会上的报告》，人民出版社 2017 年版，第 63 页。

② 本节参见吴文新研究生武晓玮撰述《近十年来中国特色社会主义理想信念研究综述》，载《黄海学术论坛》第 23 辑，上海三联书店 2015 年版，第 110—117 页。

③ 董朝霞、张绍平：《论中国特色社会主义共同理想的立论依据》，《毛泽东思想研究》2008 年第 5 期。

④ 赵胜轩：《坚定中国特色社会主义共同理想》，《求是》2011 年第 21 期。

〇年实现全面建成小康社会宏伟目标”，“为全面建成小康社会而奋斗”[①]，意味着中国全面建成小康社会的目标更明确、要求更严格、未来发展的信心更充足。因此，有学者认为，中国特色社会主义理想信念是全面建成小康社会。赵培撰文指出：“当前的中国特色社会主义事业正处在全面建成小康社会的决定性阶段，它既是中国特色社会主义总任务在现阶段的具体表现，同时也是我们党和全国人民在未来十年里必须实现的宏伟目标。”[②]张平认为：“如期全面建成小康社会，是我们党向人民作出的庄严承诺，承载着全国人民对过上更好生活的新期待”，这个期待，就是中国特色社会主义的理想信念。[③] 这是对中国特色社会主义理想信念的一个阶段性的具体化解读。

第三“总任务”说。党的十八大、十九大都强调，建设中国特色社会主义的总依据是社会主义初级阶段，总布局是五位一体，总任务是实现社会主义现代化和中华民族伟大复兴。有学者认为，中国特色社会主义的理想信念就是完成建设中国特色社会主义的总任务。雷云认为，“顾名思义，总任务就是根本任务，最高任务，终极任务”，这个总任务承载了中华民族近代以来的伟大梦想，这是中国人民不懈奋斗的理想追求。[④] 姜淑萍认为“提出这个总任务，既进一步提升了实现现代化的伟大意义，又顺应了人民的共同愿望和新期待”，总任务将中国人民的理想信念化成实实在在的奋斗目标，极大地振奋和鼓舞人心。[⑤] 其实，任务与目标联系在一起，为了实现特定的价值目标，必须完成相应的客观任务，也可以说，完成社会主义现代化和中华民族伟大复兴的总任务，就是在为中国特色社会主义理想而奋斗，就是坚定中国特色社会主义信念的具体体现。

第四，“共同富裕”说。共同富裕是马克思主义中国化的重要理论观点，邓小平从中国特色社会主义的根本目的、本质特征、根本任务和发展

---

① 《十八大报告辅导读本》，人民出版社 2012 年版，第 17、1 页。

② 赵培：《坚持科学发展　深化改革开放　实现全面建成小康社会宏伟目标》，《求知》2013 年第 2 期。

③ 张平：《全面建成小康社会奋斗目标的新要求》，《党建研究》2012 年第 12 期。

④ 雷云：《中国特色社会主义真谛和要义的新概括——试论“总依据、总布局、总任务”的深刻内涵和重大意义》，《中国特色社会主义研究》2013 年第 1 期。

⑤ 姜淑萍：《为了实现中华民族的伟大梦想——对建设中国特色社会主义总任务的认识》，《毛泽东思想研究》2013 年第 4 期。

战略、中心课题等高度强调：建设中国特色社会主义，就是要实现共同富裕。党的十八大报告也强调："共同富裕是中国特色社会主义的根本原则"，"必须坚持走共同富裕道路"，要"逐步实现全体人民的共同富裕"。[①] 由此，部分学者认为，中国特色社会主义的理想信念就是探索共同富裕的实现路径，最终实现全体人民的共同富裕。王孝哲认为："社会主义社会是一种美好的社会形态，是值得人民大众孜孜追求并努力建设的社会形态。对于广大人民群众来说，社会主义社会具有多方面的重要价值。逐步实现人民大众的共同富裕，就是社会主义社会对于广大人民群众的重要价值之一。""我们确立中国特色社会主义理想，就要为实现理想目标、走向共同富裕而努力奋斗。""只要坚定地沿着中国特色社会主义道路走下去，我们一定能够越来越接近共同富裕的目标，我们的社会主义理想一定能够圆满实现。"[②] 李春茹、刘富胜指出，"探索共同富裕的实现路径是贯穿中国特色社会主义理论体系各发展阶段的一条主线"，"中国特色社会主义的建设过程，就是不断缩小差距、逐步实现共同富裕的过程"[③]。郑中远、王扬坤也指出，"中国特色社会主义理论和实践的最终目标就是让人民群众共享发展成果——共同富裕"[④]。卫兴华从社会主义的本质出发，强调了共同富裕是中国特色社会主义的重要内容和根本目的，是社会主义最本质的规定，是建设富强民主文明和谐社会主义现代化国家的条件和要求。[⑤] 顾光青指出，"共同富裕是我们党在改革开放之初就提出并在改革开放过程中不断强调的目标，也是中国特色社会主义的共同理想"[⑥]。孙武安认为，共同富裕不仅是现阶段中国最广大人民根本利益的集中体现，也是社会主义最大优越性的体现，还是公平、公正、平等、自由、民主、和谐与文明在现阶段的具体实践，因此，实现共同富裕是中国特色社会主义的

---

① 《十八大报告辅导读本》，人民出版社2012年版，第15页。

② 王孝哲：《实现共同富裕：社会主义社会的重要价值》，《江南大学学报》（人文社会科学版）2009年第1期。

③ 李春茹、刘富胜：《论共同富裕在中国特色社会主义理论体系中的地位》，《探索》2014年第2期。

④ 郑中远、王扬坤：《共同富裕是中国特色社会主义理论和实践的终极目标》，《理论导报》2010年第1期。

⑤ 卫兴华：《共同富裕是中国特色社会主义的根本原则》，《经济问题》2012年第12期。

⑥ 顾光青：《共同富裕：中国特色社会主义的理论和实践探索》，《毛泽东邓小平理论研究》2008年第6期。

核心价值，也是现阶段应该持有的理想与信念。[①]

第五，实现中华民族伟大复兴的“中国梦”说。党的十八大以来，习近平总书记多次深情阐述“中国梦”，并深刻阐述了“中国梦”的内涵、实现路径和依靠力量。许多学者从中国梦与中国特色社会主义关系的角度进行了探究。有学者认为，中国特色社会主义的理想信念就是实现中国梦。王春玺认为：“党的十八大以后，习近平总书记将中国共产党在社会主义不同阶段的奋斗目标生动形象地概括为‘中国梦’。中国梦因此成为中国特色社会主义目标的‘大众版’。”[②] 侯惠勤认为，坚持和发展中国特色社会主义，走中国道路，就是为了实现中华民族伟大复兴的中国梦。[③]郭莉、骆郁廷认为，中国梦具有丰富的精神内涵和鲜明的精神动力属性，它具有激励广大人民群众积极地投身中国特色社会主义建设的理想性作用。[④] 钱耕耘指出：“作为马克思主义中国化两大理论成果的毛泽东思想与中国特色社会主义理论体系的内涵，从理想信念的视角看都是为了实现中华民族的伟大复兴。”[⑤]

上述说法是在中国特色社会主义事业发展过程中逐步提出来的，可能出现在不同的发展阶段，具有不同的针对性，但其基本观点和价值取向并无根本冲突，在内涵上也有相当的关联。学界对中国梦有关提法之间的关系也进行了分析。

一是中国梦与中国特色社会主义理想信念的一致性。一些学者认为，中国梦与中国特色社会主义共同理想在本质上是一致的，只是表述方式不同，中国梦更通俗、更接地气。如卢黎歌撰文指出：从本质上讲，“中国梦”与中国特色社会主义共同理想是一致的，它是中国特色社会主义共同理想的新的表述，“中国梦”用贴近大众的语言来表述我国的

---

① 孙武安等：《论构建共同富裕理想的必要性和可能性》，《山东社会科学》2004 年第 11 期；《共同富裕与现阶段全社会共同理想的构建》，《胜利油田党校学报》2006 年第 5 期；《论中国特色社会主义的核心价值》，《毛泽东邓小平理论研究》2006 年第 6 期。

② 王春玺：《中国梦让中国特色社会主义目标更加清晰》，《毛泽东邓小平理论研究》2013 年第 7 期。

③ 侯惠勤：《引导中国梦成为坚持和发展中国特色社会主义的精神动力》，《马克思主义研究》2013 年第 6 期。

④ 郭莉、骆郁廷：《中国梦：建设中国特色社会主义的精神动力》，《江西社会科学》2013 年第 8 期。

⑤ 钱耕耘：《中国梦是毛泽东思想和中国特色社会主义理论体系的内在统一》，《西安交通大学学报》（社会科学版）2014 年第 4 期。

奋斗目标，更容易为老百姓认可，能更好发挥凝聚人心的作用。[①] 袁银传等认为："中国梦"是中国特色社会主义共同理想的通俗表达，揭示了中国特色社会主义共同理想的基本特征，勾勒出中国特色社会主义共同理想的发展历程，彰显了中国特色社会主义道路的正确性、理论体系的科学性、制度的合理性，科学地回答了中国特色社会主义共同理想实现的具体路径。[②]

二是中国梦与共同富裕的一致性。邓斌、彭卫民认为，"中国梦"归根结底是实现"共同富裕"的梦，应当特别重视共同富裕在当今中国作为"中心课题"的一些集中体现，避免将民生议题沦为政治博弈的遮羞布。[③] 吴文新也有类似看法，认为中国梦也是中国人民的"共富梦"，共同富裕是实现中国梦的坚实基础和强大助力。[④]

三是中国梦与共产主义理想的一致性。一些学者认为，中国梦与共产主义理想是最高理想与最低理想的关系，二者在根本价值上是统一的，实现共产主义是最伟大的中国梦。寇清杰认为："中国梦是中国特色社会主义共同理想的现实表达和阶段性目标，中国梦与共产主义远大理想在根本价值追求上相一致，是远大理想与共同理想的高度统一，是中国共产党最高纲领和最低纲领的高度结合。"[⑤] 张明认为，就"中国梦"的整体性维度与历史性归宿而言，实现共产主义远大理想是最伟大的"中国梦"，而全面建成小康社会与实现社会主义现代化是"中国梦"在社会主义初级阶段历史条件下的具体性、阶段性目标。[⑥]

（三）关于中国特色社会主义理想信念不同观点的分析[⑦]

有学者认为："在当代中国，只有中国特色社会主义共同理想，才具

---

① 卢黎歌：《"中国梦"与共同理想及其关系辩证》，《学校党建与思想教育》2014 年第 3 期。

② 袁银传、赵倩：《论"中国梦"与中国特色社会主义共同理想的关系》，《学校党建与思想教育》2014 年第 17 期。

③ 邓斌、彭卫民：《共同富裕：历史的省思与中国梦的进路》，《西南大学学报》2014 年第 1 期。

④ 吴文新：《共同富裕：中国梦的坚实基础和强大动力》，《黄海学术论坛》（第 22 辑），三联书店 2015 年版，第 100—107 页。

⑤ 寇清杰：《共产主义理想与中国梦》，《思想理论教育导刊》2014 年第 10 期。

⑥ 张明：《"中国梦"的特征、价值导向与实现路径》，《新疆师范大学学报》2013 年第 4 期。

⑦ 本节参见武晓玮《近十年来中国特色社会主义理想信念研究综述》，载《黄海学术论坛》第 23 辑，上海三联书店 2015 年版，第 110—117 页。

有广泛的社会共识。这个共同理想，既实在具体，又鼓舞人心。”① 我们坚信，“中国特色社会主义共同理想”这一说法确实可以凝聚力量，促进认同，激励人民将个人理想汇入全体人民的共同理想中去。但是，仅仅停留在“中国特色社会主义理想信念”或者“社会主义现代化”的层面是不够的，毕竟“中国特色社会主义”“社会主义现代化”等表述形式依然抽象和笼统，普通党员和老百姓仍然难以确切理解和把握其深层内涵，因而必将影响践行的自觉性。

“全面建成小康社会”是一个阶段性目标，并不具备作为一个政党和民族之理想信念的实质条件。“中国特色社会主义总任务”的提法同样存在抽象空泛的问题，尚未清晰表达党和人民的理想和追求，作为理想信念仍缺乏一种鼓舞人心、凝聚力量的价值导向和精神作用。按照习近平总书记的论述，“中国梦”的实质内涵是国家富强、民族振兴和人民幸福，它的提出确实极大地鼓舞了全国人民，有助于形成全民族奋发向上的精神力量；虽然自“中国梦”提出以来，学界对相关研究一直抱有极大热情，但目前对“中国梦”的概念、内容、定位，特别是它与社会主义和共产主义的关系、与中国特色社会主义的关系、与公有制和共同富裕的关系、与中国优秀传统文化的关系等问题，仍然处于逐步深入的论证之中，有时也出现“中国梦”仅仅被当作政治口号的情况，广大党员、干部和人民群众，对有关“中国梦”的宣传可能还存在某些偏见，尚未充分意识到其与自己利益和幸福的直接关系。因此，要将“中国梦”作为中国特色社会主义理想信念还有待相关研究的深化，特别是话语方式的学理化和大众化的相向转型。

中国特色社会主义理想信念是一个价值体系，包括经济、政治、文化、社会、生态等各个方面，具有多层次的结构和丰富的内涵。同时，它也是历史的、具体的，其实践过程具有阶段性，随着中国特色社会主义事业的不断发展和进步，其在不同历史阶段呈现出不同的内容，仍需进一步建构中国特色社会主义的理想信念体系。为此，仍需从不同维度考察理想与信念，以及最高理想与共同理想的关系。

从主体及空间维度看，理想信念有个人与共同之分，个人理想是个人

---

① 王峻、彭京华：《树立中国特色社会主义共同理想的依据和意义》，《首都经济贸易大学学报》2008 年第 6 期。

对自己未来生活的向往追求；共同理想是一定范围内的利益共同体的共同目标。马克思主义者、共产党人的理想信念，始终是一种共同理想，一种群体意识。随着历史的发展，拥有此共同理想的群体不断扩大，由少数人的共同理想发展为绝大多数人的共同理想，再发展为一国或多国全体成员的共同理想，最后会扩展为全世界全人类的共同理想。共产主义就是一种共同理想，目前看是全世界共产党人的共同理想，最终它将成为全人类根本的、长远的共同理想。

从实践和时间维度看，理想信念有最高与最低之分，在不同的历史阶段有不同的内容。马克思主义者、共产党人的共同理想也有最高、最低之分。邓小平说："我们共产党人的最高理想是实现共产主义，在不同历史阶段又有代表那个阶段最广大人民利益的奋斗纲领。"① 江泽民指出："在革命、建设和改革的各个历史阶段中，我们党既有每个阶段的基本纲领即最低纲领，也有确定长远奋斗目标的最高纲领。我们是最低纲领与最高纲领的统一论者。"② 马克思主义者、共产党人最高的共同理想是实现共产主义，就是将共产主义作为目标和信条，一步步笃行。在不同的历史阶段，这个最高共同理想表现为不同的内容，需要几代、十几代人在一步步实现最低共同理想中不懈努力。

建设中国特色社会主义是走向共产主义的必经阶段，中国特色社会主义理想信念是共产主义最高理想在现阶段的具体体现，是现阶段的共同理想和信念。"一切真正的共产党人、马克思主义者是坚实地信仰共产主义的；有些人虽不信仰共产主义，但赞成和拥护社会主义现代化建设，希望中国以其繁荣的经济和文化跻身于发达国家之列。这就是说，尽管对待最高理想表现出不同的态度，但对于现阶段的共同理想，却具有一致向往的必要和可能。这是因为现阶段共同理想集中反映了人民近期的利益和要求，因而具有巨大的凝聚力，能够使共产党人和非共产党人、马克思主义者和非马克思主义者、无神论者和宗教信仰者，以及国内同胞和国外侨胞团结起来，并为之奋斗。"③

由此看来，前述几种说法，实质上并没有非此即彼的冲突，只不过是

---

① 《邓小平文选》第3卷，人民出版社1993年版，第190页。

② 江泽民：《在庆祝中国共产党成立八十周年大会上的讲话》，人民出版社2001年版，第41页。

③ 杨顺湘：《论共同理想与最高理想的相关性》，《重庆教育学院学报》2002年第2期。

对中国特色社会主义理想信念之丰富内容的不同角度的界说和论述，或者是对它在中国社会不同发展阶段上的不同表现的概括而已。中国特色社会主义理想信念，是符合当代中国发展进步需要的科学的知行合一的信仰体系，但是，凝聚全体人民的共同理想信念信仰，不是天然而成的，需要持续不断的教育，使之深入人心，从而自觉地为之团结奋斗。

二　中国特色社会主义理想信念的核心内容和价值内涵

牢固确立中国特色社会主义理想信念，就是要坚定中国特色社会主义理论自信、制度自信、道路自信和文化自信，坚信在当代中国唯有坚持和发展中国特色社会主义，才能全面建成小康社会，才能实现社会主义现代化和人民共同富裕，也才能实现中华民族伟大复兴的中国梦。

（一）中国特色社会主义理想信念的核心内容

众所周知，振兴中华，是近代以来中华民族矢志不渝的梦想和追求。无数仁人志士们为之而流血奋斗，苦苦探索，虽然都在一定程度上作出了自己的贡献，但真正让世人看到希望和曙光的是新中国成立以后，中国共产党领导人民开始全面建设社会主义，特别是改革开放以来轰轰烈烈的伟大实践。可以说，复兴中华民族，是中国共产党人一以贯之的共同理想、信念、追求和梦想。

以毛泽东同志为核心的党的第一代中央领导集体，虽然没有直接使用“中华民族伟大复兴”或“民族复兴”的词语，但毋庸置疑他们为中华民族伟大复兴作出了巨大的贡献。还在新中国成立之际，毛泽东就满怀豪情、充满信心地指出：“我们的民族将从此列入爱好和平自由的世界各民族的大家庭，以勇敢而勤劳的姿态工作着，创造自己的文明和幸福，同时也促进世界的和平和自由。我们的民族将再也不是一个被人侮辱的民族了，我们已经站起来了……我们将以一个具有高度文化的民族出现于世界。”① 1954 年，毛泽东明确提出：“我们的总目标，是为建设一个伟大的社会主义国家而奋斗。我们是一个六亿人口的大国，要实现社会主义工业化，要实现农业的社会主义化、机械化，要建成一个伟大的社会主义国家。”② 在 1955 年召开的中国共产党全国代表会议上，毛泽东发表讲话指

---

①《毛泽东文集》第 5 卷，人民出版社 1996 年版，第 344—345 页。

②《毛泽东文集》第 6 卷，人民出版社 1999 年版，第 329 页。

出，我们“要在大约几十年内追上或赶过世界上最强大的资本主义国家”[①]。20世纪60年代初，毛泽东进一步提出：我们要“在一个不太长的历史时期内把我国建设成为一个农业现代化、工业现代化、国防现代化和科学技术现代化的伟大的社会主义国家”[②]。他坚信，中国在不太长的时间内完全有可能建设成为一个社会主义的现代化强国，因为除了地大物博、人口众多这些有利的因素外，我们还“搞了社会主义”，“社会主义和资本主义比较，有许多优越性，我们国家经济的发展，会比资本主义国家快得多”。[③] 在发展道路的选择上，毛泽东一贯强调：“我们不能走世界各国技术发展的老路，跟在别人后面一步一步地爬行。我们必须打破常规，尽量采用先进技术，在一个不太长的历史时期内，把我国建设成为一个社会主义的现代化的强国。”[④] 其间，周恩来总理在三届全国人大一次会议上郑重宣布“把我国建设成为具有现代农业、现代工业、现代国防和现代科学技术的社会主义强国”的奋斗目标。不难看出，走自己的路，建设一个伟大的文明的社会主义现代化强国，让中华民族扬眉吐气于世界各民族之林的理想和追求，包含着浓浓的民族伟大复兴之意。

作为党的第二代领导集体核心，邓小平不仅明确提出了建设有中国特色社会主义的重要命题，同时也多次表达了“振兴中华民族”的共同理想和信念。1979年，他在党的理论工作务虚会议上明确提出：我们当前以及今后相当长一个历史时期的主要任务，就是一句话，搞现代化建设。能否实现四个现代化，决定着我们国家的命运、民族的命运。[⑤] 后来，他指出：“我们集中力量搞四个现代化，着眼于振兴中华民族。没有四个现代化，中国在世界上就没有应有的地位。”[⑥] “没有理想和纪律，建设四化是不可能的。”根据我们长期从事政治和军事活动的经验，“最重要的是人的团结，要团结就要有共同的理想和坚定的信念。”[⑦] 邓小平关于“三步走”的战略构想，关于一国两制、统一祖国的构想，关于中国特色社会主义建设的一系列重要思想和实践，无疑都是通向中华民族

① 《毛泽东文集》第6卷，人民出版社1999年版，第392页。
② 《建国以来毛泽东文稿》第10册，中央文献出版社1996年版，第346页。
③ 《毛泽东文集》第8卷，人民出版社1999年版，第302页。
④ 《毛泽东文集》第8卷，人民出版社1999年版，第341页。
⑤ 《邓小平文选》第2卷，人民出版社1994年版，第162页。
⑥ 《邓小平文选》第3卷，人民出版社1993年版，第357页。
⑦ 《邓小平文选》第3卷，人民出版社1993年版，第191、190页。

伟大复兴的正确道路。[①]

以江泽民同志为核心的党的第三代中央领导集体首次将“中华民族伟大复兴”明确纳入中国特色社会主义理想信念的范畴之中。2002 年，在党的十六大报告中，江泽民明确提出：“必须最广泛最充分地调动一切积极因素，不断为中华民族的伟大复兴增添新力量。”[②]“全面建设小康社会，开创中国特色社会主义事业新局面，就是要在中国共产党的坚强领导下，发展社会主义市场经济、社会主义民主政治和社会主义先进文化，不断促进社会主义物质文明、政治文明和精神文明的协调发展，推进中华民族的伟大复兴。”[③] 同年，在纪念共青团成立 80 周年大会上，江泽民鼓励青年树立远大理想。他说，“真正远大的理想，必须与祖国的命运和人民的意愿紧密结合。当代青年应该具有的远大理想，就是把我国建设成为富强民主文明的社会主义现代化国家，实现中华民族的伟大复兴。只有在为远大理想的奋斗中，青年的人生抱负才能真正实现。”[④] 在面对青年群众这个特定的语境中，江泽民总书记使用了“远大理想”，实际上，其内涵就是中国特色社会主义的理想信念。

以胡锦涛同志为总书记的中央领导集体，进一步明确了“中华民族伟大复兴”在中国特色社会主义共同理想信念中的重要地位。他强调指出：“中国特色社会主义是当代中国发展进步的根本方向，集中体现了最广大人民根本利益和共同愿望。要深入开展理想信念教育，引导干部群众深刻认识中国共产党领导和中国特色社会主义制度的历史必然性和优越性，深刻认识中国特色社会主义道路既是实现社会主义现代化和中华民族伟大复兴的必由之路，也是创造人民美好生活的必由之路，自觉把个人理想融入中国特色社会主义共同理想之中，最大限度把广大人民团结和凝聚在中国特色社会主义伟大旗帜之下。……坚定广大干部群众对中国特色社会主义的信心和信念。”[⑤] 由于科学发展观及社会主义和谐社会和社会主义核心价值体系等重要思想的提出，中国特色社会主义理想信念的内容更加充实和

---

① 参石仲泉《邓小平与中华民族伟大复兴》，《中共党史研究》2014 年第 5 期；任天佑：《邓小平与中华民族伟大复兴的中国梦》，《解放军报》2014 年 8 月 19 日第 7 版。

② 《江泽民文选》第 3 卷，人民出版社 2006 年版，第 539 页。

③ 《江泽民文选》第 3 卷，人民出版社 2006 年版，第 574 页。

④ 《江泽民文选》第 3 卷，人民出版社 2006 年版，第 483 页。

⑤ 《十七大以来重要文献选编》（下），中央文献出版社 2013 年版，第 565 页。

完善，在实践方面也更接地气、更有说服力、更具可践履性。在胡锦涛看来，我们的理想信念，除了共产主义高远理想外，具体到现阶段及今后相当长时期的发展，必须具体化为中国特色社会主义共同理想，即建设富强民主文明和谐美丽的社会主义现代化国家、实现中华民族伟大复兴的共同理想；这个共同理想中包含着全面建成小康社会、实现社会主义现代化和中华民族伟大复兴的具体内容；我们的信心信念包括始终不渝地坚持中国共产党领导、坚持中国特色社会主义制度和道路的信念和信心，也包括持守社会主义核心价值体系、遵循科学发展观、推进改革开放事业、实现共同富裕、恪守社会主义荣辱观、促进社会和谐的坚定信念和信心。

“实现中华民族伟大复兴的中国梦”，是以习近平同志为核心的党中央关于中国特色社会主义理想信念的最新概括。党的十八大强调，建设中国特色社会主义的“总任务是实现社会主义现代化和中华民族的伟大复兴”[①]，这个总任务就是我们的奋斗目标，属于“理想”的范畴，是理想的价值取向和实践目的。其中，中华民族伟大复兴被视为近代以来最伟大的“中国梦”而被广为传颂。习近平总书记指出：“每个人都有理想和追求，都有自己的梦想。……我以为，实现中华民族伟大复兴，就是中华民族近代以来最伟大的梦想。这个梦想，凝聚了几代中国人的夙愿，体现了中华民族和中国人民的整体利益，是每一个中华儿女的共同期盼。历史告诉我们，每个人的前途命运都与国家和民族的前途命运紧密相连。国家好，民族好，大家才会好。实现中华民族伟大复兴是一项光荣而艰巨的事业，需要一代又一代中国人共同为之努力。空谈误国，实干兴邦。我们这一代共产党人一定要承前启后、继往开来，把我们的党建设好，团结全体中华儿女把我们国家建设好，把我们民族发展好，继续朝着中华民族伟大复兴的目标奋勇前进。”[②] 这样，就把中国共产党人的理想信念与中国最广大人民的生活追求，乃至包括海外华侨在内的整个中华民族的梦想有机地结合起来了，把党的理想具体化为人民和民族生存与发展的理想追求，从而把共产党人的一切活动融入谋求人民幸福、实现民族复兴的伟大历史进程之中。这是对共同理想信念的一个非常重要的历史性提升。

在第十二届全国人大一次会议上，习近平总书记进一步阐述了“中华

① 《习近平谈治国理政》，外文出版社2014年版，第10页。
② 《习近平谈治国理政》，外文出版社2014年版，第36页。

民族伟大复兴的中国梦”的内涵及其与“我们共同坚守的理想信念”的关系：中华文明五千多年的文明史上，正是“我们共同经历的非凡奋斗，是我们共同创造的美好家园，是我们共同培育的民族精神”，把我国56个民族、14亿人紧紧凝聚起来，“而贯穿其中的、更重要的是我们共同坚守的理想信念”，这就是“实现全面建成小康社会、建成富强民主文明和谐的社会主义现代化国家的奋斗目标，实现中华民族伟大复兴的中国梦，就是要实现国家富强、民族振兴、人民幸福，既深深体现了今天中国人的理想，也深深反映了我们先人们不懈奋斗追求进步的光荣传统”①。

可以看出，民族复兴的中国梦在中国共产党人的理论和实践中，特别是在中国特色社会主义理想信念体系中居于至关重要的核心地位，具有鲜明的导向性、最广的代表性、最高的共同性、最大的包容性等显著特点。习近平总书记指出：“中国梦意味着中国人民和中华民族的价值体认和价值追求，意味着全面建成小康社会、实现中华民族伟大复兴，意味着每一个人都能在为中国梦的奋斗中实现自己的梦想，意味着中华民族团结奋斗的最大公约数，意味着中华民族为人类和平与发展作出更大贡献的真诚意愿。”②

“中华民族伟大复兴的中国梦”不仅是中国特色社会主义理想信念的通俗表达，也清晰地点明了中国特色社会主义理想信念的核心内容。关于这一核心内容，习近平总书记的解读是：“在新的历史时期，中国梦的本质是国家富强、民族振兴、人民幸福。我们的奋斗目标是，到2020年国内生产总值和城乡居民人均收入在2010年基础上翻一番，全面建成小康社会。到21世纪中叶，建成富强民主文明和谐的社会主义现代化国家，实现中华民族伟大复兴的中国梦。”③ 可见，“中华民族伟大复兴的中国梦”既有核心内容的具体构成，也有阶段性的奋斗目标和任务。“国家富强”就是建设和实现富强民主文明和谐的社会主义现代化国家，这是经济—政治—文化—科技—军事等软硬实力并举的强大。“民族振兴”强调在国家富强基础上，使具有五千年文明历史的中华民族重新站立在世界之巅，引领人类和平发展、文明进步的美好未来。关于“人民幸福”，习近

① 《习近平谈治国理政》，外文出版社2014年版，第39页。
② 《习近平谈治国理政》，外文出版社2014年版，第161页。
③ 《习近平谈治国理政》，外文出版社2014年版，第56页。

平总书记阐述得更为亲切而细致："我们的人民热爱生活，期盼有更好的教育、更稳定的工作、更满意的收入、更可靠的社会保障、更高水平的医疗卫生服务、更舒适的居住条件、更优美的环境，期盼着孩子们能成长得更好、工作得更好、生活得更好。人民对美好生活的向往，就是我们的奋斗目标。"① 国家富强、民族振兴，归根结底是为了实现人民幸福。习近平总书记接连用了"十个更"来强调不断满足全体人民日益增长的物质文化需要，显然，这与不断促进人的自由全面发展的共产主义的最高理想是统一的。总之，"实现中国梦，意味着中国经济实力和综合国力、国际地位和国际影响力大大提升，意味着中华民族以更加昂扬向上、文明开放的姿态屹立于世界民族之林，意味着中国人民过上更加幸福安康的生活"②。

中华民族伟大复兴的中国梦，包含社会主义初级阶段"三步走""两个一百年"的奋斗目标。习近平总书记指出："我坚信，到中国共产党成立100年时全面建成小康社会的目标一定能实现，到新中国成立100年时建成富强民主文明和谐的社会主义现代化国家的目标一定能实现，中华民族伟大复兴的梦想一定能实现。"③ 从纵向发展或历史进程的视角看，"两个一百年"的奋斗目标内在于中华复兴的战略目标之中，特别是社会主义现代化目标的基本实现，即意味着中华民族伟大复兴目标的基本实现。

"全面建成小康社会"是第一个一百年奋斗目标，也可以说是我们的近期奋斗目标。届时，我国"经济持续健康发展""人民民主不断扩大""文化软实力显著增强""人民生活水平全面提高""资源节约型环境友好型社会建设取得重大进展"，国家形成"系统完备、科学规范、运行有效的制度体系，使各方面制度更加成熟更加定型"④。根据清华大学国情研究中心胡鞍钢的研究报告，在全面建成小康社会之后，共同富裕将因其必然性而随即成为下一步的奋斗目标，这是一个"十几亿中国人民一起共同构建共同富裕的社会主义中国（简称'共同富裕社会'）。这一目标既是2020年全面建设小康社会目标的自然延续和历史必然，又是通向2050年

---

① 《习近平谈治国理政》，外文出版社2014年版，第4页。

② 《习近平总书记系列重要讲话读本》，学习出版社、人民出版社2016年版，第8页。

③ 《习近平谈治国理政》，外文出版社2014年版，第36页。

④ 《十八大报告辅导读本》，人民出版社2012年版，第18—19页。

社会主义现代化的中继站和必经之路”[①]。显然，共同富裕不是平均富裕，差异依然存在，但这种“社会差异相对较小，且可管理可调整”；其“核心是‘共同’，使十几亿人能够共同拥有发展的机会，共同提高发展的能力，共同提升发展的水平，共同分享发展的成果”；其“底线是防止出现贫富两极分化，消除各类绝对贫困人口，使他们也能富裕起来”。[②] 胡鞍钢在报告中指出：“2030 年迈向‘共同富裕’是中国的伟大梦想。这一中国梦既历史地继承了中国的传统理想，更充分体现了社会主义因素，赋予了新的时代内涵。坚定不移走社会主义道路，其本质就是坚定不移走共同富裕道路。”[③] 我们坚信，中华民族伟大复兴的中国梦的实现，离不开全国人民的共同富裕。没有全国人民的共同富裕，就没有社会主义的现代化。如果说我们实现了现代化，却没有实现共同富裕，那就不能体现社会主义的本质、原则和最大优越性，这样的现代化于国于民于全人类并无多少特殊意义，无非是给世界贡献了一个新的贫富悬殊的物质和科技—军事帝国而已，恐并非中国人民和世界人民之福。我们认为，胡鞍钢关于共同富裕的许多观点很有价值，但结论或许乐观了一些，特别是他把实现共同富裕与实现社会主义现代化作为两个先后实现的奋斗目标的观点，我们认为值得商榷。社会主义现代化与人民共同富裕是一个问题的两种描述和表达，二者相辅相成，不可分割，共同构成中华民族伟大复兴的核心内容，当是同步实现和发展的奋斗目标。

基本实现社会主义现代化，是第二个一百年奋斗目标。按照胡鞍钢的研究，应包含三个基本因素：一是“不断增加现代化因素，最大限度扩大生产、创造财富，最大限度利用现代知识、科技、教育和信息要素”，其特点是“两个凡是”，即“凡是发达国家具有的现代化技术，中国都要拥有，并普及于全国城乡。凡是发达国家正在创新的现代化技术，中国都必须创新，成为领先者，同时惠及于中国和世界”；二是“不断增加社会主义因素，共同发展、共同分享、共同富裕，要发挥社会主义制度和政治优势”，“真正凝聚十几亿人民，有效动员社会各种力量，充分激发人民的创造力，共同分享发展成果”，确保“政治上实现民族团

① 胡鞍钢等：《2030 中国：迈向共同富裕》，中国人民大学出版社 2011 年版，第 10 页。
② 胡鞍钢等：《2030 中国：迈向共同富裕》，中国人民大学出版社 2011 年版，第 11 页。
③ 胡鞍钢等：《2030 中国：迈向共同富裕》，中国人民大学出版社 2011 年版，第 13 页。

结、多元一体、国家统一、长治久安”；三是“不断增加独特的中国文化因素，对构建中国特色的理想社会有重大创新，如小康社会、和谐社会、共同富裕社会、学习型社会、健康型社会、安居乐业社会、资源节约型社会、环境友好型社会等等。继承和弘扬中华文化，建设和发展现代文化，增强和提升中国文化软实力和影响力，为增进世界丰富多彩的文化作出贡献。”①

可以设想，共同富裕和社会主义现代化实现之日，就是中华民族伟大复兴之时。届时，中国人民不仅共同富裕，而且是现代化的，中国特色社会主义理论、道路、制度和文化自信、自觉和自强也都达到了空前的境界，社会主义制度的优越性和强大的生命力就可以比较充分地显示出来，也向全世界提供了一个成功的案例，展示了一条正确的发展道路和方向。如果说小康、共富和现代化更多是从物质层面立论，而中华民族伟大复兴则更多是从文化层面立论，不仅拥有丰富的物质财富和较高的物质生活水平，而且将使中华民族每个成员精神文化社会生活达到相当高的水平，文明和谐层次、幸福感、自由尊严度都很高。以马克思主义、共产主义思想为指导，基于深厚的中国优秀传统文化底蕴，充分吸收了全世界各民族文化特别是西方现代文化精华，而生成的立足中国、面向世界、面向未来、共享和平与繁荣的中华文化，将充分展现“和合”“大同”的价值取向和现实功能，成为引领世界通向真正的世界大同或共产主义的最大的“正能量”。②

（二）中国特色社会主义理想信念的价值内涵

相对于核心内容，价值内涵是更深层次的解读。中国特色社会主义理想信念的价值内涵可区分为社会宏观和个体微观两个层次，其中宏观层次我们参照创新了的马克思主义社会结构理论加以展开。

第一，公有、共富、强大、共赢：中国特色社会主义理想信念在经济领域的具体体现。生产资料公有制是社会主义经济制度的本质，也是社会

---

① 胡鞍钢等：《2030 中国：迈向共同富裕》，中国人民大学出版社 2011 年版，第 13—14 页。

② 胡鞍钢研究组在其《2030 中国：迈向共同富裕》中，预言中国实现共同富裕之时，也是实现“世界大同”之日，并提出了具体的目标和路径（见该书第 193—199 页）。我们认为这过于乐观了。看看当今全世界的经济政治秩序的不平等以及资本霸权国家的肆意妄为及其为世界带来的灾难，就知道，这不是 15—20 年能够解决的问题，没有上百年甚至更长时间的努力，是不可能的。

主义社会经济基础的根本内容，它是实现社会主义一切目标的制度基础和前提性框架。中华人民共和国成立70年来，虽然通过社会主义改造，在较为薄弱的物质基础上确立了社会主义制度，在社会主义建设的艰辛探索中取得了辉煌的成就，但由于物质基础的先天不足，追求生产关系上的公有制程度和范围的急剧提升和扩大，因违背社会发展的客观规律，也造成了社会主义建设的巨大挫折。因此，经过近40年的市场化改革，在公有制占主体、国有经济成分发挥主导作用的前提下，包括个体经济、私营经济、外资经济在内的各种非公经济成分也占到了整个国民经济的70%以上。据调查，目前我国80%以上的工人阶级（包括2亿多农民工阶层）工作生活在非公经济体中。显然，劳动者依然经承受着一定程度的剥削，有的甚至十分严重，贫富差距依然较大。归根到底，这是由生产资料的非公有制所决定的，在非公有制经济组织中，劳动者只能得到他的劳动力价值，而并不是按照社会主义按劳分配原则得到的劳动报酬，因此，贫富分化难以避免。从工人阶级为主体的最广大劳动人民的根本利益出发，就必须在社会生产力逐步提高的基础上，不断扩大现代化物质生产领域公有制的范围、提高公有化程度。因此，坚持并逐步实现较高程度和较大范围的公有制，始终是中国特色社会主义经济改革和发展的一大原则。正如邓小平反复强调的："一个公有制占主体，一个共同富裕，这是我们所必须坚持的社会主义的根本原则。"①

"共富"即共同富裕，是社会主义目的、目标、原则和本质特征。邓小平指出："社会主义最大的优越性就是共同富裕，这是体现社会主义本质的一个东西。"② 江泽民指出："实现共同富裕是社会主义的根本原则和本质特征，绝不能动摇。"③ 十八大报告强调，"共同富裕是中国特色社会主义的根本原则"④。习近平总书记也多次强调，"必须使发展成果更多更公平惠及全体人民，朝着共同富裕方向稳步前进"⑤。共同富裕之所以不断得到强调，是因为我国社会贫富悬殊的势头一直未得到根本遏制，城乡二元结构、工农生活方式和水平差异依然存在。因此，真正的共同富裕依然

---

① 《邓小平文选》第3卷，人民出版社1993年版，第111页。
② 《邓小平文选》第3卷，人民出版社1993年版，第364页。
③ 《江泽民文选》第1卷，人民出版社2006年版，第466页。
④ 《十八大报告辅导读本》，人民出版社2012年版，第15页。
⑤ 《习近平谈治国理政》，外文出版社2014年版，第13页。

处在理想理念之中。根据科学社会主义基本原理，“消费资料的任何一种分配，都不过是生产条件本身分配的结果；而生产条件的分配，则表现生产方式本身的性质”①。因此，只有生产条件（即生产资料）公有制基础的牢固、公有制水平的提高、公有制范围的扩大，才能带来社会成员之间、不同社会阶层和不同行业劳动者之间财富分配上的基本公平，以及城乡差距显著缩短、东中西部发展趋于平衡，特别是工农业发展水平和工农劳动者收入及生活状况基本持平。而这一目标状态，一定是在全面建成小康社会、实现社会主义现代化的过程中逐步实现的，而不是一蹴而就的。因此，共同富裕，作为科学社会主义的根本原则、中国特色社会主义的目的与本质，既包含了人民渴望生活富足的经济要求，又体现了群众实现公平正义的政治诉求；既包含为人民服务的根本宗旨和集体主义的精神原则，又体现了鼓励实现个人价值的人性追求，理应成为中国特色社会主义理想信念的有机组成部分，并把它首先定位于宏观经济发展价值目标的层面，但并不局限于此，而成为中国特色社会主义的核心价值。全党必须带领全国人民为实现共同富裕而不懈奋斗。

“强大”主要是指建基于国家经济实力的强大，实际上包括国家政权的强固、科技的先进、财富的充裕、国防的强大等，这些作为国家的硬实力或综合国力的支柱性内容，学界已做过很多论述，这里不赘述。需要说明的是，对于中国特色社会主义来说，如果没有公有制的经济制度基础，没有全体人民的共同富裕，那么，这个硬实力的强大，可能未必给中国人民带来福祉，因为，经济制度和分配方式决定了财富的流向和硬实力的使用目的。为了实现国家富强、民族振兴，特别是人民幸福的目标，经济制度上的社会主义性质——公有制和按劳分配、全民所有制经济成分的主导作用和共同富裕就是必要条件和根本前提。

“共赢”主要表明中国经济目标的实现，国力的强大，不仅是中国发展的客观结果，同时也会给世界各国人民带来共同发展共同繁荣的机遇，是一种与世界各国人民共享富裕和强大的价值理念；中国的发展与强大，也会向世界证明中国社会主义道路和制度的优越性与生命力，是中国人民、中华民族为世界、为全人类所作出的又一伟大贡献。

第二，民主、法治、廉效、和平：中国特色社会主义理想信念在政治

---

① 《马克思恩格斯选集》第3卷，人民出版社2012年版，第365页。

领域的具体体现。中国共产党的领导是实现中国特色社会主义政治目标的根本前提，这是首先要明确的，这一原则之所以必须坚定不移，就是因为在所有的阶级及其政党里，只有共产党人是以马克思主义、科学社会主义为指导思想、有着坚定的共产主义理想和社会主义信念，因而只有共产党人才能领导全体人民走社会主义道路，实现社会主义目标。我们已经确立了人民民主专政的民主共和的国体，确立了人民代表大会的民主共和的政体，还确立了中国共产党领导的多党合作与政治协商制度，建立了以实现民族复兴为根本目标的最为广泛的民族统一战线，也在社会最基层建立了基层民主自治制度，人民的社会和国家主人地位已经确立。这里作为价值目标的“民主”以民主集中制为基本原则，无论是选拔干部还是进行决策，都实行选举民主与协商民主各归其位、各行其长、相辅相成、相得益彰的民主运行体制和机制。但是由于受两千多年专制主义传统和官僚主义习气的影响，各项制度的民主程度还不能全面实现人民当家作主的愿望，因此，民主化的政治目标，就是不断提高社会主义民主的水平、不断扩大社会主义民主的范围，这也就必然伴随着最广大人民群众社会主义民主政治素养的普遍养成和提升。

“法治”并不是独立于社会主义民主制度之外的东西，而是确保实现民主制度、使人民养成民主政治生活习惯、不断提高整个社会和国家治理民主化科学化水平的法制保障。根据党的十八届四中全会关于全面推进依法治国的基本精神，培养党的干部的法治思维和法治能力，培养人民遵纪守法的生活习惯，这都是实现法治目标的重要内容。在我国，法治已经成为事实，我国已经是一个社会主义法治国家，但法治在中国特色社会主义理想信念中之所以还具有价值性意义，主要是因为我国法治化的程度还不高，各项制度的法治水平以及覆盖范围还不理想，还不能确保党和国家各项方针政策的严格落实，人民的法治意识、素质和习惯尚未完全养成，因此还需要一个较长的法治化的历史进程。

“廉效”是强调政府及各职能部门的运行成本低廉、所有公务人员的生活和工作成本低廉，符合“廉价政府”的原则和要求。一切权力运用公开透明，符合阳光政府的原则和要求，同时各级政府有极高的工作效率。当然，最理想的状态是马克思在《法兰西内战》中对巴黎公社作为无产阶级政府——人民群众的政府及其工作人员的成本和报酬状况：“从公社委员起，自上至下一切公职人员，都只能领取相当于工人工资的报酬"[①]，"它把自己的所言所行一律公布出来，把自己的一切缺点都让公众知道"[②]。在"廉明政府"中，"随时可以罢免的勤务员"，实行"真正的责任制"，"总是在公众监督之下进行工作"，"他们所得的报酬只相当于一个熟练工人的收入"[③]，从而"所有的公职……变成了真正工人的职务"[④]，"公社的工作人员执行实际的行政管理职务，不论是地方的还是全国的，只领取工人的工资"[⑤]。马克思认为，这是无产阶级的政权或社会主义国家政权区别于一切剥削阶级政权的根本之点，是法国工人阶级的伟大创举，是"终于发现的可以使劳动在经济上获得解放的政治形式"[⑥]，是"社会解放的政治形式"[⑦]。从目前的情况看，我们的政府状态离这个目标还有相当大的距离，所以应当成为中国特色社会主义政治的理想目标。廉明带来政治效能。在世界历史上，民主往往与执行力软弱、政治效能低下相伴随，但是在一个以民主集中制为基本原则的政治制度架构中，高效来源于民主基础上的集中统一和纪律严格的政令执行力，令行禁止成为高效行政和治理的必然要求。

"和平"是中国特色社会主义政治信念在国际事务中的具体表现，意味着中华民族的伟大复兴将是和平的历史进程，是世界和平力量的壮大，将给世界带来真正的和平与和谐。中华民族的历史文化传统及社会主义制度都决定了中国特色社会主义是一条和平发展之路，和平如同理想信念的其他内容一样，内在于我们的信仰体系。但是，中国也绝不以中华民族的根本利益和世界的永续发展的根本原则来换取和平，必要时将以坚定的决心来维护国内和世界和平。

第三，人本、文明、崇德、包容：中国特色社会主义理想信念在文化领域的具体表现。中华民族伟大复兴，最具有共赢与和平价值的是中华文化的复兴。中华文化的人本、崇德特质融入社会主义制度体系中，比如为人类带来更加优秀和平的新型文明。"人本"，不仅来自于马克思主义现实的人及其自由全面发展的价值追求，而且来自于中华文化深刻而系统的人

① 《马克思恩格斯选集》第3卷，人民出版社2012年版，第98页。
② 《马克思恩格斯选集》第3卷，人民出版社2012年版，第109页。
③ 《马克思恩格斯选集》第3卷，人民出版社2012年版，第141页。
④ 《马克思恩格斯选集》第3卷，人民出版社2012年版，第142页。
⑤ 《马克思恩格斯选集》第3卷，人民出版社2012年版，第143页。
⑥ 《马克思恩格斯选集》第3卷，人民出版社2012年版，第102页。
⑦ 《马克思恩格斯选集》第3卷，人民出版社2012年版，第143页。

文和伦理特质。“以人为本”作为一种文化精神或实践理念，客观上要求我们的经济、政治制度、社会运行体制和生态环境等都体现人的中心和目的地位。以人为本的社会主义制度要能够最大限度地开发现实的人的丰富的属性和潜能，创造最丰富的财富和最优美的环境，满足现实的人的最为丰富和全面的需要，提升现实的人的最为全面而丰富的素质，最终实现所有个人的自由全面发展。从更为现实的层面看，以人为本首先要最大限度地发挥劳动人民的无限潜能，为理想社会集体财富的充分涌流奠定基础，从而满足劳动人民丰富而全面的生存、享受和发展需要。人本目标的实现，其实就伴随着整个社会成员文明素养的养成和文明程度的提升。

“文明”是一种生活方式、身心状态，一种精神境界和生活品位。文明就是“人明”，就是人自身通过修养和锤炼而成就的自我认知、自性澄明的状态和境界，见之于社会，那就是人与人之间和谐欢畅、其乐融融的状态。显然，对照现实，我们还需要做最大的努力，力争达到文明的人性和社会状态。

“崇德”是一种社会道德风气或氛围，也是“崇德向善”的社会环境，在这样的社会氛围之中，每个社会成员充满朝气和活力、健康乐观、积极进取、乐于助人，慈风拂面、善雨滋润，整个社会友善和谐、其乐融融。

“包容”是中国特色社会主义理想信念对待人类文明的态度，是表征中华文化恢宏气度、尊重差异、包容多样以及深度自信的范畴，彰显我们“和而不同”的文化特质，表明中国特色社会主义制度之文化基础的宽度和丰度。

第四，和谐、自由、平等、公正：中国特色社会主义理想信念在社会领域的具体表现。这里的“社会”是狭义的，主要是指人与人之间的关系领域。社会和谐是首要的价值目标，也是社会存在和发展最为理想的一种状态。“和谐”在个人层面，主要是身体和谐（健康）、意识和谐（或可称为心理和谐，包括情感与理智的和谐、欲望与能力的和谐、欲望与需要的和谐、道德与智能的和谐等）、身心和谐（心口如一、言行一致、身体健康与心灵美好的统一等）；向外延伸到个人与他人的关系，那就是人际关系和谐欢畅，相互信任、相互帮助和支持、相互激励和促进、相互尊重和关爱等；再进一步就是家庭和睦、社区和谐、集体和畅、不同利益群体或阶层之间互助共荣。

“自由”之于社会，主要是言论、出版、集会、结社等法定的各种自由权利，还有迁徙、择业、恋爱、学术等自由；而最深层的“自由”是人们作为社会的主人驾驭自己命运的自由，是一个人在社会中能够自由全面发展的那种“自由”。

“平等”不仅是“共同价值”中法律上的人人平等，更重要的是人与人在各种生存条件和机会方面的平等，这是一种实质性的平等：表现为经济领域人与人在占有生产资料上的平等，进而带来财富分配方面的平等（即公平）——这是最根本的平等，是其他一切平等的基础；政治领域人与人之间没有阶级、阶层的等级差异，没有权力、地位、财富、性别、职业等方面的歧视或鸿沟；文化领域每个人接受教育、享受人类共同文明的条件和机会的平等，以及享受同等住房、医疗、养老等方面的平等。

“公正”主要是依法治国的表现和产物，也是实现平等价值观之后自然呈现出来的社会状态，因此公正不仅是一种价值观或价值理念，值得人们去追求，更重要的是一种弥漫全社会的价值状态或境界，是每个人都可以触摸到、感受到进而享受到的一种文明财富。没有实质性的平等，就不可能有真正的公正的价值状态。

第五，简约、清洁、绿色、自然：中国特色社会主义理想信念在生态领域的具体表现。这里的“生态”不是狭义生态学意义上的纯粹自然生态系统，而是以人为主导的人与生态环境的关系系统，生态文明是人主动建构起来的、有助于人与自然生态环境和谐共荣的文明形态。中国特色社会主义生态文明，就是我们生态文明建设的理想状态。“简约”是从人的生存或生活方式意义上说的，就是生活简单、消费节约，这就是所谓“低碳消费”“低耗生活”延伸到生产领域，就是要提高资源和能源的使用效率，用最少的资源能源生产最多最好的产品，极大地减少对自然资源和能源的消耗，从而维持甚至提升自然系统自身对资源和能源的再生修复能力。

“清洁”是从人的生产、生活的废弃物排放这个意义上说的，这意味着人们必须提高资源能源的循环利用效率，最大限度地减少向大自然释放各种废弃物和污染物，确保土壤、水、空气和食品等的清净、纯洁。

“绿色”是指人们生产生活的自然环境的原生态性，亦即人们的生产生活并不危及甚至有益于自然生态物种的多样性、丰富性和生命力，也是自然万物生机盎然、活力迸发、生命能量竞相涌流的美好状态。

“自然”是从人们的一切活动都要遵循和服从自然规律的意义上说的。大自然没有人类依然是大自然，但是人类离开大自然那就什么都不是。因此，人类无论如何发展科技、改造自然的物质力量有多大，人类在道德智慧上都要对大自然的整体性、复杂性、客观性、规律性等保持深度的敬畏和谨慎，而不可妄自尊大、对自然为所欲为，自然生态系统的原始完整性、各种生态要素之间复杂而微妙的相互联系性和永不停息的运动变化性，永远是至高无上甚至是神圣不可侵犯的，我们的一切活动都应该在这个前提下进行，否则必然遭到大自然的无情报复，那时人类得到的将不是胜利的喜悦、征服的自豪以及占有和享受的幸福，而极有可能就是万劫不复的灾难。“自然”具有全球性意义，也是中国特色社会主义理想信念在生态领域的全球性效益。

如此，中华民族的伟大复兴，不仅将向世界贡献一个富强民主文明和谐的社会主义现代化国家，而且更以其中华文化的人本、崇德、自然、和谐等特质引导人类文明走上一条永续发展的康庄大道。虽然上述宏观价值并不缺乏惠及个体的落脚点，但是，一切发展归根到底是每位社会成员、每个人的发展，因此，还必须有理想信念所惠及的独立的个体维度。

第六，尊严、健康、向善、发展：中国特色社会主义理想信念惠及个体的具体表现。中国特色社会主义属于共产主义的最初级的发展阶段，中华民族的伟大复兴，是人类走向共产主义理想社会的有机组成部分，它的最终目标必然落地于每个人的自由全面发展。在微观个体意义上，我们将中国特色社会主义理想信念具体化为尊严、健康、向善、发展的价值观，以使普通民众有所遵循和追求。“尊严”就是在生产领域能够像人一样体现创造的主体性，在生活领域获得人的生活样态，尊严就是体面，普通大众都有体面的工作、体面的收入，过上体面无虞的生活、享受全面的安全保障和体面的社会福利（比如上学、看病、住房、养老等）。

“健康”指的是身心健康，也就是身心和谐，是一个人人性的整体健康——他的自然属性即肉体生命的健康，他的社会属性的健康即他的人际关系和谐欢畅、个人生存和发展环境美好、条件有保障，他的精神或意识属性的健康即心理健康、人格健全，也就是心灵内在的和谐。

“向善”是人的精神属性和谐健康的一个方面，即道德领域的和谐与健康，表现为个人崇德向善，养成了积善成德、抑恶扬善的习惯。

“发展”就是追求个人潜能的挖掘、个性潜能的实现，是一个人自由全面发展的状态。显然，尊严、健康、向善、发展，既是个人所应努力追求的价值目标，更是整个社会和国家应该设法满足的人民群众的人性需要，是社会和政府义不容辞的责任。

中国特色社会主义理想信念在各个层面和方面的具体表现，本质上既是我们的价值目标或理想状态，也是我们的现实追求，某些方面已经或正在实现之中，相信在中国共产党领导下，全国人民的努力奋斗，终究使这些价值理想变成现实。从核心价值观的角度看，以上论述，与社会主义核心价值观具有本质的一致性。这些目标性或理想性价值，也正是社会主义核心价值观在宏大社会结构中不同领域的具体化。唯公民个体层面的价值目标不是从道德义务角度，而是从人自身的发展状态或境界的角度立论的，公民个人在人性的整体状态上应该成为什么样子，我们认为，这也是共产主义理想和社会主义信念的最终逻辑归宿和实践目的。胡锦涛在党的十八大报告中特别强调了全国人民的共同信念及其具体要求："在新的历史条件下夺取中国特色社会主义新胜利，必须牢牢把握以下基本要求，并使之成为全党全国各族人民的共同信念。"这些信念就是"八个必须坚持"，即：必须坚持"人民主体地位"，"解放和发展社会生产力"，"推进改革开放"，"维护社会公平正义"，"走共同富裕道路"，"促进社会和谐"，"和平发展"，"党的领导"。[①] 这些既是推进中国特色社会主义事业的必然要求，也是推进中华民族伟大复兴大业的必备条件。

三 中国特色社会主义理想信念教育是全民族的伟大工程

很显然，再科学再美好的理想信念也不是人的脑子里所固有的，只有教育，持续不断的教育，才可能逐步确立和巩固，才可能逐步转化为人们的自觉行动。在探索和开创中国特色社会主义伟大事业的历史进程中，党的历届中央领导都高度重视社会主义和共产主义理想信念的教育问题，他们提出了大量重要思想和观点，对我们今天和今后开展中国特色社会主义理想信念教育具有十分重要的指导意义。

毛泽东，作为中国共产党的创始人之一，作为第一代中国共产党人之中最优秀的代表人物，他是一个真诚的彻底的革命理想主义者。早在青年学生时期，他便立下"改造中国与世界"的远大志向，直到去世，毛泽东以其毕生精力践行着社会主义和共产主义理想信念的追求。1940 年，他在《新民主主义论》中满怀激情地写下了这样的优美词句："共产主义是无产

① 《十八大报告辅导读本》，人民出版社 2012 年版，第 14—16 页。

阶级的整个思想体系，同时又是一种新的社会制度。这种思想体系和社会制度，是区别于任何别的思想体系和任何别的社会制度的，是自有人类历史以来，最完全最进步最革命最合理的。……惟独共产主义的思想体系和社会制度，正以排山倒海之势，雷霆万钧之力，磅礴于全世界，而葆其美妙之青春。”① 在党的七大上，毛泽东郑重宣告：“我们共产党人从来不隐瞒自己的政治主张。我们的将来纲领或最高纲领，是要将中国推进到社会主义社会和共产主义社会去的，这是确定的和毫无疑义的。我们的党的名称和我们的马克思主义的宇宙观，明确地指明了这个将来的、无限光明的、无限美妙的最高理想。”② 1957 年进入社会主义社会后，在纪念十月革命大会上毛泽东坚定指出：“社会主义制度终究要代替资本主义制度，这是一个不以人们自己的意志为转移的客观规律。”③ 虽然，毛泽东探索社会主义出现过严重失误，但走自己的路，建设伟大的社会主义现代化强国，进而实现共产主义理想是毛泽东终生不渝的理想信念。以下着重总结分析改革开放以来党的主要领导人关于坚定社会主义和共产主义理想信念教育的重要思想和观点。

第一，共产主义理想和社会主义信念是共产党人的根本政治信仰、政治立场和政治方向，任何时候都丝毫不能动摇。针对改革开放复杂环境下党的思想建设的特殊性，江泽民指出：“共产党员在执行现行政策、特别是在发展社会主义有计划商品经济中，决不能对共产主义的理想、信念和道德有丝毫动摇。”④ 共产主义理想和信念始终是党的思想建设的核心，只有坚定共产主义理想和信念，才能更加自觉地密切党群关系，真正依靠最广大人民群众为共产主义而奋斗。在建党七十周年纪念讲话中，江泽民强调：“共产党员、共青团员和一切先进分子，必须努力学习和掌握马克思主义的立场、观点、方法，树立共产主义的崇高理想和世界观、人生观，身体力行共产主义道德。”⑤ 1993 年 11 月，江泽民在同古巴客人谈话时满怀自信地指出：“我们共产党人坚信马克思主义一定会取得最后胜利，资本主义制度最终要被社会主义制度取代。这是历史发展的必然规律。因

① 《毛泽东选集》第 2 卷，人民出版社 1991 年版，第 686 页。
② 《毛泽东选集》第 3 卷，人民出版社 1991 年版，第 1059 页。
③ 《建国以来毛泽东文稿》第 6 册，中央文献出版社 1992 年版，第 618 页。
④ 《江泽民文选》第 1 卷，人民出版社 2006 年版，第 95 页。
⑤ 《江泽民文选》第 1 卷，人民出版社 2006 年版，第 159 页。

此，我们对社会主义前途充满信心。”① 在讲学习、讲政治、讲正气的“三讲教育”中，他深刻阐述：“要坚定正确的理想信念。我们共产党人的根本政治信仰是社会主义和共产主义，世界观是马克思主义的辩证唯物主义和历史唯物主义，这是任何时候都丝毫不能动摇的。一个党员特别是领导干部，如果在思想上动摇了这些根本的东西，也就动摇了共产党人的根本政治立场，就必然会偏离正确的政治方向。”②

第二，共产主义理想和社会主义信念是共产党人的政治追求、政治灵魂和精神支柱，是共产党人安身立命的根本。众所周知，理想信念是一个人思想行动的总开关、总闸门，对于中国共产党来说，理想信念还是一面旗帜，决定党的性质、支配党的纲领、关乎党的前进方向和生死存亡。十八大以来党中央特别重视党的纯洁性建设，尤其是理想信念建设。习近平总书记强调：“中国共产党之所以叫共产党，就是因为从成立之日起我们党就把共产主义确立为远大理想。”③ 他把理想信念比喻为共产党人精神上的“钙”：“坚定理想信念，坚守共产党人精神追求，始终是共产党人安身立命的根本。对马克思主义的信仰，对社会主义和共产主义的信念，是共产党人的政治灵魂，是共产党人经受住任何考验的精神支柱。形象地说，理想信念就是共产党人精神上的‘钙’，没有理想信念，理想信念不坚定，精神上就会‘缺钙’，就会得‘软骨病’。现实生活中，一些党员、干部出这样那样的问题，说到底是信仰迷茫、精神迷失。”④ 强调在理想信念和思想精神上建党，已成为党中央领导集体加强党的建设的一个显著特征。谈到共产党人理想信念与当下具体工作的关系，习近平总书记指出：“共产党员特别是党员领导干部要做共产主义远大理想和中国特色社会主义共同理想的坚定信仰者和忠实践行者。我们既要坚定走中国特色社会主义道路的信念，也要胸怀共产主义的崇高理想，矢志不移贯彻执行党在社会主义初级阶段的基本路线和基本纲领，做好当前每一项工作。革命理想高于天。没有远大理想，不是合格的共产党员；离开现实工作而空谈远大理

① 《江泽民文选》第1卷，人民出版社2006年版，第337页。

② 《江泽民文选》第2卷，人民出版社2006年版，第361页。

③ 《习近平在庆祝中国共产党成立95周年大会上的讲话》，《人民日报》2016年7月2日第2版。

④ 《习近平谈治国理政》，外文出版社2014年版，第15页。

想，也不是合格的共产党员。”① 这段话深刻论述了共产党人理想信念的几种关系：共产主义远大理想和中国特色社会主义坚定信念的关系——后者的实践形式就是执行党在社会主义初级阶段的基本路线和纲领，因此前者是最终目标和根本导向，后者是前者的现阶段表现及实现的必由之路；远大理想与现实工作的关系——这是就党员个人而言的，也就是天和地的关系，共产党员要顶天立地，心中装着远大理想，手上干着现实工作，把二者有机地结合起来，体现于人生的时时刻刻、事事处处。

第三，社会主义和共产主义的理想信念“是我们的真正优势”，“年轻一代尤其要懂得这一点”。这是邓小平多次强调的一个重要思想。1985年，他结合党的历史指出：我们过去在非常困难的情况下取得了革命的胜利，“就是因为我们有理想，有马克思主义信念，有共产主义信念。我们干的是社会主义事业，最终目的是实现共产主义”②。在会见非洲客人时，他再次强调：“我们马克思主义者过去闹革命，就是为社会主义、共产主义崇高理想而奋斗。现在我们搞经济改革，仍然要坚持社会主义道路，坚持共产主义的远大理想，年轻一代尤其要懂得这一点。”③ 他进一步指出：“有了共同的理想，也就有了铁的纪律。无论过去、现在和将来，这都是我们的真正优势。”④ 邓小平为什么要讲“是我们的真正优势”呢？因为在他看来，“马克思主义的真理颠扑不破”，“马克思主义是很朴实的东西，很朴实的道理”，是为着全世界劳动人民谋利益谋幸福的。邓小平这样阐释：“马克思主义是科学。它运用历史唯物主义揭示了人类社会发展的规律。封建社会代替奴隶社会，资本主义代替封建主义，社会主义经历一个长过程发展后必然代替资本主义。这是社会历史发展不可逆转的总趋势。”面对苏东剧变、世界社会主义运动严重受挫的严峻形势，身为久经考验的、具有坚定共产主义理想信念的无产阶级革命家、政治家，邓小平郑重告诫全党，不要以为“马克思主义就消失了，没用了，失败了。哪有这回事！”⑤

江泽民总书记在谈到革命战争年代以及抗震、抗洪救灾等过程中体现

① 《习近平谈治国理政》，外文出版社2014年版，第23页。

② 《邓小平文选》第3卷，人民出版社1993年版，第110—112页。

③ 《邓小平文选》第3卷，人民出版社1993年版，第116页。

④ 《邓小平文选》第3卷，人民出版社1993年版，第144页。

⑤ 《邓小平文选》第3卷，人民出版社1993年版，第382—383页。

出来的民族凝聚力时说："这种民族凝聚力来自何处？来自中华民族的优良传统，来自我们共产党人的崇高理想和社会主义制度的优越性，来自爱国主义、集体主义、社会主义和马克思主义教育。正确的世界观、人生观、价值观的确立，民族优良传统的发扬，共同理想和精神支柱的形成和巩固，科学文化水平的提高，都离不开教育工作，而这些都是我们民族凝聚力的重要基础和内容。"① 在庆祝中国共产党成立95周年大会上的讲话中，习近平总书记也指出："我们党之所以能够经受一次次挫折而又一次次奋起，归根结底是因为我们党有远大理想和崇高追求。"② 党的光辉历史充分表明，保有坚定的理想信念是中国共产党能够战胜一切内外敌人、战胜一切艰难险阻的"真正优势"，也是党的事业不断前行直至夺取最后胜利的力量源泉。

第四，社会主义和共产主义理想信念教育是党的思想政治工作的核心内容，也是中国特色社会主义文化建设的根本内容。坚持不懈地进行思想政治理论教育是在全党和全体人民中牢固树立社会主义、共产主义理想信念的不二选择。在改革开放过程中，邓小平在这方面讲的很多。针对西方资本主义和平演变的亡我之心，邓小平强调："要把我们的军队教育好，把我们的专政机构教育好，把共产党员教育好，把人民和青年教育好。"③ "要特别教育我们的下一代下两代，一定要树立共产主义的远大理想。""一定要让我们的人民，包括我们的孩子们知道，我们是坚持社会主义和共产主义的，我们采取的各方面的政策，都是为了发展社会主义，为了将来实现共产主义。"④ 邓小平从社会主义精神文明建设的高度，明确提出了思想政治教育的根本任务和目标："最根本的是要使广大人民有共产主义的理想，有道德，有文化，守纪律。"⑤

江泽民同志担任总书记伊始，就针对当时资产阶级自由化思潮泛滥的情况，提出要在全党和全体人民中广泛"进行社会主义、共产主义思想的教育"，确保"党的性质不能变，共产主义的最高目标不能变"。⑥ 1993

① 《江泽民文选》第2卷，人民出版社2006年版，第331页。

② 《习近平在庆祝中国共产党成立95周年大会上的讲话》，《人民日报》2016年7月2日第2版。

③ 《邓小平文选》第3卷，人民出版社1993年版，第380页。

④ 《邓小平文选》第3卷，人民出版社1993年版，第110—112页。

⑤ 《邓小平文选》第3卷，人民出版社1993年版，第28页。

⑥ 《江泽民文选》第1卷，人民出版社2006年版，第62页。

年，在纪念毛泽东同志诞辰100周年讲话中，他再次警醒全党："要通过思想政治教育使广大党员、干部懂得，在社会主义市场经济条件下，坚持正确的理想、信念和价值观，坚持廉洁自律极为重要。"① 1996年，江泽民提出了全党思想宣传工作的基本方针："以科学的理论武装人，以正确的舆论引导人，以高尚的精神塑造人，以优秀的作品鼓舞人。"② 他说："面对改革开放和现代化建设这场深刻而伟大的历史变革，全党同志必须在改造客观世界的同时努力改造主观世界，坚定社会主义、共产主义的理想信念，坚持全心全意为人民服务的宗旨，发扬为人民利益甘于奉献的精神。"③ 在新的历史条件下，共产党员要保持先进性，要体现时代的要求，"做到胸怀共产主义远大理想，带头执行党和国家现阶段的各项政策，勇于开拓，积极进取，不怕困难，不怕挫折；诚心诚意为人民谋利益，吃苦在前，享受在后，克己奉公，多作贡献；刻苦学习马克思主义理论……在危急的时刻挺身而出……"④ 共产党人就是要把共产主义远大理想与现实工作紧密结合起来，脚踏实地地推进改革开放、巩固和发展中国特色社会主义事业。江泽民在十五大报告中进一步指出："在全社会形成共同理想和精神支柱，是有中国特色社会主义文化建设的根本。……深入持久地开展以为人民服务为核心、集体主义为原则的社会主义道德教育……提倡共产主义思想道德，同时把先进性要求和广泛性要求结合起来，鼓励一切有利于国家统一、民族团结、经济发展、社会进步的思想道德。"⑤

针对党内一些人理想信念动摇、资本主义和社会主义界限模糊、贪污腐化堕落等现实问题，江泽民指出："现在有的人对马克思主义科学真理产生了某种疑惑，对社会主义经过长期发展最终必然战胜资本主义的信念产生了动摇，对建设有中国特色社会主义事业缺乏信心，思想空虚，精神萎靡；有的人沉湎于花天酒地或到封建迷信活动中去寻找精神寄托；有的人在各种诱惑面前随波逐流，极少数党员、干部由于背离正确的理想信念堕落为腐败分子。加强理想信念教育，就要针对这些问题来进行，认真分

---

① 《江泽民文选》第1卷，人民出版社2006年版，第359页。
② 《江泽民文选》第1卷，人民出版社2006年版，第497页。
③ 《江泽民文选》第1卷，人民出版社2006年版，第500—501页。
④ 《江泽民文选》第2卷，人民出版社2006年版，第111—112页。
⑤ 《江泽民文选》第2卷，人民出版社2006年版，第33—34页。

析产生这些问题的原因，深入细致地开展工作。”① 针对法轮功等邪教对个别共产党员甚至高级干部的恶劣影响，江泽民指出：“我们共产党人是无神论者，……我们必须坚持用马克思列宁主义、毛泽东思想、邓小平理论，用爱国主义、集体主义、社会主义思想，作为凝聚和团结全党全国人民的坚强精神支柱，并确立建设有中国特色社会主义共同理想。”② 他明确提请全党注意研究和解决这样的问题：“为什么马克思主义理论和社会主义理想、信念、道德对一些人却往往难以发生作用呢？为什么像‘法轮功’这样的歪理邪说会在一些群众甚至少数高级知识分子和干部中产生那么大的影响呢？为什么西方资本主义的一些理论和腐朽思想文化、生活方式对一些人会产生那么大的吸引力呢？”③ 思想政治教育是极其重要的一环，要“从家庭到学校到全社会，广泛动员各方面力量，充分利用一切宣传教育渠道，不断探索更有效的方法和手段，如同春风化雨、细雨润物一样，努力在全党全体人民中把坚定理想信念、树立精神支柱的工作做得更好、更细、更扎实”④。

胡锦涛在纪念十一届三中全会30周年大会上的讲话中强调：“把社会主义核心价值体系建设作为主线，贯穿到国民教育和精神文明建设全过程，坚持不懈地用马克思主义中国化最新成果武装全党、教育人民，用中国特色社会主义共同理想凝聚力量，用以爱国主义为核心的民族精神和以改革创新为核心的时代精神鼓舞斗志，用社会主义荣辱观引领风尚，巩固全党全国各族人民团结奋斗的共同思想基础。”⑤ 在党建中“以坚定理想信念为重点加强思想建设”。⑥ 实际上，理想信念教育不仅是增强党的先进性和纯洁性的关键一环，也是社会主义精神文明建设的核心内容。党的十七届四中全会在关于加强和改进党的建设的决定中强调：“把理想信念教育作为全党学习践行社会主义核心价值体系的重中之重，教育引导党员着力增强贯彻党的基本理论、基本路线、基本纲领、基本经验的自觉性和坚定性，增强走中国特色社会主义道路、为党和人民事业不懈奋斗的自觉性和

---

① 《江泽民文选》第3卷，人民出版社2006年版，第89页。
② 《江泽民文选》第3卷，人民出版社2006年版，第199页。
③ 《江泽民文选》第3卷，人民出版社2006年版，第200页。
④ 《江泽民文选》第3卷，人民出版社2006年版，第201页。
⑤ 《十七大以来重要文献选编》（上），中央文献出版社2009年版，第803页。
⑥ 《十七大以来重要文献选编》（上），中央文献出版社2009年版，第71页。

坚定性”[①]，“使广大党员、干部成为实践社会主义核心价值体系的模范，做共产主义远大理想和中国特色社会主义共同理想的坚定信仰者”[②]。可见理想信念在党员干部教育中具有不可取代的核心地位。党的十七届五中全会在关于我国经济社会发展“十二五”规划建议中，特别论及“提高全民族文明素质”的问题，建议指出，建设社会主义核心价值体系，必须“加强走中国特色社会主义道路和实现中华民族伟大复兴的理想信念教育”[③]。这里，党中央把“实现中华民族伟大复兴”也作为理想信念教育的一个中心内容加以强调。

第五，坚定社会主义和共产主义理想信念是党的作风建设的首要任务，也是党员干部党性修养的核心内容。十八大以来，党中央更加重视党的作风建设和党员干部的党性修养。中央要求：党员干部不仅要学习中国特色社会主义理论体系，自觉加强党性修养和锻炼，更要“坚定共产主义理想和社会主义信念，模范践行社会主义荣辱观，做社会主义道德的示范者、诚信风尚的引领者、公平正义的维护者”[④]。习近平总书记指出：“抓作风建设，首先要坚定理想信念，牢记党的性质和宗旨，牢记党对干部的要求。”党的干部要讲大公无私、坦荡做人、光明正大，真正做到“公私分明、克己奉公、严格律己”[⑤]。“我们共产党人特别是领导干部都应该心胸开阔、志存高远，始终心系党、心系人民、心系国家，自觉坚持党性原则。”[⑥]这里中央明确要求党员干部要做理想信念、道德风尚、公平正义的“模范”“示范者”“引领者”和“维护者”。

与此同时，习近平总书记还明确提出了“好干部第一位的标准”。在党的干部队伍建设中，好干部的首要标准是什么呢？习近平总书记指出：“好干部要做到信念坚定、为民服务、勤政务实、敢于担当、清正廉洁。”信念坚定就是“必须坚定共产主义远大理想，真诚信仰马克思主义，矢志不渝为中国特色社会主义而奋斗，坚持党的基本理论、基本路线、基本纲领、基本经验、基本要求不动摇。”[⑦]他特别强调了“理想信念、敢于担

① 《十七大以来重要文献选编》（中），中央文献出版社2011年版，第332页。
② 《改革开放三十年重要文献选编》（下），人民出版社2008年版，第1738页。
③ 《十七大以来重要文献选编》（中），中央文献出版社2011年版，第992—993页。
④ 孙占元：《中国特色社会主义理论体系研究》，山东人民出版社2014年版，第384页。
⑤ 《习近平谈治国理政》，外文出版社2014年版，第394页。
⑥ 《习近平谈治国理政》，外文出版社2014年版，第395页。
⑦ 《习近平谈治国理政》，外文出版社2014年版，第412—413页。

当”这两条。他说：“理想信念坚定，是好干部第一位的标准，是不是好干部首先看这一条。如果理想信念不坚定，不相信马克思主义，不相信中国特色社会主义，政治上不合格，经不起风浪，这样的干部能耐再大也不是我们党需要的好干部。只有理想信念坚定，用坚定理想信念炼就了‘金刚不坏之身’，干部才能在大是大非面前旗帜鲜明，在风浪考验面前无所畏惧，在各种诱惑面前立场坚定，在关键时刻靠得住、信得过、能放心。”①

习近平总书记一面告诫全党理想信念的动摇和滑坡是最危险的动摇和滑坡，一面提出了衡量党员干部是否具有远大理想的客观标准。他指出，形式主义、官僚主义、享乐主义和奢靡之风之所以盛行，“说到底，还是理想信念不坚定”，一些干部精神上“缺钙”，得了“软骨病”，就容易沦为腐败分子甚至投敌变节、走向犯罪深渊，② 因此，“理想信念动摇是最危险的动摇，理想信念滑坡是最危险的滑坡”③。在实际工作中，如何“衡量一名共产党员、一名领导干部是否具有共产主义远大理想”呢？习近平说“是有客观标准的，那就要看他能否坚持全心全意为人民服务的根本宗旨，能否吃苦在前、享受在后，能否勤奋工作、廉洁奉公，能否为理想而奋不顾身去拼搏、去奋斗、去献出自己的全部精力乃至生命。一切迷惘迟疑的观点，一切及时行乐的思想，一切贪图私利的行为，一切无所作为的作风，都是与此格格不入的”④。他还说，干部理想信念是否坚定，“主要看干部是否能在重大政治考验面前有政治定力，是否能树立牢固的宗旨意识，是否能对工作极端负责，是否能做到吃苦在前、享受在后，是否能在急难险重任务面前勇挑重担，是否能经得起权力、金钱、美色的诱惑”。同时，检验干部理想信念是否坚定，也“需要一个过程”，“要看长期表现，甚至看一辈子”⑤。可以看出，习近平总书记所强调的标准的核心就是践行中国共产党的根本宗旨——为人民服务。根据党的十九大精神，2019年党中央要求在全党开展了“不忘初心，牢记使命”主题教育活动，习近平总书记指出：“就是要提醒全党同志，党的初心和使命是党的性质宗旨、

---

① 《习近平谈治国理政》，外文出版社 2014 年版，第 413 页。
② 《习近平谈治国理政》，外文出版社 2014 年版，第 414 页。
③ 《习近平谈治国理政》，外文出版社 2014 年版，第 415 页。
④ 《习近平谈治国理政》，外文出版社 2014 年版，第 23—24 页。
⑤ 《习近平谈治国理政》，外文出版社 2014 年版，第 415 页。

理想信念、奋斗目标的集中体现，越是长期执政，越不能忘记党的初心使命，越不能丧失自我革命精神。”①

第六，中国工人阶级要牢固树立中国特色社会主义理想信念，始终做坚持中国特色社会主义道路的柱石和中坚。习近平总书记在同全国劳动模范代表座谈时指出：“我国工人阶级要牢固树立中国特色社会主义理想信念，坚定永远跟党走的信念，坚决拥护社会主义制度，坚决拥护改革开放，始终做坚持中国道路的柱石；要自觉践行社会主义核心价值观，……始终做弘扬中国精神的楷模；要坚持以振兴中华为己任，……始终做凝聚中国力量的中坚。”“广大劳动模范和先进人物要珍惜荣誉、再接再厉，爱岗敬业、无私奉献，做坚定理想信念的模范。”② 我们知道，工人阶级是先进生产力的代表，是共产党最基本的阶级基础，也是实现共产主义远大理想最基本的依靠力量，当然也是实现全面小康、社会主义现代化和中华民族伟大复兴中国梦最重要、最基本的主体力量，工人阶级的理想信念既是共产党人理想信念的群众性体现，同时也必将对其他劳动人民乃至整个中华民族起着强大的驱动和导向作用。

第七，中国梦要成为全国各族人民的共同理想信念，也要成为广大青少年的理想信念。在同各界青年优秀代表座谈时，习近平总书记对中国青年提出了殷切期望：“广大青年要勇敢肩负起时代赋予的重任，志存高远，脚踏实地，努力在实现中华民族伟大复兴的中国梦的生动实践中放飞青春梦想。”因此，首先“一定要坚定理想信念。‘功崇惟志，业广惟勤。’理想指引人生方向，信念决定事业成败。没有理想信念，就会导致精神上‘缺钙’。中国梦是全国各族人民的共同理想，也是青年一代应该牢固树立的远大理想。中国特色社会主义是我们党带领人民历经千辛万苦找到的实现中国梦的正确道路，也是广大青年应该牢固确立的人生信念”。如前所述，中华民族伟大复兴的中国梦是中国特色社会主义共同理想信念的通俗表达，习近平总书记把中国梦作为全国各族人民和广大青年的远大理想，在内涵上就是希望全国人民凝心聚力，共同致力于中国特色社会主义和中华民族伟大复兴的伟大事业。

---

① 《习近平关于“不忘初心、牢记使命”论述摘编》，中央文献出版社、党建读物出版社 2019 年版，第 179 页。

② 《习近平谈治国理政》，外文出版社 2014 年版，第 45—47 页。

在会见广大留学人员和海外侨胞时，习近平总书记也殷切希望：“广大留学人员要把爱国之情、强国之志、报国之行统一起来，把自己的梦想融入人民实现中国梦的壮阔奋斗之中，把自己的名字写在中华民族伟大复兴的光辉史册之上。”① 移居世界各地的几千万海外侨胞都是中华大家庭的成员，中华民族伟大复兴中国梦是国家梦、民族梦，也是中华大家庭中每个成员的梦。为此，习近平总书记指出：“广大海外侨胞有着赤忱的爱国情怀、雄厚的经济实力、丰富的智力资源、广泛的商业人脉，是实现中国梦的重要力量。只要海内外中华儿女紧密团结起来，有力出力，有智出智，团结一心奋斗，就一定能够汇聚起实现梦想的强大力量。”② 毛泽东当年在《论十大关系》的名篇中就明确指出，为建设社会主义，我们要把国内外、省内外的一切积极因素都调动起来，哪怕是消极因素，也要努力将其转化为积极因素。由习近平总书记在国内外各种场合的讲话发言可知，为了中国特色社会主义的理想信念——中华民族伟大复兴的中国梦，今天的我们就是要调动一切可以调动的力量，为实现中国特色社会主义共同理想而奋斗拼搏，进而实现共产主义远大理想。

综上可知，在探索中国社会主义发展道路的过程中，中国共产党对于“中华民族伟大复兴”作为中国特色社会主义的共同理想和信念，在理论的表达上有一个从自发到自觉、从隐约到明晰、从个别提及到全面提升于世纪发展战略的过程；其主体范围也从中国共产党、中国人民逐步拓展到包括港澳台及海外侨胞在内的整个中华民族。从中亦可看出，党的历届领导人都始终不忘初心、执着地思考和探索着复兴中华民族的重大历史课题。今天，我们强调要牢固树立中国特色社会主义理想信念，就是要在全党和全国各族人民，包括港澳台及海外侨胞中牢固树立中华民族伟大复兴的理想信念，使强国梦、振兴梦、幸福梦尽早化为生动的客观现实。

① 《习近平谈治国理政》，外文出版社 2014 年版，第 58 页。

② 《习近平谈治国理政》，外文出版社 2014 年版，第 64 页。

第十章　中国特色社会主义理论体系的建构原则和思路

实践发展无止境，理论创新无止境。马克思主义中国化的过程是中国社会不断发展进步的过程，也是马克思主义理论不断创新和发展的过程。近百年来，马克思主义中国化的两大成果在实践层面分别表现为新民主主义革命的伟大胜利、社会主义制度的基本确立和中国特色社会主义道路的开辟；在理论层面分别表现为毛泽东思想和中国特色社会主义理论体系的创立。就中国特色社会主义而言，如果从 1956 年基本确立社会主义制度算起，其实践不过六十多年，在人类文明演进的历史年表中，半个世纪乃至一百年不过是很短暂的一瞬。今天的中国既取得了骄人的业绩，也还面临着严峻的困难和挑战，距离民族伟大复兴的路还要数十年。建设、巩固和发展中国特色社会主义是一项宏大的系统工程，是一项长期的艰巨的历史任务，需要几代人、十几代人甚至几十代人坚持不懈地努力奋斗。[①] 到现在为止，中国特色社会主义还处在初始阶段，还没有达到尽善尽美、成熟定型的水平，不仅需要在实践中不断地探索和创新，也需要在理论方面不断地探索和创新。应当承认，研究和建构中国特色社会主义理论体系的过程也是进行理论探索和创新的过程，至少是为理论探索和创新添砖加瓦的过程。

考察分析理论界在中国特色社会主义理论体系建构基础问题上所存在的分歧和争论，我们认为：研究中国特色社会主义道路、理论、制度、文化的形成和发展、建构中国特色社会主义理论的科学体系，必须遵循严谨

---

① 胡锦涛：《高举中国特色社会主义伟大旗帜，为夺取全面建设小康社会新胜利而奋斗——在中国共产党第十七次全国代表大会上的报告》，人民出版社 2007 年版，第 56 页；胡锦涛：《坚定不移沿着中国特色社会主义道路前进，为全面建成小康社会而奋斗——在中国共产党第十八次全国代表大会上的报告》，人民出版社 2012 年版，第 13 页。

科学的建构目的、建构思路和建构原则。

一　中国特色社会主义理论体系的建构目的

马克思主义从来就不是书斋里的纯粹意义上的学问，而是关于无产阶级和全人类解放的科学，其价值绝不仅仅在于“解释世界”，更在于指导人们去“改变世界”①，创造美好的生活。毛泽东一贯强调，我们不是为了单纯地学理论而学理论，要有目的地去研究马克思列宁主义的理论，使马克思列宁主义的理论和中国的实际运动结合起来，是为了解决中国革命的理论问题和策略问题而到马克思、恩格斯、列宁、斯大林那里去找立场，找观点，找方法的。② 毛泽东把这种态度称之为“有的放矢”的态度、理论联系实际的态度。他还说：“我们学马克思列宁主义不是为着好看，也不是因为它有什么神秘，只是因为它是领导无产阶级革命事业走向胜利的科学。”毛泽东的结论是：“对于马克思主义的理论，要能够精通它、应用它，精通的目的全在于应用。”③

中国特色社会主义理论体系是当代中国的马克思主义，研究、建构中国特色社会主义理论体系的目的可以从两个方面来把握：一是直接目的；二是根本目的。

所谓建构中国特色社会主义理论体系的直接目的，就是要总结历史经验、研究现实问题、预判社会发展，从而不断揭示马克思主义政党执政及其发展的基本规律、中国社会主义建设和发展的基本规律，以及人类社会发展进步的基本规律，不断推进当代中国马克思主义的理论创新，建构严谨科学、朴实管用、符合中国实际的中国特色社会主义理论体系，为党和人民认识世界、改造世界提供正确的立场、观点和方法。这是马克思主义者不断追求真理、发展真理的必然要求。

所谓建构中国特色社会主义理论体系的根本目的，就是要以人民为中心，把反映、代表和实现中国最广大人民的根本利益和要求，始终作为理论研究和理论创新的出发点和落脚点。马克思主义的基本原理告诉我们，人民群众是实践的主体，人民，只有人民，才是创造世界历史的动力。④ 邓小平

① 《马克思恩格斯文集》第1卷，人民出版社2009年版，第500页。

② 《毛泽东选集》第3卷，人民出版社1991年版，第801页。

③ 《毛泽东选集》第3卷，人民出版社1991年版，第820、815页。

④ 《毛泽东选集》第3卷，人民出版社1991年版，第1031页。

讲过，改革开放中许许多多的东西，都是由群众在实践中提出来的，是群众的智慧。我们的功劳是把这些新事物概括起来，加以提倡。[①] 江泽民也说过，好的办法从哪里来？好办法不是从天上掉下来的，也不是我们头脑里固有的，归根到底是来自于人民群众创造历史的丰富多彩实践。[②] 胡锦涛也指出，尊重人民实践，从人民的伟大创造中汲取思想营养并上升为理论，这是我们党进行理论创新的不竭源泉。脱离了人民群众的实践，理论创新就会成为无源之水，就不能对人民群众产生感召力，对实践发挥指导作用。[③] 习近平总书记反复强调以人民为中心的重要性，他说："人民是我们党执政的最大底气，使我们共和国的坚实根基，是我们强党兴国的根本所在。我们党来自于人民，为人民而生，因人民而兴，必须始终与人民心心相印、与人民同甘共苦、与人民团结奋斗。每个共产党员都要明白，党除了人民利益之外没有自己的特殊利益，党的一切工作都是为了实现好、维护好、发展好最广大人民的根本利益。"[④] 人民群众不仅是一切物质财富和精神财富的创造者，也是一切物质财富和精神财富的享有者。中国特色社会主义事业为人民群众所推动，也为人民群众所享有，是中国各族人民实现自己利益、创造自己美好生活的共同事业。因此，中国特色社会主义理论体系的研究、建构、创新，必须切实反映和代表中国最广大人民的根本利益和要求。既然人民群众拥护不拥护、赞成不赞成、高兴不高兴、答应不答应，是中国共产党全部工作的出发点和最终归宿，那么，党的理论建设和创新就要把反映、符合人民群众的利益和愿望，作为出发点和落脚点。因而，建构中国特色社会主义理论体系的最终目的就是要服务于中国最广大人民谋求富强、民主、文明、和谐、自由、幸福的根本利益和要求。这是毛泽东一贯倡导的"一切为了群众"的根本立场。

有学者这样论述：推进理论创新，是对真理的不懈追求，同时也是对党的价值目标的不懈追求。马克思主义的真理观，要求按照世界的本来面目和自身规律去认识、改造世界；马克思主义的价值观，要求按照最广大

---

① 《邓小平建设有中国特色社会主义论述专题摘编》（新编本），中央文献出版社 1995 年版，第 30—31 页。

② 江泽民：《论党的建设》，中央文献出版社 2001 年版，第 270—271 页。

③ 《十六大以来重要文献选编》（上），中央文献出版社 2005 年版，第 365 页。

④ 《习近平关于"不忘初心、牢记使命"论述摘编》，中央文献出版社、党建读物出版社 2019 年版，第 145 页。

人民的根本需要和利益去认识、改造世界。马克思主义政党任何时候都必须坚持尊重社会发展规律与尊重人民历史主体地位的一致性，坚持为崇高理想奋斗与为广大人民谋利益的一致性，坚持完成党的各项工作与实现人民利益的一致性。这“三个一致性”，充分体现了马克思主义真理观和价值观的高度统一，深刻揭示了反映客观世界的规律性认识和合乎人民利益的目的性原则的辩证统一关系。我们探索、认识和掌握客观世界运动的规律，是要利用客观规律为一定的目的服务，也就是为实现最广大人民的根本利益服务。党和国家要在21世纪头20年，集中力量，全面建设惠及十几亿人口的小康社会。这个宏伟目标，就是新世纪新阶段中国最广大人民根本利益的集中体现，[①] 而实现社会主义现代化和人民共同富裕则是整个社会主义初级阶段中国最广大人民根本利益的集中体现。因此，代表最广大人民的根本利益，就是代表了社会历史发展和前进的根本方向。

二　中国特色社会主义理论体系的建构原则

关于如何建构中国特色社会主义理论体系，理论界形成了不少好的思路并进行了卓有成效的建构，包括按照基本观点、基本理论、基本范畴、理论板块建构体系，或者按照理论的不同层次，等等。[②] 同时，在建构中国特色社会主义理论体系的过程中，也出现了值得商榷的若干基础性问题。对这些基础问题的认识和回答，不仅关乎中国特色社会主义理论体系基本内容的建构，实际上也要求我们对中国特色社会主义理论体系的建构原则进行反思。

第一，应遵循理论发展与社会实践相统一的原则。就中国特色社会主义研究看，有几种现象很值得注意：一是提出中国特色社会主义同时存在所谓道路、理论，甚至还存在理论体系等不同起点的主张；[③] 二是一方面承认毛泽东时期探索中国特色社会主义有一个“良好开端”，另一方面又否认其为中国特色社会主义的历史起点；三是认为毛泽东时期在探索中国

---

① 蒋金锵：《理论创新须遵循的重大原则》，《人民日报》2003年9月22日第9版。

② 赵曜：《论中国特色社会主义理论体系》，《中国特色社会主义研究》2008年第2期。

③ 田克勤：《深入研究中国特色社会主义理论体系的几点思考》，《马克思主义研究》2008年第6期；徐崇温：《中国特色社会主义理论体系研究》，重庆出版集团、重庆出版社2011年版，第3、18页；严书翰：《中国特色社会主义理论体系的学科建设》，《中国特色社会主义理论》2010年第4期。

社会主义建设中出现了严重失误，因而不能视其为中国特色社会主义历史起点，[①] 从而将二十多年社会主义发展史排除在中国特色社会主义之外；四是由中国特色社会主义理论体系包括邓小平理论、“三个代表”重要思想和科学发展观等重大战略思想的观点出发，进而提出中国特色社会主义理论体系“不包括”毛泽东时期关于中国社会主义建设正确思想的论断。[②] 这种只见树木、不见森林的认识方法，割裂了马克思主义中国化两大理论成果的辩证关系。这些观点都在不同程度上、有意无意地陷入了割裂理论发展与社会实践的错误。

马克思主义认为，实践是认识的基础，实践使认识成为可能，使认识得以产生和发展，离开实践的认识是不可能的；认识的高级形式是理论，理论的指导作用往往表现为它走在实践的前面。但从根本上说，认识依赖于实践，实践是认识的唯一来源。主观和客观、认识和实践是具体的历史的统一。主观认识要与特定时间、地点、条件下的客观实践相适应、相统一，不可能脱离客观实践。毛泽东指出：“我们的结论是主观和客观、理论和实践、知和行的具体的历史的统一，反对一切离开具体历史的‘左’的或右的错误思想。”[③] 总之，“历史从哪里开始，思想进程也应当从哪里开始”[④]。历史逻辑决定理论逻辑，理论逻辑派生并反作用于历史逻辑；历史逻辑可能先于理论逻辑，来源于实践活动的理论逻辑也可能先于历史逻辑，并指导人们的历史活动。但总体而言，历史逻辑与理论逻辑是统一的，统一于社会实践的历史进程之中，把二者割裂开的观点是错误的。

关于中国特色社会主义，我们的认识也在不断深化中。十九大以来，我们认为，中国特色社会主义包含道路、理论、制度、文化四个方面不可或缺的内容。其中，道路是实现途径，理论是行动指南，制度是根本保

---

① 石仲泉：《中国特色社会主义理论体系：当代中国创新理论的科学体系》，《理论参考》2007 年第 12 期。中共中央党史研究室：《正确看待改革开放前后两个历史时期》，《中共党史研究》2013 年第 11 期。

② 李君如：《马克思主义中国化若干问题研究》，《中共中央党校学报》2008 年第 1 期；何腊生：《关于毛泽东思想与中国特色社会主义理论体系的关系的思考》，《湖北社会科学》2009 年第 6 期；杨凤城：《关于毛泽东思想与中国特色社会主义理论关系的思考》，《教学与研究》2008 年第 4 期。

③ 《毛泽东选集》第 1 卷，人民出版社 1991 年版，第 296 页。

④ 《马克思恩格斯选集》第 2 卷，人民出版社 1995 年版，第 43 页。

证，文化是精神力量，四个方面统一于中国特色社会主义伟大实践。[①] 这就是说，道路探索、理论创新、制度完善、文化发展，四个方面不是孤立的存在，而是统一的整体。

马克思主义还坚信，与人类一切探索一样，理论和实践的探索和发展具有曲折性、阶段性、交叉性和继承性的特点。顺利也好，曲折也好，都是理论和实践发展的组成部分。1956 年社会主义改造基本结束，社会主义制度基本确立，我国社会进入社会主义初级阶段。毛泽东及时向全党明确提出，要实现马克思列宁主义与中国实际的第二次结合，走自己的路，探索适合中国情况的社会主义建设道路。[②] 此后 20 多年的探索虽然发生过严重失误，走了不少弯路，但同时也在理论和实践方面取得了不少重大成果。研究中国特色社会主义理论和实践的历史发展，能不能因为毛泽东时期有过严重失误而将这 20 多年的历史排除在外、否定其作为理论和实践起点的客观事实呢？从历史和逻辑的层面看，是不能的。众所周知，改革开放新时期不只是在纠正毛泽东时期严重错误的基础上展开的，同时也是在坚持和继承毛泽东时期所提出的正确思想、所创造和形成的一切好的制度、政策和做法的基础上展开的。阶段性、交叉性和继承性是质量互变规律的具体体现，量变导致质变，质变带来量变，量变中包含着部分的质变，质变中也包含着新的量变。新事物因质变而形成，但新事物没有也不可能简单地否定旧事物，它必然包含着旧事物的积极因素。据此，马克思主义中国化的两大理论成果在时间、内容上的交叉、重复和继承就是必然的。换句话说，1956—1978 年是两大理论成果的转换时期，既是毛泽东思想继续发展的时期，也是中国特色社会主义理论体系萌芽的时期。期间所形成的理论成果——关于中国社会主义建设的正确思想，既是毛泽东思想的组成部分，也是中国特色社会主义理论体系的组成部分。

当毛泽东时期日益远离我们而成为历史的时候，作为后人，我们更应小心谨慎，以尊重和敬畏历史的态度尽可能客观地评价前人及其思想和实践，建构中国特色社会主义理论体系尤应避免脱离社会发展实际、割裂历史、淡化甚至贬低毛泽东时期的主观偏见。

第二，应遵循开放吸收与主体自觉相统一的原则。有中国学者提出：

---

① 《习近平新时代中国特色社会主义思想三十讲》，学习出版社 2018 年版，第 22—23 页。

② 吴冷西：《论十年论战》（上），中央文献出版社 1999 年版，第 23—24 页。

"过去'中国模式'成功很大程度在于不断地融入'欧美模式'、'日本模式'在内的全人类好的经验和智慧，以积极开放的心态迎接全球化。那么，未来中国经济或社会要解决可持续发展问题依然必须学习'普世经验'和'普世价值观'。反之，要想让'中国模式'被世界认同和得到推广，也就是说自身能具有普世性，更必须不断开放和融合。"① 显然，讲开放、吸收、学习都没有问题，这的确是中国快速发展的重要条件。问题在于，把中国的发展寄托在别人倡导的所谓"普世经验"和"普世价值观"上，进而全盘接受别人为我们设计的发展道路和模式，或者把中国的发展定位在乞求西方世界的"认同"、定位在他国的赞赏和借鉴上。其实质不仅是要以西方价值作为认识中国历史与现实的最高准则，更要以西方价值作为改造当代中国的标准。

列宁指出："共产主义是从人类知识的总和中产生出来的，马克思主义就是这方面的典范。"② 这表明马克思主义没有离开人类文明的大道，它始终坚持以开放的姿态，博大的胸怀学习、吸收、借鉴一切主义、学说和社会制度所提供或创造的一切合理的思想因素，从而建构和发展关于无产阶级和全人类解放、自由和幸福的科学的理论体系。关于人类的未来，费孝通先生曾提出"各美其美，美人之美，美美与共，天下大同"。他热切呼吁世界各国人民和政府都能够"在欣赏本民族文明的同时，也能欣赏、尊重其他民族的文明"，从而使不同文化、不同民族、不同国家之间达到一种和谐，出现持久而稳定的"和而不同"。③ 就思想文化的发展战略看，这当然也是当代中国马克思主义的不二选择。但是，当今世界还不太平，霸权主义、强权政治、干涉别国内政、颠覆他国，尤其是围堵、干扰、遏制中国发展的阴谋从未停止，国家、民族、不同社会制度之间所存在的意识形态领域的较量和斗争从未停止，阶级没有消亡，阶级斗争在一定范围内仍将长期存在。当代美国著名马克思主义理论家、批评家、杜克大学教授詹姆逊（F. R. Jameson）在1994年与中国学者李泽厚的对话中就明确指出：虽然"中国的环境更有利于接受进步的思想。但是，我想有很多内部和外部的势力正试图阻挠中国的发展进步。比如，美国就不希望你们成

① 王辉耀：《中国模式的特点、挑战及展望》，见吴敬琏、俞可平、［美］罗伯特·福格尔等：《中国未来30年》，中信出版社2012年版，第84页。

② 《列宁选集》第4卷，人民出版社2012年版，第284页。

③ 费孝通：《文化与文化自觉》，群言出版社2010年版，第448页。

功，不希望你们创造一个新的模式”①。美国独立金融和经济分析专家迈克尔·赫德森（Michael Hudson）在其发表的《中国未来30年》一文中也毫不讳言地指出：“西方国家对中国的成功不满，并企图加以破坏，这种力量正在加强。”“美国和北大西洋公约组织将通过军事触角来威慑在亚洲经济崛起中处于领先地位的国家并对其施加压力。用‘民主’作幌子，美国的对外政策就是在那些领导人所坚持的经济路线与美国的金融利益相矛盾的国家，煽动分裂主义运动。”“如果中国想继续保持这个发展势头，它就必须抵御西方势力的入侵。”② 另一位美国著名经济学家、地缘政治学家威廉·恩道尔在其著作《目标中国——华盛顿的“屠龙”战略》中则以大量事实论证了美国统治集团精心策划的“屠龙”战略，就是用“慢火煮蛙”的策略一步一步对付中国，并且逐步把火调大，妄图重创直至扼杀中国发展。③

这些美国学者对以美国为首的西方国家为维护自身利益而打压甚至企图搞垮中国的种种图谋所进行的深刻分析和揭露，发人深省，很值得那些痴迷于搬来西方“普世价值观”的人的认真反思。鲜明的阶级性、坚定的政治立场仍然是马克思主义的基本特征。文化自觉、主体自觉、以我为主仍然是中华民族生存发展的立足点，中国特色社会主义理论体系首先是关于中国社会繁荣富强、中华民族伟大复兴的科学理论，主张放弃阶级、主义、制度之争，取消意识形态和政治立场的观点，无异于放弃国家、民族的主体利益。如果我们无视社会主义现代化的本质特征、简单地把“发展”作为中国特色社会主义理论体系的主题；如果我们没有主体自觉和文化自信，妄自菲薄、盲目接受别有用心者推行所谓“普世价值”，最终将失去自己的话语体系，沦为别人的附庸。就人类历史发展看，各国人民对富强、民主、自由、平等、公平正义、和谐幸福美好未来的“共同追求”是客观存在的，只要不被滥用，都是好东西。如果说这些价值目标具有一定的“普世”意义本来也没有多大问题，但问题在于某些西方国家打着这个旗号，推销自己的所谓制度和发展模式。你接受，他们欢迎；不接受，

① 《詹姆逊文集》第1卷，中国人民大学出版社2004年版，第360页。

② 吴敬琏、俞可平、［美］罗伯特·福格尔等：《中国未来30年》，中信出版社2012年版，第19、21、5页。

③ 威廉·恩道尔：《目标中国——华盛顿的“屠龙”战略》，中国出版集团、中国民主法制出版社2013年版，前言第V页。

就打压，直至武力解决。以自己的规则和方式要求别人、控制别国、改造世界，谋求本国利益，这才是其倡导所谓“普世价值”的要害之所在。曹锦清在《如何研究中国》一书中开宗明义指出：我们曾集中关注“应该”，后来发现“应该”的背后是“普世说”！而“普世说”的背后是“以西方为中心”的方法论。我们应该向西方学习，这是没有问题的。但研究中国问题，不应该“以西方为中心”，必须“以中国为中心”。[①] 强调阶级、民族、国家利益，明确政治立场，不是要夸大对立和斗争，不是要改变和平共处、平等互信、包容互鉴、合作共赢的基本主张，更不是要放弃开放、吸收、学习、借鉴别人长处和经验的基本方针，而是要在理论文化建设和创新中始终遵循开放不可无立场，学习仍须讲政治。

第三，应遵循严谨规范与朴实管用相统一的原则。作为党和人民群众社会实践的行动指南，马克思主义及其中国化的理论成果，是被实践所证明的正确的理论原则和经验总结，是严谨科学规范的理论体系，又是生动朴实管用的理论体系。它有自己的概念、内涵和体系，是严整的、丰富的、深刻的、具有学术规范的理论体系，同时也具有服务实践、服务生活的明确指向，因而它必须是生动的、朴实的、简洁的、能够为群众所掌握的行动指南。马克思曾指出：“批判的武器当然不能代替武器的批判，物质力量只能用物质力量来摧毁；但是理论一经掌握群众，也会变成物质力量。理论只要说服人，就能掌握群众；而理论只要彻底，就能说服人。所谓彻底，就是抓住事物的根本。而人的根本就是人本身。”[②]

就中国特色社会主义理论体系的建构而言，确立新的概念术语、形成内容丰富的体系是必然的，但是，既要坚持严谨规范的原则，又要避免简单问题复杂化的倾向。比如，在术语概念问题上，有些学者一直把“中国社会主义”和“中国特色社会主义”作为两个不同的概念，分别代表改革开放前后两个历史时期。从概念看，“中国社会主义”和“中国特色社会主义”只有“特色”两字之差。“特色”突出强调了社会主义在中国的实践特点、时代特点和民族气派。问题在于，毛泽东时期不仅明确提出了“探索适合中国情况的社会主义建设道路”的重要思想，而且在理论和实践方面都形成了一定的特点和特色。“中国社会主义”这个短语没有“特

① 曹锦清：《如何研究中国》，上海人民出版社2010年版，第1页。

② 《马克思恩格斯文集》第1卷，人民出版社2009年版，第11页。

色”两个字，但其内涵大于并包含“中国特色社会主义”。所谓“中国”就是特指，不是讲别的国家，“中国”本身就具有本国本民族特点、特色的含义。因此，把改革开放前后两个历史时期的社会主义建设统称为中国社会主义或者中国特色社会主义建设的历史，无论在逻辑和学理上，还是在历史和政治上都是顺理成章的。人为地将二者区分开，很容易在概念上造成混乱，从而伤害中国特色社会主义理论体系的严谨性和科学性。

在概念的使用上，理论界还存在同时使用“中国特色社会主义理论体系”和“中国特色社会主义理论”的问题。前者似乎更强调内容的丰富性，后者更加简洁明了。由于“理论”本身就是成体系的，因而两个概念的含义几乎没有什么差别。一般而言，完全可以也应当统一使用。

又如，在研究和建构中国特色社会主义理论体系的过程中，有些学者分别提出了“主题”和“主线”的问题。我们认为，“主题”就是中心问题、核心问题，其他一切问题都围绕着这一问题展开，同时，“主题”也完全可以是贯穿理论体系始终的一条“主线”。也就是说，“主题”和“主线”是同一个问题，非要讲二者的不同，实际上是很难讲清楚的。

此外，关于中国特色社会主义价值问题的讨论，概念纷繁复杂，有“价值”、“价值观”、“一般价值”、“基本价值”、“核心价值”、“核心价值观”，还有“核心价值体系”、“普世价值”，等等；关于价值观、核心价值的回答更是五花八门，令人眼花缭乱，无所适从。曹锦清曾哀叹：“只见学术界概念飞舞，真实的大象竟不知逸向何处丛林。处急剧转型之世，名不指实已到了令一切思者深感无奈与颓衰之境地。”[①] 百花齐放、百家争鸣固然需要，但不能淹没了研究和建构理论体系的目的。现实状况往往表现为繁琐有余、规范不足，概念众多、学理不清，框架庞大、内涵空洞。毛泽东曾严厉批评教条主义，反对臭的马克思主义、死的马克思主义，大力倡导香的马克思主义、活的马克思主义、生动活泼、实事求是的马克思主义；[②] 邓小平也多次批评形式主义，强调短而精的意义，他说马克思主义打不倒，并不是因为本子多、文章长，而是因为马克思主义的真理颠扑不破。马克思主义并不玄奥，是很朴实的东西，很朴实的道理。

① 曹锦清：《如何研究中国》，上海人民出版社 2010 年版，第 2 页。

② 《毛泽东文集》第 3 卷，人民出版社 1996 年版，第 331—332 页。

"学马列要精，要管用"[①]，研究问题要善于抓本质抓实质，否则，连什么是马克思主义、什么是社会主义这些基本的首要的基础性问题都讲不清楚。邓小平不愧为伟大的思想家和政治家，在他看来，马克思列宁主义、毛泽东思想的精髓和最根本的东西就是"实事求是"；社会主义的目的、目标、原则、本质和最大优越性就是"共同富裕"；社会主义的根本任务就是要不断解放和发展生产力，为不断提高人民物质文化生活水平创造条件。这些简明扼要的科学论断严谨规范，朴实管用，对于开创我国改革开放和社会主义现代化建设的新局面都产生了不可估量的深远影响。

因此，研究和建构中国特色社会主义理论体系，应尽可能避免盲目遣词造句、盲目追求体系庞大的偏好，以致淹没了主题、脱离了实际和群众。理论固然有体系，但朴实管用、能够为群众所喜闻乐见并掌握才是理论的根本价值所在。

第四，应遵循继承坚持与创新发展相统一的原则。马克思主义是不断发展着的又保持着自身本质规定性的理论，是在自身的根基上不断生长着的活的生命有机体。只有既坚持马克思主义基本原理，又科学地回答实践所提出的重大问题，并指导实践进一步发展，才是马克思主义的理论创新。[②] 当今世界的开放程度越来越高，经济、政治、文化、社会等各领域的相互交流日益深入而广泛，于是，创新不再是技术和经济领域的迫切要求，也是思想、文化、制度、理论等一切领域的迫切要求。处在初始阶段的中国特色社会主义更需要在道路、理论、制度和文化的创新中找到破解诸多社会问题的思路和办法。事实上，改革开放40多年来中国社会所取得的巨大成就，正是党领导人民不断解放思想、开拓创新的产物。就重大理论创新而言，邓小平关于社会主义本质、社会主义市场经济和改革开放的理论，江泽民关于"三个代表"重要思想、全面建设小康社会的重要论断，胡锦涛关于科学发展、构建社会主义和谐社会的战略思想，习近平关于新时代中国特色社会主义的主要矛盾、"五位一体"、"四个全面"、人类命运共同体等重要思想，无不反映着强烈的创新精神和创新意识。

社会发展需要创新，也需要坚持和继承，实际上，创新往往是在坚持和继承的基础上进行的。所谓继承和坚持，包括对马克思主义、科学社会

---

① 《邓小平文选》第3卷，人民出版社1993年版，第382页。

② 王炳权：《中国共产党理论创新的四大原则》，《前线》2011年第6期。

主义的基本原理的坚持，对马克思主义中国化第一大理论成果毛泽东思想的坚持，当然更包括对改革开放以来所形成的一系列正确的立场观点和方法、基本理论、基本制度，以及路线方针和政策的坚持，甚至包括对某些朴实管用、生动深刻的概念术语的继承和坚持。在 1992 年南方谈话中，邓小平指出，实践证明，十一届三中全会以来的路线、方针、政策是正确的，“而且有准确的表述语言”。今后“即使没有新的主意也可以，就是不要变……有了这一条，中国就大有希望”。因此，邓小平特别强调，党的基本路线要管一百年，动摇不得。①

改革开放的总设计师——邓小平的这些告诫，对于我们研究和建构中国特色社会主义理论体系无疑具有重要的启示意义，这不仅表现在某些重大战略决策和思想上，也表现在某些关键性的概念和语言表述上。比如，邓小平提得最高、讲得最多、晚年仍给予极大关注的“共同富裕”问题。他从不同的角度反复论述，共同富裕是社会主义的目的、目标、本质、原则，也是社会主义的最大优越性。他的设想是：要从 20 世纪末达到小康的时候开始，把共同富裕作为我国社会发展的“中心课题”加以重视和解决。② 把共同富裕提到这样的高度在社会主义思想史上前所未有，著名党史专家胡绳曾评论指出，社会主义的终极目的“既不是公有制，也不是发展生产力，而是全社会人民的物质和文化生活水平普遍提高（直到能够进入共产主义），邓以通俗的语言称之为共同富裕”③。今天，我们应当如何认识这些重要论断和设想呢？共同富裕与“三个代表”重要思想、科学发展观、社会主义和谐社会，与中华民族伟大复兴的中国梦是什么关系呢？与中国特色社会主 义又是什么关系？事实上，就理论研究、各级党和政府的决策和实践看，共同富裕这个重大命题在一定程度上出现了被弱化、淡化乃至边缘化的倾向。主流语境对于“什么是共同富裕，怎样实现共同富裕”的问题缺少足够的重视和研究。显然，致力于共同富裕，不只是个坚持和继承的问题，也是一个需要创新和发展的问题；不只是个经济和分配的问题，也是一个严重的政治和社会问题；不只是个理论体系的研究与建构问题，也是一个现实的观念和实践问题。理论体系的研究和建构关系到

---

① 《邓小平文选》第 3 卷，人民出版社 1993 年版，第 370—371 页。

② 《邓小平文选》第 3 卷，人民出版社 1993 年版，第 374 页。

③ 胡绳：《马克思主义与改革开放》，中国社会科学出版社 2000 年版，第 108—109 页。

人们的价值观念，也关系到战略实践的实施和推进。没有共同富裕的推进，和谐社会便没有了基础，科学发展就成了空洞的口号，社会主义现代化和民族复兴也将成为空中楼阁。考察毛泽东、邓小平以来中国特色社会主义的历史发展，可以确信，中华民族共同理想的核心是民族伟大复兴，民族伟大复兴的核心是实现社会主义现代化（即中国特色社会主义的主题和主线），而社会主义现代化的核心则是实现共同富裕。共同富裕是一个包括物质和精神文化生活水平，涉及经济、政治、文化、社会、生态等在内的社会全面发展和进步的、动态的综合性价值目标，是人类社会由共生共存、共建共享，最终达致共同自由的必经阶段。从这个意义上反思中国特色社会主义理论体系的研究和建构，不难发现，对于共同富裕问题的重视和研究我们继承和坚持得不够一贯。很多情况下，我们只把共同富裕作为纯粹经济领域的分配问题来对待和研究，并没有如邓小平生前所部署和要求的那样，将其作为我国社会发展的“中心课题”加以研究和重视（至少在理论研究和建设层面如此）。或许可以讲，在共同富裕问题上，我们不仅在很大程度上落后于邓小平，也滞后于社会发展和人民群众的迫切要求。

三 中国特色社会主义理论体系的建构思路

作为引领当代中国发展进步的行动指南，当代中国的马克思主义——中国特色社会主义理论体系，经过几代中国共产党人的不懈努力和探索，已经形成了一个完整而科学的理论体系。当然，实践创新没有止境，理论创新也没有止境，中国特色社会主义理论体系必将持续发展、不断丰富。从学理层面看，现有理论内容和体系的建构方式不可能固化，必将不断优化。理论界已有的建构方式包括按照基本观点、基本理论、基本范畴、理论板块，或者按照理论的不同层次等。无论以哪种方式建构理论体系，都需要选择规范的名称和概念，都需要明确理论和实践发展的起点及其历史进程，都需要阐明并正确处理改革开放前后两个历史时期以及中国特色社会主义理论体系与毛泽东思想的辩证关系，都需要明确界定中国特色社会主义理论体系的主题主线，都需要明确中国特色社会主义核心价值和共同理想的基本内涵。如果对这些基础性问题不能作出令人信服的回答，中国特色社会主义理论体系建构的严谨性、科学性及其实效性就很值得怀疑。基于本课题的研究，中国特色社会主义理论体系的建构应遵循以下基本思路：

第一，以严谨规范的科学概念为名，建构中国特色社会主义理论体系。师出有名，名正言顺。概念、术语是理论形成发展的必然结果，是内容、内涵的最基本的表现形式，也是体系赖以建构的基础和载体。科学的理论体系，必然需要严谨规范的名称和概念。概念不严谨、名称不规范，必然伤害到理论体系的成熟性和科学性。建构中国特色社会主义理论体系，不可能回避相关概念的产生、发展和演变，既要充分考察和理解概念术语所具有的特定的历史意义，又要深刻分析其作为理论体系建构基本要素所应具有的现实和长远的意义。比如，如何正确使用"中国社会主义"与"中国特色社会主义"、"中国特色社会主义理论"与"中国特色社会主义理论体系"这两对基本概念就很值得讨论。简单而孤立地依据概念的提出和产生，不考虑概念术语本身所具有的基本含义，恐怕不是建构科学理论的最好选择。如果说这些概念的含义有区别，一个基本的事实是，"中国社会主义"较"中国特色社会主义"更抽象、更一般、内涵更宽泛，而后者更具体、更特殊、内涵更严格，比如后者强调优化、正确、积极的成果。从这个意义上说，抽象涵盖具体、一般包括特殊，而特殊是一般的发展和具体化，二者相互依存、辩证统一。因此，建构中国特色社会主义理论体系，不能孤立、局限于"中国特色社会主义"的范畴之内。至于"中国特色社会主义理论"，较"中国特色社会主义理论体系"也更抽象、更宽泛。如果说后者更强调内容内涵的丰富、联系及其整体性，更适宜于研究和建构者使用，前者虽然表述简练，但却不能因此否认其内容的丰富、联系和整体性，作为理论的统一称谓很可能更容易为人们所理解和接受。就其关系而言，理论是内容、是基础，体系是框架、是形式。没有理论，就没有体系；反之，没有体系，也没有理论。二者相互依存，辩证统一。

第二，以确立社会主义制度和开始社会主义建设为历史起点，研究中国特色社会主义理论和实践的发展史。历史只能在探索中开拓，在开拓中前进。探索开拓必然包括曲折失误，成功与失败、经验与教训并存并行，是人类社会发展不可逾越的必然规律。中国特色社会主义，是马克思主义中国化的科学成果，是引领当代中国发展进步的伟大旗帜，其道路、理论、制度，通常都是从积极的、优化的、正确的角度加以界定的。所以强调中国特色社会主义的科学性，是因为要把它作为党和国家的指导思想和行动指南。但是，这样讲绝不是否认历史和思想（理论）发展的曲折性，更不是说共产党是不犯错误的神仙，社会主义是不走弯路的坦途。恰恰相反，正因为我们会经常犯错误、走弯路，所以我们才坚持被实践证明正确的理论原则和经验，尽量避免被错误的东西所误导，尽可能少犯错误。正确的思想和原则不仅来源于成功的经验，也来源于失败的教训，而且从失败中学习和成长的价值和意义往往更大。广义地讲，中国特色社会主义道路、理论、制度和文化，是党和人民经过百年的探索、奋斗，包括付出各种代价，所创造和积累的根本成就；狭义地讲，中国特色社会主义道路、理论、制度和文化，是党和人民在新中国成立以后，尤其是在进入社会主义初级阶段以来，长期探索中国社会主义建设的过程中，所创造和积累的伟大成就。因此，研究中国特色社会主义理论和实践的发展史，应以更加宽广的视野、更长远的眼光，把中国社会主义制度的确立和社会主义建设的全面展开作为起点，从而把中国社会主义建设的全部历史作为中国特色社会主义理论和实践发展的现实根据和研究基础。

第三，以提出马克思主义与中国实际第二次结合的重大命题为理论起点，建构中国特色社会主义理论体系。马克思主义中国化的实质是把马克思主义基本原理与中国的具体实际相结合，独立探索适合中国情况的发展道路。所谓“中国实际”也是发展变化的，中国共产党成立以后曾经面对的是在半殖民地半封建的旧中国要不要革命、如何革命的“具体实际”；革命胜利后所面对的是工业化基础极端薄弱的新民主主义社会要不要向社会主义过渡、如何过渡的“具体实际”；社会主义制度基本确立后所面对的是不发达的社会主义初级阶段要不要现代化、如何现代化的“具体实际”。客观实际是复杂的、变化的。中国是一个历史悠久、幅员辽阔、发展极不平衡的大国，其具体实际的复杂程度往往超乎人们的想象和预料。历史表明，正确认识中国并把握中国实际绝不是一件很容易的事情，往往需要付出巨大的代价，经过反反复复、一次又一次的认识、比较和鉴别，才可能获得比较合乎实际的认识和判断。

中国共产党成立后，努力把马克思主义基本原理与半殖民地半封建的中国实际进行第一次结合，经过多次胜利与失败的反复比较，最终形成了适合中国革命实际的指导思想——毛泽东思想。新中国成立后，以毛泽东同志为主要代表的中国共产党人继续探索，不仅开辟了适合中国情况的社会主义改造的正确道路，而且及时向全党提出了把马克思主义同中国实际进行第二次结合、探索中国自己的社会主义建设道路的重大历史课题。面对这个全新的重大历史课题，作为伟大思想家、革命家和战略家的毛泽东及时而明确地提出了中国社会主义只是进入、尚未建成、仍处于不发达阶段的清醒的历史定位；明确提出了要用 50 年到 100 年实现社会主义现代化、建设一个伟大的社会主义国家的奋斗目标；并提出了发展生产力、把国民经济搞上去、改变中国贫穷落后面貌的根本任务（即便在以阶级斗争为纲的年代，毛泽东没有忘记“抓革命，促生产”的要求，可见他对于发展的重要性是有深刻认识的。正如邓小平所讲，晚年毛泽东不是不要发展生产力，而是方法不对头），等等。毋庸置疑，这些正确或比较正确的思想正是马克思主义与中国实际进行第二次结合所取得的最初的理论成果。这些成果不仅是中国特色社会主义理论体系开始萌芽的显著标志，同时也已成为中国特色社会主义理论体系的重要组成部分。

建构中国特色社会主义理论体系，需要明确其理论的逻辑起点。对此，理论界的看法不同。我们认为，提出把马克思主义与中国实际进行第二次结合、探索中国自己的社会主义建设道路，就是其理论的逻辑的起点。正是在这个重大命题和起点上，才进一步形成了关于中国特色社会主义发展阶段（历史方位）、发展目标、主要矛盾、根本任务、发展战略及发展道路等一系列重大的理论构想和创造。忽略把马克思主义与中国实际进行第二次结合这个重大命题的提出及其重大理论价值，就是对第二大理论成果的逻辑起点的否定。如果是这样，第二次结合的历史进程就不完整，第二次飞跃并形成第二大理论成果的最直接的理论根据也就不存在了。

第四，以社会主义现代化为主题主线，建构中国特色社会主义理论体系。主题主线不同，所建构的理论体系就不同。单从理论和学术研究的角度看，可以建构不同的理论体系。如果从凝聚民心、指导当代中国社会发展的政治高度看，非常有必要从丰富的内容内涵中揭示出最具代表性的、最能反映中国特色社会主义理论和实践特点的主题主线。因为好的主题主线就是好的中心，有了这样的主题主线和中心，理论体系的建构就有了坚实而长远的基础，建构更加科学、更加符合中国社会发展实际的中国特色社会主义理论体系便成为可能。实现社会主义现代化是社会主义初级阶段的奋斗目标，它蕴涵着全民族对富强、民主、文明、和谐、自由、幸福、美丽等价值目标的不懈追求，是党的几代领导集体不懈探索的主题主线，也是近代以来中华民族在漫漫复兴之路的长期探索中所作的最终选择。邓小平理论、“三个代表”重要思想、科学发展观、习近平新时代中国特色社会主义思想，等等，都围绕着这一主题主线而展开。在当代中国，搞清楚“什么是中国特色社会主义，怎样建设中国特色社会主义”“坚持和发展什么样的中国特色社会主义，怎样坚持和发展中国特色社会主义”的实质，就是要搞清楚“什么是社会主义现代化，怎样实现社会主义现代化”。没有社会主义现代化，就没有中国特色社会主义，也就没有人民的共同富裕和中华民族的伟大复兴。因此，把社会主义现代化作为建构中国特色社会主义理论体系的主题主线，不仅符合改革开放、符合社会主义初级阶段的历史发展，也反映了近代以来中国社会发展的历史必然，代表了人类社会发展的正确方向。

第五，把共同富裕作为核心价值，建构中国特色社会主义理论体系。中国特色社会主义核心价值，是中国特色社会主义的首要功能、本质属性，也是中国特色社会主义合法性的根本体现，因而也成为中国特色社会主义道路选择、理论建构、制度设计、文化发展的根本依据。如果说实现社会主义现代化是中国特色社会主义理论和实践的主题主线，那么社会主义现代化与资本主义现代化在本质上有什么不同呢？社会主义现代化的目的、优势和特点是什么呢？相对于资本主义现代化所带来的两极分化，实现社会主义现代化的根本目的是满足全体人民的根本利益和要求，即实现全体人民的共同富裕。在全面建成小康社会的基础上，进一步建设并建成共同富裕社会，是中国特色社会主义现代化的根本特点。正如邓小平所讲，共同富裕是社会主义的最大优越性。由此可知，中国特色社会主义的核心价值在于满足全体人民的根本利益和要求——实现共同富裕，建成共同富裕社会。如果说中国特色社会主义理论和实践的主题主线是显性的、外在的，是任务和目标的集中概括，那么中国特色社会主义核心价值则是本质的、内在的，是目标和任务的内涵和实质之所在。因而中国特色社会主义理论体系的建构应当恪守人民共同享有、共同富裕的目的目标和原则。如果导致两极分化，社会主义就失败了。

第六，以民族复兴为共同理想，建构中国特色社会主义理论体系。相对于最高理想，共同理想是指现阶段的理想和奋斗目标，具有阶段性特点，也就是说一个共同理想实现之后，将提出另一个更高水平上的共同理想，循环往复，逐步提升，直至共产主义最高理想的实现。中国特色社会主义理论体系是在社会主义初级阶段这一特定历史时期形成和发展起来的科学理论。由此，中国社会主义初级阶段的奋斗目标理应成为中国特色社会主义理论体系的阶段性任务和目标。这个任务和目标可以从不同角度加以解读：从社会发展进步的角度看，实现社会主义现代化是中国特色社会主义理论体系在初级阶段的根本目标和任务；从满足人民根本利益要求的角度看，实现共同富裕是中国特色社会主义理论体系在初级阶段的根本目标和任务；从民族命运的角度看，实现民族伟大复兴是中国特色社会主义理论体系在初级阶段的根本目标和任务。长期以来，理论界一直在积极引导民众牢固树立中国特色社会主义共同理想，并将之归入社会主义核心价值体系加以强调和建设。但是很显然，“中国特色社会主义”这个名词是一个相对抽象的、内涵并不很明确的概括性话语，对于普通民众来说，理解和把握其具体内涵并不容易。因此，有必要进一步解读并明确中国特色社会主义共同理想的具体内涵。中华民族伟大复兴是近代以来中国人民苦苦追求的伟大梦想，中国人民通过一次又一次前赴后继的努力奋斗和探索，最终选择了中国特色社会主义这条必由之路。这就是说，至少在现阶段中国特色社会主义的历史使命或曰共同理想，就是实现中华民族伟大复兴。如果说现阶段“中国梦”的内涵和实质是中华民族的伟大复兴，那么中国特色社会主义事业兴旺发达的内涵和实质就是实现中华民族的伟大复兴。进一步讲，中华民族伟大复兴的内涵和实质是实现和发展社会主义现代化，而实现和发展社会主义现代化的内涵和实质则是实现全体人民共同富裕。建构中国特色社会主义理论体系，有必要弄清楚中国特色社会主义与中华民族伟大复兴中国梦、社会主义现代化和人民共同富裕等基本概念之间的逻辑关系。

主要参考文献

一　经典著作

《马克思恩格斯选集》第1—4卷，人民出版社1995年版。

《马克思恩格斯文集》第1—10卷，人民出版社2009年版。

《列宁选集》第1—4卷，人民出版社2012年版。

《列宁专题文集》（论辩证唯物主义和历史唯物主义、论马克思主义、论资本主义、论社会主义、论无产阶级政党）5册，人民出版社2009年版。

《毛泽东文集》第6—8卷，人民出版社1999年版。

《毛泽东选集》第1—4卷，人民出版社1991年版。

《邓小平文选》第1—2卷，人民出版社1994年版。

《邓小平文选》第3卷，人民出版社1993年版。

《邓小平年谱》（1975—1997）（上、下），中央文献出版社2004年版。

《江泽民文选》第1—3卷，人民出版社2006年版。

《胡锦涛文选》第1—3卷，人民出版社2016年版。

《习近平谈治国理政》，外文出版社2014年版。

《习近平谈治国理政》第2卷，外文出版社2017年版。

《习近平新时代中国特色社会主义思想三十讲》，学习出版社2018年版。

《习近平关于“不忘初心、牢记使命”论述摘编》，中央文献出版社、党建读物出版社2019年版。

《十一届三中全会以来历次党代会、中央全会报告公报决议决定》（上下），中国方正出版社2008年版。

《十六大以来重要文献选编》（上、中、下），中央文献出版社2011年版。

《十七大以来重要文献选编》（上、中、下），人民出版社2009、2011、2013年版。

《十八大以来重要文献选编》（上、中、下），中央文献出版社2014、

2016、2018 年版。
习近平：《决胜全面建成小康社会 夺取新时代中国特色社会主义伟大胜利——在中国共产党第十九次全国代表大会上的报告》，人民出版社 2017 年版。
习近平：《在庆祝改革开放 40 周年大会上的讲话》，人民出版社 2018 年版。
薄一波：《若干重大决策与事件的回顾》，中共党史出版社 2008 年版。
李铁映：《改革·开放·探索》（下），中国人民大学出版社 2008 年版。
胡乔木：《胡乔木文集》第 2 卷，人民出版社 2012 年版。
胡绳：《马克思主义与改革开放》，中国社会科学出版社 2000 年版。
中共中央党史研究室：《中国共产党历史》第 2 卷，中共党史出版社 2011 年版。
当代中国研究所：《中华人民共和国史稿》，人民出版社、当代中国出版社 2012 年版。

二　专著

陈家刚编：《危机与未来——福山中国讲演录》，中央编译出版社 2012 年版。
丁晓强：《文化自信——中国特色社会主义研究》，高等教育出版社 2019 年版。
方燕：《中国特色社会主义理论体系基本问题研究》，暨南大学出版社 2011 年版。
冯俊、刘靖北、刘昀献：《中国特色社会主义理论体系论纲》，人民出版社 2017 年版。
高放：《马克思主义与社会主义新论》，黑龙江人民出版社 2007 年版。
龚育之：《从毛泽东到邓小平》，中共党史出版社 2002 年版。
顾海良：《中国特色社会主义理论体系研究》，中国人民大学出版社 2009 年版。
韩庆祥等：《中国特色社会主义基本原理——中国话语体系研究》，中国高等教育出版社 2015 年版。
韩震等：《社会主义核心价值观与当代中国发展》（全 5 册），四川人民出版社 2018 年版。

桁林等:《中国特色社会主义历史进程初探》,社会科学文献出版社 2018 年版。
胡鞍钢、王绍光、周建明:《第二次转型国家制度建设》(增订版),清华大学出版社 2009 年版。
胡鞍钢等:《2030 中国——迈向共同富裕》,中国人民大学出版社 2011 年版。
季正矩、许宝友主编:《域外视野中的当代世界与社会主义》,云南出版集团公司、云南教育出版社 2014 年版。
姜义华:《中华文明的根柢——民族复兴的核心价值》,上海人民出版社 2012 年版。
教育部高等学校社会科学发展研究中心:《社会主义核心价值体系研究述评》,教育科学出版社 2012 年版。
金春明:《评剑桥中华人民共和国史》,湖南人民出版社 2001 年版。
靳辉明、李崇富:《马克思主义若干重大问题研究》,社会科学文献出版社 2011 年版。
李君如:《中国特色社会主义道路研究》,人民出版社 2012 年版。
梁丹丹主编:《中国特色社会主义总体布局的历史演进研究》,中国社会科学出版社 2018 年版。
罗荣渠:《现代化新论》,华东师范大学出版社 2013 年版。
聂运麟:《中国特色社会主义理论体系研究》,人民出版社 2011 年版。
秦刚主编:《中国特色社会主义理论体系》,中共中央党校出版社 2013 年版。
石仲泉:《毛泽东的艰辛探索》(增订本),中共党史出版社 1992 年版。
田克勤:《中国特色社会主义理论与实践研究》,中国人民大学出版社 2012 年版。
田瑞兰:《中国特色社会主义理论体系逻辑建构研究》,人民出版社 2013 年版。
吴冷西:《论十年论战》上卷,中央文献出版社 1999 年版。
肖贵清:《道路·理论·制度·文化——中国特色社会主义论》,人民出版社 2018 年版。
肖贵清等:《制度自信——中国特色社会主义制度研究》,高等教育出版社 2017 年版。

谢春涛:《中国特色社会主义史》，福建人民出版社 2013 年出版。
徐崇温:《中国特色社会主义理论体系研究》，重庆出版集团、重庆出版社 2011 年版。
闫志民:《中国特色社会主义理论发展史》，人民出版社 2012 年版。
虞和平:《中国现代化历程》，江苏人民出版社 2001 年版。
袁银传、董朝霞:《道路自信——中国特色社会主义道路研究》，高等教育出版社 2018 年版。
赵曜、胡振良:《中国特色社会主义史论研究》（科学体系卷），中共中央党校出版社 2012 年版。
赵曜、叶庆丰:《中国特色社会主义史论研究》（历史实践卷），中共中央党校出版社 2012 年版。
赵智奎:《理论自信——中国特色社会主义理论研究》，高等教育出版社 2019 年版。
郑德荣等:《中国特色社会主义道路基本问题研究》，人民出版社 2012 年版。
郑永年:《中国模式：经验与困局》，浙江出版联合集团，浙江人民出版社 2010 年版。
中共中央党校课题组:《中国特色社会主义发展道路研究》，中共中央党校出版社 2014 年版。

三　译著

［美］费正清、罗德里克·麦克法夸尔:《剑桥中华人民共和国史》第 14 卷、第 15 卷，中国社会科学出版社 1990 年版。
［美］亨利·基辛格:《论中国》，中信出版社 2012 年版。
［美］吉尔伯特·罗兹曼:《中国的现代化》，江苏人民出版社 2003 年版。
［美］罗伯特·劳伦斯·库恩:《中国 30 年：人类社会的一次伟大变迁》，世纪出版集团、上海人民出版社 2008 年版。
［美］莫里斯·迈斯纳:《马克思主义、毛泽东主义与乌托邦主义》，张宁、陈铭康等译，中国人民大学出版社 2005 年版。
［美］莫里斯·迈斯纳:《毛泽东的中国及毛泽东后的中国》，四川人民出版社 1990 年版。
［美］乔治亚·库珀·雷默:《不可思议的年代》，何帆译，湖南科学技术

出版社 2010 年版。
［美］威廉·恩道尔：《目标中国——华盛顿的“屠龙”战略》，中国出版集团、中国民主法制出版社 2013 年版。
［美］约翰·奈斯比特、［德］多丽丝·奈斯比特：《中国大趋势——新社会的八大支柱》，魏平译，吉林出版集团、中华工商联合出版社 2009 年版。
［美］詹姆斯·R. 唐森，布兰特利·沃马克：《中国政治》，江苏人民出版社 2003 年版。
［英］罗纳德·哈里·科斯、王宁：《变革中国——市场经济的中国之路》，中信出版社 2013 年版。

四　外文著作

James Mann, *The China Fantasy: Why Capitalism Will Not Bring Democracy to China*, New York: Penguin Books, 2008.
James Mann, Rejoind to David M. Lampton, *China Modernizes: Threat to the West or Model for the Rest?*, Oxford University Press, 2007.
John Farndon, *China Rises: How China's Astonishing Growth Will Change the World*, London: Virgin Books, 2007.

后　　记

“中国特色社会主义理论体系建构基础问题研究”（批准号 12BKS029），是我们所承担的一项国家社会科学基金一般项目。经过课题组几位同行几年的共同努力，2016 年 10 月完成并提交了结题报告，2017 年 11 月获悉国家社科规划办鉴定同意结题（结论为良好）。当时考虑到中国共产党第十九次全国代表大会已经召开，而中国特色社会主义理论体系通过本次大会在内容上获得了新的重大发展，故计划在 2018 年上半年完成修订并出版。众所周知，党的十九大对十八大以来以习近平同志为核心的中央领导集体所做的工作作出了高度评价，同时对马克思主义中国化的最新理论成果也作出了新的理论概括，提出了“习近平新时代中国特色社会主义思想”的新概念。这是马克思主义中国化历史上，也是党的历史上的一件重大事件。把习近平新时代中国特色社会主义思想融入本课题的最终书稿之中，便成为我们必须完成的任务。有所遗憾的是，修改工作拖至 2019 年年末。

课题组最初所选择的若干基础问题，至少在当年是学界比较关注的一些热点问题，不少问题都存在较为明显的认识分歧，还有些是我们在教学和研究中所遇到的一些困惑，自以为有必要深入研究和回答，同时也有利于中国特色社会主义理论体系的科学建构。今天看来，有些问题或因解决争论不再；或因无解而被略过。但总的看来，本书稿的出版对于全面深入理解中国特色社会主义理论体系建构中的相关基础问题仍有一定价值，从而对于相关教学和研究也有一定意义。当然，限于水平、能力及时间和精力的投入，其中某些章节不仅存在泛泛而论的问题，也难免存在一些错谬之处。这里，既要感谢学界同仁和读者的耐心阅读，更要恳请各位多提批评意见。

几年来，课题组通力合作，积极研究，先后在《马克思主义研究》

《中国特色社会主义研究》《毛泽东邓小平理论研究》《思想理论教育导刊》《光明日报》等报刊发表论文20余篇，有的被国内相关刊物、报告或网站全文转载，或者在全国性学术会议上进行了很好的学术交流，在学界产生了一定影响。这些研究为课题最终成果即本书稿的完成奠定了良好基础。本书稿由课题主持人提出基本思路和基本框架，经有关人员多次讨论，形成提纲，然后分工写作、讨论修改，最后定稿。具体分工如下：导论、第七章、第八章、第十章，孙武安；第一章，刘爱武；第二章，夏卫国；第三章，郝书翠；第四章、第五章，蒯正明；第六章，常辉；第九章，吴文新。需要说明，参与本课题研究的各位教授、老师，大多长期从事高校马克思主义理论研究，并承担高校思想政治理论课教学，不少人也在主持国家或省部级课题研究，有的还在马克思主义学院任职党政领导工作。大家都很忙，能够克服困难、挤出时间，参与本课题研究，作为主持人，在这里首先向大家表示最真诚的谢意！此外，本课题在研究和写作过程中，还得到了山东大学马克思主义学院院长王韶兴教授，山东大学马克思主义学院周向军教授、徐艳玲教授、付文忠教授，经济日报社副总编辑季正聚研究员，中共中央党校科学社会主义教研部胡振良教授等学者的大力支持和精心指导，在此一并致谢！

事实上，本书在交给中国社会科学出版社之后，负责出版、编辑与校对的各位领导和专家高度负责，反复审阅，做了大量工作。他们的诸多意见和建议，对本书的顺利出版同样具有不可或缺的意义。为此，也向他们表示深切的谢意！

孙武安

2020年2月温州大罗山下